**Verlag für Naturmedizin und Bioenergetik**

W0033496

Walter Binder

# Der Energiekörper im Feld der Reiki-Kraft

 **Verlag für Naturmedizin und Bioenergetik**

**Der Autor,**
Jahrgang 47, ist seit mehreren Jahren Initiator und Leiter einer größeren Interessensgemeinschaft für grenzwissenschaftliche und esoterische Themen. Schon in jungen Jahren befasste er sich mit Philosophie, Theologie, Transpersonale Psychologie und spiritueller Praxis vor allem mit der Chakrasphysiologie. Seit 1977 ist er selbständig, praktizierender Heilpraktiker und erwarb sich profunde, medizinische und naturheilkundliche Kenntnisse. Seit der Reiki-Einweihung in den dritten Grad, gibt er Kurse und Seminare in Reiki, Kabbala, Transformationstraining und leitet mehrere spirituelle Arbeitsgruppen.

**Anschrift:**
*Walter Binder*
"Haus der Begegnung"
Leimfeldstr.17
8360 Deggendorf

Hinweis: Das Hintergrund gesicht des Titelbildes kann vom Verlag als Poster angefordert werden. Preis, DM 25,-

CIP-Kurztitelaufnahme der Deutschen Bibliothek:
**Binder Walter**:
**Der Energiekörper im Feld der Reiki-Kraft**. Walter Binder, Deggendorf, Verlag für Naturmedizin und Bioenergetik 1990.
ISBN 3-9800985-5-9

1.Auflage 1990
Zweite, völlig neu überarbeitete und ergänzte Auflage 1992
©Verlag für Naturmedizin und Bioenergetik, Deggendorf

Einbandgestaltung/Titelei: Karl Richard Lang, Dipl.Graphiker und Designer, Plattling.
Gesamtherstellung: Druckerei Richard Rothe, Passau
**ISBN 3-9800985-5-9**

# Inhaltsverzeichnis 5

# Vorwort

Das vorliegende Buch versucht den Einstieg in die subtilen Energiehüllen des Menschen. Die vier Energiezustände des Bewußtseins, welche alle im kosmisch wertfreien "ICH-BIN", -das hohe Selbst- ihren Ausgangspunkt nehmen, sind eigentlich Identifikationszustände und nur besondere Formen der universalen Lebensenergie. Die universale Lebensenergie und ihre Wirkungen auf die Energiehüllen, sind das Hauptanliegen des Buches und ich hoffe, mir ist es gelungen, den weiten Zusammenhang zwischen physischen, emotionalen, mentalen und supramentalen Bewußtseinszuständen, sowie der makrokosmischen Dimension in den Blick zu rücken. Von entscheidender gesundheitlicher Bedeutung für das menschliche Energiesystem ist die harmonische Resonanz der Chakras, jene Energiezentren, deren Wirkungen bis in's Supramentale hineinreichen. Somit lassen sich die Chakras kaum von Reiki trennen und wir sind aufgefordert, diese subtilen Zentren auf ihre psychospirituelle Wirksamkeit und Bedeutung hin zu untersuchen. Viele Fragen mußten offen bleiben, jedoch mag dieses Buch ein Wegweiser für weitere Bewußtseinsforschungen auf introspektiver Ebene sein, denn Bewußtseinszustände sind naturwissenschaftlich nur an somatischen und physischen Auswirkungen *interpretierbar* nicht jedoch definierbar. Ich habe in diesem Buch auch viele esoterische Fragen beantwortet, weil ich weiß, daß dafür die Zeit reif ist. Nur das Wissen um unsere höhere Seinsbestimmung führt uns in die Freiheit, heraus aus dem Kerker unserer Egobefangenheit, welche die Wurzel für die apokalyptischen Warnzeichen der Menschheit ist. In Reiki sehe ich eine wert-und dogmenfreie, jedoch spirituelle Praxis, in der wir, ungeachtet unserer Unvollkommenheiten und Schwächen, die universale Lebensenergie direkt wahrnehmen können. Ich sehe in Reiki einen einfachen, geradlinigen Weg, auf dem jeder gehen kann, ohne sich zu verirren. Worauf es letztlich ankommt ist die *Durchfluß-Erfahrung,* die uns *den spirituellen Geschmack* der universalen Lebensenergie vermittelt und nur dieser allein sollte uns führen und leiten, was immer auch sein mag. Wer dieses Buch bis zur letzten Seite gelesen hat, mag von Reiki und den Energiehüllen ein umfassendes Bild und eine tiefere Ahnung von der subtilen Konstitution des Menschen gewinnen, denn so grundlegend und wichtig der spirituelle Geschmack von Reiki auch ist, wir können auf die wörtliche Übermittlung seiner erhabenen Botschaft nicht verzichten. *Deggendorf, Sept. 1990, W. Binder, Heilpraktiker u. Reiki-Lehrer*

# Vorwort zur 2. Auflage

Bereits nach 15 Monaten war die erste Auflage vergriffen, ganz zum Erstaunen jener die meinten, daß Supergravitationstheorie, Quantenphysik und Transkoordinaten in einem esoterischen Buch fehl am Platze seien. Manche die mit Esoterik und Spiritualismus befaßt sind, lehnen die nüchternen, etwas unterkühlten Erkenntnisse der modernen Wissenschaft nicht nur deshalb ab, weil ihre Theorien immer unverständlicher werden, sondern weil sie einfach Angst vor der unheimlichen Präzision haben, mit der moderne Theorien an die Lösung von Problemen herangehen. Sie befürchten, daß der Mensch dabei untergeht, verkennen jedoch, daß auch Wissenschaftler Jahrhunderte mit den Daseinsproblemen gerungen haben, um die Menschheit von ihrer Unbewußtheit zu erlösen. Auch ist ihnen anscheinend noch nicht klar geworden, daß wir derzeit an einem äonischen Wendepunkt stehen, in dem sich Wissenschaft und Spiritualität wieder vereinigen. Die Quantenphysiker haben diesen Schritt schon vollzogen, ebenso Kypernetiker, Ökotrophologen und andere. Bei vielen besteht eine tiefe Sehnsucht nach einer Synthese von esoterischen Weisheitslehren und modernen Wissenschaft. Ich ziehe es vor beide dort einander anzunähern, wo sie sich begegnen, nämlich im energetischen Austausch und in einem umfassenden Energiefeld, das wir die universale Lebensenergie nennen, oder die Reiki-Kraft. *Energiebewußtsein ist Ganzheitsbewußtsein und ermöglicht eine integrale Wahrnehmung.* Wer Reiki in sein Leben einbezieht, erfährt die erlösende Befreiung von kleinkarierten Standpunkten, Sichtweisen und lächerlichen Ängsten. Er wird zu einem integralen Menschen, der sich den ganzheitlichen Führungsimpulsen des Energiefeldes anvertraut weil er weiß, daß die göttliche Energie von jedem Existenzmoment des Ganzen mehr weiß, als er sichs träumen läßt. Keine andere spirituelle Richtung, und sei sie noch so tiefschürfend, kann dieses Bewußtsein so stark vermitteln wie Reiki. Sollte uns in Kürze eine äonische Morgendämmerung bevorstehen, etwa eine solare Annäherung an das galaktische Zentrum, was eine höhere Schwingungsoktave unseres Sonnensystems bedeuten würde, dann wird das Energiefeldbewußtsein jener entscheidende Faktor sein, welcher eine völlige Neuordnung, ja Umwälzung auf diesem blauen Saphir einleitet. Dem müßte allerdings, nach der kabbalistischen Apokalypse, die Eingliederung des zwölften Planeten in unser Sonnensystem vorausgehen. *Sollte dies geschehen, dann kann ich nur hoffen, daß jeder gut vorbereitet ist.* Dieses Buch soll auch dazu einen Beitrag leisten. *Deggendorf, April 1992, im Haus der Begegnung Walter Binder, Heilpraktiker, Reiki-und Kabbalalehrer.*

# Kapitel I

*"Wenn ihr der Lehre, die so klar und rein ist,*
*anhaften wollt, wenn ihr sie liebt,*
*sie hüten wollt wie einen Schatz,*
*wenn ihr euch an sie hängt,*
*versteht ihr nicht,*
*wie sehr sie dem Floß ähnlich ist,*
*welches nur gemacht wurde,*
*um den Strom zu überqueren,*
*doch nicht,*
*sich auch danach noch an ihm festzuhalten."*

*BUDDHA (Majjhima Nikaya)*

## Zur Geschichte und Tradition der Lebensenergie und des Handauflegens

a) Neolithikum
Die Vorstellung und Praxis von der heilenden Energieübertragung durch Handauflegen ist seit der Morgendämmerung des religiösen Bewußtseins in der Menschheit lebendig. Als die Hommoniden in der neolithischen Evolutionsphase erstmals ihre Bewußtseinsinhalte in eine primitive Sprache fassen konnten und ihr Geist die ersten selbstreflexiven Gehversuche über das Sein, das Woher und Wohin unternahm, wurde damit auch die Frage nach dem Urgrund allen Seins gestellt und die der Unsterblichkeit. Für den selbstbewußten Hommoniden war es ein anfangsloser und endloser Geist eine unendliche Kraft, die alles in der Natur durchdrang und belebte.

b) Die ältesten Kulturen
Später, vor ca. 5000 Jahren, als die ersten Ackerbaukulturen aufkamen, und die Hochkulturen zwischen Euphrat und Tigris, (Mesopotamien) sowie die indische Happaratakultur am Indus, oder das fernöstliche Reich des gelben Kaisers Huang-ti entstanden, wurde das Bewußtsein von dem einigenden, unendlichen Geist und seiner Kraft allmählich verdrängt und ersetzt durch die Vielgötterei (Polytheismus), welche jedoch nichts weiter war als eine personale Ausschmückung des einen universalen Geistes, durch dessen unerschöpfliche Kraft, alle Welten und galaktischen Systeme konstelliert und in Bewegung gehalten werden. Trotz dieses religiösen Niederganges, blieb über Jahrtausende die Vorstel-

lung von der einen universalen Kraft stets lebendig und wurde in zahlreichen rituell-kultischen und insbesondere heilenden Handlungen immer wieder erinnert.

c) Ägypten (Hermetische Philosophie)
Die alten Ägypter nannten z.B. die universale Lebensenergie "KA" oder in anderer Bedeutung "BA". Sie wurde mit dem Atem aufgenommen und belebte den Körper solange, wie sie in ihm zirkulierte. Anscheinend haben die Inder später daraus das Pranayamasystem entwickelt. Daß die Ägypter noch weit mehr von der universalen Lebensenergie wußten, geht aus den geheimnisvollen Manuskripten des legendären Hermes Trismegistos hervor. Von diesem, aus ursprünglich sieben Büchern bestehenden Weisheitssystem namens Kybalion, sollen auf zwei Tafeln, -die Tafel von Memphis und die Smaragdinische Tafel- Textfragmente eingraviert gewesen sein mit folgendem Inhalt.
In der ersten heißt es:

*"Himmel oben, Himmel unten, Sterne oben, Sterne unten. Alles, was oben ist, ist auch unten. Nimm es hin und es bringe dir Glück."*

In der zweiten heißt es:
*"Wahr ist ohne Lüge und gewiß von allem das Wahrhaftigste; was unten ist ist auch oben, was oben auch unten, zu vollbringen die Wunder eines einigen, einzigen Dinges. Und gleichwie alle Dinge von und aus dem EINEN geschaffen sind, durch den Ratschluß und den Willen und das Gebot des Einigen: also entspringen und kommen alle Dinge von diesem einzigen Dinge durch sonderbare Zuneigung und Fügung. Die Sonne ist sein Vater, der Mond seine Mutter, der Wind hat es an seinem Bauch getragen, seine Ernährerin und Säugamme ist die Erde; es ist der Urheber aller Vollkommenheit in der ganzen Welt. Also ward die Welt geschaffen und von ihm werden seltsame Wunder gewirkt, deren dieses ein Muster und Beispiel ist. Darum bin ich Hermes Trismegistos genannt, weil ich habe die drei Teile der Weisheit der ganzen Welt. Also hat sich erfüllt was ich zu sagen hatte von dem Werk und der Wirkung der Sonne."* Für den Mann von der Straße mag dieser Text banal erscheinen und nur wenig aussagen. Tatsächlich hat er jedoch eine tiefe Bedeutung und könnte ein ganzes Buch mit Anmerkungen füllen. Die hermetischen Gesetze sind im Grunde energetische Gesetze der universalen Lebensenergie, welche sowohl unten wie auch oben dieselbe Wirkung entfalten. Die Lebensenergie durchwaltet als *das EINE*, alle Schöpfungsebenen gleichermaßen. Es gibt eine ewig fortdauernde Grundpolarität, die in allen Manifestationen und Energie-

prozessen gegenwärtig ist. *Alle Schöpfungsformen sind im Grunde Energiekondensate und Zusammenführungen unterschiedlichen Grades, die sich nur durch ihre Schwingungsmuster unterscheiden.* Hermes sieht in der sonderbaren "Zuneigung und Fügung" das Geheimnis der Entstehung und Auflösung von Welten. Gleiche, bzw. verwandte und ähnliche Energiemuster, verdichten die universale Lebensenergie auf den verschiedenen Seinsebenen zu Strukturen und bilden die Grundlage formativer Prozesse, welche die eigentliche Ursache der unzähligen Schöpfungsformen sind. Die treibende Kraft, das Motiv für die Verdichtung von Energiemuster zu sichtbarer Materie, dürfte die zu verwirklichende transzendente Idee sein. Verwirklicht sich eine solche Idee, dann wandelt sich nicht nur etwas im physischen Bereich, sondern in allen anderen Dimensionen gleichfalls. Alles ist dem Wandel unterworfen und wenn sich das Untere wandelt, wandelt sich auch das Obere und umgekehrt. Aus energetischer Sicht heißt dies, daß selbst die anscheinend unbedeutendste Veränderung auf der physischen Ebene, eine ganzheitliche Reaktion auf allen anderen Ebenen zur Folge hat und umgekehrt. Wir können die universale Lebensenergie mit der Wellenbewegung eines stillen Teiches vergleichen. Wenn wir einen kleinen Stein hineinwerfen, dann breiten sich die Wellen nach allen Seiten und nach unten aus, und erfassen mit ihren Schwingungen nach und nach den gesamten Wasserinhalt des Teiches. Demnach hatten schon Hermes und andere Weise erkannt, daß nichts dem Zufall überlassen ist und alles und jedes in ein äußerst feines Beziehungsnetz subtiler Energiemuster eingebettet liegt. Metaphysiker und Okkultisten im Mittelalter, mißverstanden die hermetischen Gesetze als alchimistische Anweisungen z.B. das Gesetz der Umwandlung:

*"Das Dichte mache dünn und führe es ins Dichte zurück! So hast du den Ruhm der Welt. "*

Einmal ganz abgesehen davon, daß ein Weiser den Ruhm der Welt meidet, bedeutet der Ausspruch energetisch übersetzt, daß wir für die feineren Schwingungen durchlässiger werden sollen, denn nur so können wir das Hier und Jetzt meistern. Auch in mancherlei Bauwerken versuchten die alten Ägypter, die universale Lebensenergie entweder zu speichern, oder zu verstärken. Ein Beispiel dafür bieten die Pyramiden. Man hat entdeckt, daß die Spitze einer Pyramide kosmische Energiefelder bündelt. Eine im Uhrzeigersinn gedrehte Energiespirale tritt an der Spitze nach oben aus, während eine, entgegen dem Uhrzeigersinn gedrehte Energiespirale, in das Innere der Pyramide hineinstrahlt, siehe Abb.1, S.16. Die mumifizierende Kraft der Pyramidenenergie ist längst wissen-

schaftlich belegt. Manche Forscher vermuten hinter der Pyrami-
denbauform noch ganz andere Geheimnisse. Einige glauben, man
könne mit der Pyramidenenergie die anstehenden globalen Ener-
gieprobleme, ein für allemal lösen.

## Energiepolung in der Pyramide

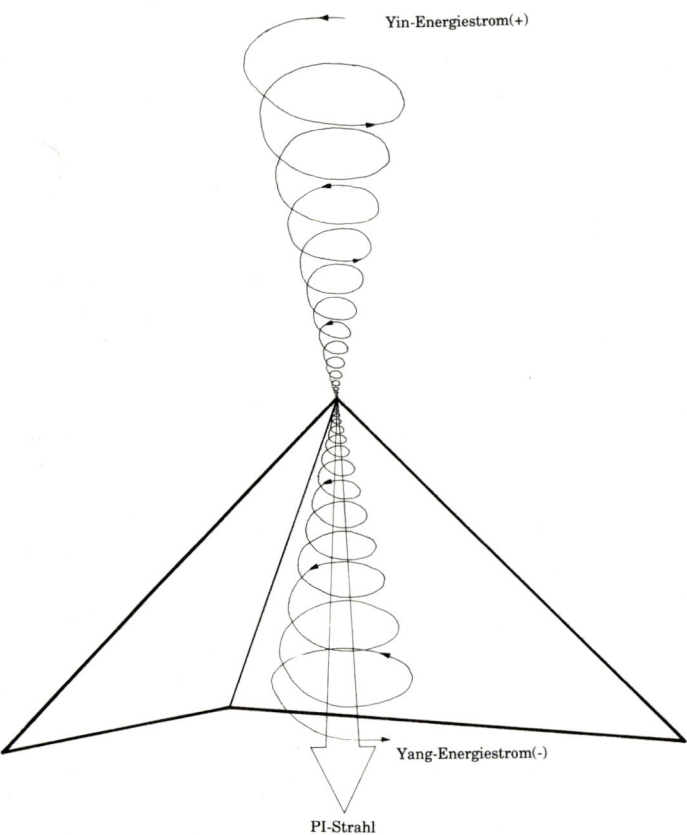

**Abb. 1**

Die spirituelle Wirkung der Energiespirale kann eigentlich nur transformierend
sein. Praktisch bedeutet das, daß die Pyramidenenergie auf die Evolution der
Wahrnehmung erweiternd wirkt. So mußten sich z.B. Neophyten und Priesteran-
wärter in der Pyramide einer längeren Einweihungsprüfung unterziehen. Die Erweiterung der Wahrnehmung bedeutete einen Zugang zu anderen Welten, welche
für ungeläuterte Anwärter, entweder zu euphorischer Selbstüberschätzung führten, oder aber in die verschiedenen Grade der Psychose, siehe auch S.232 über Archetypen und S.179. Die Wirkung der Pyramidenenergie war dem einweihenden
Priester stets ein sicherer Indikator für die Entscheidung, ob ein Neophyt in die
esoterischen Mysterien eingeweiht werden durfte.

d) China (Taoismus)

Im Reich des sagenhaften gelben Kaisers bezeichneten die Einge-
weihten die universale Lebensenergie als Ch'i. Das Ch'i hatte nach
ihrer Auffassung zwei sich ergänzende Aspekte, die der sinnlichen
Erkundung und Anschauung, wie Gegensätze erscheinen mußten.
Diese beiden, als Yin und Yang bezeichneten Energiequalitäten,
erzeugten den Rhythmus der Jahreszeiten, den Wechsel zwischen
Tag und Nacht und das Zusammenspiel scheinbarer Gegensätze.
Beide sind die kosmogonischen Urkräfte ewiger Wandlung und
Bewegung, die ein fortwährendes Entstehen und Vergehen,
Wachstum und Schrumpfung, Leben und Tod bewirken. Beide vereinigen in der eingefalteten (impliziten) Ordnung, jene universale
Lebensenergie, die wir auch die Reiki-Kraft nennen. Ursprünglich
bedeuteten Yin und Yang die Schatten -und Lichtseite eines
Berges, aber auch sonnige und dunkle Jahreszeit. Beide Begriffe
erlangten, infolge zahlreicher Verknüpfungen mit Naturereignis-
sen, Lebenssituationen und Alltagserlebnissen, eine zunehmend
umfassendere Bedeutung. Wenn Yin und Yang in einem ausgewogenen, gleichgewichtigen Verhältnis, also in wechselwirksamer Abhängigkeit und Ergänzung standen, war die Welt in Ordnung und
das Verhältnis Mensch, Natur und Himmel harmonierte. In diesem umfassenden Bewußtsein fühlten sich die Menschen dem
Ewigen verbunden. Das Mandalasymbol *"Tai Chi"*, siehe Abb.2,
S.18, veranschaulicht die Harmonie von Yin und Yang. Die weiße
Energiefläche symbolisiert den Yangaspekt und die schwarze den
Yinaspekt. In beiden ist jedoch der Keim des anderen enthalten
und wandelt das Yin zum Yang und umgekehrt. Ein Ungleichgewicht zwischen Yin und Yang sollte nach dem Taoismus vermieden
werden, denn es bedeutete unweigerlich Krankheit, Disharmonie,
Streit, Ärger, Mißstimmungen, Übertreibungen usw. Daß die Philosophie des Taoismus weit mehr ist als nur eine von vielen Natur-
religionen, zeigt sich in der universalen Anwendbarkeit von Yin
und Yang. Beide lassen sich auf jede Lebenssituation anwenden
und praktisch umsetzen. Dem energetisch eingestellten Kosmolo-
gen, geht es darum, sowohl äußerlich im Handlungsaustausch mit
der Welt, als auch innerlich im psychisch-spirituellen Kräftefeld,
die Mitte zwischen Yin und Yang zu halten und sich selbst als den
*vermittelnden Pol* zwischen den Gegensätzen zu begreifen. *Dieser vermittelnde Pol ist jener spirituelle Omegapunkt, den die Tibeter den Juwel
im Herzen der Form nennen (Om mani padme hum).* Erst wenn der
Mensch zwischen den Gegensätzen vermittelt und ausgleicht,
schwingt sein Bewußtsein in der Universalität der höchsten Lebensenergie und erst dann kann er sich als wahrhaft kosmischen

Menschen bezeichnen oder als ein Kind Gottes. Wenn also Yin und Yang im Gleichgewicht sind, dann herrscht Harmonie, Gesundheit und Wohlergehen, Freude, Heiterkeit, Friede und regelrechter, harmonischer Austausch. Aus energetischer Sicht, steht Yin für jene Energiequalität, welche mit den kontrahierenden, zusammenziehenden und struktiven Kräften ident ist, z.B. Mond, Nacht, Kälte, Wasser, Erde, Formgebung, Feuchtigkeit, Weiblichkeit, zentripedale Bewegung usw.

Yang steht für Dynamik und Bewegung und entspricht der Sonne, dem Himmel, Tag, Licht, Hitze und Wärme, Trockenheit, Männlichkeit, Expansion und zentrifugaler Bewegung. Beide sind jedoch eine Einheit und eines kann ohne das andere nicht sein. Wenn Yin und Yang zusammenwirken, erzeugen sie ein komplementäres Bewegungsmuster, das in Raum und Zeit als Wachstum-oder Zerfallsprozeß sichtbar wird, je nach dem, welches von beiden Kräften das Übergewicht hat.

## Tai-Chi

Abb. 2

Symbol des kosmischen Yin-Yang-Gleichgewichtes

Yin und Yang sind also die polaren, komplementären Kräfte der Lebensenergie, die in einer zyklischen Abfolge, sowohl auf den feinsten Schwingungsebenen, wie auf den gröbsten, den Wandel und die Gestaltung aller Manifestationen bewirken. Im Taoismus, der sicher weit mehr ist als eine bloße Naturreligion, wird behauptet, daß *der Wandel* das einzig Dauernde sei; er entsteht durch das stete Strömen der Yin-und Yangkräfte. Die praktischen Konsequenzen aus dieser Philosophie, fanden im Tao-Te-King und im Taoismus ihren einmaligen Niederschlag. Tao bedeutete ursprünglich "Weg" und auf diesem Weg zu bleiben hieß für den Taoisten, mit den Bewegungen der universalen Lebensenergie in Übereinstimmung zu leben. Die Anpassung an Jahreszeit, an den Wechsel der Naturkräfte und ihren Ausrichtungen, war der Weg der Mitte und des Augenmaßes. Wer dem Pfad des Tao folgte, lebte in der Ganzheit und Einheit, er stand in Resonanz mit der Lebensenergie und den Kräften des universalen Geistes. Nur so konnte Gesundheit, Lebensfreude und Harmonie erreicht werden. Jede Abweichung davon bedeutete dagegen eine Mißachtung der universalen Gesetze und führte unweigerlich zu Disharmonie, Krankheit und Leid. Die Taoisten entdeckten dementsprechende Methoden zur Wiederherstellung des inneren und äußeren Yin-Yanggleichgewichtes, z.B. die Akupunktur mit all ihren Sonderformen, siehe S.88. Auch versuchten zu allen Zeiten die taoistischen Priester Geheimmittel, sogenannte Arkanas, nach alchemistischen Anweisungen herzustellen. Das galenische Grundprinzip beruhte auf einem gleichgewichtigen Yin-Yang-Verhältnis der Arzneistoffe und sollte Gesundheit und eine lange Jugend schenken. Ähnlich auch die mittelalterlichen Alchemisten, die jedoch nicht nach einem harmonisierenden Effekt suchten, sondern nach dem Urstoff bzw. dem Stein der Weisen, dem "Lapis philosophorum. "

e) Indien
Eine umfassende Vorstellung von der Lebensenergie und ihrer Transformierung entwickelten auch die Inder in ihren Yogasystemen. Die universale Lebenskraft nannten die Inder Prana. Prana gilt als der Ursprung aller Energieformen und Erscheinungen und wird fortwährend von der Sonne ausgesandt. Im menschlichen und tierischen Körper breitet sich Prana durch feinste Energiekanäle, den sogenannten Nadis aus. Neben den drei Hauptnadis, siehe S.93, gibt es noch über 80 000 weitere Nadis, die alle Körperteile wie ein engmaschiges Netzwerk durchziehen. Die Hauptenergie bzw. die für die spirituell-evolutive Entwicklung relevante Lebensenergie, ruht vergleichbar einer zusammengerollten Schlange, ge-

nannt "Kundalini", an der Basis der Wirbelsäule und schläft dort. Im evolutiven Vorgang steigt, sobald das spirituelle Erwachen einsetzt, die erregte Basisenergie durch die drei Hauptkanäle nach oben. Hierbei erhalten die Chakras, siehe S.123, einen mächtigen Rotations-Impuls und transformieren ihre Energiefrequenzen auf die entsprechende Ebene bzw. Dimension. Umgekehrt steigt während der energetischen Konstellierung Prana abwärts, und erzeugt während des präembryonalen Inkarnationsvorgang von oben nach unten die sieben Energiezentren. Je tiefer die universale Lebensenergie dringt, desto langsamer und niederfrequenter werden die Schwingungen bis sie schließlich grobstoffliche Formen annehmen. Die Inder haben verschiedene Erweckungs-und Schulungssysteme entwickelt um die Kundalinienergie bewußt zu lenken. Unter anderem ist der tantrische Yoga einer der schnellsten, aber auch gefährlichsten Wege. Die Lebensenergie wird dabei an der Basis bewußt geweckt und mit gezielten Übungen nach oben gebracht. Sobald sich die polarisierte Energie (Shakti und Shiva) vereinigen, entsteht kosmisches Bewußtsein, aber auch ungeahnte Steigerungen körperlicher Lustempfindungen und psychische Mächte, siehe S.149, (weißer, roter und schwarzer Tantra). Auch die Inder sahen im ausgewogenen Fluß der Lebensenergie die Grundlage von Gesundheit und innerer Harmonie.

f) Polynesien (Kahuna)
Auf den Polynesischen Inseln gab und gibt es heute noch Stämme, welche die Lebensenergie praktisch anwenden. Bekannt unter dem Namen Kahuna-Magie, arbeiten sie mit drei Formen.
1. Die Körperenergie, welche Mana heißt.
2. Die mentale Energie, namens Mana-Mana
3. die spirituelle Energie, das Mana Loa.
Letztere wurde als die höchste und wirksamste Energie angesehen, weil alle Dinge und Erscheinungen wesentlich ihrem Einfluß unterliegen. Symbolisch galt für die Kahuna-Priester die Sonne als die Quelle aller Energien, ähnlich wie das kosmische Prana, in welcher die Inder die universale Sonnenenergie erblickten. Die Kahuna-Priester glaubten, daß für jede der drei Energieformen eine körperliche Manifestation auf der jeweiligen Ebene existieren muß. Diese sind der Körper, genannt Aka oder auch Mana Aka, der eine bioenergetische Energieübertragung ermöglicht, ähnlich wie die energetischen Ausstreichungen in den magnetopathischen Behandlungsmethoden. Mana Aka entströmt dem unteren Selbst also dem Unbewußten. Wer die Energien des unteren Selbstes willentlich aktiviert, z.B. hypnoide Energien, kann damit vitalisieren, läh-

men, vegetative Veränderungen auslösen und viele unbewußte Prozesse in Gang setzen, verstärken oder abschwächen. Der nächsthöhere Körper, der Mana-Mana Aka, ist die eigentliche Egostruktur, welche die Energie des Tagesbewußtseins und die der Denkprozesse und bewußten Gefühle entströmt. Alle Aktivitäten und Wirkungen die durch Mana Mana Aka verursacht werden, können wir dem bewußten Wollen zurechnen.

Der spirituelle Körper als Mana Loa Aka bezeichnet ist die umfassendste und machtvollste Manifestation der Lebensenergie. Es ist die Verwirklichung und Bewußtwerdung des höheren Selbstes. Wer in diesem Bewußtsein die Hände auflegt, -von den Kahunas Lomi Lomi genannt- überträgt die reinste Form der Energie, welche selbst schwere Krankheiten in Kürze zu heilen vermag.

g) Griechenland

Im antiken Griechenland wurde die heilende Lebensenergie, vor allem in den Äskulap-Tempeln angewandt. Der Priester legte zur Abendstunde dem Kranken im Tempel solange die Hände auf, bis er einschlief. Die heilende Lebensenergie erschien ihm dann meist in göttlicher Traumgestalt und gab ihm entweder eine Rezeptur, oder gezielte Anweisungen um wieder ganz heile zu werden. Die Praxis des Handauflegens war in der Antike weit verbreitet und gehörte zu den meistbenutzten Anwendungsformen der Priesterärzte.

Pythagoras, der Entdecker der algebraischen Sphärenharmonie, siehe auch S.48, behauptete eine heilende Lebensenergie, die er Zentralfeuer nannte. Er entwickelte auf ihrer Grundlage ein Heilsystem aus Farben und Klängen, das im Kranken eine harmonische Schwingung entfalten sollte. Für Pythagoras war Gesundheit eine Frage der harmonischen Abgestimmheit von Körper und Geist, beide waren für ihn lediglich Aspekte und Manifestationen der universalen Lebensenergie.

Heraklit, der etwa um 500 vor der Zeitrechnung lebte, war der einzige antike Denker der das Sein, ähnlich wie z.B. Laotse, in der Bewegung des Werdens und Vergehens sah. Bewegung und Wandel war nach ihm die einzige Realität. Er betonte die Einheit der Gegensätze und wollte zeigen, daß das Leben nur im wechselseitigen Auf-und Ab der Gegensätze möglich sei. Einer seiner kühnen Aussprüche lautete:

*"Das Sein ist nicht mehr als das Nichtsein. Also ist Sein und Nichtsein dasselbe und nur das Wesen sei die Veränderung. "*

Platon sagte weiter von Heraklit: *"Er vergleicht die Dinge mit dem*

*Wasserstrom eines Flusses, nämlich, daß man zweimal nicht in dasselbe Wasser hineinsteigen könne, denn es fließt und man berühre immer anderes Wasser."* Heraklit sah in der Zeit das wahre Wesen des Seins, denn die Zeit sei die einzig sinnliche Anschauungsform des Wandels, Werdens und Vergehens. Sein Ausspruch *"panta rei"*, (alles fließt), drückt diese Wahrheit in sparsamstem Wortgebrauch aus. Die Geistesverwandtschaft mit der Philosophie der universalen Lebensenergie, spricht aus diesen Sätzen sehr deutlich. Heraklit sah in der bewegenden Kraft die einzige Realität. Er war seiner Zeit weit voraus und vielleicht war seine Philsophie für das damalige sinnliche Anschauungsdenken zu abstrakt, wahrscheinlich wurde er deshalb so mißverstanden.

*Aristoteles* verstand unter Energie den Prozeß der Überführung von der Potenz in den Akt, ähnlich wie der christliche Philosoph Thomas von Aquin. Die Energie bewegt das der Potenz innewohnende Wesen. Dieses Wesen ist nach ihm ein gestaltbildendes Energiemuster, das einem innewohnenden Drang zufolge, nach Form und Ausdruck auf der entsprechenden Ebene drängt. Er nannte diesen Vorgang Entelechie. Die Entelechie gibt also die Richtung und das Ziel eines Prozesses an, während die Energie die Kraft ist, die ihn in ständiger Bewegung hält.

## h) Israel

Im alten und neuen Testament finden wir sehr viele Hinweise und Berichte von der Kraftübertragung durch Handauflegen. Die Berichte von Propheten und Priestern, sowie die Geschichte von Jesus Christus und den Aposteln legen beeindruckende Zeugnisse von der Wirkung heilender Hände ab. Im alten Testament lesen wir z.B. in Könige 4.5, wie Naaman zu Elia geht, um sich heilen zu lassen. Da er jedoch zuvor den Rat erhält, sich im Jordan zu waschen, fragt er zornig:
"Ich dachte er würde zu mir herauskommen, den Namen Gottes anrufen und mit seiner Hand den Ort der Krankheit berühren."
Im neuen Testament gibt es sehr viele Stellen des Handauflegens, so daß wir hier nur einige anführen können.
Mark. 5. 23,.."ich bitte, daß du ihr die Hände auflegest."
Mark. 10. 16,.."legte ihnen die Hände auf und segnete sie."
Ap.6.6, 8.17, 13.3,..."als sie gebetet hatten, legten sie ihnen die Hände auf."
Ap.8.18,.."durch das Auflegen der Hände der hl. Geist gegeben wird" usw. In Palästina, Judäa und in ganz Israel war das Auflegen der Hände eine ganz natürliche Heilmethode und wurde wahrscheinlich von den umliegenden älteren Kulturen der Ägypter,

22

Assyrer, Caldäer, Summerer und Babylonier übernommen.

## i) Spätmittelalter (Paracelsus)

Im Spätmittelalter, etwa in der ersten Hälfte des 16.Jh., gab es viele ernsthafte vitalistisch-ganzheitliche Ansätze, um das lebensenergetische Phänomen zu erklären. Paracelsus z.b. glaubte an eine Kraft die er "Munia" nannte. Für ihn war sie diejenige, welche die Himmelskörper bewegte und dem Fleisch seine Kraft gab. Munia war die bewegende und belebende Kraft in der Materie und strahlte über die Körper noch weit hinaus. Sie umgibt die Körper wie eine leuchtende Sphäre und konnte durch magnetische Kräfte auch aus der Ferne beeinflußt werden. Ebenso wie die großen Ärzte der Antike, glaubte Paracelsus fest an die Einheit zwischen Mikro-und Makrokosmos. Nur wenn der Mensch in Übereinstimmung mit dem Makrokosmos lebte, konnte er gesund bleiben. Deshalb forderte Paracelsus eine makrobiotische Lebensweise.

## k) Renaissance (Magnetismus)

Anton Mesmer postulierte auf Grund persönlicher Erfahrungen und Experimente eine das ganze All durchdringende Lebenskraft, die er "animalischen Magnetismus" nannte. Er traute dieser Kraft alles zu, besonders die Eigenschaft, alle Krankheiten zu heilen. Seine konsequenten, magnetopathischen Behandlungsformen haben ihn Jahrhunderte überlebt und wurden für viele Heilergenerationen zur wichtigsten Waffe gegen Krankheit und Leid. Auch er glaubte an ein Leben im Einklang mit den Gesetzen der Natur.

## l) Neunzehntes und Zwanzigstes Jahrhundert

In den zwanziger Jahren dieses Jahrhunderts behauptete der französische Forscher und Ingenieur Georges Lakhovsky, daß jede menschliche oder tierische Zelle in einer ganz spezifischen Frequenz schwingt und alle Organismen gewissermaßen hochfrequente Schwingungskreise bilden. Krankheiten, so Lakhovsky, entstehen durch disharmonische Schwingungen, wenn also die Zelloszillation aus dem Gleichgewicht kommt. Bringt man jedoch die Zellen in eine harmonische Schwingung, dann gesundet der ganze Organismus und die Krankheit verschwindet. Lakhovsky konstruierte einen multiplen Wellenoszillator, der schwache elektrostatische Wellen aussendete und ein weites Wellenspektrum abdeckte, so daß er damit nahezu alle Frequenzbereiche der verschiedenen Zelltypen erfassen konnte. Der energetische Ansatz von Lakhovsky definierte erstmals die lebensenergetischen Prozesse als spezifische Schwingungen, (siehe auch meine Ausführungen auf S. 136

und S.291). Damit war das Tor aufgetan zu einer neuen umfassenden, energetischen Sichtweise, in der das Schwingungsmuster und die Frequenz die Grundlage für eine wissenschaftliche Energiedefinition bildete.

## m) Gegenwart

Zehn Jahre später, erzielte der amerikanische Arzt Harold Burr weitere experimentelle Forschungsergebnisse, die auf die Existenz von Lebensenergiefelder hinwiesen. Diese organisierten Lebensfelder konnten elektrodynamisch, elektrostatisch oder elektromagnetisch betrachtet werden, je nachdem welches Meßverfahren man einsetzte. Die L-Felder kommen bei allen Lebewesen vor und haben entscheidenden Einfluß auf das Wachstum und den Zerfall von Zellen und Organismen. Ihr relativ stabiles Energiemuster gegenüber anderen Energieeinstrahlungen, z.B. atmosphärischen Schwankungen und Einflüssen von Himmelskörpern, garantiert die Stabilität und Funktionstüchtigkeit der Organismen. Wir werden, wenn wir kurz auf die Physik der Lebensenergie eingehen, nochmals auf die L-Felder zurückkommen. Burr konnte auch zeigen, daß körperliche Energien aus den vegetativen Nervenzentren von Emotionen nicht zu unterscheiden sind. Wirkt man z.B. mit emotionalen oder physischen Stimuli auf die L-Felder ein, dann zeigen sich keine Unterschiede. Demnach müßten die Emotionen die gleiche Energiequalität haben wie die Physis. In den Jahren von 1939 bis 1960, entdeckte das russische Ehepaar Kirlian die Technik der Hochfrequenzfotografie, mit der es erstmals möglich wurde, das alle physischen Gegenstände und Körper umgebende bioplasmatische Energiefeld fotografisch sichtbar zu machen. Es zeigte sich, daß Emotionen das Energiefeld erheblich veränderten, ja man konnte sogar anhand der optischen Phänomene auf die Art der Emotionen schließen. Auch Krankheiten in den verschiedenen Stadien (wovon es sechs gibt), sowie psychische und atmosphärische Störungen, lassen sich an den Bildern deutlich erkennen. Peter Mandel, ein bekannter Heilpraktiker, hat daraus die bioplasmatische Terminaldiagnostik entwickelt. Die Zu-und Abnahme der bioplasmatischen Strahlung ist besonders von der Atmung abhängig. Interessant und aufschlußreich ist die Tatsache, daß das Energiefeld auch dann noch vollständig erhalten bleibt, wenn ein physischer Teil abgetrennt wird, jedenfalls bleibt das Energiefeld noch eine gewisse Zeit unverändert, siehe auch Abb.8., S.89. Bei Phantomschmerzen hat sich überdies gezeigt, daß, je stärker die Schmerzen sind, desto deutlicher und klarer zeigt sich auf den Fotos das Energiefeld des amputierten Körperteiles. *Das läßt den vor-*

*läufigen Schluß zu, daß das Energiefeld den physischen Körper hervorbringt und nicht umgekehrt.* Der russische Physiker Inyuschin untersuchte die physikalische Natur des Bioplasma. Er stellte fest, daß das bioplasmatische Energiefeld aus negativen und positiven Ionen sowie freien Elektronen und Protonen besteht. Es ist relativ stabil gegenüber äußeren, elektrischen Reizen und strahlt fortwährend eine Biolumineszenz aus. Am intensivsten scheint es im Herz-und Hirnbereich zu strahlen sowie in der Wirbelsäule. Über die Atmung findet ein ständiger bioplasmatischer Energieaustausch statt. Zieht man zu diesen Erkenntnissen die L-Feld Experimente von Harold Burr hinzu, dann müßte die bioplasmatische Energie in Feldern organisiert sein und ganzheitliche Reaktionen zeigen, (siehe auch S.56 über die geometrischen Letzteinheiten der Metronen). Tatsächlich haben die bis heute anhaltenden Forschungsergebnisse in dieser Richtung einige Ergebnisse zutage gefördert, die sowohl die Existenz energetischer Felder, als auch der Akupunkturpunkte erhärten. In letzter Zeit interessiert sich auch die Krebsforschung für die Kirlianeffekte, vor allem seit einige Forscher, wie z.B. der rumänische Wissenschaftler, Ivan Dumitrescu damit treffsichere Krebsprognosen machte. Meiner Ansicht nach ist die bioplasmatische Strahlung die Ätherenergie, d.h. die erste sichtbare Energiestrahlung hinter der physischen Formenwelt. Die Ätherenergie ist nur eine sehr grobe Energiequalität, die auf den Frequenzen viel subtilerer Energien beruht, z.B. die der mentalen und supramentalen.

Wo nun in der Materie befindet sich die Nahtstelle, sozusagen der Überschneidungspunkt, an welchem sich Energie und Materie direkt begegnen, bzw. ineinander übergehen? Anscheinend spielen hierbei die flüssigen Kristalle eine entscheidende Rolle. Sie funktionieren wie Halbleiter, speichern die Lebensenergie und strahlen sie wieder aus. Alle Zellorganellen und bestimmte Bestandteile der Zellwände bestehen aus solchen Flüssigkristallen. Auch wird zunehmend klarer, daß Flüssigkristalle die Biolumineszenzen ausstrahlen, und ihr Verteilungsmuster in den Energiefeldern organisieren. Die Tatsache, daß Lebewesen Strahlungen aussenden und empfangen, gab Anlaß zu zahlreichen Spekulationen und Hypothesen, auf die wir hier nicht näher eingehen wollen. Wenn der Mensch, wie von dem Russen Dubrov behauptet, ein *Biogravitationsfeld* besitzt, dann bietet diese Hypothese eine umfassende Erklärung für alle möglichen Psi-Phänomene. Lebewesen müßten also nicht nur Gravitationswellen empfangen, sondern solche auch aussenden, allerdings dürften diese Gravitationswellen von ganz anderer Art sein als die der Himmelskörper. Daß Zellen außer Bio-

gravitationswellen auch Licht emittieren, entdeckte der deutsche Physiker A.F.Popp. Er nannte diese Lichtstrahlung "Biophotonen." Jede gesunde Zelle absorbiert und emittiert regelmäßig Photonen. Diese Regelmäßigkeit ist ein Kennzeichen von Gesundheit und Vitalität. Kranke Zellen nehmen jedoch das Licht nur unregelmäßig auf und geben es ebenso unregelmäßig wieder ab. Das ist besonders bei Krebszellen der Fall. Daraus könnte man folgern, daß der Auflösung von Energiefeldern die Auflösung der Flüssigkristalle nachfolgen und so den unregelmäßigen Lichtaustausch erklären. Wahrscheinlich sind die Flüssigkristalle eine kondensierte Singularität von höheren Energiemustern und dienen als Austauschmedium für die Energieübertragung.

n) Morphogenetische Felder
Ende der 70ziger Jahre, erschreckte der Engländer *Rupert Sheldrake* mit seinem Buch, *Das schöpferische Universum*, und wenig später, in Zusammenarbeit mit David Bohm, mit dem Titel, *Morphogenetische Felder und implizite Ordnung,* die mechanistisch, verkrusteten Genetiker und Biologen mit einer neuen revolutionären Theorie, die in sehr einfacher und plausibler Weise das Phänomen von Entwicklungssprüngen ganzer Populationen erklärte, ohne daß dabei anschauliche Nachahmung oder direkte Lernsituationen im Spiel wären. Verschiedene Biologen und Verhaltensforscher hatten schon seit längerem beobachtet, wie in einer Affenpopulation ein Tier seine Früchte vor dem Verzehr im Wasser reinigte. Bald darauf lernten andere, vor allem junge Affen, durch Nachahmung ebenfalls ihre Früchte in der gleichen Weise zu waschen. Nach einer gewissen Zeit kam es zu einem lawinenartigen Anstieg der "Obstwäscher." Das ließ sich noch einigermaßen mit dem Phänomen des Nachahmungstriebes erklären. Was jedoch völlig verblüffte, war die Tatsache, daß zur gleichen Zeit in anderen Affenkolonien die räumlich durch tausende von Kilometern voneinander entfernt lagen, ebenfalls mit dem Waschen der Früchte begonnen wurde. Das gleiche Phänomen zeigte sich bei komplizierten Labyrinthtesten mit Ratten. Hatte die eine Rattenpopulation sich erst mühsam ein gutes Merkgedächtnis beim Labyrinthtraining erarbeiten müssen, so begannen andere Ratten in weit entfernten Labors sogleich auf jenem hohen Niveau der ersteren. Der leise, absurde Verdacht, daß die Ratten oder Affen weltweit miteinander in Verbindung stehen würden, wurde allmählich lauter und schließlich offen diskutiert. Sheldrake formulierte als erster die Theorie von den morphogetischen Entwicklungsfeldern, welche die Entwicklung von Verhaltensmustern auf die Lösungsmöglichkeiten be-

stimmter Daseinsproblem ausrichten und so den Fortbestand einer Art oder Gattung sichern. Das morphogenetische Feld bestimmt jedoch nicht nur die Differenziertheit von Verhaltensmustern bis zu einem bestimmten Niveau, sondern auch die genetisch-morphische Ausprägung und die Intelligenz der Regenerationskräfte von Organismen. Das Energiefeld besitzt eine morphische Strukturmatrix für die komplette physische Ausformung und es konstelliert sich bereits vor der Verschmelzung von Ei und Samenzelle. Allein die formativen Energien des morphischen Feldes determinieren den individuellen und gestaltlichen Ausformungsprozeß. Für die Entstehung eines solchen Feldes hat Sheldrake eine simple und doch sehr einleuchtende Erklärung. Morphische Energien fließen aus vergangenen, bzw. sich auflösenden Gestaltmustern der gleichen Art zu *morphischen Resonanzen* zusammen und bilden, wenn die physischen Voraussetzungen, z.B. die Bereitschaft zur Befruchtung von Eizellen einer Maus vorgegeben sind, ein Mausfeld welches die gestaltliche Ausformung bestimmt. Die morphischen Resonanzen könnte man als ein formatives Organisationsmuster bezeichnen, welches sich nur über das entsprechende, physische Genmaterial kontelliert, also Mausfelder über Mauszellen, Hühnerfelder über Hühnerzellen usw. Morphische Felder müssen daher mit den globalen Befruchtungs-und Auflösungszyklen der Biosphäre, für uns, in einem noch unvorstellbaren Ausmaß korrelieren. In den integralen Energiemustern der universalen Lebensenergie existieren unzählige solcher morphischen Felder und Resonanzen und es ist leicht einzusehen, daß das Timing zwischen den globalen Auflösungs-und Befruchtungsvorgängen, ganzheitliche Energiemuster erforderlich macht, die einer *integralen, äonischen Bewegung* folgen. Wir können diese integralen Muster als die superimplizite Ordnung der universalen Lebenenergie bezeichnen, die mit ausserordentlicher Präzision arbeitet und von einer abründigen Weisheit geleitet wird. Das Konzept von Sheldrake stützt die transdynamische Auffassung der Reikianer, und ergänzt David Bohms dynamischen Holismus, sowie die Quantenphysik und die Supergavitationstheorie in hervorragender Weise. Dieses Konzept liefert u.a. auch eine Erklärung dafür, weshalb die Natur ein so exaktes Gedächtnis in Bezug auf gestaltliche Wiederholung und Entwicklungen zielorientierter Verhaltensmuster besitzt, und es gibt uns ein tieferes Verständnis von dem transformativen Evolutionsprozeß, weil das morphisches Feld sämtliche Resonanzen und induktiven Bewußtseinsmomente der Vergangenheit und Gegenwart feldartig organisieren kann, um sie dann in einem Induktionsprozeß zu verstofflichen.

27

# Die Geschichte und Herkunft von Reiki

Die Geschichte von Reiki beginnt um das 19. Jh. in Japan, ausgerechnet an einer *christlichen Seminarschule* in Kyoto. Dort lebte der japanische Priester und Mönch Mikao Usui. Auf Bedrängen seiner Schüler entschließt er sich, das Mysterium der Heilung durch Handauflegen näher zu erforschen. Wie kaum anders zu erwarten, studierte er zuerst die christlichen Schriften des Abendlandes in Amerika und erhielt an der Universität Chikago die Ehrendoktorwürde für seine Abhandlungen über das Geheimnis der Heilung durch Handauflegung von Jesus und seinen Jüngern. Trotz dieser Anerkennung gab er sich mit diesem Wissensstand nicht zufrieden. Er kehrte nach Japan zurück und suchte in buddhistischen Tempeln und alten Klöstern nach schriftlichen Quellen, die ihm eine Antwort auf seine Fragen geben könnten. Bemerkenswert ist daß Dr. Mikao Usui zu diesem Zweck eigens die chinesische Schrift und Sanskrit lernte, was ihm einige Mühe und erheblichen Zeitaufwand gekostet haben dürfte. Nach 7-jähriger intensiver Suche, entdeckte er in alten, noch nicht übersetzten buddhistischen Sutren, die ein unbekannter Tempeldiener niedergeschrieben hatte, mystische Anweisungen für bestimmte Symbole und Worte, mit denen wahrscheinlich Buddha und deren Nachfolger heilten. Wohl

Abb.3        Dr. Mikao Usui

hielt er nun den Schlüssel für eine uralte, natürliche Heilmethode in seinen Händen, doch wußte er nicht, ob er damit auch die Kraft erlangt hatte, um wirklich durch Handauflegen zu heilen. Auf den Rat seines Abtes, entschloß sich Dr. Mikao Usui, in einer 21-tägigen Fastenzeit über die gefundenen Symbole zu meditieren. Er bestieg einen der heiligen Berge und begann zu meditieren. Während der letzten Tagen seiner Fastenzeit kamen ihm Zweifel, an dem Unternehmen und an sich, ob tatsächlich auf diesem, nach Innen gerichteten Erkenntnisweg, die Bestätigung der Echtheit der Symbole und Formeln gefunden werden kann. Am letzten Fastentag wurde Dr. Mikao Usui plötzlich von einem gleißenden, pulsierenden Licht eingehüllt, das ihn momentan ängstigte. Von dem großen überirdischen Glanz des Lichtes überwältigt, fiel er zu Boden und nahm mit dem geistigen Auge die Symbole, eingehüllt in leuchtenden Lichtkugeln, wahr. Dieses offensichtlich mystische Erlebnis bewirkte einen ekstatischen Zustand, der ihn seine Erschöpfung und die asketischen Entbehrungen schnell vergessen ließ. Nach diesem wunderbaren Erleuchtungserlebnis war Dr. Mikao Usui klar, daß die Symbole nicht nur bloße Schriftzeichen waren, sondern göttliche Kräfte entfalteten. Dr. Mikao Usui legte vielen Menschen die Hand auf. Er verlangte nichts, sondern wollte nur durch die Übertragung der heilenden, göttlichen Lebensenergie helfen. Von den vielen Hilfesuchenden heilte er auch einen todkranken Abt. Dr. Usui nennt diese heilende Kraft von nun an:

**"die Reiki-Kraft."**

Nach sieben Jahren der selbstlosen Hingabe an Arme, Kranke und Bettler, entschloß er sich, die Reiki-Kraft zu lehren und Schüler auszubilden. Unter seinen Schülern befand sich auch ein pensionierter Marineoffizier namens Chujiro Hayashi. Dieser Schüler erregte seine besondere Aufmerksamkeit, weil er sich wie kein anderer mit der Reiki-Kraft identifizierte. Er ernannte ihn zu seinem Nachfolger und weihte ihn zum ersten Reiki-Meister ein. Dr. Chujiro Hayashi, gründete nach seiner Einweihung zwei Reiki-Kliniken, eine in Tokio und eine in Kyoto und versuchte durch Aufzeichnungen und Dokumentationen, Reiki zu einem natürlichen Heilsystem, -dem *"Usui-System"*- zu erheben. Unter den vielen Hilfesuchenden und Patienten, befand sich auch eine junge Frau namens Hawayo Takata. Obwohl japanischer Abstammung, war sie eine auf Hawaii lebende Amerikanerin und wollte sich in Japan einer Tumoroperation unterziehen. Neben ihrer Krebserkrankung war sie außerdem noch herzkrank und in einem schlechten, Allgemeinzustand. Als sie von der Reiki-Klinik hörte, begab sie sich dorthin und wurde tagtäglich intensiv mit Reiki behandelt. Allmählich heilte ihr Herz und der Tumor löste sich auf. Sie war davon so stark beeindruckt, daß sie sich entschloß, Reiki selbst anzuwenden. Trotz anfänglicher Ablehnung infolge männlicher Privilegien, gab Dr. Hayashi ihrem hartnäckigen Drängen doch nach und weihte sie in die drei Grade des Reiki-Systems ein. Nach längerer Erfahrungszeit in der Klinik, kehrte Frau Takata nach Hawaii zurück, baute dort eine erfolgreiche Reiki-Praxis auf und lehrte zusammen mit Dr. Hayashi das Usui-Reiki-System. Ihr persönliches Bekenntnis über die universale Lebensenergie finden wir in einer ihrer Tagebuchaufzeichnungen, wo es unter anderem folgendermaßen heißt:

*"Ich glaube an eine höchste Macht, das absolut Unendliche -eine dynamische Energie-, welche die Welt und das Universum regiert. Es ist eine vibrierende, unsichtbare, geistige Kraft. Daneben verlieren alle anderen Kräfte an Bedeutung. Daher ist diese Kraft absolut. Diese Kraft ist unergründlich und unermeßlich und als universale Lebenskraft für den Menschen unbegreiflich. Und doch erhält jedes einzelne lebende Wesen täglich die Segnungen dieser Kraft, im Wachen und im Schlafen. Verschiedene Lehrer und Meister nennen diese Kraft den großen Geist oder die universale Lebenskraft oder Lebensenergie, denn wenn sie angewandt wird, belebt sie den gesamten Organismus. Wie eine Ätherwelle lindert sie Schmerzen und läßt den Menschen in tiefen Schlummer fallen, so als läge er betäubt da. Sie wird auch als kosmische Welle bezeichnet, weil sie Schwingungen ausstrahlt, die ein jubelndes, frohlockendes Gefühl vermittelt und den Menschen zur Harmonie erhebt."*

*Ich nenne diese Kraft **Reiki**, weil ich sie unter diesem Namen kennengelernt habe."...usw.*

Im Februar 1938 initiierte Dr. Hayashi Mrs. Takata zur Reiki-Meisterin. Kurz vor seinem Tod ernannte Dr. Hayashi Frau Takata zu seiner alleinigen Nachfolgerin. Frau Takata gab in ihrer Nachfolgezeit viele Seminare und machte Reiki im Westen, insbesondere in den USA, bekannt. Ihre Begeisterung, genährt durch beeindruckende Selbstheilungen, greift auf viele ihrer Schüler über und weitet ihre Erfolgsbestrebungen beträchtlich aus. Aus den Seminaren fanden sich zwei Schülerinnen, die später nach ihrer Meistereinweihung die organisatorische Nachfolge antreten sollten. Es sind dies ihre Enkelin Phyllis Furumoto und Dr. Barbara Ray. Ihre Enkelin gründete die Organisation "The Reiki Alliance" und Dr. Barbara Ray, "The American International Reiki Association Inc. "(A.I.R.A.) Diese beiden Organisationen haben sich inzwischen weltweit etabliert, und bieten über ihre Meister und Lehrer Reiki-Kurse, Seminare und Kongresse an. Beide lehren die selben Symbole und Anwendungsweisen. Bezüglich des Ausbildungsmodus gibt es unterschiedliche Auffassungen, jedoch selbst die strengsten und höchsten Ausbildungsanforderungen nützen wenig, wenn der Auszubildende nicht von der Reiki-Kraft erfaßt wird. *Worauf es bei Reiki ankommt ist das **Durchflußerlebnis** der universalen Lebensenergie. Diese wesentliche **Schlüssel-Erfahrung** ist gleich einem spirituellen Erwachen und kann nicht gelehrt, sondern nur geweckt werden.*

# Kapitel II

*Jesus sagte: "Wer das All erkennt,*
*sich selbst aber verfehlt,*
*der verfehlt das All. "*

*Apokryphion (Thomas 67)*

## Physikalische Überlegungen zur universalen Lebensenergie

Niels Bohr, der wesentlich an der Quantentheorie mitwirkte, sprach vor mehr als 50 Jahren aus, was viele seiner Mitarbeiter fühlten.
*"Wer von der Quantentheorie nicht schockiert ist hat sie nicht verstanden."*
Die experimentelle Erforschung des Atoms brachte Ergebnisse hervor, die dem Newton'schen Weltbild geradezu entgegengesetzt waren. Sie setzten ein für allemal das alte Paradigma vom kausalen Mechanismus dieser unserer Welt so vollständig und gründlich ausser Kraft, daß jeder denkende Mensch sich heute fragen muß, wie man denn so verbissen an dem mechanistischen Weltbild Jahrhunderte festhalten konnte. Nach der Quantentheorie ist z.b. ein Elektron weder ein Teilchen, noch eine Welle, sondern es tritt erst dann in Erscheinung, wenn man ihm eine entsprechende Frage stellt. Ähnliches gilt für das Atom! Wäre das Atom ein bestimmtes Ding, z.B ein Festkörper, dann müßte ihm ein definitiver Aufenthaltsort und eine Bewegungsbahn zukommen. Gerade das ist in der Quantenwirklichkeit nicht möglich. Ihr zufolge kann mathematisch entweder nur die wahrscheinliche Position, oder aber nur die Bewegungsrichtung bestimmt werden. Entweder es nimmt auf Kosten seiner Welleneigenschaften den Teilchenaspekt an, oder umgekehrt. Beides zugleich ist unmöglich. Heisenbergs Unschärferelation, bringt diesen Sachverhalt in einer Gruppe von mathematischen Gleichungen zum Ausdruck. Lage und Bewegung sind bei diesen mikrophysikalischen Prozessen zwei sich ausschliessende Aspekte der Wirklichkeit. Niels Bohr deutete dieses Paradoxon dualistisch, in der sowohl die räumlich ausgedehnte Wellenbewegung, als auch der Aspekt des Korpuskels, als gegenseitige Ergänzung einer einzigen, umfassenden Wirklichkeit zu verstehen ist. Dieser neu eingeführte Begriff von der Komplementarität, war schon im alten Taoismus, siehe S.17, eine wesentliche Vorstellung von den zwei sich ergänzenden polaren Kräften, nämlich Yin und Yang und war und ist immer noch die Grundlage einer umfassen-

den Naturphilosophie. Heute kann man sagen, daß auf subatomarer Ebene die Materie nur als Energiestruktur existiert und atomare Erscheinungen nur *"die Tendenz"* zeigen aufzutreten bzw. zu existieren. In den Formeln der Quantentheorie können diese punktuellen und feldartigen Tendenzen nur noch mit statistischen Wahrscheinlichkeitsrechnungen erfaßt werden. Die Kernphysiker erkannten sehr bald, daß jedes Kernteilchen in einem unbedingten Zusammenhang mit dem ganzen Atom steht. Alle Ereignisse innerhalb eines Atomkernes, sind stets aufeinander bezogen und können unmöglich isoliert betrachtet werden. Man spricht von einem multidimensionalen Beziehungsnetz, in dem alles in akausaler Weise miteinander korreliert. Multidimensional soll hier auch heißen, daß die Vorgänge im Atom vom Beobachter und dessen intentionaler Ausrichtung z.B. seiner Fragestellung nicht mehr zu trennen sind und in das atomare Geschehen voll einbezogen werden müssen. Die Quantenphysik macht uns klar, daß Materie offensichtlich ihr Verhalten nach unserer Bewußtseinslage ausrichtet und daß die Energiemuster des Atoms, mit den mentalen und emotionalen Energien unserer Bewußtseinsinhalte interagiert. Wenn wir nun diese wissenschaftlichen Erkenntnisse auf die implizite Ordnung des dynamischen Holismus anwenden, siehe S.50, dann dämmert uns langsam, daß die Energiestruktur des Atoms jene implizite Ordnung bzw. die energetische Einfaltung der Materie sein muß. Die Interaktion von Bewußtseinsinhalten und atomaren Energiemustern zeigt auch, daß Materie offensichtlich eine Ausfaltung unseres Bewußtseins darstellt, denn nur so erklärt sich das Phänomen mental-direktiver Energieeinwirkungen auf das atomare Ereignisfeld. Vernetzt man diese modernen Erkenntnisse mit dem alten Taoismus, dann ergeben sich wohltuende Übereinstimmungen. Auf S.18 habe ich das alte Vereinigungssymbol von Yin-und Yang (Tai Ch'i) richtig dargestellt. Yin (schwarz) steigt in einer Rechtsschleife nach oben und Yang (weiß) nach unten. In dieser Komplementarität vollzieht sich in einem unendlichen Prozeß die Ausfaltung der universalen Lebensenergie. Unterteilt man das Symbol durch eine weitere Linksschleife, siehe Abb.4, S.35, dann haben wir eine gewundene Vierteilung, welche die Grundstruktur und damit die implizite Ordnung der Materie darstellt. Diese gewundene Vierteilung ergibt schließlich eine Linksspirale und bei näherem Hinsehen das Swastika, jenes kosmische Sonnenkreuz, das in spiegelbildlicher Umkehrung politisch so sehr mißbraucht wurde. Daran mag man die Macht der Symbole erkennen, so oder so. Nach den abstrakten Grundprinzipien kann dies eigentlich nur ein Doppelpaar sein:

a) Kraft und Bewegung (Yang), b) Struktur und Form (Yin). Die gleiche Energiestruktur haben wir auch in der Psyche. Unsere Emotionen, Triebe und Wünsche sind die eigentlichen Antriebskräfte, denn sie geben uns Bewegung und Ansporn. Für sie steht Kraft und Bewegung. Dagegen beherrschen unsere Gedanken und Vorstellungen die Richtung und den Weg der psychischen Dynamik, also die Struktur und Form. Aus dieser impliziten Wesens-Übereinstimmung von Materie und Bewußtsein erklärt sich schließlich, weshalb unsere mentalen Energien auf die subatomaren Ereignisse eine so große Wirkung ausüben. In der Abb.5 u.6, S.36 u.37, habe ich die Parallele von Psyche und Seinsstufen nochmals dargestellt. Die Vision des amerikanischen Philosophen James Jeans, daß der Strom unserer Erkenntnis sich in Richtung einer nicht-mechanistischen Wirklichkeit bewegt und das Universum eher wie ein einziger großer Gedanke anmutet, scheint sich aus der Sicht eines Kernphysikers mehr und mehr zu bestätigen. Deshalb können wir ohne Übertreibung auch von der *Quantenwirklichkeit* sprechen, welche die Einheit zwischen selbstbewußtem Geist und Materie wiedergibt. Sie zeigt uns, daß jede Erscheinung ein Ausdruck des Ganzen ist und weder lokalistisch, noch zeitlich isoliert gesehen werden darf. *Es gibt nach der Quantentheorie weder Dinge, noch Teilchen an sich, noch gibt es lokal mittelbare Beziehungen. Das Ganze bestimmt die Teilchen und die Teilchen wiederum bestimmen den Zustand und die Variablen des Ganzen. Es ist dies mehr als bloße Wechselwirkung, sondern ein ganzheitlicher Verschiebungs-und Umlagerungsprozeß. Mit dieser Erkenntnis machte die Physik einen wahrhaften Quantensprung, in dessen Licht das alte Paradigma wie grobe Hieroglyphen erscheinen müssen.* Die revolutionäre Entdeckung, daß Elementarteilchen und Elektronen keine von unserem Bewußtsein unabhängige Eigenschaften besitzen, ist zunächst nur auf subatomarer Ebene evident, jedoch dürfte dies auch für die makrokosmischen Erscheinungen zutreffen. Der selbstbewußte Geist ist der "actus spiritus", welcher der Materie Form und Bewegung verleiht. Die Materie reflektiert seine Ideen und sein Selbstbildnis jedoch nur schattenhaft. Die Trägheit der Materie (Tamas), fordert den actus spiritus oder vedisch gesprochen, den Purusha immer wieder zu neuer, kreativer Bewußtseinsausrichtung heraus, doch wird seine Sehnsucht nach vollkommener Selbstreflexion in der Materie zu nie ganz gestillt. Somit ist alles in einem unendlichen ewigen Werdeprozeß, das jener erhabenen Vollkommenheit des Absoluten hinterher läuft. Das Werden der Materie ist einem gigantischen Energiestrom vergleichbar, in dessen gewaltigem Fluß die Gegenstände, Formen, Strukturen und Ereignisse wie das Gekräusel von

Wellen auf der Oberfläche erscheinen und wieder versinken. Nicht die Erscheinungen und die Manifestationen sind die letzte Wirklichkeit, sondern sie sind nur Ausstülpungen des dahinterstehenden, lebensenergetischen Prozesses, der auf kosmischem Niveau für unseren Verstand unfaßbar ist. Ähnlich spricht auch Heraklit, siehe S.21. Durchaus könnte man sagen, daß das Universum eine sich selbstbeobachtende Wesenheit ist und das ihm höherdimensionierte, innewohnende Bewußtsein infolge seiner Aufmerksamkeitsausrichtung, stets neue, gigantische Umformungsprozesse einleitet. Wenn, wie die Phänomenologen sagen, Bewußtsein nur existiert, weil es einen Inhalt hat, dann müßte auch der Kosmos der Inhalt eines höherdimensionierten Bewußtseins sein, dessen Aufmerksamkeitsausrichtung für das Entstehen und Vergehen von Welten bestimmend ist. Der Fluß der universalen Lebensenergie würde demnach der Intention eines höherdimensionierten Bewußtseins folgen und so zeitliche und räumliche Bewegungen und Wandlungen auslösen. Abschließend können wir daraus folgern:

*"Das höherdimensionierte Bewußtsein ist in der universalen Lebensenergie stets gegenwärtig und seine überragende, kosmische Intelligenz und Weisheit folgt einer evolutiven Liebesbewegung, welche die unbedingte Freude aller Wesen will."*

# Die Manifestation der Lebensenergie

Das EINE

Die Yin-Yang-Einheit
der Lebensenergie

Linksspiralige, implizite
Ordnung der Lebensenergie

Vierteilige Manifestation
der impliziten Ordnung
der Lebensenergie

Abb. 4

# Das Zwiebelschalenmodell des kosmischen Menschen

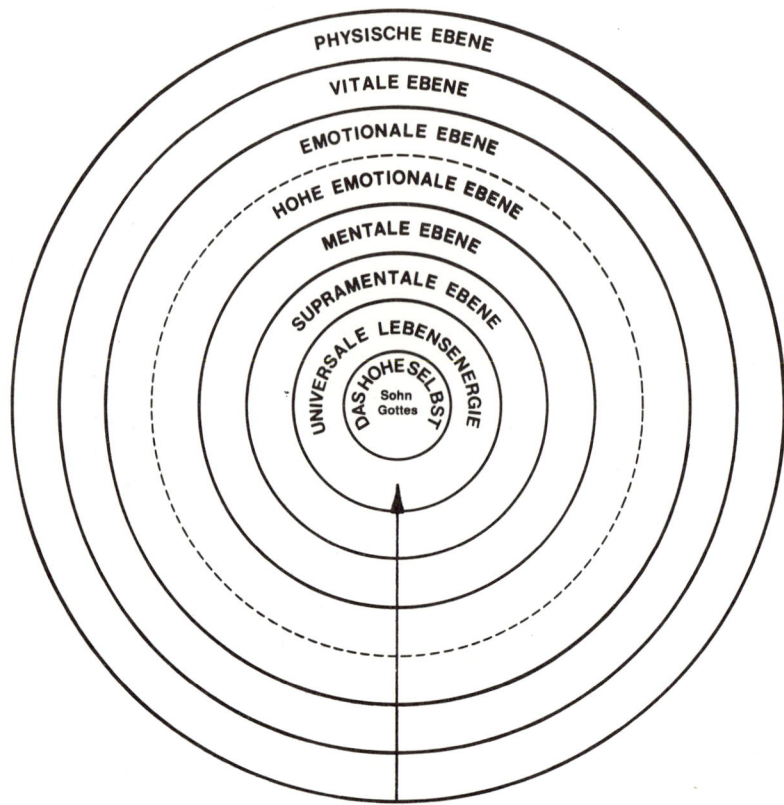

## Abb. 5

Die physische Ebene betrifft das stoffliche Festkörperbewußtsein. Die vitale E. ist die der Trieb-und Instinktwelt, die emotionale E. ist die der Zu-und Abneigungen, sowie emotionalen Automatismen. Auf der hohen emotionalen E. werden die Wertgefühle und synthetischen Empfindungen wahrgenommen. Die mentale E. betrifft die der logischen Induktion und Deduktion. Die supramentale E. bezieht sich auf Ideen, Intuition und spirituelle Einsichten. Die universale E. (Lebensenergie) ist ein umfassendes Einheitsbewußtsein allen Seins, und mündet in das hohe Selbst, bzw. den Sohn Gottes, jener Omegapunkt, in dem sich die Gottheit verstofflicht. Auf jeder E. werden die Gegensätze subtiler und deren Versöhnung ist das jeweilige Seins-Thema. Die Bewußtseinsevolution geht von außen nach innen, den Weg vom grobstofflichen Festkörperbewußtseins zu stetig feineren Schwingungen, dies bedeutet die Befreiung von unbewußten Verhaftungen und Sichtweisen, und bewirken eine zunehmende Bewußtseinserweiterung.

# Die Parallelität psycho-spirirtueller Hierarchie u. Seinsstufen

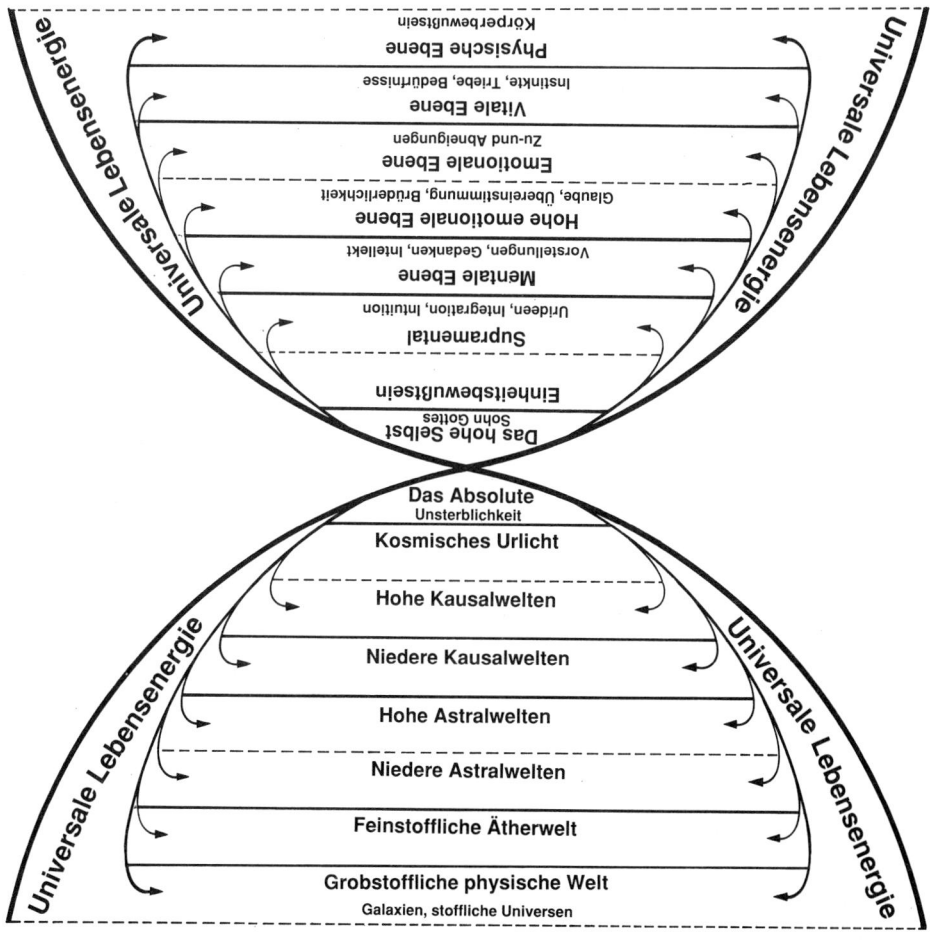

Abb. 6

# Die Aus-und Einfaltung der universalen Lebensenergie

Eine der ersten widerspruchsfreien Definitionen über Energie, gab Aristoteles in seiner trockenen, nüchternen Art. Er sagte, *Energie ist das, was alles in Bewegung setzt.* Wenn nun Energie das Bewegende ist, dann fragt sich natürlich von welcher Art diese Bewegung ist und welches teleologische Prinzip dem innewohnt. Dabei können wir feststellen, daß es in der Physik im Grunde nur dreidimensionale Bewegungsrichtungen gibt.

1. Die zusammenziehende, bzw. kontrahierende Bewegung, die Implosion.

2. Die sich ausdehnende, also expandierende Bewegung, auch Expansion genannt.

3. Die kreisförmige Bewegung bzw. radiale oder zyklische Bewegung, welche z.B. eine links-oder rechtsläufige Spirale sein kann, oder nur einen einfachen Kreis beschreibt.

Darüberhinaus gibt es eigentlich keine weitere Bewegungsrichtung, denn eine pulsierende Bewegung z.B., setzt sich ja aus den beiden Komponenten des Zusammenziehens und der Ausdehnung zusammen. Auch Schwingungen haben bestimmte Bewegungsmuster, die wir als Wellenmuster oder Wellenzüge wahrnehmen; sie alle zeigen die gleichen Bewegungsrichtungen, siehe Abb.24 bis 31, S.294. Eine Spirale mit expansiver, rechtsläufiger, bzw. zentrifugaler Auswärtsbewegung ist ein Ausfaltungsvorgang, also ein expliziter Prozeß oder der Vorgang einer *Manifestation* der Lebensenergie, so wie wir dies bei astrophysikalischen Vorgängen beobachten können. Die Energie dehnt sich aus, erscheint jedoch unserem Sinnenbewußtsein erst dann als eine Verdichtung von Feuer, Erde, Wasser und Luft, wenn die Frequenz der Energieschwingungen mit denen der Sinnesorgane übereinstimmt, siehe auch Abb.7, S.54. Auf Grund dieser Vorgänge nehmen wir Formen, Bewegung und Raum wahr. Das würde, konsequent weitergedacht bedeuten, daß alles was wir wahrnehmen, tatsächlich die ausgeformte, implizite Energiestruktur wäre oder wie Propheten und Weise immer wieder sagten, *die Offenbarung Gottes.* Mit zunehmender Ausdehnung wird das Energiefeld stets niederfrequenter und kann aber von höherfrequenten Energieeinflüssen dominiert und schließlich aufgelöst werden. Das ist einer der Gründe des Entstehens und Vergehens von Materie. Eine Spirale mit einer zentripedalen linksläufigen Einwärtsbewegung ist ein Einfaltungsvorgang, also ein implodierender Prozeß oder der Vorgang der Auflösung, indem die expansive Manifestation zusammenbricht. Die Energie zieht sich zusammen und entschwindet dem Blick und Griff unseres Sinnenbewußtseins. Je mehr die Energiekräfte aneinandergeraten, desto frequenter werden sie und desto lichtvoller wird das Energiemuster. Die galaktischen Systeme zeigen sowohl rechts -als auch linksläufige Spiralen. Das wirft natürlich die Frage auf, ob eine rechtsrotierende Galaxie im Zustand der Ausfaltung, also der Manifestation von Welten ist und umgekehrt, ob linksrotierende Galaxien sich in der Phase der Einfaltung befinden? Nun, ich meine, daß ein galaktisches System ein pulsierender Organismus ist, in dem mehr oder weniger gleichgewichtig, implodierende als auch expandierende Prozesse wirksam sind, analog den Yin -und Yangkräften. Wichtiger als diese Frage dürfte die nach der Evolution und Involution sein. Eine zentrifugale Auswärtsbewegung könnte evolutiv sein, in welcher der involvierte Geist oder die implizite Energiestruktur sich ausfaltet, also veräußert, bzw. nach aussen stülpt. Die zentripedale Bewegungsrichtung, ob links-oder rechtsläufig, dürfte ein involutiver Prozeß sein, in dem die evolvierte Energiemanifestation wieder nach innen gestülpt wird und zur ursprünglichen impliziten Ordnung zurückkehrt. Der evolutive Ausstülpungsprozeß ist anscheinend ein Bewußtwerdungsprozeß impliziter Energiemuster, wobei angenommen werden muß, daß die äonisch-kosmischen Phasen des Entstehens und Vergehens ganzer Welten, sich nach zyklischen Bewußtwerdungsstufen ausrichten, siehe auch meine Ausführungen zum dynamischen Holismus. Aus diesen Bewegungsrichtungen entstehen also die tausenderlei Formen und Auflösungen. Eine Manifestation kann es z.B. nur dann geben, wenn die Energiebewegung sich verlangsamt, und so für unsere Sinnesorgane sichtbar wird. Der Formprozeß wäre daher eine individualisierende Sinneserscheinung. Die manifestierte Energiestruktur erscheint uns vom Ganzen absondert, weil unsere Sinnesorgane wie ein selektierendes Instrument des "ICH-BIN-BEWUßTSEINS" einfach auswählt. Ohne ein auswählendes Subjekt in uns, gäbe es daher nur ununterschiedene Sinneswahrnehmung und somit kein wirkliches Erkennen von Energiemustern und Manifestationen. Das "ICH-BIN-BEWUßTSEIN" steigert sich so langsam in die Illusion der Absonderung hinein, und nimmt sich selbst als etwas vom Ganzen Abgeschiedenes wahr. Es ist *Für sich und Bei sich* und wird in dieser Selbsttäuschung, durch seinen fortgesetzten Versuch, die Energiemanifestationen von sich zu unterscheiden immer wieder bestärkt. Doch andererseits ist Form und Sinneserscheinung auch der Ausdruck einer Idee des innewohnenden Subjektes, das mit dieser Erscheinung eine bestimmte Absicht verfolgt. Es ist dies der ständige Versuch, das Göttliche in einer möglichst vollkommenen und umfassenden Manifestation zu verwirklichen. Formen und Erscheinungen, so können wir sagen sind der ewige, jedoch auch vergebliche Versuch, das Absolute annähernd zu verendlichen, siehe auch meine Ausführungen auf S.63. Die universale Lebensenergie beinhaltet alle möglichen Energiemuster für dieses Wagnis. Die neuzeitliche Physik hat erkannt, daß Materie nichts weiter ist als eine bestimmte Erscheinungsform von Energie und in der berühmten Gleichung $E = m \cdot c^3$ findet diese Erkenntnis ihre mathematische Gewißheit. Der Welle-Teilchen Dualismus gehört ebenfalls zu den Meilensteinen des neuen Paradigmas. Ein subatomares Energiepartikel kann gleichzeitig eine Energiewelle sein und zwar nicht eine dreidimensionale Welle wie etwa Schall oder Wasserwellen, sondern eine Wahrscheinlichkeitswelle nach mathematischen Gesichtspunkten. Die Wahrscheinlichkeitswelle gibt darüber Auskunft mit welcher Wahrscheinlichkeit ein bestimmtes Teilchen an einem bestimmten Ort und zu einer bestimmten Zeit im subatomaren Feld anzutreffen ist. Die Quantenphysiker können also niemals mit Sicherheit vorhersagen, wo und wann ein Teilchen auftritt, sie können nur sagen wie wahrscheinlich sein Auftreten ist. Auf der subatomaren Ebene gibt es daher keinen bestimmten Ort, keine Festkörper oder isolierten Dinge mehr, sondern nur noch Wahrscheinlichkeitsstrukturen, Beziehungen, komplexe Vernetzungen und Zusammenhänge. Das Atom ist somit kein Grundbaustein der Materie, sondern eine einheitliche Energiestruktur. Nun stellt sich die Frage, wenn Atome eigentlich nichts Festes sind, wie kommt es dann, daß wir dennoch Festigkeit fühlen und wahrnehmen? Capra gibt darauf eine einleuchtende Antwort:

*"Wann immer ein Teilchen nur einen kleinen Raum zur Verfügung hat, reagiert es auf diese Begrenzung mit Bewegung und je kleiner der Raum ist desto schneller bewegt sich das Teilchen darin. Im Atom gibt es zwei entgegengesetzte Kräfte. Einerseits zieht der Kern die Elektronen durch elektrische Anziehung so dicht wie möglich an sich heran, andererseits reagieren die Elektronen auf ihre räumliche Beschränkung damit, daß sie herumwirbeln; und je dichter sie an den Kern herangezogen werden, desto grösser ist ihre Geschwindigkeit. Es ergeben sich dabei Geschwindigkeiten von ca. 900 km pro Sek.! Diese hohe Geschwindigkeit lassen das Atom als starre Kugel erscheinen, genau wie ein schnell laufender Propeller als Scheibe erscheint."*

Der Eindruck einer festen, starren Materie entsteht also durch die extrem hohen Geschwindigkeiten, mit denen sich die lebensenergetischen Strukturen bewegen. Weil jedoch unser Sinnessystem nur einen bestimmten Frequenzbereich erfaßt, weil es eben selbst nur in einer bestimmten Frequenz schwingt, können wir die atomaren

Energiemuster nur in einer ganz bestimmten Frequenz als Festkörper wahrnehmen. Die Sinneswahrnehmung ist also zuvorderst eine Frage der Schwingungsfrequenzen.
Was jedoch sagen die Sutren des Veda zur Materie und ihrem Erscheinungsbild?
Da heißt es z.B. im III. Sutra:
"Parambrahma verursacht, daß die Schöpfung, die Natur (Prakriti) sichtbar in Erscheinung tritt. Aus AUM (Pranava, dem Wort oder der Urschwingung der allmächtigen Kraft) entstehen Kala (Bewegung), Descha (Form) und Anu" (Struktur bzw. Substanz, womit wohl die sich mit hoher Geschwindigkeit bewegenden Energiemuster gemeint sind).
AUM, die Urschwingung oder Urvibration der göttlichen Energie bringt alles in Bewegung. Letztere ist jedoch ein Aspekt der Zeit. Da nun Zeit und Raum ein Kontinuum bilden sind sie beide eine Folge der emanierten göttlichen Urschwingung. Wenn wir die vorläufigen Erkenntnisse der Quantenphysik mit den Aussagen der vedischen Sutren vergleichen, entdecken wir wesentliche Übereinstimmungen. AUM wäre demnach die universale Urschwingung der göttlichen Energie, aus der alle anderen Schwingungen und Frequenzen hervorgehen. Die universale Lebensenergie hat die göttliche AUM-Schwingung zur Grundlage und ist mit ihr identisch. Das energetische Beziehungsnetz, aus dem die Materie in Wirklichkeit besteht ist durch ganzheitliche Energiemuster so strukturiert, daß sie unserem sinnlichen Auge so und nicht anders erscheint. Wir werden auf den Zusammenhang und die Wechselwirkung, zwischen sinnlicher Anschauung und elektromagnetischer Schwingungskräfte, weiter unten näher eingehen.
Die moderne Quantenphysik sieht die Materie also nur noch energetisch und versucht die Energiemuster mathematisch zu fassen. Dabei ist sie an ihre *mentalen Grenzen* gestoßen, denn induktives Erfassen mittels Statistik und Wahrscheinlichkeitsberechnungen kann im strengen Sinne nicht mehr als kausalanalytische Wissenschaft gelten. Wenn nun jedoch Materie offenbar aus weitgehendst uns noch unbekannten Energieprozessen entsteht, wie die Großanlagen der Teilchenbeschleuniger zeigen, müssen wir die Grundannahme, Materie sei auf elementare Grundbausteine zurück zuführen, für ad absurdum erklären. Materie ist vielmehr ein lebendiges Gefüge von bewegten Energiemustern, ja sie ist ein bestimmtes Energie-Interaktionsfeld, das Prozeßcharakter hat. In diesem Prozeß gibt es im Grunde nur eine einzige Energie, welche jedoch in den langsam schwingenden und gröberen Energiemustern den Eindruck vieler Energieformen erweckt. Das Konzept der Supergravi-

tationstheorie z.B. geht davon aus, daß alle Kräfte, auch der unterschiedlichsten Energiemuster, auf höherem Niveau einswerden siehe auch S.55. Die bislang definierten vier physikalischen Grundkräfte (Gravitation, elektromagnetische Kraft, sowie die schwachen und starken Wechselwirkungskräfte der Nukleonen) sind nichts weiter als Spielarten und Aspekte der universalen Lebensenergie.

Das von Alexander Dubrov entdeckte Biogravitationsfeld, siehe S.25, postuliert neben dem anziehenden Aspekt gleichzeitig auch einen abstoßenden. Dieses Konzept würde eine ausreichende Erklärung für die paranormalen Phänomene und der außersinnlichen Wahrnehmungsformen -kurz ASW genannt- anbieten. Außersinnliche Wahrnehmungen können aus physikalischer Sicht nur Energien sein, die sich mit Überlichtgeschwindigkeit ausbreiten und von ganzheitlich-holistischer Natur sind, das beweisen die vielen Abschirmungsexperimente über große Entfernungen. Die NASA schirmte z.B. eine Kaninchenmutter elektromagnetisch von ihren Kindern ab und tötete die Jungen in einem getauchten U-Boot nacheinander. Im Augenblick der Tötung zeigten die Hirnstromkurven der Mutter jedesmal deutliche Ausschläge. Aus solchen Rapport-Experimenten wird deutlich, daß eine höhere integrale Energie existieren muß, welche auf unbekanntem Wege solche Informationen ermöglicht. *Es ist anzunehmen, daß diese Energie gleichzeitig mit allem und jedem verbunden ist und zwar nicht durch irgendwelche Signale, sondern durch Teilhabe am Ganzen, in der alle Teile wissen was die anderen tun und daraufhin ihre Reaktionen und ihr Verhalten ausrichten. Wenn dem so ist, dann haben wir es mit einem Energiekontinuum zu tun, das ein einziges Ganzes ist, eine Totalität wie wir sie im Konzept der universalen Lebensenergie sehen.* Darüber existieren bereits wissenschaftliche Energiemodelle, wovon das von Prof. William Tiller einen umfassenden Bezugsrahmen abgibt. Tiller schlägt ein dreidimensionales Energiemodell vor mit einer positiven Raum-Zeit-Energie, einer negativen Raum-Zeit-Energie und einer Deltron-Energie. Der positive Aspekt umfaßt die vier physikalischen Grundkräfte (schwache und starke Kernkraft, Gravitation und Elektromagnetismus) und bezieht alle Schwingungen und Energiemuster ein, die bis an die Grenze der Lichtgeschwindigkeit reichen. Der negative Aspekt beinhaltet alle Schwingungen, die sich mit Überlichtgeschwindigkeit ausbreiten z.B. Tachyonen und so die oben erwähnten, paranormalen Phänomene und Psi-Kräfte erklären könnte. Tiller prägte dafür den Begriff "Magnetoelektrische Energie." Die negative Raum-Zeit-Energie existiert rein quantentheoretisch als Antimaterie. Da man Antimaterieteilchen bisher nicht sehen konnte, sondern ihre Existenz nur rechnerisch ermittelte, nimmt man an, daß sie auf Grund ihrer sehr hohen Frequenzen Abstoßungsenergien, z.B. Levitation, ausstrahlen, also das genaue Gegenteil zur Gravitation. Die negative Raum-Zeit-Energie bietet so eine einfache Erklärung für solche Energieübertragungen, die alle Abschirmungen durchdringen. Tiller behauptet, daß die negative Raum-Zeit-Energie wegen ihrer Überlichtgeschwindigkeit nicht direkt mit den langsameren Energien der positiven Raum-Zeit interagieren kann. Deshalb kommt er zu einer vermittelnden Energie, die beide Bereiche miteinander verbindet, die sogenannte Deltron-Energie. Im Kapitel über die Chakras habe ich die Schichten -und Schwingungsgesetze aufgestellt, darunter auch das Gesetz der Freiheit, wonach die höheren Schwingungen bzw. die feineren und frequenteren gegenüber den langsameren frei sind und sich niemals vermischen, sondern lediglich überlagern oder gegenseitig durchdringen. Die feineren, frequenteren Schwingungen sind von Raum-und Zeit unabhängiger und falls sie Überlichtgeschwindigkeit erreichen, schrumpft nach der Relativitätstheorie der Raum auf einen mathematischen Punkt zusammen und die Zeit dehnt sich ins Unendliche. Beide Raum und Zeit stehen still und werden bedeutungslos. Tiller behauptet nun, eine vermittelnde Energiezone, in welcher die niederfrequenten und gröberen, in die höheren transformiert werden und umgekehrt. Das müßte jedoch bedeuten, daß die Deltron-Energie sowohl Licht als auch Überlichtgeschwindigkeit hätte. Die Deltronenergie erfaßt nach Tiller beide Frequenzbereiche, was ihr einen universellen Aspekt zuweist. Ein ebenso universaler bzw. neutraler Aspekt, begegnet uns in dem physikalischen Verhalten der Neutrinos. Es sind dies ungeladene und masselose Teilchen, die sich mit Lichtgeschwindigkeit bewegen. Sie reagieren kaum mit anderen Teilchen, weil sie weder Masse noch Ladung besitzen, und sie haben die einzigartige Eigenschaft, die Materie ungehindert zu durchdringen. Man hat errechnet, daß wenn man ein Neutrino auf die Hälfte seiner Geschwindigkeit bremsen wollte, müßte man ihm einen 950 Billionen Kilometer dicken Bleiklotz entgegenstellen. Die Neutrinos könnten aus physikalischer Sicht wegen ihrer Allgegenwart, ihrer Lichtgeschwindigkeit und nahezu unbegrenzten Durchdringungsfähigkeit zumindest ein physikalisches Medium der universalen Lebensenergie sein. Das könnte bedeuten, daß die universale Lebensenergie und jedes Energiequant in einem Meer von Neutrinos agiert und so stets bereit ist für eine ganzheitliche Reaktion. Die universale-ganzheitliche Lebensenergie, müßte nach den bisherigen Ausführungen auch *ein ganzheitliches Bewußtsein* haben, denn wie konnte sie anders in der Lage sein, die Bewegungsrichtung der mikro-und makrokosmischen Materieprozesse ganzheitlich aufeinander abzustimmen. Wenn, wie wir auf S.42 sagten, jedes Teil von allem, also vom anderen Teil und gleichzeitig auch vom Ganzen weiß, dann ist das ohne Bewußtsein nicht möglich. Bewußtsein kann nur wieder Bewußtsein beeinflussen und eine der Schlußfolgerungen der Quantenphysik lautet, daß der Beobachter und das Beobachtete nicht voneinander zu trennen sind. Sobald wir unsere Aufmerksamkeit auf etwas ausrichten, geben wir dort Energie hinein und beeinflussen es. Wer z.B. viel an seine Feinde oder Konkurrenten denkt, versorgt sie unfreiwillig mit Energie, die dann das Konkurrenzverhalten und den Konflikt noch verschärft. Nicht wenige Physiker haben erkannt, daß nicht nur Materie und Energie eins sind, sondern Bewußtsein und Energie ebenfalls. Energie impliziert also Bewußtsein dadurch, daß die Energie offensichtlich selbstbewußt und gleichzeitig ganzheitsbewußt ist. Die universale Lebensenergie weiß um sich selbst, sie ist sich ihrer selbst bewußt. Sie weiß um ihre Bewegungsrichtung und um die prozessualen Vorgänge, die sie in Abstimmung mit dem Ganzen durchführt. In einem der folgenden Kapitel werden wir noch von der formativen, strukturellen Intelligenz (Entelechie), die der Lebensenergie innewohnt, sprechen. Dieses Vermögen der Lebensenergie erklärt, weshalb bei einem materiellen Entstehungsprozeß sich ganz bestimmte Formen herausdifferenzieren und die Energie eine bestimmte Festigkeit und atomare Struktur annimmt. Jede Form von Materie offenbart ein gewisses Bewußtseinspotential, welches im Verlauf der Evolution vom Atom über das Virus, bis zum Primaten aktualisiert wird. Eine vollkommene Aktualisierung, nämlich das Wissen von sich selbst und seinen Inhalten, wurde erst im Menschen möglich. Dieses Vermögen nennen wir Selbstreflektion. Daß selbst das Photon Bewußtsein besitzt, wenn auch auf niedrigster Ja/Nein-Stufe, beweist uns das Youngsche Doppelspalt-Experiment. Offensichtlich folgt es dem Gesetz der Ganzheit und reagiert entsprechend der Situation und seinem begrenzten Reaktionsmuster. Arthur Young war ein universelles Genie, der weit seiner Zeit voraus erkannt hatte, daß jede Manifestation eine bestimmte Bewußtseinsstufe ausdrückt. In seinem genialen Werk *"Das reflexive Universum"* zeigt er, daß jeder Manifestation, vom subatomaren Teilchen bis zu den höchst entwickelten Organismen, ein besonderer Bewußtseinsausdruck innewohnt, wobei sich die unterschiedlichen Bewußtseinsstufen durch den Grad ihrer Komplexität (Weite und Differenzierung) und den der Freiheit unterscheiden. Das Bewußtsein selbst ist ja schon eine Totalität, denn ein Wissen vom Wissen kann nicht weiter hinterfragt werden, es ist absolut, wie Satre schon sagte. Das was ein Bewußtsein zum Ausdruck bringt, kann allerdings immer nur ein Teilmoment vom Ganzen sein. Erlangt eine Energiemanifestation die volle selbstreflexive Ausdrucksform, z.b. über das Gehirn und des zentralen Nervensystems, wie es der Mensch besitzt, dann hat sich die selbstbewußte Lebensenergie in der Tat verstofflicht und ist sichtbar in Erscheinung getreten. Wir können also, um es nochmals zu verdeutlichen, sagen, daß zwar alle von der anorganischen Materie bis zu den höchstentwickelten, manifestierten, selbstbewußten Wesenheiten, das gleiche Bewußtsein besitzen, eben die universale Lebensenergie, jedoch sind Umfang und Ausdrucksmöglichkeiten derselben infolge der unterschiedlichen Differenzierung der Manifestationsformen, selektiv eingeschränkt. Hinterfragen wir etwa die Gründe warum sich die universale Lebensenergie in so verschiedenen Entwicklungshöhen manifestiert, d.h. zum Ausdruck kommt, dann müssen wir auch hier wieder ein ganzheitliches Prinzip annehmen. Die Ausdrucksformen stehen in einem ganzheitlichen, proportional-qualitativen und quantitativen Verhältnismuster zueinander, dessen abgründige Gesetzmäßigkeit wohl niemand erfassen kann. Auch ist leicht einzusehen, daß, wenn unser Universum ein Geistorganismus ist, dieser nur dann wirklich funktionieren kann, wenn jede Bewegung und jedes Teilchen von einem ganzheitlich wählenden Bewußtsein durchdrungen ist. Wäre es nicht so, dann bestünde unser Kosmos aus einem Chaos von Zufällen. *Wir können also davon ausgehen, daß jedes Elektron, Photon und Energiequant am universalen Bewußtsein der Lebensenergie partizipiert und jederzeit genau weiß, wie es sich verhalten soll.* Sie tun nur das, was im Moment zur Erhaltung des Ganzen und zur Evolution des Bewußtseins erforderlich ist. Die ungeheure energetische Vernetzung der universalen Lebensenergie sorgt hierbei für die Allgegenwart eines ganzheitlichen Bewußtseins, das den für die Gesamtsituation angemessenen Energieprozeß jeder Teileinheit einleitet. Auch die Naturgesetze sind nichts weiter als Teilgesetze dieses universalen Bewußtseinsprozesses, sie stehen in einem inneren Zusammenhang mit dem Ganzen. Daraus können wir folgern, daß die universale Lebensenergie jede Form und Manifestation *mit gutem Grund* entstehen läßt. *Alles, was im Universum ist, ist notwendig für das Ganze und wahrhaftig.* Wenn dieser Grund für unsere eingeengte Wahrnehmung nur selten klar ersichtlich sein mag, so ist er doch absolut, weil eben Teilausdruck des Ganzen. Das unendliche Potential der universalen Lebensenergie aktualisiert sich genau auf diese Weise, wie es jenes ganzheitliche Bewußtsein für die evolutive Ausdrucksmöglichkeit vorsieht und nur dasjenige kommt zum Ausdruck, was für die weitere kosmische Ausfaltung relevant ist. Auch Kulturen, Religionen, Ideologien und sonstige mentale und spirituelle Mächte behalten nur solange ihre Gestalt und Macht bei, wie es für das Ganze notwendig ist. Haben sie ihren Dienst für das Ganze getan, dann lösen sie sich auf, oder wandeln sich in die nächste Gestaltung um. Die Zerstörung einer Ordnung oder einer Struktur setzt notwendig Energie frei, die sich unter Berücksichtigung der alten Bewußtseinsinhalte und der Ganzheit neu strukturiert.

**Wir fassen zusammen:**

Alles ist im Prinzip von dem gleichen Bewußtsein der universalen Lebensenergie durchdrungen, jedoch gibt es große Unterschiede in den Ausdrucksformen. Je undifferenzierter und gröber die Manifestation, desto tiefer auch die Bewußtseinsstufe. Die Urvibration, das AUM ist die höchste und frequenteste kosmische Schwingung der universalen Lebensenergie. Aus dessen Potential differenzieren sich alle anderen Schwingungen heraus. Der evolutiven Bewegungsrichtung der universalen Lebensenergie kommt es darauf an, Manifestationen hervorzubringen, die eine möglichst vollständige Annäherung an die Ganzheit erreichen. Je umfassender das Bewußtsein desto mehr besteht der Drang nach Ganzheitsausdruck. Daher müssen die Manifestationen und Ausdrucksformen auf die Frequenz und Schwingungsform der universalen Lebensenergie transformiert werden. Die verschiedenen Bewußtseinsebenen sind nur Ausdruck und Struktur dieses Prozesses. Man könnte auch die Manifestationen der universalen Lebensenergie, vom einfachsten Grundzustand der Materie, etwa dem Elektron, bis hinauf zu den organischen Ausdifferenzierungen des menschlichen Gehirns, als Stufen unterschiedlicher Schwingungsgestalten und Frequenzen der universalen Lebensenergie ansehen.

## Quantensprünge oder kontinuierliche Entwicklung des Bewußtseins?

Auch im Vorgang des Prozesses der Bewußtseinserweiterung folgt die universale Lebensenergie den Gesetzen der Ganzheit. Nicht alle die durch spirituelle Impulse, Seminare und Ausbildungsmöglichkeiten einen weiteren und frequenteren Bewußtseinszustand erreichen, bleiben auch auf dieser Höhe, sondern sie werden, ob sie wollen oder nicht, auf dem Niveau bleiben welches für das Ganze, bzw. kollektive Bewußtsein der Menschheit am besten ist. Aus der Physik ist die Tatsache des Elektronensprungs bekannt. Ein Elektron kann nur dann in eine höhere Schale springen, wenn das entsprechende Atom durch einen Energieimpuls dazu angeregt wird. Das angeregte Elektron verläßt seinen angestammten Grundzustand und nimmt eine höhere Bahn ein. Bleibt jedoch der Impuls aus, dann fällt das Elektron auf seine alte Bahn zurück und nimmt wieder seinen ursprünglichen Grundzustand ein. Sehr oft finden wir dieses Verhalten bei uns selbst. Manchmal sind wir angeregt durch die mächtigen Impulse eines spirituellen Menschen, den wir bewundern und wir eifern ihm nach. Oder wir lesen eine anregende Lektüre und fühlen uns für eine Weile aufgefordert, bestimmte Inhalte zu verwirklichen. In solchen Phasen fühlen wir uns in einer Aufbruchsstimmung, wir haben mehr Hoffnung und Lebensmut. Vieles sehen wir optimistischer und unser innerer Antrieb, sowie unsere Aktivitäten nehmen beträchtlich zu. Verlieren wir den vorbildlichen Menschen aus den Augen oder verblassen die Erinnerungen an eine Lektüre, dann fallen wir wieder zurück in unsere alten Fehler und Gewohnheiten. Unser Antrieb und unsere Aktionen nehmen erheblich ab; die Stimmung sinkt und der Alltag wird wieder grau. Dieses Trägheitsverhalten kann aber durchaus für das Ganze notwendig sein, denn der evolutive Plan des Ganzen geht seine eigene Bahn, auch wenn das manche spirituellen Eiferer nicht wahrhaben wollen. Viel häufiger ist jedoch der kontinuierlich, langsame Bewußtwerdungsprozeß, bei dem durch stetige, jedoch kleine Aufnahmen von Bewußtseinsinhalten, die Bewußtheit für Ganzheit und Einheit ständig zunimmt. Das Aufnehmen von Bewußtseinsinhalten muß jedoch *integrativ* sein, d.h. die neuen Inhalte müssen qualitativ integriert werden, also auf die individuelle Bewußtseinslage eingestimmt und angepaßt sein und *nicht nur bloß übernommen*. Normalerweise müssen die gleichen Bewußtseinsinhalte mehrmals in das Bewußtsein eindringen, bis sie angenommen werden. Energetisch gesprochen heißt dies, daß nur ein wiederholter Energieimpuls in ein Energiefeld Bewegung hineinbringt, indem er zuerst das vorhandene Energiemuster dynamisiert und bei weiterer Einwirkung eine Änderung oder Neuordnung des Energiemusters bewirkt. Der integrative Neuordnungsprozeß von Energiemustern und Schwingungen in einem Energiefeld, vollzieht sich nach den Gesetzen von Klang und Rhythmus. Schon Pythagoras, siehe auch S.21, der die Idee der Sphärenharmonie entwickelte, entdeckte, daß jedem Ton eine ganz bestimmte Schwingungszahl entspricht und Klänge sowie Rhythmen, mathematisch auf Zahlenverhältnissen, -den Schwingungszahlen- aufgebaut sind. Je höher der Ton, desto feiner und frequenter die Schwingung und je tiefer der Ton, desto gröber und langsamer die Schwingung. Auch beim Klang, in dem mindestens zwei Töne unterschiedlicher Höhe zusammenwirken, entscheidet das Zahlenverhältnis der Schwingungen über Konsonanz oder Dissonanz. Einfacher gesagt, ergibt z.B. die Länge einer Gitarrensaite eine ganz bestimmte Schwingung. Verkürzt man die Saite, dann vibriert sie wesentlich schneller, ihre Schwingungszahl erhöht sich also. Nach diesem Prinzip funktionieren z.B. alle Streich-und Zupfinstrumente. Die Verkürzung einer Saitenlänge um die Hälfte also 1:2 (Oktave), erhöht z.B. die Schwingungszahl um das Doppelte. Verkürzt man nun diese halbierte Länge um ein weiteres Drittel, 2:3 (Quinte) dann erhöht sich die Schwingungszahl wieder um das Doppelte und bei weiterer Verkürzung um ein Viertel, 3:4 (Quarte), steigt die Schwingungszahl wieder um das Doppelte, usw. Dieser Tonhöhenabstand um jeweils das Doppelte ist ein ganzzahliger, und aus den Erkenntnissen der Atomphysik wissen wir, daß den ganzen Zahlen für den Aufbau der Welt eine einzigartige Bedeutung zukommt. Max Planck, der jedem Schwarmgeistigen abhold war, meinte dazu: *"Alle Wirkung und Bewegung in dieser Welt ist nur ein ganzzahliges Vielfaches aus einer kleinsten Wirkung, also einer Wirkungswelle."* Die Intervalle von Oktave, Quinte und Quarte, sowie große und kleine Terz beruhen also sowohl auf dem Tonhöhenabstand als auch auf das Schwingungszahlenverhältnis zweier nacheinander oder gleichzeitig erklingender Töne. Wenn wir nun die Gesetze der Naturtonschwingungen, nämlich, daß die Tonschwingungszahl immer dann um das Doppelte steigt, wenn die Seitenlänge sich entsprechend verkürzt auf das Wachstum unseres evolutiven Bewußtseinsprozesses übertragen, dann hätten wir einen wunderbaren Vergleich. Die musikalisch -harmonische Wachstumskurve unserer Bewußtseinsentwicklung, würde um das Doppelte zunehmen wenn gleichzeitig unser Ego um die Hälfte schrumpft. Ich habe darüber in meinem Buch: *"Die Kabbala ein Erkenntnisweg zum hohen Selbst"* ausführlich geschrieben und den jeweiligen qualitativen Bewußtseinsschub herausgearbeitet. Hat ein

Mensch z.B. den zwölffachen Umfang des gewöhnlichen Alltagsbewußtseins erreicht, dann ist die Erkenntnisgeschwindigkeit zwölfmal schneller, d.h. er braucht nur noch ein Zwölftel der Zeit und des Weges zu seinem geistigen Fortschritt. Deutlich kann man auch erkennen, daß, je weiter der Bewußtseinsumfang und je höher die Bewußtseinsstufe, desto rasanter die evolutive Entwicklung, sowohl des Einzelnen wie der ganzen Menschheit. Die Zunahme und Steigerung feiner Schwingungen in unserem Bewußtsein entspricht einer hohen Tonlage und die harmonische Resonanz aller Schwingungen in uns dem kosmischen Bewußtsein gleich einer Symphonie mit einmaliger, individueller Virtuosität. Auch ließe sich anhand der siebenstufigen Tonleiter leicht darstellen, in welcher Tonlage z.B. das Supramental oder die hohe Emotionalität angesiedelt ist. Desgleichen ließe sich mit den Chakras verfahren, dazu kämen noch die entsprechenden Zahlenverhältnisse und das Zusammenspiel der einzelnen Ebenen. Jedenfalls müssen diese elementaren Tonschwingungsgesetze auch der universalen Lebensenergie innewohnen (implizite Ordnung), d.h. die Ausbreitung, Überlagerung, Verstärkung, Neu-Konstituierung, Abschwächung und Auslöschung von Energiemuster folgen diesen Gesetzen. Es würde jedoch den Rahmen dieses Buches sprengen, würde ich darauf näher eingehen. Der integrative Neuordnungsprozeß von Bewußtseinsschwingungen führt ab einer bestimmten Anzahl neuer Integrationseinheiten schließlich zu einer höheren Bewußtseinsschwingung. Dieser Prozeß folgt anscheinend der Harmonik von Klangschwingungen, wobei mit jeder neu erreichten Bewußtseinsstufe eine Verdoppelung des Umfanges wie der Qualität einsetzt. Dennoch sei klar gesagt, daß darüber bisher mehr spekuliert als geforscht wurde und wir von der Verifizierung jener subtilen Wachstumsgesetze noch weit entfernt sind.

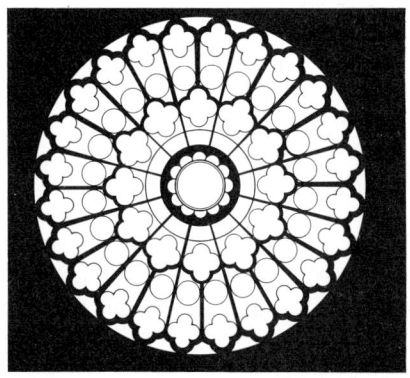

## Der dynamische Holismus der universalen Lebensenergie

Das Verfahren der modernen Laserphotographie, auch Holographie genannt kann uns das Wesen der Ganzheit vielleicht am besten verständlich machen. Bei diesem Verfahren wird mit kohärentem Licht, also gebündelten Lichtstrahlen und mehreren, miteinander agierenden Lichtwellen-Feldern gearbeitet. Es entstehen dabei dreidimensionale Abbildungen von photographischer Schärfe. Wesentlich dabei ist, daß in jedem Teil des Bildes die vollständige Information der gesamten Abbildung enthalten ist. Das bedeutet, daß der Laserstrahl selbst aus dem kleinsten Bruchstück des "Hologramms", eine vollständige Abbildung reproduzieren kann, wenn auch die Schärfe darunter etwas leidet. Eine Parallele finden wir im menschlichen Organismus. Jede Zelle, ganz gleich für welche Funktion und Organisationsform sie sich auch ausdifferenziert, besitzt in seiner DNS-Schleife (Geninformationen) die vollständige Information des ganzen Organismus. Diese Erkenntnisse macht sich heute die Gentechnologie zunutze, indem sie z.B. versucht aus irgendeiner scheinbar unbedeutenden Schleimhautzelle, einen kompletten Organismus zu züchten. Im Falle des Südafrikanischen Klauenfrosches Xenopus laevis, gelang dies mit einer einzigen Darmzelle, die man einer Kaulquappe entnommen hatte. Der Amerikaner und Einstein-Schüler *David Bohm*, Jahrgang 1917, Professor für experimentelle und theoretische Physik, gilt im Westen als einer der bedeutendsten Denker des dynamischen Holismus. Sein Modell von der eingefalteten, impliziten Ordnung des Universums, gehört schon zu den anspruchsvolleren Konzepten des Holismus. David Bohm versucht zu zeigen, daß sowohl der Kosmos als auch Bewußtsein eine einzige bruchlose Totalität von Bewegung ist. Die implizite, also eingefaltete Ordnung des Kosmos, liegt nach ihm in den komplexen Bewegungen elektromagnetischer Felder vor, die wir teilweise auch als Lichtwellen wahrnehmen können. Die Lichtwellen falten im Prinzip das gesamte räumlich-zeitliche Universum ein. Aber auch die Bewegungen anderer Felder, wie z.B. die der Elektronen, Protonen und sogar Schallwellen sind an der Einfaltung beteiligt. Diese Felder gehorchen quantendynamischen Gesetzen, die den Eigenschaften der *"Nichtlokalität und Diskontinuität"* folgen. Das bedeutet, daß es weder lokale, isolierte Ereignisse, noch stetig ineinander übergehende Zusammenhänge gibt, welche sich auf einfache Kettenreaktionen zurückführen ließen. Die kosmische Bewegung der Aus -und Einfaltung (Holomovement) vollzieht sich gleichermaßen im Kleinen, z.B. auf atomarer Ebene, wie auch auf makrokosmischer von der Zelle bis zu den Galaxien und Universen. Wir können die kosmischen Bewegungsformen an den Gravitationskräften gut beobachten, doch sind sie nur ein winziger Teil der kosmischen Gesamtbewegung. Nur die Bewegung entfaltet die implizite Ordnung, bzw. offenbart die im unendlichen Energieuntergrund keimhaften Energiemuster. Denkt man sich die implizite Ordnung als ein unendliches Energiemeer, dann wäre die Materie der bis heute etwa 1700 entdeckten Galaxien nichts weiter als eine geringfügig gequantelte, wellenartige Anregung eines unvorstellbaren Energieuntergrundes, etwa so, wie eine kleine Kräuselung auf einem grossen, spiegelglatten Meer. David Bohm geht davon aus, daß die manifesten Erscheinungsweisen dreidimensionale Projektionen einer höherdimensionierten Wirklichkeit sind. Eine solche Wirklichkeit kann jedoch, wenn man Raum und Zeit sich als eine einzige Bewegung denkt, nur aus ganzheitlichen Beziehungsmustern bestehen, die erst durch das Holomovement zu einer manifesten Gestalt werden. Sozusagen ist die explizite Ordnung nach David Bohm eine verräumlichte Zeitgestalt, die in der impliziten Ordnung eingefaltet liegt. Auf unser Konzept der universalen Lebensenergie übertragen heißt dies, daß die Bewegung der kosmischen Lebensenergie mit dem Holomovement identisch ist und die implizite Ordnung nach aussen entfaltet. Der Fluß und die Bewegung der Lebensenergie ermöglicht die Entfaltung impliziter Energiemuster, wobei offensichtlich jedes dieser expliziten Energiemanifestationen, ein singularer Ausdruck des Ganzen sein müßte. In Abb.7, S.54, habe ich versucht, diesen Vorgang näher zu veranschaulichen. Die rechte Spirale mit einer rechtsläufigen Auswärtsdrehung veranschaulicht uns den Vorgang der kosmischen Ausfaltung. Die vierfache Energiematrix, Struktur, Form, Bewegung und Kraft aus der implitizen Ordnung veräußert sich, wird niederfrequent und erscheint unserem Sinnenbewußtsein als Erde, Feuer, Wasser, Luft mit den entsprechenden sinnesphysiologischen Empfindungen. Die Positionen der vier Elemente werden bestimmt vom zyklisch aufsteigenden Yang und absteigenden Yin. Es ist dies der Vorgang der Evolution, in welcher der involvierte Geist sich selbst zu ergreifen versucht (siehe auch S.63, Nikolaus von Kues). Die linke Spirale zeigt uns die linksläufige Einwärtsdrehung, also die Rückkehr zur impliziten Ordnung. Indem die vier Elemente zunehmend höherfrequent werden, entschwinden sie unserem Sinnenbewußtsein und kehren zur Energiematrix zurück. Es ist dies der kosmische Auflösungsvorgang, in welchem sich die veräußerten Energiemanifestationen wieder einfalten. Der unendliche Allgeist scheint in dieser Phase sein Spiel, sich im Endlichen selbst zu ergreifen, aufzugeben. ("von

Ewigkeit zu Ewigkeit"). Die Abbildung soll auch deutlich machen, daß Aus-und Einfaltung stets gegenläufig rotieren. Der kritische Kosmologe wird nachfragen, wie ich die Linksrotation mit Einwärtsdrehung und Auflösung in Zusammenhang bringe und umgekehrt. Dazu kann ich nur sagen, daß ich dieses Wissen aus mir selbst habe. Wenn wir nun zwischen Bewußtsein und impliziter Ordnungsstruktur eine Gemeinsamkeit finden wollen, dann müssen wir sie unter einem Begriff subsumieren, der beide gleichermaßen erfaßt. Diesen Begriff sehen wir im *zeitsinnigen Ein-und Ausfaltungsmoment gegeben.* Er entspricht analog dem Entscheidungsmoment unseres Geistes auf der Supramentalebene, siehe auch S.193. Ein **Existenzmoment,** sowohl des Bewußtseins als auch der äusseren Realität, läßt sich zeitlich und räumlich nur ungenau einordnen. Im Bewußtsein erfassen wir den Moment subjektiv, entweder gedehnt, oder verkürzt. So kann z.B. ein historischer Rückblick von mehreren hundert Jahren im Bewußtsein wie ein Augenblick erscheinen, andererseits ein kurzer Alptraum uns wie eine Ewigkeit vorkommen. Besteht nun die Totalität der impliziten Ordnung aus stufenweise eingefalteten Elementen, so können wir diese Vorstellung auch auf die explizite Ordnung erweitern und folgern, daß diese ebenfalls aus stufenweise ausgefalteten Momenten besteht. Gleiches gilt auch für das Bewußtsein, welches explizit aus raumzeitlichen Vorstellungen, Bildern und Gedächtnis besteht, implizit jedoch aus subtilen Beziehungsmustern und logischen Gesetzen, die wir als verschwommene Eindrücke, Ahnungen, vage Inspirationen, manchmal jedoch als ganz klare, intuitive Eingebungen erfahren. Ist nun der Einfaltungs-und Ausfaltungsmoment eine ganzheitliche Spiegelung der entsprechenden Stufe der Totalität, dann hätten wir in der Tat ein bruchloses Ganzes, in dem der selbstbewußte Geist direkt einbezogen wäre. Raum-Zeitliche Manifestationen, z.B. ausgedehnte Raumkörper, wären im Prinzip nur eine andere Erscheinungsform, analog unseren Gedächtnisinhalten, Phantasien und konkreten Vorstellungen. Das subtile Netz von Beziehungsmustern und Wahrscheinlichkeitsstrukturen der Quantentheorie wäre analog den feineren Denkprozessen und Ahnungen auf der supramentalen Ebene, siehe S.111. Allein der Mensch ist ein exzellentes Beispiel für eine Synthese von Geist und Materie. Wir können ihn als verstofflichten Geist bezeichnen. Offensichtlich ist er ein besonderer Fall, in dem die Trennung von Geist und Materie aufgehoben ist und in dem die implizite und explizite Ordnung zu einem einzigen Ausdruck verschmelzen. Der selbstbewußte Geist entfaltet die Materie, besonders den menschlichen Körper, und der Körper faltet wiederum das Bewußtsein ein. Nur der selbstbewußte Geist, also das höhere Selbst in uns oder der Atman, bleibt frei, er gehört einer höheren Realität an. Körper und Bewußtsein sind jeweils nur die Projektion einer höherdimensionierten Wirklichkeit. Beide sind nur Subtotalitäten und nur relativ unabhängig von dieser höheren Wirklichkeit. Hierbei ist es nicht die Wechselwirkung, welche die Verbindung zu dieser höher dimensionierten Wirklichkeit schafft, sondern eben durch die Projektion des selbstbewußten Geistes, dem wohl die Gesetze der impliziten Ordnung innewohnen oder von ihm laufend erzeugt werden. Obwohl David Bohm, in den Formeln der Quantentheorie bewandert, gelingt es ihm verständlicherweise nicht, diese höherdimensionierte Wirklichkeit annäherungsweise zu beschreiben. Sein Werk *"Wholeness And The Implicate Order"(1980)* ist zwar ein kühner Ansatz, bleibt jedoch ein Torso.

# Die Aus-Einfaltung der universalen Lebensenergie

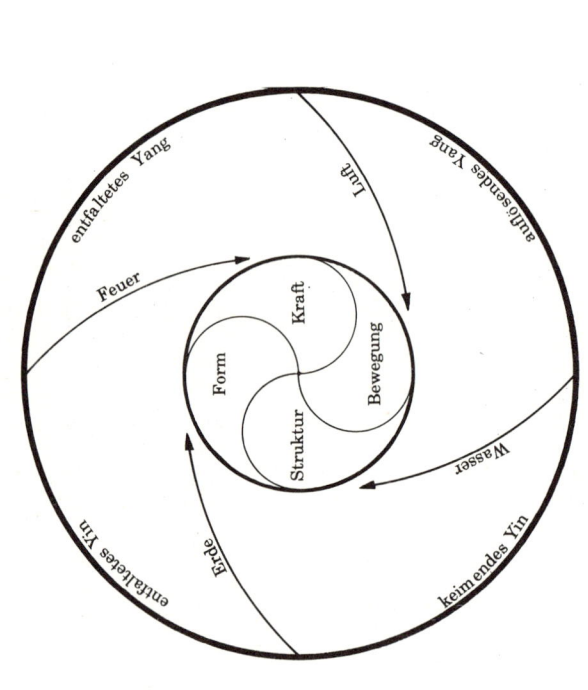

**Implizite Phase** (physische Involution) linksspiralige Einwärtsdrehung. Vorgang der Einfaltung des Universums und spirituelle Evolution

**Explizite Phase** (physische Evolution) rechtsspiralige Auswärtsdrehung. Vorgang der Ausfaltung des Universums und spirituelle Involution

Abb. 7

54

# Supergravitationstheorie und das universale Energiefeld

Die von de Wit und Nicolai formulierte N-8 Supergravitationstheorie der modernen Hochenergiephysik, benutzt ein grundlegendes Symmetrieprinzip, bekannt als "Supersymmetrie", um alle Teilchen und Kräfte der Natur in einem umfassenden Feld zu vereinen. In dieser *Langrangefunktion* findet dieser Ansatz seinen vollständigen mathematischen Ausdruck. Sie umfaßt alle bisher bekannten Naturgesetze, welche die Vorgänge und Prozesse im Universum steuern. Wegen der Ganzheitlichkeit des vereinheitlichten Feldes, steht es mit sich selbst in Beziehung; daher kann es letztlich nur auf der Ebene seiner inneren Gesetzlichkeit nachgewiesen werden. Insofern könnte man es als ein sich selbst reflektierendes Energiefeld bezeichnen, welches Bewußtseinseigenschaften zum Ausdruck bringt. Ein Energiefeld mit Bewußtsein, vereinigt alle Kräfte und Teilchen zu selbstreflexive Bewußtseinsmomente, insofern lassen sich daraus seelische Qualitäten ableiten. Der Vorstand der Abt. Physik an der MIU, Dr. John Hagelin, hat die entsprechenden Schlußfolgerungen daraus gezogen, und alle invarianten Operatoren und Komponenten, in der Sprache seelischer Erlebnisqualitäten neu formuliert. Diese geistig-seelischen Werte entsprechen annähernd den herrlichen Eigenschaften, sowie hervorragenden Fähigkeiten der Reiki-Kraft und seinem absoluten Wesen. Wir erblicken in den genannten 32 Eigenschaften eine so wunderbare Weite und Größe, daß wir sie nur noch mit göttlichen Atributten gleichsetzen können. Sie mögen uns eine Ahnung von der Herrlichkeit der Reiki-Kraft geben, und glückselig wer solche Wasser des Lebens in sich geschmeckt hat. *Nie wieder wird er sie vergessen!*

## Eigenschaften

- ALLE MÖGLICHKEITEN
- FREIHEIT
- UNBEGRENZTHEIT
- EIGENSTÄNDIGKEIT
- GLÜCKSELIGKEIT
- INTEGRATION
- SELBSTBEZOGENHEIT
- UNBESIEGBARKEIT
- VOLLKOMMENES GLEICHGEWICHT
- VOLLKOMMENE ACHTSAMKEIT
- GESAMTES POTENTIAL DER NATURGESETZE
- EINFACHHEIT
- UNMANIFESTIERTHEIT
- HARMONISIERUNG
- UNENDLICHE KORRELATION
- EWIGE DYNAMIK
- VOLLKOMMENE STILLE
- REINES WISSEN
- ALLWISSENDE ORGANISIERENDE KRAFT
- VOLLKOMMENE GEORDNETHEIT
- UNENDLICHE KREATIVITÄT
- REINIGUNG
- EWIGE ENTWICKLUNG
- UNENDLICHE REGENERATION
- UNSTERBLICHKEIT

## Lagrangefunktion

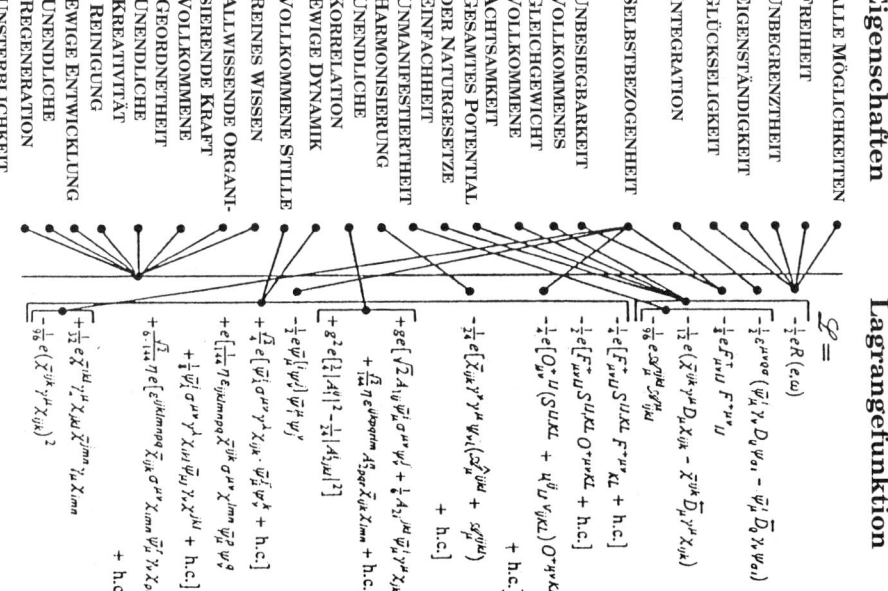

## Gibt es Transkoordinaten der universalen Lebensenergie?

Einen, wenn auch bescheidenen Einblick in diese höherdimensionierte Wirklichkeit impliziter Energiemuster, gibt uns der Deutsche Physiker Burkhard Heim, der in 30-jähriger Lebensarbeit eine sechsdimensionale Strukturtheorie entworfen hat, die ein umfassendes einheitliches Weltbild unter Einbeziehung biologischer, psychischer und geistiger Seinsmodi vermittelt. Heims Versuch einer einheitlichen, geometrischen Feldtheorie zur vollständigen Beschreibung materiell-energetischer Weltstrukturen, erforderte zwei weitere imaginäre Koordinaten $X5$ und $X6$. Außerdem mußte Heim, um die quantitativen Grenzen der Physis in die höherdimensionierten qualitativen Bereiche der impliziten Ordnung vorzuschieben, eine mehrwertige Hyperlogik (Syntrometrie) aufbauen. Diese Hyperlogik besteht aus "einem gehäkelten, äußerst subtilen Begriffsnetz", das selbst für Spitzentheoretiker eine schwierige Hürde darstellt. Hieraus resultierte schließlich ein sechsdimensionaler geometrischer Hyperraum(R6) oder wie Heim formulierte, ein sechsdimensionales Tensorium, in dem jedes Ereignis durch die Angabe von nunmehr sechs statt vier Koordinaten beschrieben wird. Dieser sechsdimensionale Hyperraum definiert sich aus *zweidimensionalen Metronen,* sogenannten geometrischen Letzteinheiten, die aus mathematischer Sicht als Flächenelement prinzipiell nicht unterschritten werden können. Die Größe eines Metrons ist nur im Vergleich anschaulich. Man denke sich ein Elektron so groß wie die Erde, dann würde die Länge eines Metrons dem Durchmesser eines Wasserstoffatoms entsprechen. Die Metronen in Heims Theorie sind stets vorhanden. Sie konstituieren den sechsdimensionalen Raum und haben eine positive und negative kugelige Flächennormale und somit zwei mögliche Spins. Die Spinvektoren der gegenüberliegenden Metronen kompensieren sich gegenseitig, d.h., der nach außen gerichteten Spinvektor (Exospin), kontrolliert den nach innen gerichteten Spinvektor (Endospin) und umgekehrt. Nach Heim begrenzen 30 Metronen ein sechsdimensionales Raumelement. Ein sechsdimensionales Raumelement (Elementarzelle) mit einem Exospin müßte daher stets einem anderen Raumelement mit einem Endospin gegenüberstehen. Durch Austausch von Elementarzellen kann es zu Änderungen des Spin kommen und damit zur Spin-Neuorientierung. Die Energie des Raumes wird daher von sich kompensierenden Spinstrukturen beherrscht. Die Metronen haben im Momentanzustand (Entfaltungsmoment) alle die gleichen Flächeninhalte auf der momentanen Welthyperfläche und bilden somit die Grundlage für den Raum (Weltmetron), zudem bilden sie die analytische Grundlage einer einheitlichen Beschreibung aller bekannten Weltstrukturen. Ein so metronisiertes Welttensorium, wie Burkhard Heim es formuliert, mußte eine Revidierung alter, längst fälliger Kosmologien und verstaubter Kosmogonien nach sich ziehen. Nach der Relativitätstheorie ist das Universum ein nur relatives, optisches System innerhalb dessen photonische Signale empfangen werden können, während das wirkliche Universum wesentlich größer ist und sehr viele derartige, optische Raumsegmente im Sinne optischer Universen aufweist. Nach dem Heim'schen Ansatz erscheint das Gesamtuniversum zwar dynamisch, doch quasistatisch. Auch erscheint es endlich und begrenzt, gleichzeitig jedoch quasiunendlich. Die Spekulation um den Urknall kommt mit diesem Paradoxon zu Fall, doch wird damit die Frage nach der Kosmogonie von Raum und Zeit umso interessanter. Gab es denn nun einen Weltanfang oder nicht? Mit der kausalen Analyse drehen wir uns bei dieser Frage stets im Kreise. Allgemein können wir nach Heim populär formulieren, daß am Anfang zum Zeitpunkt Null, ein einziges kosmogonisches Metron existiert haben muß, mit einer angenommenen Kugelflächenbeziehung zu drei monometronischen Sphären. Der unterschiedliche Durchmesser dieser drei Sphären scheint ein Projektionsprozeß aus den verborgenen Transkoordinaten zu sein, da ja keine Zeit ($X4$) existierte. Diese monometronischen Sphärentrinität dürfte die räumlich-integrale Komponente aller Strukturen des bekannten Universums (Mundalentelechie) sein, welche für den weiteren Verlauf der kosmischen Entfaltung stets konstant bleibt und die Aktualisierung der zeitlich, räumlichen Bewegung aus der Sphärentrinität initiiert. Qualitativ dürften sie mit den kosmogonischen Grundkräften von Yin und Yang ident sein, wobei die dritte Sphäre die Synthese, bzw. Harmonie der beiden sein könnte. Hinsichtlich der zeitlichen Abfolge folgt der einen Grundkraft die komplementäre, und führt in einer bestimmten Phase zu einem momentanen Gleichgewichtszustand. Heim versucht mit mathematischen Formalismus nachzuweisen, daß sich gleichzeitig mit der Expansion des Universums eine paralelle Gegenbewegung vollzieht, ähnlich wie die negative Raum-Zeit-Energie von Tiller, siehe S.43. Erreicht das Universum den Zustand maximaler Ausdehnung, dann kommt es zur Umkehrung in die parallele Gegenbewegung und die Implosionsphase setzt ein. Damit wäre der Intervall eines Äons beendet. Somit muß es einen Zustand maximaler Raumausdehnung geben, der nach einem halben Äon spiralig in die Implosionsphase, also wieder in eine höhertransformierte implizite Ordnung übergeht. Die Spiegelsymmetrie der Sphärentrinität weist zumindest mathematisch auf ein Endzeituniversum hin, in welchem nach dem äonischen Wendepunkt nicht bloß eine Rückkehr zum kosmischen Monometron und gravierende Veränderungen in subphysikalischen Strukturen zu erwarten sind, sondern zuvorderst eine Umwertung aller Werte, nämlich die spiegelbildliche Umkehrung bislang geltender Leitmaximen, materialistischer Auffassungen und Seinsweisen. Nach Heim gab es anfangs keine Materie, sondern das kosmogonische Metron teilte sich mit dem fortschreitenden räumlichen Expansionszustand unendlichfach, gleichzeitig verkleinerte es seine Fläche entsprechend und hat bereits den Termin der kritischen, kleinsten nicht unterschreitbaren Fläche erreicht. Aus all dem geht hervor, daß die universale Lebensenergie eine geometrische Hyperstruktur zur Grundlage haben müßte und aus geometrischen Letzteinheiten, den Metronen aufgebaut sein könnte. Die nach dem äonischen Termin sich vollziehende Spiegelsymmetrie der Sphärentrinität muß bewirken, daß die universale Lebensenergie mit einer antiparalellen kosmischen Bewegung in sich selbst zurückläuft und die ausgefalteten Universen anscheinend spiralig einfaltet. *Dieser Involutionsprozeß ist nur scheinbar, denn die universale Lebensenergie kann infolge ihrer holistischen Natur die eingefalteten Energiemuster spiralig, nach dem Muster eines Hyperbels, nur auf eine höhere Evolutionsebene transformieren.* Die Angst-Mär von einem Weltende muß nach dem bisher Gesagten ad absurdum geführt werden, weil nach dem Heim'schen Ansatz die mathematisch angesagte Spiegelsymmetrie nur eine Transformation aller materiellen und energetischen Weltstrukturen bedeuten kann. Sollte die Evolution einen Sinn haben, dann kann das nur bedeuten, daß wir besseren Zeiten entgegengehen. Nach diesem kleinen Einblick in die Metronen nun zurück zu unserem sechsdimensionalen Hyperraum. Die zeitartigen Transkoordinaten $X5$ und $X6,$ welche man auch als Organisationszustände bezeichnen kann, steuern das Geschehen in Richtung einer Aktualisierung von Raum und Zeit (R3). *$X5$ wird als entelechial* (herausformend) *und $X6$ als äonische Dimension* (Möglichkeitsrahmen) *bezeichnet.* Während $X5$ die sich zeitlich ändernden Organisationszustände bewertet, werden aus der, mittels $X6$ gegebenen Mannigfaltigkeit, die Möglichkeiten der entelechialen Auswahl festgelegt. Um es in der Sprache des dynamischen Holismus zu sagen, gibt $X6$ die Anzahl der möglichen Ein-und Ausfaltungsmomente vor und $X5$ trifft die selektive Wahl aus den Möglichkeiten. Hierzu ist ein Selektor erforderlich, welcher offensichtlich der selbstbewußte Geist oder das höhere Selbst ist. Die implizite Ordnung geht also über die dreidimensionale Welt hinaus und enthält weitere drei Dimensionen, welche durch die zeitartigen Transkoordinaten *X4, X5, X6* bestimmt werden, die nicht vertauscht werden können. Genaugenommen umfasst sie seelisch-geistigen Qualitäten, die ebenso real sind wie die manifeste, uns umgebende und quantifizierbare Außenwelt. Die implizite Ordnung ist daher eine *virtuelle Ebene* (Ebene der Möglichkeiten), sie kann nicht nummerisch und quantitativ erfasst werden, sondern nur qualitativ, und sie beeinflußt unser Leben in einem noch viel stärkeren Maß wie die materielle Welt. Aus phänomenologischer Sicht ergänzt die virtuelle Ebene die materielle qualitativ und verleiht ihr den Werte-Aspekt. Wir können z.B. Physis und Bios messen, wiegen zählen, also quantifizieren, nicht jedoch Psyche und Pneuma (Geist). Letztere sind qualitativer Natur und können nur beschrieben und gewertet werden. Allgemein beziehen sie sich auf die höheren Wertgefühle und Empfindungen, siehe S.94. Letztlich meinen wir damit die ganze Skala der Ideen, Werte, inneren Qualitäten und die wahre Seins-Identität. Diese *Seins-Identität* ist eine Projektion des selbstbewußten Geistes, des ewigen *ICH-BIN-BEWUßTSEINS*, das im ausgefalteten expliziten Zustand in die Selbsttäuschung des *egozentrierten Selbstes* verfällt. Aus höherer Sicht sind alle Werte und Ideen der menschlichen Seele und des Geistes, in der impliziten Ordnung eingefaltet und bestimmen den Möglichkeits und Wahrscheinlichkeitsrahmen *(X6)*, bzw. das Entfaltungspotential menschlichen Seins.

Wenn auch Heim gegenüber dem dynamisch-holistischen Ansatz eine radikal geometrische Feldtheorie versucht, so sind seine energetischen Erkenntnisse für uns von großem Wert. Die Qualitäten der impliziten Ordnung können offensichtlich nur dann in explizite Formen übergehen, wenn vermittelnde Energien an der jeweiligen Übertragung beteiligt sind, siehe auch meine Ausführungen zur Deltron-Energie S.42. Eine erhebliche Rolle dürfte dabei der Affinitätsgrad der Energien untereinander spielen. Harmonikale Schwingungsergänzungen oder disharmonischer, gegensätzlicher Wellensalat müssen hier im Spiel sein und Integration wie auch Desintegration determinieren, siehe auch S.294. Heim nennt die von David Bohm postulierten impliziten Energiemuster "Aktivitäten." Diese bilden ein korrelatives Netzwerk von sich ähnelnden und unähnlichen "Bewegungsmuster" und können jedes beliebige, materielle System in seinen Wahrscheinlichkeitszustand verändern, bzw. neu organisieren. Die so aufeinander bezogenen Bewegungsmuster tauschen sich ständig neu aus, und der Grad der Austauschintensität hängt nicht nur vom Grad ihrer Assimilierbarkeit ab, sondern bestimmt auch die Dynamik der Aktivitätsströme. Um es mit anderen Worten zu verdeutlichen: Der Grad der energetischen Assimilierbarkeit wird bestimmt vom Grad qualitativer und struktureller Ähnlichkeiten, bzw. harmonikalen Schwingungsmustern der Energien. Vollständige Unähnlichkeit blo-ckiert die Assimilierbarkeit oder unterbindet sie. Den Energieaustausch zwischen expliziter und impliziter Ordnungsstruktur, den wir real als Wachstum und Verfall, bzw. als stetigen Wandel der Manifestationen wahrnehmen können, stellt sich Heim als einen Umwandlungsprozeß vor. Wenn die quantitativen Energien aus der Raum-Zeit Welt aufsteigen, werden sie von den impliziten, energetischen Strukturvernetzungen in Erlebnisqualitäten umgesetzt und metaphorisch (bildlich) moduliert. Danach fließen die so modulierten Aktivitätsströme der Lebensenergie wieder abwärts und veranlassen eine entsprechende Änderung der expliziten Ordnung. Entscheidend für die Qualität der Metaphorik und Modulation ist der Grad der universalen Selektionsfähigkeit des selbstbewußten Geistes oder sogenannter entelechaler Entitäten. Besitzt eine entelechale Entität ein nahezu universales Selektionsvermögen für die Ausfaltung bestimmter energetischer Wahrscheinlichkeitsstrukturen, dann projiziert es dieses Vermögen durch induktive Einwirkung auf die explizite Ordnung. Die explizite Ordnung nimmt dabei eine stoffliche Form an, die den Grad des universalen Selektionsvermögens des selbstbewußten Geistes und die Zweckmäßigkeit im Festkörperbereich zum Ausdruck bringt. Dies zeigt sich z.B. in Art und Umfang somatischer Bewußtseinsstrukturen, aber auch in den genialen, zeitlosen Entdeckungen der gegenwärtigen und vergangener Kulturen. *Die ganze explizite Ordnung ist nach dem Heim'schen Weltbild eine Projektion bestimmter Wahrscheinlichkeitsfelder oder eine Aktualisierung transdynamischer Informationen oder Ideen der impliziten Ordnung.* Erlangt eine entelechale Entität ein universales Selektionsvermögen, dann wird es zum Weltselektor, oder spirituell ausgedrückt, ist sie dann eine erleuchtete Entität. In den Wahrscheinlichkeitsfeldern liegt die Nahtstelle zwischen dem Heim'schen Ansatz und David Bohm's Projektion eines höherdimensionierten Bewußtseins. Letztere ist somit die implizite Leitschiene der universalen Lebensenergie.

# Die Lebensenergie im Lichte von Energiefeldern und Schwingungen

Die Konstituierung der Physis, also des Bios, sowie der Seele und des Geistes wird wesentlich von Schwingungen, sowie unzähligen Interferenzmustern bestimmt. Sie sind der gestaltliche Ausdruck impliziter Energiemuster in Raum und Zeit. Auf den Monitoren von Oszillographen können wir Töne, z.b. Schallwellen und Radiowellen, auf ihre geometrische Struktur hin gut untersuchen. Diese geometrisch-feldartigen Energiemuster durchdringen und erhalten jede stoffliche und feinstoffliche Manifestation. Gleiche oder ähnliche Wellen und Frequenzen organisieren sich zu bestimmten übergeordneten und untergeordneten Energiefeldern, die ein ganz charakteristisches Interferenzmuster ergeben. Jeder Mensch und jedes Lebewesen, ja jede, ob belebte oder anscheinend unbelebte Materie, umgibt ein solches Energiefeld, das eine ganz spezifische Frequenz und individuelles Energiemuster ausstrahlt. Die Materie hat z.B. eine niedrigere Schwingungsfrequenz als Gedanken und Emotionen, dafür dürften die kohärenten Kräfte der Materie weit stärker sein. Möglicherweise bildet sie eine hohe Anzahl stehender Wellen und Wellenverstärkungen aus (Schwingungsknoten), es sind dies Energieschnittpunkte oder Wellenüberschneidungen innerhalb des Interferenzmusters, welche unsere Wahrnehmung wesentlich mitbestimmt, siehe im Anhang S.296. Wir können sie jedoch nur dann als Raumzeitgebilde wahrnehmen, wenn die Energiemuster in einem ganz bestimmten Frequenzbereich schwingen. In der impliziten Ordnung bewegen sich die Energiemuster (Form, Kraft, Bewegung und Struktur) offenbar mit Überlichtgeschwindigkeit, daher sind sie für uns weder meßbar, noch sichtbar. Generell läßt sich sagen, daß die qualitativen Aspekte des Seins, z.B. Werte, Intuition, reflexive Bewußtheit, höhere Gefühle und Empfindungen ein wesentlich feineres und frequenteres Schwingungsmuster haben müssen, als die körperlichen oder physischen Strukturen und ihre Ausstrahlungen. Auf S.39 habe ich den Zusammenhang zwischen der Aus-und Einfaltung des Universums und der zyklisch-spiraligen Aus-und Einwärtsbewegung diskutiert und in Abb.7, S.54 und versucht zu veranschaulichen. Die Auflösung materieller Strukturen, bzw. ihre Rückkehr zur impliziten Ordnung hängt demnach auch mit der zunehmenden Annäherung von Energiemustern zusammen. Erreichen die Energiemuster einen kritischen Annäherungswert, dann überschreiten sie die Lichtgeschwindigkeit und befinden sich im Zustand der impliziten Ordnung. Eine wesentliche Rolle dürften dabei vor allem die Schwingungsrhythmen spielen. Es sind dies wiederkehrende Energieformationen, bzw. energetische Bewegungsmuster, die zu einer über-geordneten Gestaltung von Energiefeldern entscheidend beitragen. Durch den Rhythmus erhält die energetische Struktur eine größere sinnfällige Ganzheit. Daher bedingt der Rhythmus Ordnung und Ganzheit. Um ein Musikstück von einem anderen zu unterscheiden, bedarf es nicht nur der Wahrnehmung von Tonschwingungen, sondern auch des Rhythmus. Je schneller der Rhythmus, desto höher die Schwingung und desto kürzer die Abstände der Wiederholungen. Verkürzen sich die Phasen eines Energie-Rhythmus innerhalb eines Schwingungsfeldes schließlich auf Null, dann haben die Energiemuster offensichtlich Lichtgeschwindigkeit überschritten und integrieren sich zu einem Energiekontinuum entsprechend der impliziten Ordnung.

## Die Assimilation der universalen Lebensenergie

Den Menschen und alle Erscheinungen umgibt nicht nur ein Energiefeld, sondern alles und jedes nimmt auch beständig Energie auf. Dabei zeigt sich, daß wir normalerweise nur solche Energiemuster adaptieren, welche mit der eigenen Frequenz übereinstimmen, d.h. sich entweder ähnlich oder gleich sind. Ähnliche oder nahezu gleiche Schwingungsmuster verstärken sich gegenseitig oder werden bei entsprechender Komplementarität zu stehenden Wellen, d.h. sie formieren sich zu Schwingungsknoten. Wenn z.B. zwei Musiker ihr Instrument soweit aufeinander abstimmen, bis ihre Frequenzen harmonieren, dann erst können sie zusammen ein Musikstück spielen. Man sagt, sie resonieren miteinander. Zwischen den beiden Instrumenten herrscht eine Resonanz, die einen harmonischen Klang ermöglicht. Leben zwei Menschen in Resonanz, dann gibt es Frieden, Harmonie und Liebe. Die Resonanz ist also eine Grundvoraussetzung für Ganzheit und Einheit. Die Absorption von Energie in den physischen Körper geschieht über die Chakras, welche die kosmische Lebensenergie in Yin-und Yangqualität polarisieren, siehe S.19 u.S.103. Sie saugen die kosmische Energie auf und verteilen sie über zahllose, feine Energiekanäle (Nadis) in die morphogenetischen Energiefelder des Organismus. Als Hauptverteilungskanäle dienen die großen Energieleitbahnen des Akupunktursystems, siehe S.88. Die rhythmische Aufnahme und Abgabe der universalen Lebensenergie, ihre gleichmäßige Verteilung im Organismus und Integrierung in die jeweiligen Persönlichkeitsbereiche, sind die Grundlage und Voraussetzung für ein harmonisches Stoffwechselgleichgewicht (Homöostase), Vitalität, Gesundheit und Harmonie. Ganz entscheidend ist jedoch die Transparenz des Bios für die höherfrequenten Schwingungen, deren Bestreben es ist die

Materie und das ihr innewohnende Bewußtsein soweit zu transformieren, daß Materie und Geist wieder in jene paradiesische Einheit zurückkehren aus der sie einstmals hervorgingen. Die Reiki-Kraft durchdringt nicht nur alle Erscheinungen, sondern konstituiert sie auch. Für den gleichgewichtigen Auf-und Abbauvorgang im Stoffwechselablauf eines lebenden Organismus ist ihre Gegenwart unabdingbar. Infolge ihrer universalen Schwingung vermag sie alle Energiequalitäten und Schwingungsfrequenzen zu erfassen und auszugleichen. Deshalb dürfen wir von ihr erwarten, daß sie sich jederzeit und an jedem Ort unserem individuellen Schwingungsmuster und unserer Bewußtseinsstufe anpaßt und wir nur soviel Energie absorbieren, wie dies für unser gegenwärtiges, physisches, psychisches und geistiges Energiefeld zuträglich ist. Anders verhält es sich, wenn wir versuchen, die universale Lebensenergie zu manipulieren oder für einen bestimmten Zweck auszubeuten. In solchen Fällen werden wir zum Zauberlehrling, welcher sozusagen die Wasser des Lebens nicht mehr stoppen kann. Wer z.B. seine Chakras unkritisch öffnet, bekommt die Energie der Reiki-Kraft unangenehm zu spüren und muß mit erheblichen Komplikationen rechnen. Falls er dann keinen erfahrenen Meister zur Seite hat, muß er sogar mit gesundheitlichen Schäden rechnen. Ich kenne hierzu ein paar Beispiele. Aber selbst in solchen Fällen können wir die Reiki-Kraft heilsam einsetzen, allerdings sollte hier nur ein Reiki-Meister mit guten Chakras-Kenntnissen zu Hilfe gerufen werden, denn falls ein bestimmtes Chakras dominant ist, bedarf es nicht nur eines guten Willens, sondern bestimmter Techniken, die hier aus guten Gründen nicht dargestellt werden dürfen. Zu einer umfassenden Darstellung der Lebensenergie gehört schließlich noch der philosophische Schlußstein, den wir am universalsten bei Nikolaus von Kues, auch Cusanus (1401-1464) wiederfinden. Nikolaus sieht ganz richtig, daß die uns umgebende Realität immer nur eine Annäherung an das Absolute darstellt. Sie ist nur ein Gleichnis nicht jedoch die letzte Wirklichkeit. Dem philosophischen Sucher und Frager drängt sich dabei der Verdacht auf, daß das Unendliche sich im Endlichen vergeblich zu ergreifen und zu begreifen versucht und in diesem ewigen Drang fortlaufend neue Welten erschafft. Die Gleichung Gott-Mensch und die Synthese Mensch-Gott-Natur ist nur in Gott als Idealität vollkommen, nicht jedoch in unserer momentanen Bewußtseinsverfassung. Dieses ruhelose Suchen in der Verstofflichung ist der zyklische Weg oder das Tao; ein Weg der tausend Wandlungen, hinter dem sich stets die eine unveränderliche und ewige Kraft verbirgt. An dieser Stelle trifft sich Nikolaus von Kues mit Laotse und Buddha, siehe

S.19 u. S.176 und wir entdecken wieder die große Einheit aller noch so unterschiedlichen Auffassungen. Das Gegensatzpaar -Endliches und Unendliches- wird so zum kosmischen Feuer, das ruhelos lodert, ohne sich jemals selbst verzehren zu können. Endliches und Unendliches sind niemals identisch. Identisch ist nur Gott mit sich selbst, das unbedingt EINE, das jenseits aller Gegensätze zwischen ihnen vermittelt und daher als die Weltmitte genannt werden kann (Deus est centrum mundi). Zwar ist der Kosmos nahezu endlos, jedoch nicht unendlich, er stellt lediglich das Abbild der Unendlichkeit dar, in dem die Erde nur ein Punkt unter vielen, nicht aber Mittelpunkt ist. Alle Schöpfung, bzw. jede explizite Manifestation ist eine Erscheinung des Unsichtbaren (der Lebensenergie). Diese Abbilder oder Projektionen einer höherdimensionierten Realität bedeuten jedoch auch Teilhabe, die Nikolaus mit dem Begriffspaar der Ein-und Ausfaltung zu verdeutlichen suchte. Die universale Lebensenergie entfaltet sich unaufhörlich als Vielheit und sie faltet sich ebenso wieder zur Einheit.

Im Menschen fallen das Ein-und Ausfalten und die Gegensätze zusammen. Daher ist der Mensch, das in der Endlichkeit vollkommene Abbild der universalen Lebensenergie, und er soll nach ihrer kosmischen Gesamtbewegung die Einheit des Lebens aus sich entfalten und so zum Gleichnis des Absoluten werden. *Der Mensch kann jedoch nur in seiner Endlichkeit, d.h. in seiner Einschränkung vollkommen sein, ihm kommt die Aufgabe zu, das Ewige zu verstofflichen; im Stoff zum höchstmöglichen Ausdruck zu bringen, um so das absolut Mögliche im Endlichen zu verwirklichen.*

Was aber ist das absolut Mögliche, und wie soll man Vollkommenheit in der Einschränkung erkennen? Das ist eben der springende Punkt an dem wir vielfach scheitern. Aus spiritueller Sicht kommt es nicht so sehr auf Perfektion und Makellosigkeit an, sondern auf *die Bemühung*. Hat jemand sein Letztes -bis an die Grenzen seiner Leistungsfähigkeit- gegeben, und seine Fähigkeiten total ausgeschöpft, dann ist er *vollkommen*. Gott ist kein Perfektionist und schon garnicht ein Pedant, nein er ist die Liebe, die nur auf das *Herz und auf die Bemühung* schaut. Wenn wir, wie das im Alltag öfters geschieht, sehen, wie manche Mitmenschen ihre Pflichten und Aufgaben schlampig und nachlässig erledigen, wir jedoch würden es besser machen, dann steigt verständlicherweise der Ärger auf und wir wenden uns enttäuscht ab. Doch sollten wir bei alledem immer fragen, ob sich der andere bemüht hat, und mit welchen Hindernissen er zu kämpfen hatte. Wir sollten daher niemals den eigenen Maßstab anlegen, denn jeder Mensch ist einmalig. Andernfalls würden wir ihn überfordern. Nur so kann der Mensch wahres

Gleichnis der universalen Lebensenergie sein. Zum Schluß noch ein Satz von Nikolaus, den man im Mittelalter als den Dr. Ignorantius bezeichnete:
"Das höchste Wissen ist nicht in dem Sinne als unerreichbar anzusehen, als wäre uns jeder Zugang zu ihm versperrt, noch dürfen wir es jemals erreicht und wirklich erfaßt wähnen, vielmehr ist es derart zu denken, daß wir uns ihm beständig annähern können, während es dennoch in seiner absoluten Wesenheit dauernd unzugänglich bleibt. "

## Das Lambdoma oder das pythagoräische "Chi"

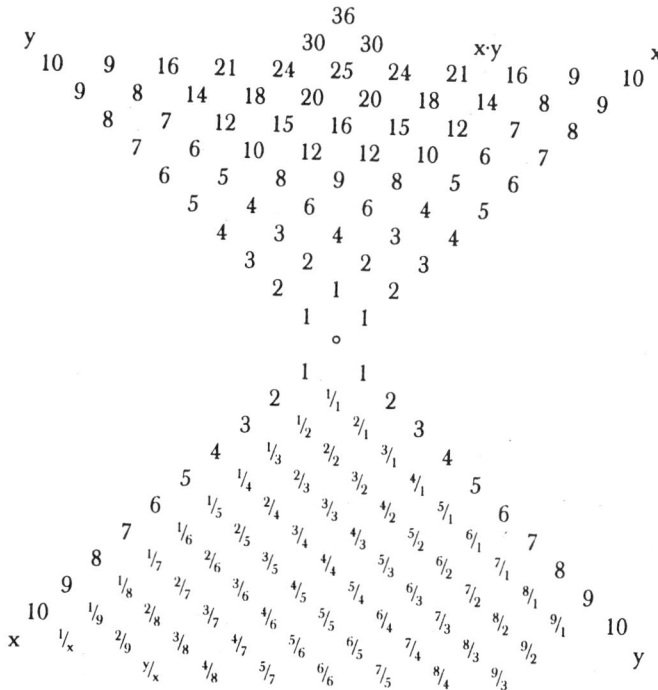

Abb.7 a

Das Lambdoma, auch als pythagoräisches "Chi" bezeichnet, steht im Mittelpunkt universaler Harmonik. Der obere Schenkel besteht aus natürlichen, der untere aus reziproken Zahlen. Dieses Zahlenschema findet seine Entsprechungen in den Grundstrukturen der Musik, der Biologie, der Geometrie, Kristallographie, Spektroskopie, sowie im atomaren Aufbau der Materie (Rhythmik des Periodensystems). Das pythagoräische Lambdoma bildet somit den essentiellen Schlüssel zum Verständnis der Koordinaten harmonikaler Energietrukturen. Für Pythagoras, wie auch später für Platon, galt das Lambdoma als generative Matrix des Universums, es bildet gleichsam einen algebraischen Spiegel der nummerischen und proportionalen Struktur sämtlicher Sphären in der Schöpfung.

# Kapitel III

*"Die Tiefe der Menschenseele*
*birgt unergründliche Kräfte,*
*weil Gott selbst in ihr wohnt. "*

*Franz von Assisi*

## Was bedeutet der Begriff Reiki

Das Wort Reiki bedeutet universale Lebensenergie. Die Silbe REI steht für den universalen, unbegrenzten Aspekt der Energie, während KI Vita oder auch Lebenskraft bedeutet. Die Reiki-Kraft durchdringt alle Ebenen der Schöpfung, und sie ist nicht das "elan vital" im populärphilosophischen Sinne, das sie mit Lebensdrang und Lebensschwung gleichsetzt, sondern aus kosmischer Sicht eine unergründliche Kraft, der die Gesetze der ganzheitlichen Bewegung innewohnen (Holomovement). Die Reiki-Kraft richtet in jedem Augenblick ihre Bewegung so aus, daß jede Manifestation und jede Auflösung auf allen Ebenen gleichzeitig und gleichgewichtig im richtigen Verhältnis zueinander stehen. Die universale Lebensenergie ist sozusagen der kosmische Energieuntergrund oder jene Energiematrix, auf dessen Oberfläche alle Manifestationen erscheinen, seien sie nun feinstoffliche Bewußtseinsformen oder grobstofflich-materieller Art. Wir können die Erscheinungen vergleichen mit den Luftblasen oder den Wellengekräusel auf der Wasseroberfläche eines See oder eines Meeres. Mystiker der Gnosis und der Kabbala bezeichnen die universale Lebensenergie als kosmisches Urlicht, jenes grenzenlose Licht, welches die erste Ausstrahlung des Absoluten ist. Die Kabbalisten nennen das unendliche Licht Gottes *"Ain Soph Aur"*, und im Mahayana-Buddhismus verehren die Gläubigen *Amitabha* als den Herrn des grenzenlosen Glanzes.

Wir gehen davon aus, daß in dieser Energie für den Verstand undurchschaubare Gesetzmäßigkeiten walten, die ähnlich wie in der mehrwertigen Quantenlogik nur noch als Wahrscheinlichkeitsfelder und Strukturen erfaßbar sind. Die universale Lebensenergie ist in sich paradox, ihr eigentliches Paradoxon ist, daß sie in sich das Außen und das Innen, sowie das Endliche und Unendliche in gleicher Weise vereinigt, daher folgt sie nichtkausalen und nichtlokalistischen Gesetzen. Jedes Energiequant trägt in sich das ganze Abbild kosmischer Vernetzungsstrukturen und gleichzeitig alle dynamischen Aktivitätsströme, die in jedem Existenzmoment die gesamte Schöpfung konstituieren. Dieser wahrhaft holistische Abgrund, der sich vor uns da auftut, läßt uns in Ehrfurcht vor der Unergründlichkeit des Absoluten und seiner Emanationen erschauern. Die universale Lebensenergie ist daher nicht wie der elektrische Strom eine anonyme Energie, mit der sich so allerlei machen läßt, wenn man sie nur in ein richtiges System einbringt, *nein, sie ist eine heilige Energie, die dem Gesetz der Liebe, Weisheit und der Gerechtigkeit folgt.*

## Glaube und Reiki

Jede Behandlungsform und sei sie noch so unverständlich, hilft, wenn der Therapeut und der Patient an ihre Wirkung glauben. Ja, es ist so, daß eine außergewöhnliche Behandlungsform den Glauben steigert oder auslöst, denn nicht ohne Grund heißt es in nahezu allen religiösen, exoterischen Schriften: *"Dir geschehe nach deinem Glauben."* Bei Reiki erfahren wir jedoch häufig, daß die Wirkung der universalen Lebensenergie auch "vom Ungläubigen" wahrgenommen wird und unzählige Male erlebten wir, wie Pflanzen, Säuglinge und Tiere, die offensichtlich keinen Glauben haben, durch die Reiki-Kraft geheilt wurden. Dieses faszinierende Phänomen, kann als Lehrbeispiel für die ewigen Zweifler und Skeptiker gelten. Die Reiki-Behandlung hilft wohl auch "dem Ungläubigen", doch wird er die Wirkung dann auf andere Einflüsse als auf Reiki zurückführen. Der Ungläubige und Skeptiker wird sie nicht direkt abstreiten, sondern er verwässert die Heilursache und relativiert sie, das ist seine Taktik. Wer zum notorischen Skeptizismus neigt, sollte sich darüber im klaren sein, daß Skeptizismus niemanden vor Irrtum schützt, sondern nur zur Verunsicherung der eigenen Sichtweise beiträgt. Darüberhinaus neigt der Skeptiker zu rein empirischen und intellektuellen Reflexionen, er ist arm an Inspiration und intuitiver Erkenntnis. Daher sollten wir die Zweifler ihren Zweifeln überlassen, bis sie entweder daran zerbrechen, oder irgendwann damit aufhören. Der Einwand, daß der Zweifel der Impuls der Wissenschaft schlechthin sei, ist kein Freibrief alles in Zweifel zu ziehen. Ich sagte schon an anderer Stelle, siehe S.201, daß eben nicht alles wissenschaftlich beweisbar ist und dennoch erleben wir das Nichtbeweisbare tagtäglich hautnah. Wir gehen überwiegend mit Kräften um z.B. mit der Schwerkraft, die wir nicht wissenschaftlich erklären können und benutzen sie auch noch zur Erklärung aller möglichen Phänomene, ja wir machen sie sogar in der Astrophysik zur Grundlage wissenschaftlicher Theorien (z.B. Supergravitationstheorie). Ähnlich ergeht es manche mit der universalen Lebensenergie. Sie spüren sie, bewegen sich in der

Reiki-Kraft und erfahren tagtäglich ihre Segnungen und dennoch zweifeln sie an ihrer Existenz. Ist das nicht merkwürdig?

## Die spirituelle Schubwirkung der Reiki-Kraft

Jede spirituelle Praxis hinterläßt in uns Bewußtseinsimpulse, die zunächst in der Latenz des Unbewußten verbleiben und zu gegebener Zeit, wenn äußere und innere Bedingungen günstig sind, direkt ins Bewußtsein treten. Die bewußte Erfahrung mit der universalen Lebensenergie kann, wenn sie auf unser Energiesystem und unsere Bewußtseinsverfassung einwirkt, eine psycho-spirituelle Transformierung auslösen, die jedoch zunächst wie eine seelische Krise aussehen mag. Die Reiki-Kraft erhöht alle Schwingungen der Chakras, hierdurch kommen wir mit den feineren Einstrahlungen der fünf Dimensionen in Berührung und erleben z.T. uns völlig neue Bewußtseinszustände. Den Unvorbereiteten mögen sie momentan fremd sein, etwa so, als sei er aus seiner Mitte herausgefallen, doch kann dies durchaus ein Symptom für einen Quantensprung des Bewußtseins auf eine höhere Schwingungsebene sein, siehe S.47 u.S.182. Die psychischen Prozesse und Dynamismen, die hierbei stattfinden, sind sehr komplex und lassen sich nur unzulänglich darstellen. Auf Grund der vielen Beobachtungen in der Reiki-Praxis kann man zusammenfassend folgende positiven Steigerungen konstatieren:

1. Viele erleben eine deutliche Steigerung ihrer inneren Wahrnehmung.
2. Eine Zunahme des Selbstwertgefühls und Selbstvertrauens.
3. Eine neue, tiefe Aktualisierung religiöser Fragen und höherer Sinnfragen.
4. Eine erhöhte Hilfs-und Opferbereitschaft gegenüber dem Mitmenschen.
5. Viele entwickeln in einem nahezu atemberaubenden Tempo neue, freiere und offenherzige Umgangsformen und Verhaltensmuster zu allen Lebewesen.
6. Ein erhöhtes Verantwortungsbewußtsein für die eigene spirituelle Entwicklung und ihr Verhältnis zur Schöpfung.
7. Nicht wenige beginnen nach der Reiki-Einweihung einen neuen Lebensansatz und lösen auf Anhieb alte Probleme mit denen sie bislang nicht fertig wurden.
8. Sehr viele fühlen sich von der Allwissenheit und Güte der universalen Lebensenergie getragen und geführt und fassen von daher wieder Vertrauen zu allem Sein und zu sich selbst, man kann sagen, sie verlieren ihre Lebensangst. Aus diesen sehr häufigen Beo-

bachtungen geht hervor, daß die Einstimmung auf die universale Lebensenergie nicht bloß jemanden zum Kanal und Übermittler der Reiki-Kraft macht, sondern weit darüberhinaus ihn selbst auf eine höhere Seinsebene transponiert. Hier wird klar und deutlich, daß die Reiki-Kraft den Integrationsprozeß der psycho-spirituellen Ganzheit, wie er weiter unten im Kapitel der Chakras beschrieben ist wesentlich beschleunigt. Die psychotherapeutische und psycho-hygienische Dynamik, wie sie uns die universale Lebensenergie ermöglicht ist einzigartig und ohne Beispiel. Freilich wird es sehr auf die Qualität des Reiki-Meisters ankommen; vor allem auf sein menschlich-spirituelles Vorbild, das sich zuvorderst in seinem Lebenswandel offenbart.

## Reiki eine spirituelle Praxis der Liebe

In dem erhabenen Hohelied an die Liebe, spricht Paulus in seinem Brief an die Korinther das aus, was wir aus tiefstem Herzen meinen, wenn wir wahre Liebe austauschen. In 1. Kor. 13 heißt es: *"Wenn ich in den Zungen der Menschen und der Engel rede, aber keine Liebe habe, so bin ich ein tönendes Erz geworden oder eine schallende Zimpel. Und wenn ich Prophetengabe habe und alle Geheimnisse und Erkenntnisse weiß und wenn ich allen Glauben habe, so daß ich Berge versetzte, aber keine Liebe habe, so bin ich nichts. Und wenn ich alle meine Habe zur Speisung der Armen austeile und wenn ich meinen Leib hingebe, damit ich verbrannt werde, aber keine Liebe habe, so nützte es mir nichts. Die Liebe ist langmütig, die Liebe ist gütig, sie neidet nicht; die Liebe tut nicht groß, sie bläht sich nicht auf, sie läßt sich nicht erbittern, sie rechnet Böses nicht zu, sie freut sich nicht über Ungerechtigkeiten, sondern sie freut sich mit der Wahrheit, sie erträgt alles, sie glaubt alles, sie hofft alles, sie erduldet alles. Die Liebe vergeht niemals."*..und er beendet diesen wunderbaren Brief mit dem Satz:*"Nun aber bleibt Glaube, Hoffnung, Liebe, diese drei; die größte aber von diesen ist die Liebe."*
Wir können dem nichts mehr hinzufügen, sondern nur zustimmen. Die Reiki-Praxis erfüllt alles was Paulus in seinem Hohelied über die Liebe ausspricht. Die wortlose Liebe ist größer als die wortreiche, denn Liebe kann man nur in der Ganzheit erfahren und die geht durch alle Dimensionen. Die universale Lebensenergie bringt, wenn sie während einer Anwendung durch uns fließt, alle Energiezentren auf ein wesentlich höheres Schwingungsniveau und macht Liebe so direkt erfahrbar. Die Voraussetzung freilich ist, daß wir jemandem die Hände auflegen und das ist für eine so wundervolle, innere Erfahrung wie die Liebe, wahrlich gering. Unsere momentane Liebesfähigkeit erweist sich meines Erachtens nur in dem was wir tun nicht in dem was wir wollen. Wenn so manche in die Kir-

che gehen und ihre sonntägliche Pflicht als Christen erfüllen, dann geschieht das nicht aus Liebe, sondern aus Pflicht gegenüber ihrem Glauben, bei manchem vielleicht aus Angst vor ewiger Verdammnis, oder vor Unglück und Not usw. Auch wenn mancher für jemandem der mit ihm im Streit liegt betet, könnte aber den Konflikt durch einen direkten Besuch oder eine Aussprache beilegen, dann wird ihm auch das Gebet nicht viel weiter helfen, weil eben der direkte Weg offen ist. Das hat mit Liebe nicht viel zu tun, sondern ist nichts weiter als ein bequemer Versuch, sein Gesicht nicht zu verlieren, und die Initiative allein dem Hergott zu überlassen. Manche meinen sie erweisen, wenn sie das Grab ihrer verstorbenen Verwandten und Freunde Jahrzehnte getreulich pflegen, dem Toten nachträglich einen Liebesdienst. Es mögen da ehrliche Schuldgefühle und Wiedergutmachung eine Rolle spielen nicht aber Liebe. Wir erweisen den Menschen einen weit größeren Dienst, wenn wir ihnen *zu Lebzeiten* Liebe geben. Die Liebe gibt sich hin und fragt nicht nach Gewinn oder Verlust; sie schämt sich auch nicht, weil sie selbstlos ist. Wer die Liebe hat, der ist wahrlich geistlich arm im Sinne von Meister Eckehart und dennoch unendlich reich, weil er an allem ungetrübt teilhat. Liebe dringt in alle Herzen und erschüttert selbst die stärkste Ego-Zentriertheit, doch eben nur durch die *handelnde Liebe*, denn nur wenn wir unserer Liebe Ausdruck verleihe, machen wir wirklich ernst damit. Auch ist es eine fromme Selbsttäuschung zu meinen, man könne jemandem liebende Gedanken und Gefühle schicken und damit sei es dann getan. Diese Form der Liebe ist eine rein mentale Handlung, ohne die Einbeziehung der anderen Persönlichkeitsbereiche. Liebeszuwendung fordert von uns den Einsatz unserer ganzen Persönlichkeit, erst wenn die Liebe die Ganzheit unseres Bewußtseins erfaßt, realisiert sie sich im körperlichen Ausdruck. Allein *die Handlung* zeigt an, wie weit meine Opferbereitschaft geht und wir haben durch die Reiki-Praxis vielfach erfahren: Reiki ist eine sehr kraftvolle, spirituelle Verwirklichungsmöglichkeit, vor allem dann, wenn wir einen Kranken oder hilfesuchenden Menschen aufsuchen und ihm die Hände auflegen, ohne zu fragen, was wir dafür bekommen. *Die Reiki-Praxis befreit uns von vielen inneren Widersprüchen und Vorbehalten, weil wir dem anderen Liebe geben, und eben die Liebe einzig Macht hat, das Dunkel in uns zu erlösen.* Sie demonstriert dem Anwender auf sanfte Weise, wie man Liebe miteinander praktisch austauscht ohne zu heucheln, weil sie eben nicht in schönen Wortergüssen verhallt, sondern von jedem Zuwendung und Handlungen fordert ist sie eine der wertvollsten, praktischen Möglichkeiten, Liebe zu geben und wieder zu empfangen.

# Reiki und Intuition

Im Kapitel VII, in meinen Ausführungen über das sechste Chakras, habe ich die vier Stufen der Intuition näher beschrieben und auch an anderen Stellen deutlich gemacht, wie sehr die Intuition von der Verwirklichung unseres hohen Selbst abhängt. Da nun das hohe Selbst der totale Selbstausdruck oder die personale Projektion der universalen Lebensenergie ist, muß notwendig der Durchfluß der Reiki-Kraft die Intuition in einem ungeahnten Maße steigern. Durch die tägliche, praktische Erfahrung mit der Reiki-Kraft, öffnen wir uns immer mehr für ihre Impulse und nach und nach, ergreift sie alle Persönlichkeitsanteile, also Physis, Vital, Astral und Mental und schließlich unser Ego. Hat sie einmal alle Energiehüllen in Besitz genommen und das Ego neu integriert, dann gewinnen wir wieder das große Urvertrauen zurück, in dessen Zustand wir uns der großen kosmischen Bewegung einfach hingeben. Alle Ängste und Zweifel verschwinden, wir wissen dann zu jeder Zeit und an jedem Ort, was für uns und für unsere Mitmenschen gerade das Richtige ist. Alles was wir tun, jede Entscheidung und jeder Entschluß, stimmt mit der großen Bewegung und allen Manifestationen überein und der Verstand wird zum Diener und Butler unserer Eingebungen. Sind wir einmal durch die Reiki-Kraft auf dieser Stufe angelangt, dann wird unser Leben ein Traum, in dem die Fülle des Universums uns die schönsten Angebote macht, weil wir, die wir der höchstmögliche, personale Selbstausdruck der universalen Lebensenergie sind, in der Fülle und im Glück leben sollen. Wie man in diesem Zustand verweilen kann, dazu meine Ausführungen auf S.190.

## Wie wird man zum Reiki-Kanal oder Kraftüberträger?

Die universale Lebensenergie wird durch das Auflegen der Hände übertragen. Diese Anwendungsform ist so alt wie die Menschheit und die denkbar einfachste und natürlichste Heilmethode. Sie kann, was die Methode angeht, praktisch von jedermann angewandt werden. Nun heißt dies aber nicht, daß damit schon die Lebensenergie jederzeit vom Sender auf den Empfänger übergeht, denn wie die Erfahrung zeigt muß der Sender, bzw. der Überträger für den Fluß der Lebensenergie die nötige Durchlässigkeit, bzw. Transparenz haben, damit sie ungehindert fließen kann. Wohl gibt es Heiler, die infolge ihrer natürlichen Begabung, z.B. durch ein weit geöffnetes Herz-Chakra oder einen starken Energiekörper, bewußt oder unbewußt über die Hände oder Körperberührung heilen, aber diese Energieübertragung hat eine andere Energiequalität, sie stammt eben von der Aura des Heilers nicht von der universalen Lebensenergie aus dem Kosmos. Das ist der große Unterschied, den wir immer zu beachten haben wenn wir die Hand auflegen und Reiki anwenden. *Wir geben nicht unsere gespeicherten Energien aus unserem Energiekörper ab, sondern lassen die universale Lebensenergie durch uns hindurchfließen, ohne dabei Energie zu verlieren.* Der Magnetiseur und Geistheiler muß nach jeder Aussendung von heilenden Energien sich wieder neu aufladen, denn er gibt ja von seinem konstanten Energiefeld ab und muß das entstandene Ungleichgewicht baldmöglichst wieder ausgleichen. Anders als bei Geistheilung und Magnetismus, die besondere mentale und biomagnetische Kräfte voraussetzen, kann grundsätzlich *jeder* zum effektiven Kanal der Reiki-Kraft werden. Jeder ist dafür begabt und berufen, kosmische Lebensenergien zu übertragen, denn nicht ohne Grund heißt es in den religiösen Schriften z.B. Matth. 19.13 und 19.15, daß er und seine Jünger ihnen die Hände auflegte und sie von ihren Krankheiten heilte. Die Kanalisierung der Reiki-Kraft geschieht jedoch nicht allein durch den Glauben, noch durch intensives Gebet, wenngleich letzteres sicherlich seine Wirkung nicht verfehlt, sondern durch die Einweihung eines Meisters. Die Einweihung erfolgt innerhalb eines zeremoniellen Rahmens mittels einer rituellen Handlung und mit Symbolen. Bevor wir nun auf die Frage eingehen, weshalb hierzu ein Meister erforderlich ist, müssen wir noch vorab einige, erklärende Hinweise auf die Bedeutung der Symbole geben.

# Kapitel IV

*Ein Wanderer: "Wie wird das Wetter heute?"*
*Der Schäfer: "So wie ich es gerne habe."*
*"Woher wißt ihr, daß das Wetter so sein wird, wie ihr es liebt?"*

*Ich habe die Erfahrung gemacht, mein Freund,*
*daß ich nicht immer das bekommen kann, was ich gerne möchte.*
*Also habe ich gelernt immer das zu mögen, was ich bekomme.*
*Deshalb bin ich ganz sicher:*
*das Wetter wird heute so sein, wie ich es mag."*

*Aus: "Warum der Schäfer jedes Wetter liebt"*

## Was ist ein Symbol und welche Wirkung zeigt es?

Wir Menschen verständigen uns mit Symbolen in Form von Buchstaben, Wörtern, Zahlen, mathematischen Kürzeln und Bildern mit denen wir unseren Gedanken und Gefühlen Ausdruck verleihen. Die alten Hochkulturen von Mesopotamien, Ägypten und Assyrien, bedienten sich infolge ihrer noch recht einfachen Sprache tiefsinniger Symbole, -den Hieroglyphen-, welche kosmische Gesetze und Urideen ausdrückten. Besonders in der Priesterschaft war die Anwendung von Symbolen Grundlage religiöser Rituale und nicht wegzudenken. Vieles spricht dafür, daß Symbole nicht nur Kräfte auslösen, sondern *selbst* solche Kräfte enthalten. Es gibt und gab wissenschaftliche Experimente, die beweisen, daß Bilder und Bauwerke, die eine universelle Urform zum Ausdruck bringen, enorme Kräfte abstrahlen. Ein Beispiel dafür ist die Pyramidenenergie, die anscheinend nur durch die besondere architektonische Form zustande kommt, siehe Abb.1. S.16. Was jedoch für die dreidimensionale Form-Abstrahlung gilt, muß ebenso für die zweidimensionale gelten. Es kommt hierbei nicht so sehr auf geometrische Genauigkeit und mathematische Proportionalität an, sondern allein auf die Verkörperung und Darstellung einer kosmisch relevanten Uridee, einer Kraft, oder eines universalen Gesetzes. Das Symbol verstofflicht die transzendente Idee oder die ewigen unveränderlichen Urformen und wird vom Bewußtsein des Schülers und Meisters adaptiert. Der Schüler erhält über die rituelle Symbolik eine bleibende höhere Schwingung seiner Energiehüllen und des Bewußtseins, welche ihn in die Lage versetzt, die höherschwingenden kosmischen Lebensenergien nicht nur zu absorbieren sondern auch weiterzugeben. Das Geheimnis der Einweihung liegt also in der richtigen Setzung des Symbols in das Bewußtsein des Schülers. Es ist klar, daß hierzu nur ein Meister fähig ist, der die Ritualisierung der Symbole richtig handhabt und selbst schon eine höhere Schwingungsebene erreicht hat. Daß die Initiation nicht nur ein bloßer formaler Ritus ist der, wie manche meinen, eine momentane Induktionsspur im Unbewußten hinterläßt, das zeigt uns die Erfahrung. Bestimmte Symbole haben, wenn sie erst einmal ins Bewußtsein gesetzt wurden, eine bewußtseinserweiternde Wirkung. Offensichtlich vermögen nur gewisse archetypische Symbole, die in der kollektiven Bewußtseinsschicht wie eine Art psychodynamische Matrix seit Urzeiten vorhanden sind, dynamische Bewußtseinsprozesse auszulösen. Der Vorgang der Transzendierung von Archetypen (über Archetypen, siehe S.179), ihre Integration in das höhere Selbst bewirkt, daß die Energiehüllen auf eine höhere Schwingungsebene gehoben werden. Wenn also bei den ersten vier Einstimmungen der Reiki-Einweihung, vom Reiki-Kanal und einer Öffnung für die Reiki-Kraft die Rede ist, dann bedeutet dies nichts anderes, als die rituelle, bzw. meisterliche Transformierung der Energiehüllen auf eine höhere Schwingungsebene und gleichzeitig die teilweise Integration von Archetypen in das Selbst. Dr. Mikao Usui fand nach jahrelanger, mühsamer Suche, in uralten Sanskrittexten buddhistischer und yogischer Sutren, einige dieser Symbole, die geeignet sind, archetypische Dynamik rituell zu aktivieren. Wie bereits oben erwähnt, hat Dr. Usui diese Symbole nach einer 21-tägigen Fastenkur auf dem Berg Kuriyama visionär bestätigt bekommen. Diese Symbole werden bei der ersten und zweiten Einweihung verwendet. Die Gegner der Initiation, besonders christlicher Konfessionen, behaupten des öfteren, daß für das Handauflegen eine Einweihung nicht nötig sei, und in ihren religiösen Schriften nirgends entsprechende Hinweise zu finden seien. Man argumentiert, daß Handauflegen jeder könne und es nur darauf ankomme, vor Gott demütig zu sein und an die Heilung zu glauben. Dieser Einwand ist durchaus berechtigt, er geht jedoch an der Wirklichkeit vorbei, denn der wahrhaft demütige Glaube in den christlichen Kirchen hat seine Kraft verloren und nur noch vereinzelt wird in den Gemeinden das Handauflegen praktiziert. Die Erfahrung zeigt auch, daß selbst *gläubige Menschen* weder durch Gebet, noch durch Handauflegen helfen konnten und, daß eben allein Demut und gläubige Hingabe nicht ausreicht. Wir meinen, daß jene, welche sich für die Anwendung der Reiki-Kraft öffnen, zur Demut und Liebe bereit sind und mit dieser hohen Einstellung, werden sie direkt zu einem einweihenden Meister geführt.

# Die esoterische Tradition der Einweihung

Wie wurde eine traditionelle Einweihung vollzogen und was bewirkte sie?

In der esoterischen Tradition galt jener als Eingeweihter, *der sich selbst erkannt hat.* Die Erkenntnis des hohen Selbstes und seine Verwirklichung im Alltag, war das eigentliche Ziel jeder Einweihung und spirituellen Praxis. Die alten ägyptischen und antiken Mysterienstätten waren Orte der Kraft und für Einweihungen besonders gut geeignet. Vor der Einweihung oder Initiation mußte der Schüler, genannt "Myste", eine Reihe von läuternden Vorbereitungsphasen durchstehen, in denen ihm und dem einweihenden Meister (meist der Tempelpriester oder Hierophant) Egoschwächen und Fehler offenbar wurden, die es entsprechend auszumerzen galt. Die Läuterung wurde im Tempelbezirk im Kontrollbereich des einweihenden Priesters durchgeführt und bestand aus Meditation, Beten, demütigem Tempeldienst und der Einhaltung von Diät-und Reinigungsvorschriften, sowie mönchischer Zurückgezogenheit. Auf die Phase der Läuterung folgte die der Entäußerung, in welcher nun der Kandidat auf alles, was ihm im Leben bisher bedeutete, verzichten mußte, z.B. Besitz und liebgewonnene Menschen, Ansichten, Vorlieben und Angewohnheiten. Diese Entäußerung glich in etwa dem Asketenideal des Sannyasin im Hinduismus. Es war die entscheidende Phase, die eigentliche und wohl ehrlichste Abödungspraxis des Ego und wurde von nur wenigen wirklich durchgehalten. Hatte jemand die Selbstentäußerung im Sinne des Priesters erfolgreich durchlaufen, dann erhielt er die sogenannte Einweihung in einem ganz auf ihn zugeschnittenem Ritual, welches nicht selten auch zu Erleuchtungserlebnissen führte. Diese Erleuchtungen waren sicherlich sehr verschieden und dürften von schwärmerischen Ausweitungs-und Selbstgefühlen, bis hin zu tiefen Visionen und echtem prophetischem Geist gereicht haben. Sollte der Myste jedoch in die Priesterschaft übernommen, also zum Neophyten firmiert werden, dann erhielt er entweder in einem oder in mehreren Ritualen die entsprechende Kraftübertragung. Diese Kraftübertragung war das eigentliche Mysterium des Rituals und meist nur den Ritualteilnehmern bewußt, vor allem dem welchem sie galt. Einerseits wurden damit priesterliche Vollmachten und klerikale Autoritätsansprüche eingepflanzt, andererseits eine echte Gewißheit von der Unsterblichkeit des hohen Selbstes und seine zentrale Bedeutung für das gegenwärtige und künftige Leben vermittelt. Für nicht wenige dürfte damit ihr weiteres Leben einen völlig neuen Verlauf genommen haben und, daß sie von nun an für ihr jetziges und künftiges Leben die volle Verantwortung tragen, sowie das ewige Leben der voll entwickelten Individualität nur dann gesichert war, wenn das entzündete Flämmchen des unsterblichen Selbstes den sterblichen Leib durchdrungen, ihn also gewissermaßen in Besitz genommen hat. Dieses Wissen hatte er vor der Einweihung natürlich nicht, denn bis dahin war er der festen Meinung, daß sein Ich und seine ganze Persönlichkeit mit dem physischen Leib identisch sei und nach einer kleinen Zeitspanne, einerseits durch die Verwesungsprozesse, ins Ganze zurückkehrt, andererseits sich sein Bewußtsein mit allen Inhalten, im anonymen Bewußtseinsmeer auflöst und als karmischer Energiekomplex in einer bestimmten Bewußtseinsform wiedergeboren wird. Jetzt aber wußte er, daß wahre Unsterblickeit erst möglich wird, wenn der unsterbliche mit dem sterblichen Teil eine unlösbare Verbindung eingeht, im Sinne des oben genannten Selbstes. Sozusagen geht der unergründliche Funke Gottes mit der fleischlichen Form eine Hochzeit ein und verbündet sich mit ihr auf ewig. Damit wird der Körper, wenn auch in einem anderen als dem fleischlichen Stoff, verewigt und erhält göttliche Attribute. Wie sollte es auch anders sein, wenn wir uns von Ewigkeit zu Ewigkeit begegnen, müssen wir eine Form und eine Gestalt haben, und die kann ja nur in der fleischlichen Gestalt hier und jetzt erworben werden. Solche und ähnliche Gedanken mögen einen Neopythen bewegt haben. Die Initiation war daher mit erheblichen Risiken verbunden. Nicht nur, weil z.B. die Abödungsmethoden des Ego bis nahe an den Wahnsinn gingen, sondern weil *die Initiation ein unwiderrufliches nicht rückgängig zu machendes Ereignis war.* Das Licht vom unsterblichen Selbst war nun im Neophyten entzündet und ergriff auch seinen sterblichen Teil, also alles was das Physische, Vitale, Astrale und das Mentale betraf, das man als Fleischliches zusammenfaßt. War z.B. der fleischliche Läuterungsprozeß nur teilweise oder aber ungenügend abgeschlossen, dann zwangen ihn die Kräfte des göttlichen Lichtes in das Chaos von Begierden, Launen und in getarnte Egomotive und lösten ungeheure Konflikte aus, die manchen Neophyten in die Verzweiflung trieben. Daher wurde jeder gewarnt, der sich in die Mysterien einweihen lassen wollte und glaubte, er könne sich dadurch gesellschaftliche Privilegien sichern. Die Tempelpriester verordneten aus Gründen der Reinhaltung in den eigenen Reihen vor der Einweihung, harte Prüfungsprozeduren, um sicherzustellen, daß ein von Profit und Machtmotiven getriebener Myste, schon weit vor der Einweihung an den Hürden der Vorbereitungen scheiterte. Doch mit dem Niedergang der griechischen Kultur in der Spätantike und vor allem in den Tempeln zu Eleusis, degenerierte der Initiationskult zur wohlfeilen Theateraufführung mit beeindruckender, karnevalistischer Kostümierung und das für viel Geld. Die Priester entdeckten die Einweihung als eine gute Geldquelle und mußten aus Profitgründen schließlich die einstmals entbehrungsreichen Vorbereitungen wegfallen lassen oder mit psychedelischen Drogen erleichtern. Korruption und Vetternwirtschaft taten ihr übriges. Später wurde dem Einweihungsritus auch das Tieropfer, stellvertretend für die Bezwingung animalischer Triebe hinzugefügt, und es kam zu blutrünstigen Szenerien wie etwa im Mithras-Kult. Eine Wiederauflebung antiker, bzw. abendländisch-esoterischer Initiatonsschulen erlebte die Neuzeit in dem kurzlebigen, englischen Geheimorden "The Golden Dawn", der zu Beginn des 20.Jh. einen ernsthaften Versuch darstellte. Die Einweihungen und Prüfungen, die dieser Orden verordnete, waren allerdings ähnlich wie bei den Freimaurern und mehr symbolischer Art; sie blieben nicht selten in einer "Gut-Will-Haltung" stecken.

### Der Unterschied zwischen Einweihung und Einstimmung

Die Einweihung ist eine Zeremonie. In ihr vollzieht der Meister am Schüler ein bestimmtes Ritual, in welcher der Schüler mittels universaler Symbole in die Lage versetzt wird, die universale Lebensenergie nicht nur verstärkt aufzunehmen, sondern auch zu übermitteln. Erst die Einweihung ermöglicht dem Schüler die Erfahrung des Energie-Durchflusses, sozusagen erfährt er sich als einen *Durchflußkanal* für kosmische Energie. Das einzigartige Erlebnis des kosmischen Energiestromes geht mit einer Bewußtseinserweiterung einher. Bei diesem psycho-spirituellen Vorgang wird der Energiekörper über die Chakras in eine höhere Schwingung übergeführt und positiv sensibilisiert. Der Schüler fühlt die Macht der universalen Lebensenergie und entdeckt sich selbst als ihre Projektion. Eine komplette Einweihung in den ersten Reiki-Grad wird in vier Einstimmungen vollzogen. Bei jeder Einstimmung vollzieht der Meister am Schüler eine Zeremonie, welche die Hüllen seines Energiekörpers in eine höhere Schwingungsoktave erheben. Erst dadurch ist er fähig, Reiki jederzeit und an jedem Ort anzuwenden. Man mag fragen, weshalb die Anwendung von Reiki der Einweihung bedarf? Nun, diese Frage ist in ihrer Tiefendimension nicht leicht zu beantworten. Die Mittel der Einstimmungen sind meist Symbole, rituelle Handlungen, sakrale Gegenstände und manchmal auch feierliche Gewänder. Der ausführende Meister ist mit allen ihm vorausgehenden Meistern der Tradition, besonders während des Rituals, geistig verbunden. Das einigende geistige Band ist nicht nur bloße Gesinnung, sondern es ist die Schleusenwirkung des Meistersymbols und dessen richtige, rituelle Anwendung, welche alle Meister auf der Ebene der universalen Lebensenergie mit dem Urlicht verbindet.

Esoterische Symbole sind, wie schon gesagt, bildliche Darstellungen, die häufig auf eine transzendente Wirklichkeit hinter dem verstandesmäßig Erfaßbaren hinweisen. Ein Beispiel dafür ist der Gral als Sinnbild göttlicher Emanation und Inspiration; die Sonne als Verkörperung der Erleuchtung; der Geist im Bild des unendlichen Ozeans oder auch die gebärende Mutter als Ursprung und Schoß der Materie, siehe auch über Symbole S.73. Der Unterschied zwischen der traditionellen Einweihung und der Reiki-Einweihung liegt also im Wegfall der Entäußerung und der entbehrungsreichen Vorbereitungsphasen. Man mag kritisch fragen, ob die gesamte Reiki-Einweihung bloß aus einer Serie leerer Zeremonien besteht, die es dem einen oder anderen zu leicht macht? Die spirituelle Wirkung der vier Einstimmungen hängt zuvorderst vom Läuterungsgrad des einweihenden Meisters ab. Seine innere Verbundenheit mit der universalen Lebensenergie, seine Bescheidenheit und Liebe zum Göttlichen, sind die wesentlichen Voraussetzungen für eine spirituelle Intitialzündung. Wenn der Schüler nach vier Einstimmungen keinerlei Wirkung spürt, dann sollte der einweihende Meister sich selbstkritische Fragen stellen, statt dem Schüler die Verantwortung hinzuschieben. Des öfteren konnten Schüler nach unseren Einstimmungen nicht bloß die bioplasmatische Strahlung ihrer Hände besser wahrnehmen, sondern darüberhinaus die spirituelle Strahlenphalanx ihrer Finger deutlich wahrnehmen und dies dauerhaft. Hierbei sehen die Schüler von jedem Finger einen pfahlartigen bläulichen Energiestrahl ausgehen, der bis zu 30 cm lang ist. Solche Erfahrungen geben uns die Gewißheit, daß die Einweihung ein sehr mächtiger ritueller Akt ist, welcher der spirituellen Evolution einen gewaltigen Schub gibt. Selbst Intelektuelle die wir einweihten, mußten vor diesem Phänomen kapitulieren und änderten daraufhin ihre gesamte Sichtweise. *Bei der Reiki-Einweihung in den ersten Grad, geht es zunächst nur um die stufenweise Einstimmung in die universale Lebensenergie und nicht schon um hohe, bzw. höchste Selbsterkenntnis.* Durch die Einweihung wird der Reiki-Schüler mit der Reiki-Kraft ähnlich verbunden wie der Neophyte mit dem hohen Selbst. Viele haben, wie die Erfahrung zeigt, nach den ersten vier Einstimmungen tiefgreifende Erlebnisse, die darauf schließen lassen, daß die Einweihung tatsächlich bewußtseinserweiternde Prozesse auslöst. Daraus ergibt sich der Schluß, daß es die Mittel des Meisters und sein spirituelles Niveau sein müssen, welche diese wichtigen Erfahrungen ermöglichen.

## Die Lebenseinstellung des Reiki-Meisters

In seinem genialen Gedicht vom Zauberlehrling zeigt uns Goethe in humorig belehrender Weise den Unterschied vom Meister und Lehrling. Am Schluß des Gedichtes ruft der Zauberlehrling verzweifelt nach dem Meister:

" Herr und Meister hör mich rufen!
Ach, da kommt der Meister!
Herr, die Not ist groß!
Die ich rief die Geister
Werd' ich nun nicht los. "

Darauf spricht der Meister zum verzauberten Besen:
"In die Ecke,
Besen, Besen!
Seid's gewesen.
Denn als Geister
Ruft euch nur zu diesem Zwecke
Erst hervor der alte Meister"

Das Gedicht vom Zauberlehrling zeigt uns klar, wo der Unterschied zwischen Meister und Schüler liegt. Der Meister hat die Übersicht, der Schüler, bzw. Lehrling hat sie nicht. Der Lehrling beginnt den Meister infolge des monotonen, profanen, alltäglichen Arbeitsverlaufes, langsam zu unterschätzen und maßt sich die gleichen Fähigkeiten an. Er bringt zwar den Zauber in Gang, kann ihn jedoch nicht mehr rückgängig machen und sieht mit Angst und Schrecken die Katastrophe auf sich zukommen. Da ruft er verzweifelt nach dem Meister, der weiß wie man den Zauber bannt. Es erhebt sich die Frage, weshalb nur der Meister und nicht der Lehrling die Umstände und Mächte balanciert. Nun, das Geheimnis liegt wohl in der gegensätzlichen Bewußtseinsausrichtung auf die Situation selbst und zum anderen, in der unterschiedlichen spirituellen Entwicklungsstufe, bzw. dem Bewußtseinszustand. Im Gegensatz zum Lehrling, ist der Besen für den Meister etwas ganz anderes und zudem kennt der Meister die Tücken des Besen sehr genau. Daß er über den Besen herrscht wie er will, hat nichts mit einem titanischen Machtbewußtsein zu tun, sondern mit echter geistiger Überlegenheit, deren Kennzeichen die innere Bescheidenheit ist. Es ist nicht einfach, das scheinbare Paradoxon von Überlegenheit und zugleich Bescheidenheit mit wenigen Worten plausibel zu machen. Wer im Kapitel über die Chakras auf S.175 die Zitate von Meister Eckehart über die geistliche Armut liest, kann verstehen, wie sich dieses Paradoxon widerspruchsfrei auflöst. Indem der Meister auch seine leisesten Machtansprüche aufgibt, gewinnt er über die Dinge die Herrschaft und handhabt sie wie einen Spielball, der Lehrling jedoch glaubte seine Machtmöglichkeiten ausprobieren zu müssen und scheiterte kläglich. Der Reiki-Meister hat es jedoch nicht mit einem Zauberbesen zu tun, sondern mit der universalen Lebensenergie, der er sich ganz unterordnet, weil er ihre universale Macht anerkennt. Indem er sich innerlich entleert, kann die kosmische Kraft ungehindert einströmen und von ihm direkt vermittelt werden. Die eigentliche, wahrhaftige, spirituelle Haltung ist die geistliche Armut, die dem Egosein und jeder Art von Selbstüberhebung, den Boden entzieht und so den Weg frei macht, für die Verwirklichung des göttlichen Funkens in uns. Ein wahrer Reiki-Meister läßt sich von der universalen Lebensenergie führen und leiten. Dies gelingt ihm, weil er das *dröhnende* Ego wenigstens soweit zum Schweigen gebracht hat, daß die leisen Impulse der Reiki-Kraft für ihn besser hörbar werden. Wenn ein Reiki-Meister von der universalen Lebensenergie ergriffen ist, dann ist er auch von den kosmischen Gesetzen inspiriert. Sein Bewußtsein ist im Sowohl-Als auch und im Weder-Noch verankert. Er wählt den Weg der Mitte und des Ausgleichs von Gegensätzen, weil er verstanden hat, daß die Reiki-Kraft die Energie der Mitte und der Harmonie ist.

*Auch ist ihm wohlbekannt, daß nicht er die Dinge und Umstände erzwingen kann, sondern eine überragende Intelligenz führt und leitet alle Dinge und Erscheinungen, in einer großen umfassenden, kosmischen Liebesbewegung, daher kann er sowohl loslassen wie auch geschehenlassen, in der* **Gewißheit der Soheit,** *daß alles, so wie es ist, im Moment richtig und sinnvoll ist.* Die Erkenntnis, daß selbst Krankheit und Leiden und widrige Umstände, für das innere Wachstum sinnvoll sein können, läßt ihn vieles leichter ertragen. Er weiß, daß die innere Auflehnung gegen Schicksalsschläge nichts bringt, weil alles was nicht akzeptiert wird, so lange wiederkehrt, bis die Botschaft der göttlichen Energie verstanden wird. *Darum verläßt sich auf die Weisheit der kosmischen Intelligenz.*

Auch versucht er nichts zu erzwingen, sondern übergibt seinen Wunsch und Drang, mit einer inneren "*Loslaßhaltung*", der universalen Lebensenergie. Ihrer kosmischen Weisheit überläßt er die Verwirklichung und akzeptiert auch wenn sie anders entscheidet. Diese innere Haltung übt er tagtäglich. Sein Motto ist: *Es gibt nichts Gutes, außer man tut es,* denn nur wer Erkenntnisse im Alltag verwirklicht ist wahrhaftig und kann überzeugen. Ein Reiki-Meister weiß sehr wohl um seine Schwächen und Fehler und arbeitet ständig an ihnen. Mehr als der Durchschnittsmensch ist er bereit,

sie offen vor sich einzugestehen und gerade in dieser Einstellung liegt das Geheimnis der Meisterschaft. Den Schatten in sich wahrnehmen bedeutet, Licht in die dunkle Seite der Persönlichkeit bringen und ihr Schattendasein mit dem Licht der Reiki-Kraft zu erlösen, statt sie zu verdrängen. Erst dann können sie als schöpferische Energien für den Transformationsprozeß eingespannt werden. Gerade die Reiki-Meisterschaft bietet, wie kaum eine andere die Möglichkeit, den Prozeß der Erlösung vom Schatten zu beschleunigen. Die Bewußtwerdung des Schattens aber auch der Lichtseiten, ist der Weg zur Ganzwerdung und Heilung.
In den fast gleichlautenden Aussagen des alten Laotse und des Jesus Christus von Nazareth heißt es z.B. im 24.Aphorismus des Tao-Te-King:

"Wer auf den Zehen steht,
steht nicht fest.
Wer mit gespreizten Beinen geht,
kommt nicht voran.
Wer selber scheinen will,
wird nicht erleuchtet.
Wer selber etwas sein will,
wird nicht herrlich.
Wer selber sich rühmt,
vollbringt nicht Werke.
Wer selber sich hervortut,
wird nicht erhoben.
Er ist für den SINN wie Küchenabfall und Eiterbeule.
Und auch die Geschöpfe alle hassen ihn.
Darum, wer den SINN hat,
weilt nicht dabei.

Und bei Luk 18,14 heißt es:
...''denn jeder der sich selbst erhöht, wird erniedrigt werden; wer aber sich selbst erniedrigt (sein Ego) wird erhöht werden.'' Christus verstand unter Erniedrigung stets den Kontakt mit dem hohen Selbst. Daß nicht jeder Reiki-Meister werden kann, brauche ich nach all dem Gesagtem nicht mehr extra zu begründen. Die Verwirklichung der kosmischen Lebensenergie, verlangt zunächst eine gewisse Egoabödung und innere Entleerung von allen Verhaftungen. Daß dieser Prozeß ein Leben lang andauert ist leicht einzusehen und die meisten Reiki-Meister oder Meisterinnen arbeiten daran. Für diesen Läuterungsvorgang sind Selbsterfahrungskurse, oder etliche Seminare bestenfalls Impulse und spirituelle Anstöße, die jedoch nur dann echte Früchte tragen, wenn sie im Alltag verwirklicht werden. Jeder der von der Reiki-Kraft inspiriert ist, läßt

sich von ihr läutern und ist dankbar für Schwierigkeiten und Probleme, an denen er innerlich wachsen kann. *Ein Meister der andere unterweisen will, sollte die Höhen und Tiefen des Lebens geschmeckt haben und vom Hammer und Amboß des Lebens geschmiedet sein. Nur so kann er andere, die in spirituellen Krisen und Wachstumsschwierigkeiten stecken, wirklich kompentent beistehen.* Im Kapitel vom Lesemeister zum Lebensmeister, betont Meister Eckehart, daß für die Meisterschaft es bei weitem nicht ausreicht, die Wahrheit nur intellektuell zu begreifen, sondern nur der sei wahrer Meister, der sie auch lebt. Und so sagt uns Meister Eckehart auch:
*"Wer lehrt oder ins Licht setzt muß also durch sein Leben innen leuchten."*
Er muß also ein Lebensmeister sein, dem es darum geht, seinen Schülern die Liebesmacht der kosmischen Lebensenergie nicht nur theoretisch nahe zu bringen, sondern vorzuleben, um sie so in ihr Bewußtsein zu pflanzen.

## Das Meister-Schülerverhältnis

Das Meister-Schülerverhältnis sollte von Wertschätzung und Aufrichtigkeit getragen sein. Der Schüler sollte seinem Meister oder seiner Meisterin vertrauen, ihn als kompetenten, väterlichen oder mütterlichen Ratgeber betrachten und ihn als Lebensmeister anerkennen. Er sollte sich nicht anmaßen wie der Zauberlehrling, dem Meister den Rang ablaufen zu wollen, sondern sollte die Arbeit des Meisters und seine spirituelle Verantwortung wertschätzen. Auch sollte der Schüler den Meister nicht ständig bedrängen, ihm Geheimnisse preiszugeben oder ihn baldmöglichst einzuweihen, im Gegenteil, er soll sich ganz der Führung und Intuition des Meisters anvertrauen und geduldig abwarten. Der Meister weiß oftmals selbst mit bestechender Klarheit, wann der Zeitpunkt für eine Einweihung oder gar eine Meister-Initiation gekommen ist. Für die Mühe und Zeit, welche der Meister auf sich nimmt, hat er Anspruch auf eine materielle Gabe, in Form finanzieller Unterstützung zur Begleichung der Unkosten. Daher ist der Schüler aufgefordert einen angemessenen Unkostenbeitrag zu leisten, die im Vergleich zu dem, was er dafür bekommt, sich geradezu bescheiden ausnimmt. Der Meister sollte dem Schüler ein lebendiges Vorbild sein. Das was er lehrt darf kein leeres Lippenbekenntnis sein, sondern sollte von innen heraus leuchten und vorgelebt sein. Nur der kann sich Meister nennen und hat Anspruch auf die Meisterschaft, der seine Lehre im Alltag praktisch verwirklicht; nur so kann er glaubwürdig sein. Für die Meisterschaft der Alltagsbewältigung hat Dr. Mikao Usui fünf Lebensregeln aufgestellt, die auf den ersten Blick für einen religiösen Menschen leicht sein mögen, jedoch zu ihrer beharrlichen Einhaltung einen hohen Läuterungsgrad und scharfe Selbstbeobachtung erfordern.

## Die fünf Reiki-Lebensregeln

Die fünf Reiki-Lebensregeln, die Dr. Mikao Usui Anfang dieses Jahrhunderts für sich und seine Schüler aufgestellt hat, können als Maßstab für die Verwirklichung der Reiki-Meisterschaft gelten. Sie lauten:

1. *Für heute lasse ich allen Ärger los.*
2. *Für heute lasse ich alle Sorgen los.*
3. *Heute bin ich mir all dessen bewußt, womit ich gesegnet bin.*
4. *Heute tue ich ehrlich meine Arbeit.*
5. *Heute bin ich freundlich zu allen Lebewesen.*

Man spürt, daß diese fünf Lebensregeln einer nüchternen Grundhaltung, wie sie dem fernöstlichen Menschen eigen ist entstammen. Sie sind fern jeder Selbstheuchelei und es fehlen die hochgesteckten Ideale *selbstloser* Nächstenliebe im christlichen Sinne, sowie die nahezu unerträgliche, frömmelnde Selbstzerknirschung. Religiosität verbindet der fernöstliche Mensch stets mit praktischer Alltagsverwirklichung. Er verzichtet auf realitätsferne Spiritualität zugunsten machbarer, ethischer Nahziele, die erreichbar und daher auch erstrebenswert sind.

## Die Wirkung des Einweihungsritus auf den Glauben und die Demut

Der Initiationsritus erfordert vom Meister und Schüler innere Sammlung, Hingabe und Offenheit. Die sakrale Atmosphäre der Zeremonie läßt profane Gedanken und Gefühle nicht aufkommen und ist für die innere Sammlung und Ausrichtung ein wichtiges, äußeres Hilfsmittel. Einweihung setzt den Glauben an ihre Wirkung voraus, sie erfordert innere Vorbereitung, eine gewisse Reinigung und Opferbereitschaft. Schüler und Meister geben sich beide gleichermaßen dem Ritus der Symbolik hin und nehmen somit eine demütige Haltung gegenüber ihrer transzendenten Bedeutung ein. Nicht das Symbol wird göttlich verehrt, sondern die dahinterstehende zeitlose Wahrheit und universale Gültigkeit. Der Initiationsritus verhilft dem Schüler zu jenem mächtigen Glauben seinen künftigen spirituellen Weg entschlossen anzutreten und ein Heiler des Lichtes und der Liebe zu werden. In allen religiösen Gemeinschaften der unterschiedlichsten Kulturen und zu allen Zeiten galt die Initiation stets als eine äußere Handlung, die tief in das Bewußtsein hineinwirkte und auch unsere gegenwärtige Gesellschaft kann auf äußere feierliche Formen nicht verzichten, wenn es um die Glaubwürdigkeit innerer Werte und um die Würde des Menschen oder der Staatsmacht geht. Es geht bei der Initiation auch um den emotionalen Eindruck, sozusagen um eine emotionale Gestalt, welche sich in den Tiefenschichten des Bewußtseins verankert und stets die Ideen und Ideale wie eine Musik begleitet. Diese emotionale Resonanz ist gewissermaßen *der spirituelle Geschmack,* welcher Schüler und Meister gleichermaßen verbindet und so auf das gleiche, verinnerlichte Bewußtseinsniveau erhebt. Wir gehen davon aus, daß Glaube und Liebe zuvorderst durch die Initiation geweckt und stabilisiert wird. Wie wahr dies ist demonstrieren uns die religiösen Kulthandlungen in Kirchen, Pagoden, Tempel, östlicher oder westlicher Prägung, in eindrucksvoller Weise. Der Novize oder Neophyt, ganz gleich welcher Religion er auch angehören mag, wird in einem magischem Ritual zum Priester geweiht, und erhält geistige Vollmachten, z.B. in der katholischen Kirche Sünden im Namen Gottes zu vergeben oder das Brot und den Wein in den Leib und das Blut Christi zu verwandeln. Schon an diesen wenigen Beispielen mag deutlich werden, wie wichtig das Ritual und die Initiation ist und jemand der sie verneint, mißachtet elementare Gesetze höheren Menschseins.

## War Jesus Christus ein einweihender Meister?

Die Frage, ob Jesus Christus bei seinen Handauflegungen Symbole gebrauchte, sie rituell anwandte und ob er sie seinen Jüngern lehrte, kann aus den Schriften nicht direkt beantwortet werden. Es spricht vieles dafür, daß er einer der höchsten Eingeweihten der Essener war und dieses geheime Wissen des Ordens nur an seine Schüler weitergab. Das Thomas-Evangelium, eines der ältesten Apokryphen, weist an vielen Stellen daraufhin, daß Jesus Christus nur im engeren Kreis esoterisches Wissen weitergab. Nach dem Studium der Apokryphen und der Qumram-Texte, bin ich zu der Überzeugung gelangt, daß Jesus Christus nicht nur ein einweihender Meister wahr, sondern er mußte als junger Novize intensiven Kontakt zu fernöstlichen Weisen und spirituell Erleuchteten gehabt haben. Thomas, der nachweislich nach dem Hinscheiden von Jesus noch Jahre in Indien lehrte, war sein engster Jugendfreund und Begleiter und deutete, wenn auch dunkel, an, daß Jesus Christus während seiner spirituellen Entwicklungsjahre in Ägypten und im fernen Osten war. Aber auch in den kanonischen Schriften gibt es Hinweise, z.B. seine Bemerkungen in Mark.4.10, weisen daraufhin, daß er spirituelle Wahrheiten stets in Gleichnisse hüllte und nur zu seinen Jüngern offen und unverhüllt sprach. Wir dürfen annehmen, daß Jesus Christus die Handauflegung nur seinen Jüngern lehrte und sie möglicherweise auch einweihte. Freilich, diese esoterische Seite des Christentums entzieht sich der historischen Forschung wie so vieles in der mündlichen Tradierung geheimer Praktiken. Das Meister-Jüngerverhältnis dürfte auch bei Jesus Christus aus einer Serie von Einweihungen bestanden haben, insbesondere das Verhältnis zu seinem Lieblingsjünger Johannes.

## Ist die Einweihung eine Glaubenssache?

Diese Frage ist teilweise schon beantwortet, siehe auch S.67, bzw. man kann sie aus den o.g. Gründen verneinen. Ohne Meister-Einweihung ist Reiki freilich eine Glaubenssache, denn wenn keine öffnende Initiation vorausgeht, verbleibt der Handaufleger in seinem niedrigeren Schwingungszustand und ist eben für die Reiki-Kraft nicht durchlässig. Er muß dann einen mächtigen Glauben haben, will er ein Kanal für kosmische Lebensenergie sein. Zweifellos ist tiefer Glaube eine große Kraft, und der sinnige Ausspruch, *DEIN* Glaube hat dir geholfen, verleitet zu der Auffassung, nur wenn man auch dran glaubt, hilft es. Nun, der Glaube früherer Zeiten, etwa zur Zeit Jesu oder in den prähistorischen Zeiten der Mythen und Sagen ist vielfach von unserer ökonomisch-rationalen Grundeinstellung nicht nur verdrängt, sondern tief verschüttet. Kurz, aber prägnant formuliert, *fehlt uns der Glaube an unsere Glaubenskraft.* Zwar argumentieren wir häufig mit dem Glaubensargument gegen Vorgänge, die wissenschaftlich und rational nicht begründbar und verstehbar sind, doch sprechen wir hier nur über Erkenntnisse, die wir an uns nicht oder nur unzureichend praktisch erfahren haben. Der bekannte Satz, "Glauben heißt nichts wissen," oder "Glauben ohne Wissen ist Aberglaube", trifft besonders positiv auf die Reiki-Anwendung zu, denn wer nach einer Einweihung Reiki anwendet, der erfährt dieses Wissen im direkten Kontakt und *er weiß*. Wissen muß erfahrbar sein, wenn es zur Gewißheit werden soll. Es wird damit nicht die Rolle des Glaubens bagatellisiert oder in seiner Bedeutung herabgesetzt, denn auch für den Weg und für die Einweihung bedarf es der offenen Glaubenshaltung; auch ist klar, daß jemand, der die Reiki-Einweihung erhalten hat und positiv daran glaubt, ein sehr durchlässiger Kanal und Überträger der Lebensenergie ist und sehr wahrscheinlich mehr Energie weitergibt, als wenn jemand erhebliche Zweifel hat. Daß die Anwendung der Reiki-Kraft beim Empfänger wenig oder kaum Glauben voraussetzt, zeigen uns übrigens die Wirkungen an Pflanzen, Tieren und Kleinkindern. Unzählige Male sind uns Erfolge bestätigt worden, wie durch einfaches Handauflegen an weitgehendst unbewußten Organismen Heilungen und Besserungen zustande kamen. Der Reiki-Anwender bedurfte dazu weder einer großen Konzentrationskraft, noch eines besonderen Glaubens. Es genügte in vielen Fällen die bloße Umhüllung oder der Kontakt mit seiner Hand. Beeindruckend sind auch die vielen Fernheilungen, wie sie im zweiten Grad durch die Anwendung bestimmter Symbole gelehrt wird. Der Empfänger ahnt von diesen Fernheilungen sowenig wie die Pflanze oder der Säugling von den aufgelegten Händen, und dennoch wird immer wieder über Heilungen berichtet, die mit großer Wahrscheinlichkeit auf die Einwirkung von Fern-Reiki zurückgehen.

# Kapitel V

*Jesus sagte: "Wenn die, die euch führen euch sagen:*
*seht das Königreich ist im Himmel,*
*so werden euch die Vögel des Himmels vorangehen;*
*wenn sie euch sagen es ist im Meer,*
*so werden euch die Fische vorangehen.*
*Aber das Königreich ist in eurem Inneren*
*und es ist ausserhalb von euch.*
*Wenn ihr euch erkennen werdet, dann werdet ihr erkannt,*
*und ihr werdet wissen,*
*daß ihr die lebendigen Söhne des Vaters seid.*
*Aber wenn ihr euch nicht erkennt,*
*dann werdet ihr in der Armut sein, und ihr seid die Armut."*

*Apokryphion (Thomas 3)*

## Die Energiehüllen des Menschen

### 1. Der Ätherleib oder bioplasmatische Strahlenkörper

Aus den vorangegangenen Ausführungen geht klar hervor, daß die Reiki-Kraft und die Energiehüllen in unmittelbarem Zusammenhang stehen. Daher scheint es geboten, in einer komprimierten Fassung die Energiehüllen und das Chakrasystem kurz darzustellen. Die weltweiten Forschungsergebnisse über die bioplasmatischen Leuchtphänomene mittels der Hochfrequenzfotografie, insbesondere in der Sowjetunion (Kirlianseffekt siehe S.24), haben uns einigen Aufschluß über den Energiekörper gegeben. Die bioplasmatische Strahlung dürfte demnach ein Phänomen des Ätherleibes sein. Der Ätherleib ist den Parapsychologen und hellsichtigen Menschen ein vertrautes Phänomen. Er strahlt z.B. über die Poren ca. 10 bis 20 cm vom physischen Leib ab und zeigt ein transparentes, lumineszierendes Blau. Die Farben des Energiekörpers, insbesondere des Astralkörpers, überlagern sich allerdings vielfach und bei genauer Farbanalyse, wie es z.B. das "British Colour Concil" inzwischen durchführte, scheint es über 450 Farbtöne zu geben. Die rötlich-gelben Farbbkomponenten gehören nach der Yin-Yang-Zuordnung der männlichen Kräftedynamik an, d.h. dem Wesen der kosmischen Yang-Kraft. Bläulich-weiße bis indigofarbige Komponenten sind yingepolt und entsprechen der weiblichen Dynamik. Dort wo sich z.b. gelb und blau vermischen, tauchen grüne, bzw. grünliche Farben auf, die einer Mischung von Yin und Yang entsprechen, desgleichen, wenn sich rot und blau, bzw. rosa mit hellblau vereinigen, ergibt dies violett, eine hohe spirituelle Farbe wie wir sie im sechsten Chakra vorfinden. Das Farbenspiel, z.B. des Astralkörpers, auf den wir weiter unten zu sprechen kommen, ist höchst labil und korreliert fortwährend mit Stimmungen, Emotionen, Gedanken und Wahrnehmungen, bzw. Bewußtseinseindrücken. Hingegen scheint der Ätherleib mit den Jahreszeiten, den Mondphasen, Gezeiten, Gewitter, Luftelektrizität z.B. positive und negative Ionen, Temperatureinwirkungen, ja sogar mit Geräuschen und plötzlichen Luftdruckveränderungen zu reagieren. Gezielte Untersuchungen mit der Pharmakodynamik von Drogen und Halluzinogenen, bzw. psychoedelischen Wirkstoffen ergaben, daß Strahlungsintensität und Farbqualität besonders des Ätherleibes und indirekt auch des Astralkörpers auf biochemische Einwirkungen empfindlich reagieren und sich drastisch ändern können. So bewirkt Alkohol eine starke Zunahme des Strahlenkranzes, während eine durch Drogen (Sedativa) künstlich herbeigeführte sedierte Stimmungslage eine matte, verfilzte und gleichzeitig verkleinerte Corona bewirkt. Daraus ist zu folgern, daß der Ätherleib, obzwar feinstofflicher Qualität, eine von Raum und Zeit und weitgehendst von der physischen Ebene abhängige Manifestation ist.

## a) Akupunktur und Ätherleib

Das energetische Ordnungssystem der Akupunktur mit über 700 Ansaugpunkten auf der Oberfläche des Ätherleibes und den 20 genau definierten äußeren Energiebahnen, siehe Abb.9 u. Abb.10 S.90, mit den anhängigen Funktionskreisen, bestehend aus inneren Energiebahnen und Organsubstraten, therapiert praktisch den Ätherleib über die Akupunkturpunkte. So sucht der Akupunkteur nicht nach einer Schädigung von Organsubstraten, die nach seiner Sicht ja nur eine Sekundärerscheinung ist, sondern er fahndet nach dem energetischen Ungleichgewicht von Yin und Yang, das sowohl von außen aus dem Kosmos, z.B. klimatische Störenergien, wie Kälte, Hitze, Trockenheit, Feuchtigkeit und Wind, als auch von innen aus dem mental-emotionalen Bereich z.B. Freude, Angst, Zorn, Kummer und Sorgen gestört werden kann. Zuviel Angstbesetzung z.B. muß früher oder später zu einer Schädigung der Nieren und dem anhängigen Funktionskreis führen. Da nun der Nierenfunktionskreis von der Yinqualität dominiert wird, kommt es dort zu einem Übergewicht der Yangqualität und das Gleichgewicht ist gestört. Der Akupunkteur fahndet, falls er Angstbesetzung konstatiert, dementsprechend nach allgemeinen, übergewichtigen Yang-oder Yinäußerungen (Symptome) und im Energiekörper (in den Energiebahnen) nach energetischen Ungleichgewichten, z.B. mittels der Pulsdiagnose. Es ist sehr interes-

# Kirliansfotografie eines Phantombildes

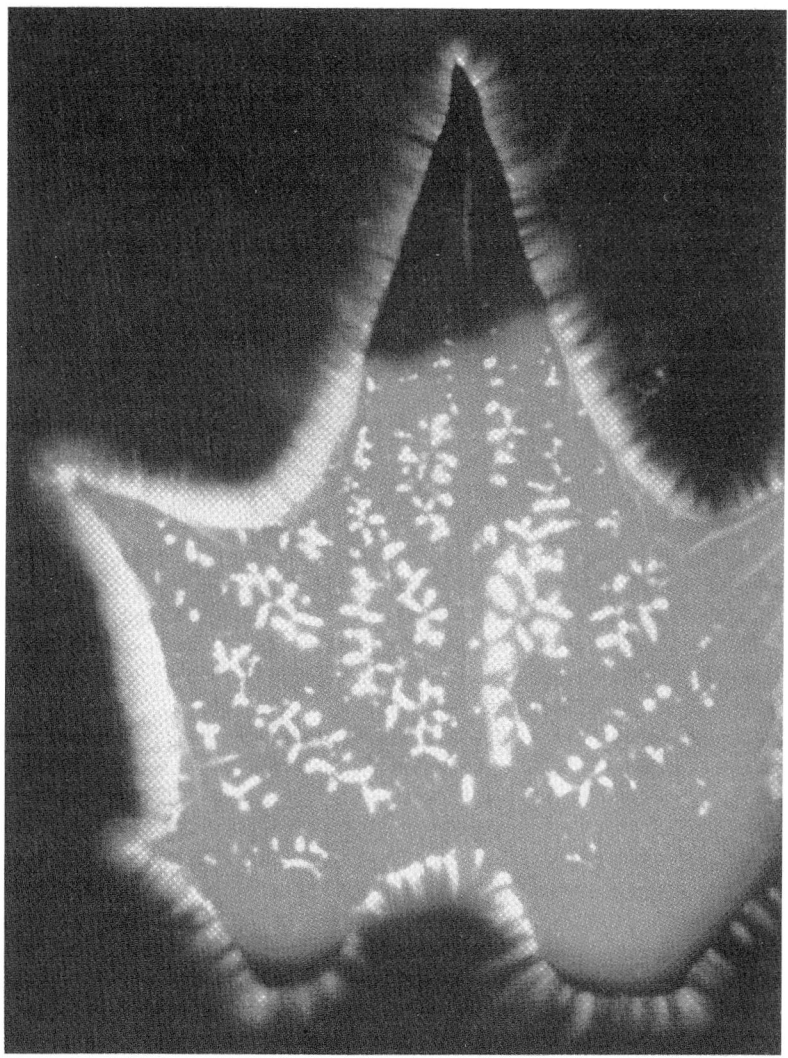

Abb. 8

Der untere helle Teil ist der plasmatische Energieabdruck des abge-
trennten stofflichen Blattteiles.

# Das komplette Energieleitbahnsystem des Ätherleibes mit den Chakras

Vorderansicht

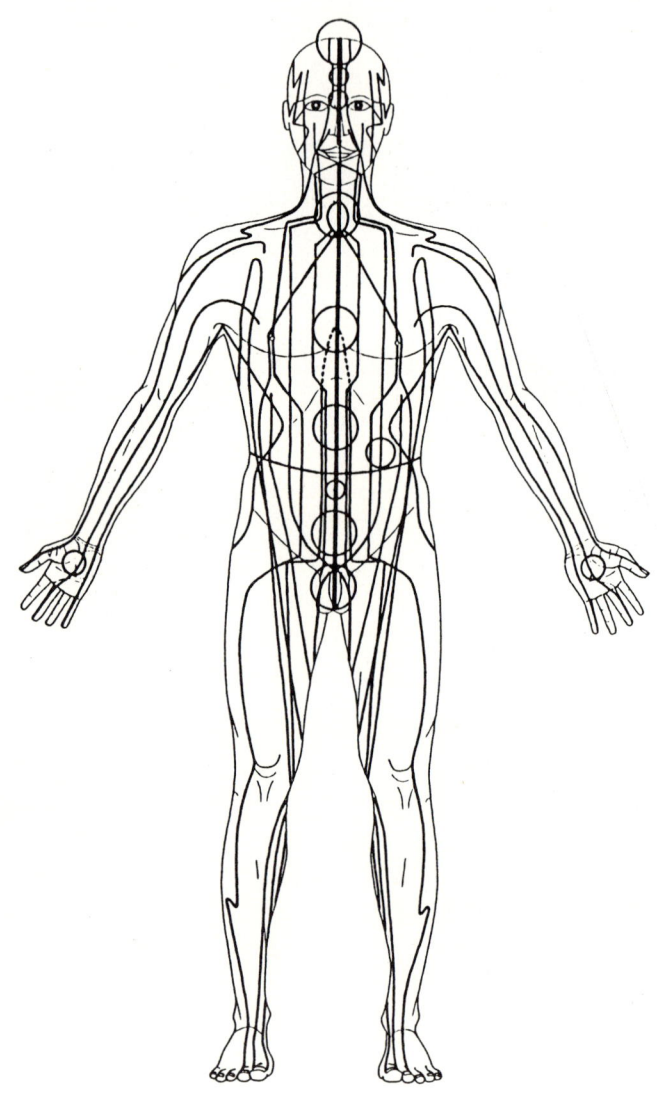

Abb.9

Rückenansicht

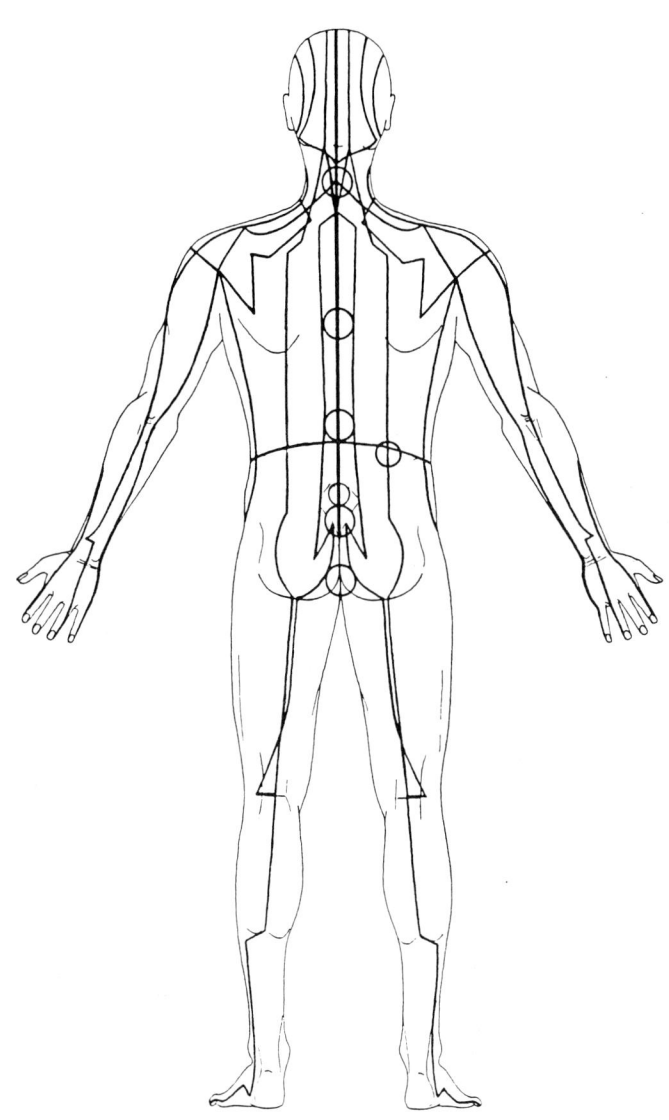

Abb.10

sant festzustellen, daß die energetische Flußrichtung der äußeren Energiebahnen des Ätherleibes, je nach ihrer Yin-Yangpolung von den Fuß-und Handspitzen Richtung Kopf fließen (Yinbahnen) und vom Kopf zu den Fuß-und Handspitzen (Yangbahnen), siehe Abb.9, S.90. Daraus ist zu schließen, daß die Gegenläufigkeit von Yin-und Yangbahnen für die Gesamtdynamik des Energiekörpers von größter Bedeutung ist. Je schärfer die Yin-und Yangkräfte polarisiert sind, desto stärker dürfte auch das Energiekraftfeld sein und damit die Energieabstrahlung. Wir kommen darauf später nochmals zurück.

## b) Die Bedeutung des Ätherleibes für das Vegetativum

Der Ätherleib ist was Größe, Form und Ausdruck betrifft, eine genaue, feinstoffliche Abbildung des physischen Körpers, jedoch als feinstofflicher Energiekörper in einem höheren Schwingungszustand. In der indischen, bzw. Sanskritliteratur wird dieser Körper als Pranakörper (Linga-sarira) bezeichnet, da er nicht von der physischen Nahrung lebt, sondern von der alle Materie durchdringenden Pranaenergie. Letztere ist identisch mit der Ätherenergie oder auch dem postulierten Weltäther, der ein unbewußter Aspekt der universalen Lebensenergie ist siehe S.131. Der Ätherleib ist also umgeben von einem Energiemeer, analog dem physischen Körper, welcher sich in einem Meer von Sauerstoff bewegt. Ohne den Ätherleib könnte der physische Leib nicht existieren. Die fünf Sinne wie hören, riechen, schmecken, tasten und sehen werden erst durch die Energie des Ätherleibes möglich. Des weiteren beherrscht der Ätherleib alle vegetativen Grundfunktionen oder die unterbewußten Lebenserhaltungssysteme wie Atmung, Herz-Kreislaufsystem, Nahrungsassimilation, Ausscheidung, Körperdynamik, Muskeltonus, Sexualität, insbesondere den oralen und sexuellen Sättigungstrieb, den Wach-Schlafrhythmus, Flüssigkeits-und Wärmeregulation und alle vegetativen, zellulären Stoffwechselfunktionen usw. Eine seiner wichtigsten Aufgaben ist es *das Immunsystem* zu organisieren und zu aktualisieren. Durch die stete Aufnahme von Prana ist die Ätherenergie in der Lage, unzählige Abwehrzellen aus den somatischen Abwehrzentren (Thymus, Knochenmark und Lymphsystem) zu proliferieren. Die Ursache mangelnder Abwehr ist daher nicht ein genetischer Zelldefekt, sondern zuvorderst ein geschwächter Ätherleib, welcher zuwenig Pranaenergie absorbiert. Alle Grundtriebe der Lust und Unlust und das elementare Befriedigungsbedürfnis werden über den Ätherleib vermittelt und wesentlich bestimmt. Besonders Süchte und konditionierte, sinnliche Bedürfnisse, haben im Ätherleib ihre Wurzel. Biochemische Abhängigkeiten, wie Drogen Rauschgiftsucht, Nikotinzwang oder Alkoholismus prägen sich in den Ätherleib ein und lösen sich von ihm erst mit dem Tod. Im Zusammenhang und Vernetzung mit dem Astralkörper und mentaler Energiemuster, erscheint die Narkotisierung des Nervensystems mittels halluzinogener Drogen als eine niedrige Abwehrform des Ego, das sich, um einer vernichtenden Selbsterkenntnis zu entgehen, das Nervensystem als Ort seiner Betäubung erwählt. Da nun der Ätherleib der energetische Koordinator der Stoffwechseldynamik ist, stellt er sich langsam auf die veränderte Situation ein und gewöhnt sich an die regelmäßige Giftzufuhr. Man kann sagen, daß die energetische Umprogrammierung der Dynamik der Ätherkräfte der eigentliche Grund zur Sucht ist.

Medialen und meinen eigenen Erfahrungen zufolge, besonders während des Tiefschlafes zeigen, daß der Ätherleib sich vom physischen Körper schwebend entfernen kann; er durchdringt Wände, Türen und Materie und erscheint dem Hellsichtigen in einer bläulich matt schimmernden Farbe, wobei er das gleiche Oberflächenrelief aufweist wie der physische Körper. Zudem zeigt er auf der vorderen Mittellinie, vom Damm aufwärts bis zum dritten Auge (einen Fingerbreit über der Glabella) sechs flache Vertiefungen, welche eine wirbelartige Struktur von ca. 3-5 cm Durchmesser aufweisen. Diese Strukturen sind die Energiezentren des Ätherleibes und werden in den alten Schriften als Chakras bezeichnet; über sie wird der unbewußte Aspekt der kosmischen Lebensenergie eingesaugt. Die Energie fließt zunächst durch die zwei Hauptkanäle, welche parallel zur Wirbelsäule laufen (Ida und Pingala), und verteilt sich dann in das feine Energienetz von nahezu 80 000 Nadis in den Ätherleib. Die ätherische Aura ist auch für den weniger Sensitiven erfahrbar. Wenn wir beide Handflächen einander nähern, dann spüren wir bei ca. 30 cm, einen ganz leichten, kribbelnden Widerstand, etwa so, wie wenn eine Watte die Handflächen kitzelt. Insofern kann der Ätherleib auch eine Schutzfunktion haben, indem er einen physischen Widerstand noch vor dem direkten Kontakt anzeigt, z.B in einem dunklen Raum. Blinde Menschen müssen zwangsläufig ein sehr feines ätherisches Gespür haben. Man kann sagen, daß der Ätherleib das vegetativ-steuernde Energiesystem des physischen Körpers ist und ihn gewissermaßen belebt, und das Vegetativum seinen Resonanzboden bildet. Sobald sich das Bewußtsein aus dem physischen Körper endgültig zurückzieht, trennt sich auch der Ätherleib von ihm und löst sich nach wenigen Tagen ebenfalls auf, da er wie der physische Körper sowohl den Gesetzen von Raum und Zeit unterworfen ist und den

Naturkräften z.B. den meteorologischen Störenergien. Aus höherer Sicht induzieren die Schwingungen des Ätherleibes *den Sättigungstrieb und die Grundstimmung des Versorgtseins.* Es geht um physiologische Befriedigung und Behaglichkeit. Philosophisch steht ein Mensch mit einem überwiegend physiologischen Bewußtsein auf der Stufe des puren Materialisten, der behauptet, daß alle höheren Energieprozesse vom Stoff ausgehen und die Materie die letzte Wahrheit und Wirklichkeit sei. Energetisch ist die Ätherenergie im zweiten Chakra lokalisiert und wird von den Schwingungen der vitalen Ebene konstituiert.

## 2. Der Astralkörper

Der Astralkörper leuchtet weit heller und bunter als der Ätherleib. Die Schwingung des Astralen sind wesentlich höher als des Ätherischen. Dementsprechend erfaßt das Astrale viel feinere Bewußtseinsebenen und kommt somit dem Ganzheitsbewußtsein ein bedeutendes Stück näher. Seine Ausstrahlung wird von Hellsichtigen als "Aura" wahrgenommen. Das astrale Energiefeld hat jedoch einen wesentlich geringeren Radius als das spirituelle, bzw. das pneumatische, siehe Abb.11, S.95. Wir kommen darauf noch zurück. Je nach emotionaler und geistiger Verfassung fällt die Färbung, Strahlungsintensität und Farbsteifung unterschiedlich aus. Der Strahlenkranz geht häufig nahezu einen Meter über den physischen Körper hinaus und kann bei entsprechender Bewußtseinsstufe noch weiter reichen. Die Farben der Aura werden von Gefühlsregungen erzeugt. Eine optimistische, allgemein bejahende Stimmung taucht die Aura in ein helles, angenehm grünes und von bläulichen Mustern durchsetztes Farbenspiel. Negative Stimmungen und Pessimismus, zeigt sich mehr in grauen, farblosen Tönen. Diese Farben sind durchgehend ohne Ausnahme in jedem Organ zu beobachten. Es kann deshalb kaum verwundern, wenn Menschen mit einer negativen, pessimistischen Lebenseinstellung schließlich krank werden und an *emotionaler Selbstvergiftung* zugrunde gehen. Wie am Anfang des Kapitels schon besprochen kann die Energie des Astralkörpers männlich oder weiblich geprägt sein. Sehr häufig beobachtet man, daß Frauen ein überwiegend bläulich-weißes Farbenspektrum aufweisen und Männer von gelbrot dominiert werden. Der Astralkörper verhält sich demnach parallel zur physisch-morphologischen Gestaltausprägung und wir müssen dieser Tatsache auch deshalb zustimmen, weil Männer in manchen Lebensbereichen psychisch weniger belastbar sind, aber auch Frauen auf manche seelische Belastungen empfindlich reagieren. Dissonanzen und Störungen zwischen

# Der ätherische und spirituelle Strahlenradius

Abb. 11

Grundstimmung und geistigem Wollen (Motivation), sowie der Integrität femininer und maskuliner Persönlichkeitsanteile (Anima und Animus), dürften zuvorderst in dem Mißverhältnis zwischen physischen und astralen Bewußtseinszuständen zu suchen sein. Die androgyne Integrität ist eines der wesentlichen Hauptthemen unseres Erdendaseins. Von ihrer Verwirklichung hängt das künftige Schicksal unserer planetarischen Gesellschaft ab. Geistwesen mit einer grünlichen und indigofarbenen Astraleinfärbung zeigen dem Auradiagnostiker an, daß die androgyne Integrität einen bedeutenden Schritt vorangekommen ist und solche Wesenheiten in einem relativ ausgewogenen Bewußtseinszustand sind. Ein besonderes Astral-Phänomen ist die Aureole um den Kopf. Bei spirituell-hochentwickelten Menschen, z.B. christlichen Heiligen oder Yogins, strahlt sie auch für das physische Auge sichtbar, ein goldenes Licht aus. Sie kann somit als Kennzeichen für eine hohe Bewußtseinsstufe gelten; kommt jedoch selten vor. Der Astralkörper oder auch der "Sternenleib" genannt ist im Gegensatz zum physischen und Ätherleib nur noch bedingt an Raum und Zeit gebunden, er ist lediglich durch emotionale Begrenzung innerhalb der Astralwelten lokalisiert. Solange jedoch das Astrale im physischen und im Ätherleib eingebunden ist, ist seine emotionale Energie in die Körperlichkeit eingeschlossen, wie der Geist in der Flasche, deshalb spricht man bildlich vom Astralkörper. In der Astralenergie werden eigentlich nur Stimmungen und Gefühle erlebt, daher fühlt sich das Astrale immer dort beheimatet, wo ihn verwandte Emotionen und Stimmungen anziehen. Dies geschieht augenblicklich, doch wird ein zeitliches Vorher und Nachher durchaus wahrgenommen. Infolge der zeitlichen Erlebnisqualität muß es auch ein emotionales Raumerlebnis geben, welches wir bestenfalls als emotionale Felder bezeichnen könnten, die unsere astralen Energien anziehen. Umgekehrt kann er auch von bestimmten Emotionen oder emotionalen Feldern abgestoßen oder sogar verletzt werden z.B. von Haß und chronischen Angstzuständen. Jeder Mensch ist für seine Stimmungen selbst verantwortlich und sollte sie kontrollieren. Negative Gefühlseindrücke können, wenn sie nicht durch klare Bewußtheit neutralisiert werden, dauernde Farbstreifungen innerhalb der Aura hinterlassen, und so zu schweren Hindernissen für positive und aufhellende Gefühle werden. Ein geübter Auradiagnostiker kann analog den Ringen eines Baumes, ungefähr das Alter tiefgreifender und langanhaltender Gefühlsverletzungen ablesen, soweit die Farbringe konstant auftauchen. Wenn sich der Astralkörper aus dem Ätherleib zurückzieht, löst er den Ätherleib langsam auf, ähnlich wie beim Rückzug des Ätherleibes aus dem physischen Körper und geht in eine der astralen Sphären ein.

# Die astralen Sphären

Im astralen Kosmos gibt es sieben Hauptsphären, die jeweils in sieben Ebenen unterteilt sind. Diese Sphären werden von Emotionen und Stimmungen, bzw. geistig-mentalen Grundhaltungen konstelliert und genährt. So ist die untere, also die erste astrale Sphäre in einem Bewußtseinszustand der Starrheit und Unverrückbarkeit. In ihr herrschen nur kalte, egoistische Prinzipien und rücksichtslose Härte vor. Menschen die astral dort beheimatet sind, leiden an einem *schleichenden, emotionalen Kältetod* und finden zu wärmeren Gefühlssphären kaum Zugang. Hierzu zählen oftmals eiskalte Geldmenschen, Prinzipienreiter, Gesetzes-und Buchstabenfanatiker, Gefühlszyniker und Menschenverächter. Man kann solche bedauernswerten Wesen vergleichen mit Blinden, die eine bestimmte Farbe definieren möchten, aber sie nicht sehen können. Hat einmal der emotionale Kältetod eingesetzt, dann folgt, wenn nicht von außen Hilfe zugeführt wird, der geistige Tod und damit die endgültige Auflösung der Seele. In den Schriften wird gesagt, daß, selbst wenn der Mensch die ganze Welt gewönne, dies ihm nichts nützte, wenn er Schaden an seiner Seele nimmt. Wir sollten dies bitte genau verstehen, um die weitreichende Bedeutung dieses Wortes richtig zu erfassen. Emotionen sind, um es einmal formelhaft auszudrücken, *Energie plus Leben*. Ohne Emotionen kann kein Mensch auf Dauer existieren. Das eigentliche innere Leben spielt sich im Emotionalen ab. Als Gegenstück mag uns der Computer dienen. Er rechnet, koordiniert und erstellt Ergebnisse in Sekundenschnelle, fragt aber nicht, ob das Resultat dem Gefühl angepaßt ist oder nicht. Seine Rechenoperationen sind eiskalte Ratio ohne Gefühl; für ihn zählt nur Ja oder Nein, richtig oder falsch. Wer wohl könnte mit einem Computer zusammenleben, ihn als Lebenspartner erwählen? Wesentlich besser sieht es in der fünften astralen Sphäre aus. Dort dominiert das Empfinden des spirituellen Fortschrittes im Sinne einer geistigen Evolution. Alles, was die spirituelle Evolution behindert, wird als ein beklemmendes, lähmendes Gefühl empfunden. Die Wesenheiten auf dieser Stufe sind sehr bewußt, und nehmen für ihre spirituelle Evolution freudig alle Mühen auf sich. Die fünfte Sphäre ist die Pforte zu den seligen Astralwelten, denn die Dominanz der spirituellen Höherentwicklung, fordert von jeder dort beheimateten Wesenheit den Selbstverzicht und die Bereitschaft zu dienen. In den noch höheren Sphären herrscht das Empfinden der freudigen Nächstenliebe und Hilfsbereitschaft vor. Liebe wird hier als universale Bruderschaft empfunden für Egoisten und erkaltete Wesenheiten eine höchst unerträgliche Atmosphäre. Diese Sphäre ist für sie nahezu unerreichbar, nicht weil sie ihnen verschlossen wäre, oh nein, die höheren Sphären heißen jeden herzlich willkommen, *sondern weil die Stimmung für sie zu einem schweren Ärgernis ihrer eigenen Unzulänglichkeit würde.*

## Die Funktion des Astralkörpers

Da der Astralkörper praktisch die räumliche Kondensation einer bestimmten emotionalen Bewußtseinshaltung ist, ist er den meisten nur als ganzheitlich-ständig wechselnder Gefühlszustand bewußt. Die bildliche Wahrnehmung seines Farbenspiels und der Aura, über das innere Geistauge (drittes Auge) ist nur einer Minderheit möglich, deshalb muß, will man ihn ernst nehmen, seine Läuterung über die emotionale Kartharsis vorangetrieben werden. Die spirituelle Psychologie versucht durch das Bewußtwerden von unbewußten Emotionen und verschütteten Empfingungskomplexen, einen bewußten Umgang mit dem Astralen zu erreichen. Wir können daher sagen, das Farbenspiel und die astralen Engramms sind die bildliche Teil-Darstellung des Unbewußten. Was der Aura-diagnostiker unmittelbar sieht, muß der arme Schulpsychologe erst einmal über verbale Analysen und langwierige Testverfahren mühsam aufdecken. Schon die alten Priesterärzte wußten z.B., daß die Traurigkeit, wofür wir heute den Begriff "Depression" wählen, die Energie im Lungenfunktionskreis blockiert und so den Energiefluß im Ätherleib beeinträchtigt. Die emotionale Energie der Traurigkeit geht also vom Astral auf das Vital über. Das ist nur möglich, weil zwischen Astralkörper und Ätherleib energetische Übergangsstrukturen existieren. Funktionell hat der Astralkörper eine eindeutig vermittelnde Stellung zwischen dem Mental (Gedanken und Ideenformen) und dem ätherischen Körper, siehe Abb.12. S.101. Die Gedanken- und Ideenformen werden vom Astralkörper in bestimmte emotionale Energiemuster abgewandelt und an den Ätherleib weitergegeben. Dort erfahren sie erneut eine Abwandlung und werden im physischen Leib insbesondere im Vegetativum als Trieb und Drang bewußt und letztlich in der Stoffwechseldynamik umgesetzt. Bitte, man mißverstehe mich hier nicht. Je nach der Komplexität der geistigen Ausstattung, werden natürlich auch Gedanken direkt bewußt, doch immer in Begleitung bestimmter Gefühle und Wahrnehmungszustände. Höhere Gedanken, sowohl ethische Werte als auch universelle Abstrakta, z.B. die transzendente Bedeutung universaler Symbole, können nur über einen geläuterten Astralkörper direkt wahrgenommen werden, andernfalls werden sie von einer Art unbestimmter kosmischer Gefühlsweite umnebelt, die sich letztlich im Bewußtsein als schwarmgeistige Gefühlshaltung äußert. Das ist die große Schwäche vieler esoterisch interessierter Menschen und sollte baldigst überwunden werden. Die vermittelnde Funktion des Astralkörpers, reicht auch in die mentale Dimension hinein und hat dort befruchtende, belebende, ja oftmals auslösende Wirkung. Wie ich oben bereits erwähnte, herrscht in der Astralwelt das Gesetz der Anziehung und Abstoßung vor. Verwandte und gleiche Gefühlslagen und Stimmungen ziehen sich an, entgegengesetzte stoßen sich ab, wieder andere heben sich auf. Dieses fundamentale Gesetz gilt auch für negative Gefühle, z.b. Schuld, Angst, Pessimismus und generell entsprechende Verneinungsgefühle. Menschen und Wesenheiten mit gleichen negativen Gefühlsladungen ziehen sich wie Magnete an und verstärken so die Negativwirkungen. Wie wahr das ist zeigen uns oft ganze Volksgruppen, die wie gelähmt vor einem bestimmten Existenzproblem stehen und vergeblich auf das Wunder seiner Lösung warten. Als Beispiel mag hier die erdrückende, kommunistische Parteimacht in Osteuropa angeführt sein, die nach einer jahrzehntelangen Phase ökonomischer Mißwirtschaft und depressivresignierter Stimmung in der Bevölkerung erst nach 50 Jahren endgültig gestürzt und überwunden wurde. Energetisch fließen die astralen Energien über das zweite und zuvorderst dritte Chakra ein und werden im vierten zu einem Gesamtkomplex, z.B. einem ganzheitlichen Gefühlszustand konstelliert. Die einströmenden astralen Schwingungen werden vom zweiten Chakra so modifiziert, daß sie z.B. in uns Lustempfindungen wecken. Steht ein Mensch überwiegend auf dieser Entwicklungsstufe, dann wird seine Weltsicht überwiegend von hedonistischen und biologischen Leitmaximen bestimmt. Auch der biologische Vitalismus, z.B. die Vergottung körperlicher Gesundheit und Vitalität kann zur beherrschenden Weltsicht werden. An dieser Stelle sei der Verdacht, auch Reiki wäre eine Art verbrämter, biologischer Vitalismus ausgeräumt. Die Philosophie des wahren Vitalismus erblickt in ihm eine besondere Lebenskraft von deren Wirken alle Lebenserscheinungen abhängen. Diese Lebenskraft ist ein nichtphysikalischer und nichtlokalistischer, entelechaler Wirkfaktor der einem teleologischen Prinzip folgt. Wir können sagen, es ist der evolvierende Drang des in der Materie involvierten Geistes. Dieser Vitalismus wurde bereits von der modernen Quantenphysik bestätigt und er dürfte auch mit der universalen Lebensenergie übereinstimmen. Des weiteren gehören zur niederen Astralebene alle Formen der emotionalen Bewertung und Beeindruckbarkeit. Auch das bildlich-phantasmische Denken und die emotionale Erwartungshaltung sind typische Umsetzungsformen astraler Energien. Sie werden ebenso wie die vitalen Lustempfindungen vom zweiten

Chakras z.T. auch vom dritten Chakras konstelliert und erfahren ihre jeweilige individuelle Egoprägung. Die philosophische Haltung, die aus diesem Energieniveau resultiert, ist die des Psychologismus und des psychologischen Materialismus in allen Spielarten. Die höheren Astralenergien, die in das vierte Chakras einfließen, modifizieren sich in unserem Bewußtsein als Wertgefühle und Wertstimmungen. Liebe, Wohlwollen und die Stimmung einer umfassenden Bruderschaft sind die wesentlichen zu Bewußtsein kommenden Inhalte. Daher sind die philosophischen Implikationen die des Idealismus und Psychospiritualismus.

## Astrale Hindernisse

Negative Gefühlsladungen im Astralkörper, wenn sie bereits im Kindesalter imprägniert wurden, können schwere Entwicklungshindernisse auf dem Wege des spirituellen Fortschrittes sein. Eines der schwersten ist die unbewußte Abneigung oder Ressentiments gegen bestimmte oder allgemeine Realitäten, die als unverrückbare Gegebenheiten nun mal existieren. *Das Abgelehnte schließt sich selbst von einem Teil der vorgegebenen Realität aus, und bindet damit einen Teil seiner astralen Energie an das abgelehnte, bzw. verworfene Sein.* Diese gebundene Energie kann daher nicht zirkulieren und ist nicht frei verfügbar. Das bedeutet schließlich, daß das schöpferisch-belebende Kraftpotential der Astralenergie nicht zur vollen Entfaltung kommt und letztlich die Verwirklichungsmöglichkeiten in den verschiedenen Seinsdimensionen nicht erreicht werden können. Angst und Schuldgefühle gehören ebenfalls zu den schweren astralen Hindernissen. Schuldgefühle sind fast immer ein Hinweis auf jemanden, der nicht bereit ist, sich selbst zu vergeben. Selbstvergebung erfordert zunächst ein offenes Schuldeingeständnis ohne Wenn und Aber und die Bereitschaft, es wieder gutmachen zu wollen. Das freimütige Bekenntnis vor sich selbst, distanziert den Bekenner von seinem überzogenen Unfehlbarkeitsanspruch und ist somit bereits ein Reinigungsvorgang. Die Angst in ihren verschiedenen Maskierungen ist ein Erzeugnis des Ego und im Grunde eine abwehrende Haltung vor der Empfindung ausgelöscht zu werden, also die Flucht vor dem Nichtsein. Sie entsteht, wenn jemand das Ego als seine innerste Realität anerkennt und sich daran klammert. Da nun aber das Ego eine Vorstellung aus den vier sterblichen Seinsbereichen ist (Physis, Äther, Astral und Mental), erscheint es dort als eine vom Ganzen abgesonderte und vergängliche "Ichprojektion." Die Illusion der Abgesondertheit ist die Wurzel aller Ängste; wir werden später nochmals darauf zurückkommen. Weitere schwere, astrale Hindernisse sind die niederen Ab

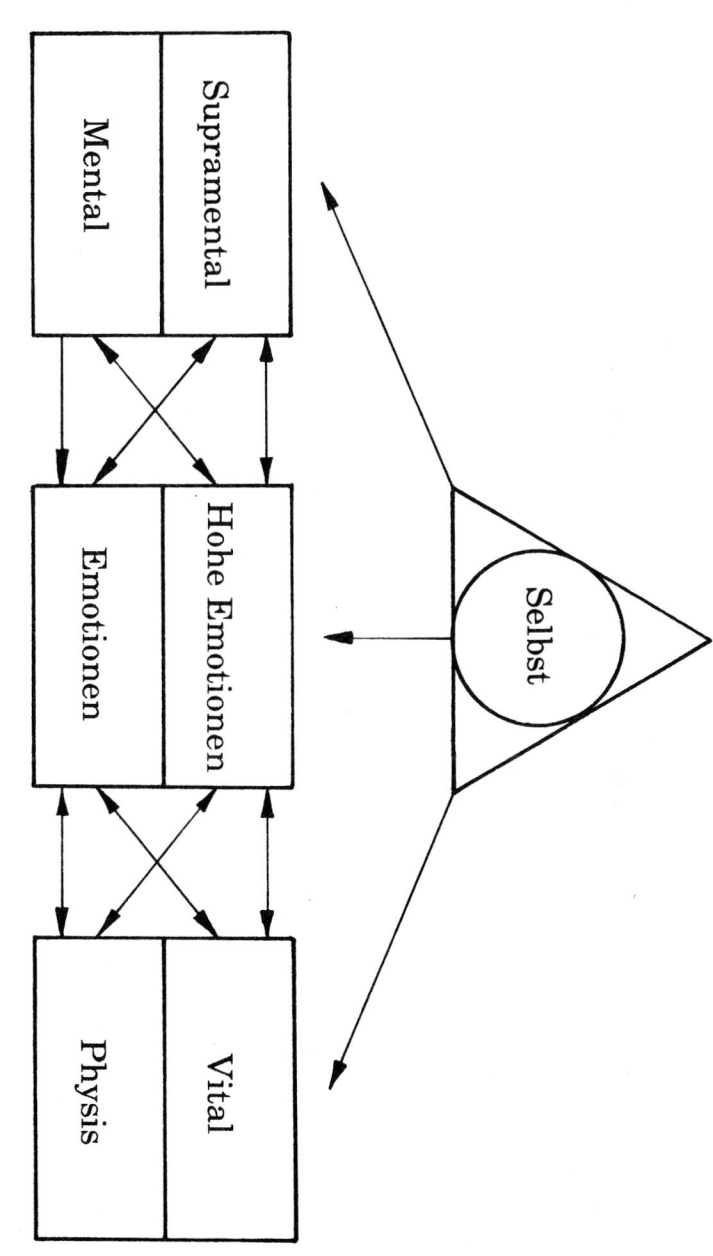

Abb. 12

wehrformen der unbewußten Verdrängung und die Regression. Die Verdrängung unangenehmer Bewußtseinsinhalte ist ein Schutzmechanismus vor Schuld-und Angstgefühlen. Wer z.B. verbotene oder tabuisierte Beweggründe oder Motive für bestimmte Gewohnheiten hat, versucht sie zu verdrängen, um so einer aufkommenden Aggression oder Angst zu entgehen. Da jedoch die Angst in Form eines großen Fragezeichens im Unbewußten verbleibt, besteht die große Gefahr, daß sie sich zu einem selbständigen Komplex verdichtet und somit die Kontinuität des Astralkörpers in Frage stellt. Es erscheinen dann im Lichtspektrum abgesonderte, dunkle Farbkomponenten, die den Verlust ganzheitlicher Gefühlszustände anzeigen. Schlimmer und weit gefährlicher ist jedoch die Abwehrform der infantilen Regression. Hierbei fixiert sich der Betroffene auf eine kindliche Entwicklungsstufe und verschafft sich seine Ersatzbefriedigung, z.B eine vermehrte, mitleidige Zuwendung und zarte Rücksichtnahme. Die Regression erfolgt meist auf eine schwere Frustration, bzw. Lebensenttäuschung und soll nach außen Aggressionen verhindern. Das regressive Verhalten führt in die soziale und gesellschaftliche Isolation und hat Bummerangwirkung. Im Lichte des astralen Farbspektrums erscheint die Regression und ähnliche psychische Blockierungen, z.B ambivalente Gefühlshaltungen, siehe S.150, in der Aura als gekörntes oder auch gestreiftes, gräuliches Wolkengebilde, die chaotisch ihre Lage ändern. Auch und das ist eine immer wiederkehrende Erfahrung, zeigen spirituell wenig entwickelte Wesen, eine unscharfe, nur wenig transparente Astralwolke, welche mehr graublau luminisziert und auf einen in sich verkapselten Gefühlsnebel hinweist, der überwiegend im niedrigen Energieaustausch mit dem Ätherleib steht. Grundsätzlich kann man feststellen, daß defensive Gefühlsladungen wie Angst, Schuld, Verdrängung und Regression einen Verlust an Transparenz und farblicher Klarheit im Astralkörper bewirken, sie alle haben eine *kontraktile Wirkung* und zeigen dem Auradiagnostiker an, welche Kategorien von negativen Bewußtseinshaltungen den Astralkörper eindunkeln und aus dem energetischen Gleichgewicht bringen. Anders bei aggressiven, expansiven Energieladungen, z.B. Zorn, Ärger und allen affektiven Gefühlen, siehe auch meine Ausführungen S.217, über den Ärger. Die astralen Energiefelder nehmen hierbei stumpfe, rotgelbe bis rote Färbungen an und die Korona zeigt unregelmäßige Protuberanzen. Aggressionen, welche nach Innen gehen und nicht erlöst werden, z.B. in eine schöpferische Energieausrichtung, zersetzen die energetischen Organstrukturen im Ätherleib und sind aus medizinisch-klinischer Sicht als *autoaggressive Syndrome* einzustufen. Ähnliches gilt für allergi-

sche Erkrankungen. Die klaren, transparenten Konturen entwik-
keln sich erst dann prächtig, wenn zwischen den mentalen und der
astralen Energien und ätherischen Energien ein harmonischer und
dynamischer Austausch stattfindet. Grundsätzlich läßt sich sagen,
daß eine spirituell höher entwickelte Wesenheit eine durchweg
gleichmäßige Astralkontur aufweist mit einer erweiterten Corona.
Ihr Licht zeigt ein klares, durchscheinendes, harmonisches Farb-
spektrum und die Corona ist ohne Unterbrechung dicht und von
kristallartiger Klarheit und Schönheit.

## Das astrale Licht im Energiefeld der Reiki-Kraft

Obschon in das astrale Licht die ganzheitliche Lebensempfindung
eingehüllt ist, wird sie dennoch polar in eine weibliche und männliche Komponente unterschieden. Das Überwiegen der einen oder
der anderen Farbqualität, siehe S.96, prägt das entsprechende Gefühlsleben und bestimmt letztlich die vitale und emotionale Reak-
tionsweise. Wenn wir jemandem die Hand auflegen, dann befinden
wir uns in seinem astralen Lichtfeld und tauschen, falls die emotionale Grundfärbung in etwa übereinstimmt, nur dann wirklich
astrale Energien aus, wenn die Astralkörper sowohl männlich als
auch weiblich getönt sind. Legt z.B. ein gesunder Mann mit männlich getönter Astralenergie einer kranken Frau mit weiblich getön-
tem Astralkörper die Hand auf, dann fließt nur Energie, wenn die
emotionale Grundempfindung übereinstimmt. Hier kommt es zu
einem echten Energieaustausch, welcher heilende Wirkung entfaltet. Besteht keine emotionale Übereinstimmung, dann fließt keine
Energie, trotz guten Willens und mentaler Bemühungen. Es müssen also mindestens drei Voraussetzungen für astralen Energieaustausch erfüllt sein:
1. Beide müssen in ihrer emotionalen Grundfärbung verwandt
sein.
2. Sie müssen feminine und maskuline Astralfärbung aufweisen.
3. Der Handaufleger oder Energiespender muß gesund und vital
sein.
Daß diese Bedingungen ihre natürliche Grenze erreicht, versteht
sich von selbst. Nicht nur, weil selten alle drei Voraussetzungen
gleichzeitig gegeben sind, sondern weil die Übertragung astraler
Energien schnell erschöpft ist und der Energiespender einige Zeit
benötigt um sich wieder neu aufzuladen.
*Mit der Reiki-Kraft bleibt uns diese Komplikation erspart, denn wir geben
ja nicht von unseren eigenen astralen Energiereserven ab, sondern übermitteln jenes heilende Urlicht, das sowohl die Grundlage und Voraussetzung der astralen wie auch mentaler Energien ist und somit unerschöpf-*

*lich zur Verfügung steht.*

Im zweiten Kapitel nannte ich dieses heilende, unendlich feine Licht *"Ain Soph Aur", das grenzenlose Licht.* Die astralen und mentalen Energien sind individuell gefärbt und schwingen in der Dualität, somit sind sie geteilt, doch das Urlicht, jene erste Ausstrahlung des Absoluten, das wir im christlich-esoterischem Sinne als *heiligen Geist* bezeichnen, ist in der Einheit, es ist im Urzustand und nur es kann wirklich heilen, weil es selbst ganz und ungeteilt ist. Wenn wir also mit der Reiki-Kraft auf astrale Dissonanzen einwirken, dann brauchen wir uns weder um bestimmte negative Emotionen zu kümmern, noch brauchen wir feminine oder maskuline Übereinstimmungen und ihre Assimilierbarkeit berücksichtigen. Der holistische Heileffekt von Reiki entfaltet seine harmonisierende Wirkung ganz von selbst. Wir verbleiben lediglich in einem vermittelnden Zustand.

*Ein Licht*

*Der Schüler fragt den Meister:*
*Was ist der Unterschied zwischen Wissen und Erleuchtung?*
*Meister: Wenn du Wissen besitzt, nimmst du ein Licht,*
*um den Weg zu erkennen.*
*Wenn du erleuchtet bist wirst du selbst zum Licht.*

*Aus: Warum der Schäfer jedes Wetter liebt*

## 3. Die mentale Energie

Ebenso wie im Astralen, gibt es auch in der mentalen Dimension noch ein zeitliches Vorher und ein Nachher, somit gibt es das mentale Raumbewußtsein. Das bedeutet, daß Gedanken die schöpferischen Kräfte unserer dreidimensionalen Welt sind und die Ursache jeder kosmischen Manifestation. Im täglichen Umgang mit Gedanken, kann jeder leicht beobachten, wie Gedanken blitzartig und ohne Dauer Entfernungen überbrücken und plötzlich komplexe Vorstellungen auftauchen für deren physische Manifestation man vielleicht Jahre bräuchte. Anders bei reiner Intuition aus höheren Dimensionen, die anscheinend ohne schöpferischen Akt zeitlose Ideen und Urformen des hohen Selbstes sind. Aus energetischer Sicht sind Gedanken geometrisch strukturierte Energieformationen, siehe Abb.13, S.106, auf deren Matrix anscheinend die astralen Energien entlang wandern. Die mentalen Energien haben einen bedeutend höheren Schwingungsgrad als die astrale. Auch geht die mentale Schwingung über die astrale Aura erheblich hinaus, was jedoch kaum zu erkennen ist, da die astrale Aura zu sehr überlagert. Schon aus der inneren Empfindung heraus, läßt sich feststellen, daß Gedankenkräfte und Gedankenempfindungen viel feiner und zarter sind als emotionale Bewegungen, etwa Freude, Heiterkeit und Sympathie. Dennoch ist ihre Macht und ihr Einfluß größer als alle bisher genannten Energiequalitäten. Wer die Wurzel oder den Ursprung der Gedanken in kontemplativer oder meditativer Versenkung erfaßt, ist bereits im Supramental und an der Schwelle seines Wesenskernes, bzw. nahe an sein bewußtes Selbst herangekommen und kann frohlocken. Alle Ideen, Werte und überzeitlichen Wahrheiten in Form von Bildern, Symbolen, Visionen, Träumen und Inspirationen, fließen je nach dem Reinheitsgrad des mentalen Persönlichkeitsanteiles, in die tieferen Seinsbereiche und manifestieren sich dort als konkrete oder als abstrakte Gedankenformen. Abstrakte Gedanken z.B. allgemeingültige Naturgesetze in mathematischer Fassung oder arithmetisch-algebraische Gesetze,

# Geometrische Gedankenmuster

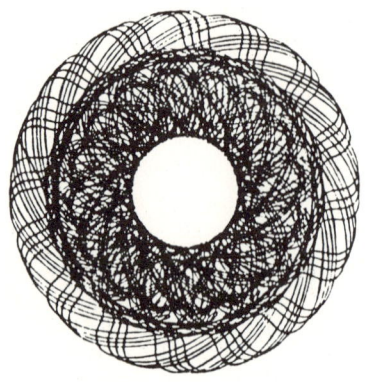

Gedanken an die
Dreiheit des Logos

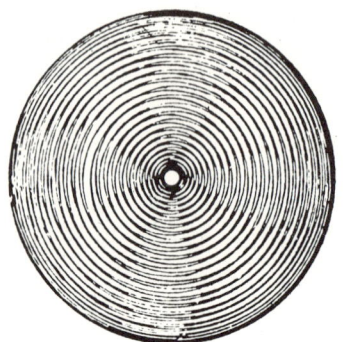

Gedanken an den
Logos der Natur

Gedanken an den
Logos der Natur

Gedanken an die siebenfache
Entfaltung der göttlichen Urideen

Abb. 13

müssen nicht unbedingt von erhabener spiritueller Bedeutung sein. Sie stammen aus der rationalen Sphäre, wo nur Logik und Folgerichtigkeit zählen. Zur rationalen Sphäre gehören alle Formen und Spielarten der sogenannten exakten Naturwissenschaften, denen es nur um definitive, rechnerische Beweisgrundlagen geht. Nehmen wir z.B. die Gravitation. Ihre universalen Gesetze wurden von Newton in einer Reihe universeller Gleichungen mathematisch erfaßt, und ermöglichen der Astrophysik und Astronomie, nahezu alle Kreisbewegungen der Himmelskörper exakt vorauszuberechnen. Diese kausalanalytische Methode hat sich insbesondere in der westlichen Hemissphäre durchgesetzt, sie ist jedoch nur eine von mehreren Denkformen und vermag nur Teilaspekte der Wirklichkeit voll zu erfassen. Gleiches gilt für die induktivsynthetische Denkform des Ostens. Hierbei geht es nicht um Ursachen, sondern um funktionelle und korrelative Zusammenhänge. Beide Formen lassen sich sowohl mathematisch, wie auch philosophisch darstellen. Mit welcher Denkmethode wir gewisse Wirklichkeitsbereiche annäherungsweise erfassen und Probleme am besten lösen, läßt sich meist erst im experimentellen Vergleich herausfinden, indem wir das Gedachte in der Praxis ausprobieren und direkt erfahren. Ein Beispiel ist die Kernphysik und die Erforschung des Verhaltens subatomarer Korpuskel. Hierfür eignet sich der induktivsynthetische Denkmodus besser, denn mit ihm lassen sich die komplexen Zusammenhänge und energetischen Beziehungsnetze folgerichtiger darstellen. Die Kernphysiker sehen im atomaren Ereignisfeld die Vorgänge nur noch in Wahrscheinlichkeitsstrukturen und versuchen sie mit mathematischen Formeln zu erfassen. Diese Themen gehören eigentlich schon zum höheren Mental, also in den Bereich des Supramentals siehe S.111. Aus funktionioneller Sicht nährt sich das niedere Mental vom Empfinden der logischen Folgerichtigkeit, das seine Aktivitäten in Deduktionen und Induktionen entfaltet. Philosophisch kommt es im Utilitarismus, dem ethischen Materialismus und Eudaimonismus am stärksten zum Ausdruck. Energetisch konstituiert es sich auf der unteren Stufe im dritten Chakra, bei entsprechender Bewußtseinsausweitung ins Supramentale, dann in's fünfte und sechste Chakra.

## Mentale Hindernisse

Wie jedermann an sich selbst beobachten kann, setzen bestimmte astrale Schwingungen in Form von Stimmungen oder Emotionen das Mental in Bewegung und lösen bestimmte Vorstellungen aus. Wir haben es hierbei mit einer *astralen Konditionierung* zu tun. Umgekehrt gilt das Gleiche. Gewisse Phantasieinhalte aus dem Mental setzen automatisch bestimmte Gefühle und Empfindungen von immer wiederkehrender, gleichbleibender Qualität in Gang. Diesen Vorgang nennen wir eine *mentale Konditionierung*. Man kann sagen, daß Empfindung und Vorstellung zu einem astral-mentalen Komplex assoziiert und untrennbar miteinander verbunden sind. Solche mentalen und astralen Komplexe nennt man in der modernen Psychologie "Konditionierungen", sie stammen allesamt aus den vier unteren Energiequalitäten und haben bestenfalls eine *funktionelle*, jedoch keine spirituelle Bedeutung. Die mentale Energiestruktur wird, wie die tieferliegenden Qualitäten, vom Ego ebenso als Werkzeug zur Selbstbefriedigung benutzt. Es ist sehr belehrend, wenn man die verschiedenen Abwehrformen des Ego zur Vermeidung von Angst und Schuld studiert. Da ist z.B. die rationale Rechtfertigung des Egos und seiner Bedürfnisse. In der Psychologie nennt man diesen Vorgang "Rationalisierung." Das Ego begründet, z.B. irgendeine Triebvorstellung oder ein starkes egoistisches Bedürfnis mit allerlei Scheinargumenten, die durchaus vernünftig klingen mögen, doch bei näherer Analyse nichts weiter sind als Selbstbetrug. Nicht anders verhält es sich mit der mentalen Abwehrform der Schuldprojektion. Es ist dies der Versuch, im anderen Menschen diejenigen verwerflichen Beweggründe entdecken zu wollen, die man an sich selbst nicht wahrhaben will, um so dem eigenen Schuldbekenntnis zu entgehen. Wenn der Austausch zwischen der astralen und mentalen Energie noch nicht genügend entwickelt ist, dann treten an die Stelle von Rationalisierung und Projektion häufig niedere Formen der Abwehr, z.B. Regression und Verdrängung, die ich schon im Abschnitt über astrale Hindernisse besprochen habe. Zu den wohl größten mentalen Hindernissen die der Verwirklichung des hohen Selbstes im Wege stehen, gehört die Rechthaberei des Ego. Es nimmt einen bestimmten, ihm genehmen Standpunkt ein und beharrt darauf. Wir sollten klar sehen: Das Mental dient dem Ego als rationales und geistiges Instrument zur Erlangung und Durchsetzung seiner Ziele. Das Ego fühlt sich in seiner Existenz stets bedroht, S.118 und versucht diesen Zustand durch Absicherung erträglich zu machen, dafür benutzt es die mentalen Energiemuster, um "das Wie" seiner Pseudoexistenz zu sichern, sowie mit allerlei Annehmlichkeiten auszubauen. Es strebt fortgesetzt nach Anerkennung und Vorteilen, dafür braucht es überzeugende und stichhaltige Argumente und Rechtfertigungen. Die rhetorischen und dialektischen Mittel sind jedoch nichts weiter als eine egozentrische Bastion. Werden Ego-Standpunkte infolge überzeugender Gegenargumente unhaltbar, dann zieht sich das Ego meist beleidigt zurück und strebt nach Ersatzbefriedigungen in niederen Bereichen, eben in der emotionalen oder triebhaften Erlebnisbereichen. Es gibt passive und aktive Rechthaberei. Passives Rechthaben verwertet existierende Umstände für den Beweis seines Standpunktes, aktives Rechthaben versucht, durch ein auf andere Menschen gerichtetes Handeln, den Beweis für die Richtigkeit seines Standpunktes zu erbringen. Es gibt dafür genügend Beispiele, etwa Gewalttätigkeiten, Streitgespräche und Verordnungen. Ob passiv oder aktiv immer geht es dem Ego um sein Recht und seinen Vorteil.

## Be-und Verurteilungen

Ein weiteres, schweres mentales Hindernis ist die Be-und Verurteilung von Menschen und Ereignissen. Das Ego, losgelöst von der universalen Ganzheit, maßt sich an von seinem kleinkarierten Standpunkt, das Sein in tausenderlei Werturteile von gut und böse, richtig und falsch, nützlich und schädlich usw. zu zerspalten. Aus höherer Sicht sind die universalen Gesetze, die den Kosmos und das Leben bestimmen, nicht durch Urteile des Verstandes erschaffen worden, sondern von einer unergründlichen Weisheit, die jenseits des Mentals und jenseits jeder noch so subtilen Kausalität steht. *Das was ist, ist Wahrheit, es ist die momentane Wirklichkeit, die wir so zu akzeptieren haben.* Wer Urteile fällt, spaltet sich automatisch von der Wirklichkeit ab und befindet sich nicht im Sein. Wir können auch sagen: mit Urteilen erschafft sich jeder sein eigenes Sein, bzw. sein *Ego-Sein*. Dem verstandesmäßigen Beurteilen und Verurteilen folgt automatisch die Ideologie oder ein logisch durchdachtes Begründungssystem. In beiden haben wir ein stimmiges, logisch ineinandergefügtes System von Aussagen und Meinungen, welche bestimmte Verhaltensmuster und Einstellung vorschreiben. Dem Ideologen geht es letztlich darum, durch zwingende Logik und Vernunftsgründe die mentale Einsicht und Erkenntnisfähigkeit vieler Menschen so zu manipulieren, daß sie schließlich einer übergeordneten Idee folgen müssen, ohne Rücksicht auf die individuelle Verwirklichung. Was aus solchen kollektiv-mentalen Konzepten geworden ist hat uns der rapide Verfall kommunistischer Ideologien gezeigt.

## Im Würgegriff der Muß-Vorstellungen

Es gibt wohl keinen Menschen, ja ich wage kühn zu behaupten, kein mit Bewußtsein begabtes Wesen in der ganzen Schöpfung, das nicht irgendwelche "Glücksvorstellungen" hätte. Solche Vorstellungen sind meist Lebens-und Seinsziele, die Lebensqualität und Lebensglück versprechen. Nun gibt es da sehr große Unterschiede. In dem bekannten Spruch: "Was dem en sei Uhl, ist dem andern sei Nachtigall", kommt diese Lebensweisheit ungeschminkt zum Ausdruck. Doch alle Glücksvorstellungen und Ideen haben eines gemeinsam: Sie nehmen in der Hierarchie der Gedanken und Motivationen die höchste Stelle ein und haben richtweisende Bedeutung. Ja, sie sind imperative Mächte und wohl auch die Grund-und Antriebskräfte unserer mentalen Dynamik. Ihr *Aufforderungscharakter* zwingt uns beinahe zu einer Muß-Haltung. Ein typisches Beispiel sind unsere Muß-Zielvorstellungen, die wir mit bestimmten Bedingungen belegen. Ein Beispiel: Wenn ich besser aussähe, dann wäre ich viel erfolgreicher und könnte meine Begabung weit besser verwirklichen!

Unter erfolgreich verstehen viele Menschen, im Einklang mit dem Erwartungsbild anderer zu sein, an allen Segnungen des Konsums teilzuhaben und natürlich sich in der Informationsgesellschaft gut durchzusetzen. Alle Muß-Vorstellungen haben *Wenn-Charakter* und sind eigentlich Hypothesen, denn ob mir eine Zielvorstellung tatsächlich jenes Glück bringt, das es mir verheißt, bleibt solange unbewiesen, bis der empirisch-faktische Beweis erbracht ist. Manche Biographien zeigen sehr deutlich, daß die meisten Muß-Vorstellungen Illusionen sind und oft tragisch endeten. Auf S.214 habe ich dazu wichtige Anmerkungen gemacht. Unsere Muß-und Zielvorstellungen treiben uns nicht selten in verhängnisvolle Entscheidungen, die nicht mehr umkehrbar sind und dann zu Mußreaktionen führen, welche unter bestimmten Umständen und Bedingungen selbstzerstörerisch sein können.

## Die Macht der Gedanken

Daß bestimmte negative Vorstellungen und Phantasieinhalte wesentlich zuerst auf den Astralkörper einwirken, weil dieser das nächste Glied, ist versteht sich von selbst. Wenn Vorstellungen Empfindungen und Emotionen auslösen, und das in einer bestimmten Qualität, dann kommt den Gedanken, was ihren positiven und negativen Einfluß auf die Empfindungsqualität angeht, eine wichtige Bedeutung zu. In den Schriften heißt es, daß man zu dem wird was man denkt. Noch drastischer ist das Wort:

*"Deine Umgebung ist der Spiegel deiner Gedanken."*

Infolge der Subtilität der mentalen Energie, läßt sich der Vorgang gedanklicher Manifestation auf der physischen Ebene nur vage verfolgen. Die mentalen Energien sind jedoch die steuernden Module der astralen und ätherisch-physischen Dynamik und wie jeder aus mentalen Selbsterlebnissen weiß, können sich bestimmte Vorstellungen derart hartnäckig fixieren, daß sie schließlich die ganze Persönlichkeit beherrschen. *Daher sollten wir unser Denken stets hinterfragen und die Leitgedanken, wozu vor allem die Muß-Vorstellungen und Ideale gehören, überprüfen. Positives oder negatives Denken hat in unseren geheimen Ego-Motiven und Absichten seine Wurzeln. Statt sich täglich irgendwelche positiven Formeln einzuhämmern, sollten wir uns von der universalen Lebensenergie führen lassen, die in jedem Augenblick und an jedem Ort stets richtig handelt und wer sich ihr völlig anvertraut, der erfährt, wo sein wahrer Platz und seine Aufgaben sind, zum Wohle aller.*

## 4. Das Supramental

Das Supramental ist das verbindende Glied zwischen dem hohen Selbst und dem Mental. Analog zum höheren Astral vermittelt es zwischen den evolutiven Impulsen des hohen Selbstes und des Intellektes. Positiv können wir den Intellekt als jene gedankliche Bewegung bezeichnen, der zur vernünftigen Einsicht führt. Wenngleich die Vernunft aus philosophischer Sicht Werterkenntnis bedeutet, die alle Ereignisse und Dinge in einen sinnvollen Zusammenhang stellt, so ist sie dennoch eine rational- urteilende Sichtweise, die auf eine subjektive Wertehierarchie zurückgreifen muß. Daher kann die Vernunft nicht der höchstmögliche Gipfel menschlicher Entfaltung sein, sie ist bestenfalls eine höhere Bewußtseinsstufe innerhalb der mentalen Dimension. Es gibt innerhalb mentaler Muster noch andere, gleichberechtigte Sphären, die eine ebenso große Rolle spielen, z.B. die schöpferische Phantasie und das analoge Denken, insbesondere das symbolische. Letzteres konkretisiert universale Grundwahrheiten in Form von bestimmten Zeichen. Praktisch gesehen ist die Einbindung einer kosmischen Grundwahrheit oder eines Gesetzes in Symbolformen, die höchstmögliche averbale, mentale Ausdrucksform des Göttlichen und sie hat eine direkte Rückwirkung auf das hohe Selbst. Daher ist die Symbolwirkung, wie auf S.73 erwähnt, für die Einweihung von allergrößter Bedeutung. In unseren Erörterungen über die Transkoordinaten der fünften und sechsten Dimension, siehe S.56, sagten wir, daß die sechste alle qualitativen Möglichkeiten enthält, und in der Sprache des dynamischen Holismus sagten wir, daß anscheinend die korrelative Vernetzung impliziter Energiemuster auf ihren Entfaltungsmoment in der expliziten Ordnung wartet. Die Auswahl aus den gegebenen qualitativen Möglichkeiten trifft der selbstbewußte Geist. Er ist der Selektor innerhalb des energetischen Beziehungsnetzes. Daher dürfte aus mathematischer Sicht das Supramental die hohe Ebene der Wahrscheinlichkeitsstrukturen sein. Philosophisch ist es die Welt der höheren Ideen und Werte (Idealismus, Spiritualismus, Pantheismus, auch Monotheismus), energetisch ist es im sechsten Chakra lokalisiert, und psychisch die Welt der Intuition und Inspiration, sowie die der keimhaften Gedanken oder Archetypen, siehe auch S.179, bzw. der mentalen Matrix aus welcher sich die Gedanken und Vorstellungen herausformen. Vielleicht ist es nützlich an dieser Stelle auf den Unterschied von Raum -und Zeitbewußtsein einzugehen. Das gewöhnliche Mental ist auf den Raum hingeordnet. Sein hauptsächlicher Energieimpuls kreist um das Feste, Räumliche und die Materie. In diesem Bereich ist das Mental unser nützlicher Energiereflektor, insbesondere wenn es darum geht, logische und meßbare Beziehungen und Verknüpfungen zwischen räumlichen Punkten und Körpern herzustellen. Am anschaulichsten demonstriert uns dies die Geometrie. Daneben vermittelt uns das Raumbewußtsein unsere eigene Raumausdehnung im Verhältnis zum übrigen Raum. Was wir nun als Zeit ansehen ist nichts weiter als die Bewegung räumlicher Punkte im Raum und zwar ihre Lageverschiebung und Aufeinanderfolge. Im Grunde messen wir also mit dem Zeitbegriff nur Wandlungen und Veränderungen im Raum, ohne daß der Raum selbst verändert wird. Wer sich mit dem Supramental praktisch auseinandergesetzt hat, weiß, daß der Raum in seiner subtilsten Essenz immer da ist, er kann nicht mehr weiter hinterfragt werden, denn ein "ICH-BIN" ist untrennbar mit einer Raumausdehnung verbunden. Wenn nun das gewöhnliche Mental mit dem Werkzeug des natürlichen Verstandes operierend, sich der Zeit zuwendet, überträgt es sein Raumbewußtsein auf die Zeit, indem es die Phänomene der Zeit analytisch in kleine Einheiten unterteilt. Räumliche Veränderungen werden so in Entfernungen, Wegstrecken, Ausdehnungen und Gestaltveränderungen, nach Maß und Zahl gemessen. Ereignisse werden zu Abfolgen von Geschehnissen in bestimmten Phasen definiert, die ebenfalls nach Zeiteinheiten gemessen werden. *Die Zergliederung räumlicher Wandlungen und Veränderungen, kann jedoch niemals die Einmaligkeit der Ereignisse und Geschehnisse messen.* Diese hervorragende Qualität bleibt dem Verstand versagt und überfordert ihn. Im Supramental erfahren wir über die Intuition, was Zeit wirklich bedeutet. Jeder Moment ist etwas Neues, Einmaliges und Unwiederholbares. Die Zeit ist ein einziges Werden und Fließen, es ist im Bewußtsein des Supramentals oder eines vollaktivierten sechsten Chakras, wie wenn wir in einen Fluß hineinsteigen und stets berührt uns neues Wasser. Eine jede räumliche und gestaltliche Veränderung und Wandlung ist ein Entfaltungsmoment des Ganzen, in dem sich die ganze Schöpfung wiederspiegelt. Die Zeit ist im Grunde ein qualitativer Augenblick, in dem ein räumlicher Entfaltungsmoment mit allen Entfaltungsmomenten gleichzeitig interagiert wie eine große Symphonie und sich so von Augenblick zu Augenblick wandelt. Was unser Verstand nur linear in Richtung eines sogenannten Zeitpfeiles verfolgen kann, das vermag ein Mensch mit einem geläuterten supramentalen Bewußtsein als umfassenden Entfaltungsmoment des Ganzen intuitiv zu erfassen. Unsere Entscheidungen orientieren sich dann stets an dem vorgegebenen Entfaltungsmoment des ganzen Universums und müssen daher stets richtig sein, siehe auch S.192. Jede Erscheinung und Manifestation im Raum wird also ge-

genwartsbezogen betrachtet und ist von daher einmalig. Gleiches geschieht, wenn wir mit der universalen Lebensenergie arbeiten. Fließt sie durch uns hindurch und werden wir zu einem *"reinen Durchflußkanal", in dem nur noch das Wort: "Dein Wille geschehe" gilt,* dann erleben wir uns selbst als einmaligen Entfaltungsmoment des ganzen Universums, in dem sich alle Entfaltungsmomente in jedem Augenblick zu einer einzigartigen Erfahrung kondensieren. Dieses höherdimensionierte Wissen ist wahre, ungeteilte Intuition, wie sie normalerweise nur in einem vollaktivierten und gereinigten sechsten Chakra, siehe S.164, erfahren wird. Wir können dieses Wissen jedoch auch schon durch die Reiki-Kraft erlangen, wenn wir uns ihr ohne Vorbehalte hingeben. Das stete Fließen, Werden und Vergehen aller Manifestationen, ihr unaufhörlicher Wandel ist der tanzende Entfaltungsmoment der universalen Lebensenergie, sie ist die Energie einer höherdimensionierten Wirklichkeit, in deren Fluß sich das Sein von Ewigkeit zu Ewigkeit stets neu entfaltet.

Im Kapitel der Chakras, siehe S.158 u. S.164 (fünftes und sechstes Chakra), sprachen wir von bestimmten Meditationsformen mit denen wir in die subtilen Bereiche des Supramentals vorstoßen können, siehe auch Abb.16, S.114. Psychisch ermöglicht uns die *dhyana*-Methode, siehe S.166, in das feine Netzwerk subtil-mentaler Energiemuster einzudringen und diese als eine Emanation oder Projektion des hohen Selbstes zu identifizieren. Wenn wir uns so der Ebene präformativer Energien nähern, dann erfahren wir in uns den spirituellen Omegapunkt, indem Äußeres und Inneres vereinigt sind, wo es keine Unterschiede mehr gibt und beide als Projektion des selbstbewußten Geistes wahrgenommen werden.

Kommen wir nochmals auf die Frage zurück, wie der selbstbewußte Geist, also unser hohes Selbst auswählt, und wie dennoch soviel Irrtum und Irrwege möglich sind. Das hohe Selbst wählt stets nach dem Ganzheitsprinzip aus, d.h. es wählt nur solche Möglichkeiten, welche die Einheit und Ganzheit bewahrt, da es selbst in sich das Abbild der ganzen Schöpfung trägt. Diese hohe Stimmigkeit verliert sich jedoch, sobald der selbstbewußte Geist sich mit gewissen Ideen, Vorstellungen und Zielen identifiziert. Es sind immer die Identifikationen, welche zur Absonderung und Sonderexistenz führen. Auf der supramentalen Ebene beginnt bereits der Absonderungsvorgang durch die Bevorzugung bestimmter Energiemuster.

# Das progressive Wachstum des Bewußtseinsradius und seine exogene wie endogene Ausbreitung

Bewußtseinsschwelle

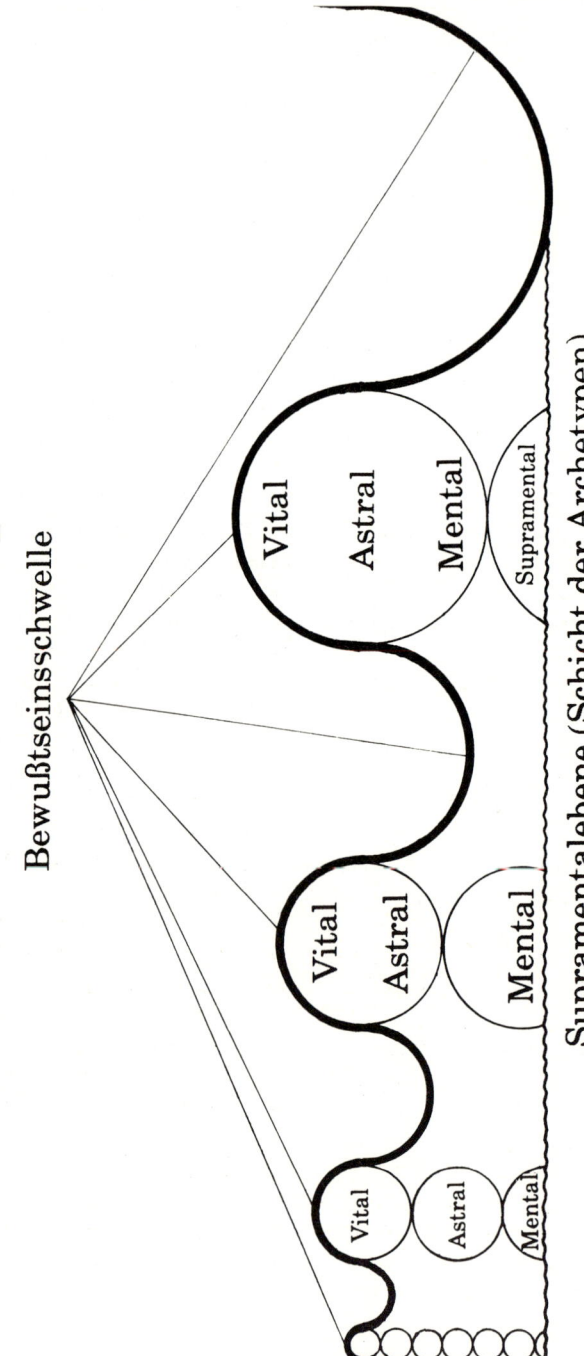

Supramentalebene (Schicht der Archetypen)

Abb.16

# 5. Das hohe Selbst

Das hohe Selbst läßt sich mit den Kategorien des Verstandes nicht mehr erfassen. Man kann es lediglich in Gleichnissen umschreiben, um dem gewöhnlichen Tagesbewußtsein eine Ahnung davon zu geben. Ein wirkliches Wissen vom hohen Selbst erlangen wir nur durch mystische Erlebnisse, etwa in Versenkungszuständen oder archetypischen Träumen. In der östlichen spirituellen Literatur bezeichnet man Erlebnisse mit dem hohen Selbst als Samadhi oder Satori, bei uns traditionell mystische Ekstase oder Unio mystica. Das hohe Selbst ist reines Bewußtsein von sich selbst, ein für das Mental ewiges Rätsel. Die Phänomenologie, welche sich mit dem Problem des Bewußtseins intensiv auseinandergesetzt hat behauptet, daß es Bewußtsein an sich nicht gibt, sondern Bewußtsein gibt es nur von etwas. Sie vergißt dabei, daß die Fähigkeit der Selbstreflexion, also die Identität nicht unbedingt an manifestierte Strukturen gebunden sein muß. Es gibt auch eine körperlose Identität, ein reines ICH-BIN-BEWUßTSEIN, das anscheinend eigenschafts-und wesenlos, dennoch von sich weiß. Dies ist in etwa mit dem Buddha-Bewußtsein vergleichbar, jener nirvanische Zustand, in welchem man losgelöst von allen Identifikationen im reinen Sein existiert. Reine Bewußtheit ist der erhabene Zustand vor und jenseits aller Manifestationsformen. Es ist die Latenz allen Seins und die Wurzel jeder Energiestruktur. Dasjenige in uns, das losgelöst von allem in sich selbst ruht, und wie ein stiller Beobachter die mentalen, supramentalen, astralen und ätherisch-physischen Prozesse und Bewegungen verfolgt, und eben in diesem Beobachtungsvorgang seine holistischen Energien einbringt, das ist unser unsterblicher, spiritueller Teil, das hohe Selbst. In den Upanischaden, wird es als Atman oder Purusha bezeichnet, im Tantra als Karana sharira, und in der christlich-esoterischen Literatur als Seelen -oder Gottesfunke. Die esoterische Psychologie bezeichnet es als als hohes Selbst, womit zum Ego ein kontradiktorischer Punkt gesetzt ist; auf das Ego werden wir weiter unten noch zu sprechen kommen. Dieses Zentrum bringt, wie ich oben sagte, während des Beobachtungsvorganges subtile, kausale, bzw. integrative Energien in das Supramental ein, die dann im Mental und im Astral zu konkreten Vorstellungen, Gedanken und Gefühlszuständen umgeformt werden. Je intensiver die fünf Persönlichkeitsbereiche miteinander interagieren und je durchlässiger sie sind, d.h. je weniger Hindernisse sie aufweisen, desto klarer und direkter gelingt es dem hohen Selbst seine holistischen, universalen Instruktionen und seinen Willen in die Persönlichkeit einzubringen. Direkte Intuition, innere Stimme, Visionen oder geistige Schau, wie immer man es bezeichnen mag, all dies sind direkte Informationen aus dem Persönlichkeitszentrum, die meist von schicksalhafter Tragweite sind, und sie haben einen hohen Wahrheitswert. Dieser direkte Realitätsbezug des kausalen Bewußtseinskerns ist nur deshalb möglich, weil er durch sein reines ICH-BIN eine universale Identität besitzt, und praktisch jedes Ereignis und jede Erscheinung eine äußere Ausfaltung seiner Betrachtungen sind, von denen er aber selbst stets losgelöst und unberührt bleibt. Je losgelöster und freier das ICH-BIN von allen anderen Persönlichkeitsanteilen ist und zuvorderst von Verhaftungen, desto direkter ist auch sein universeller Zugang und desto mächtiger seine Wirkung. Wenn in der Bergpredigt Christus sagt: *"Selig sind die geistlich Armen, denn sie werden Gott schauen"*, dann sind jene gemeint, die ihr Sein als eine Projektion des unsterblichen Geistes erfahren und alle äußeren und inneren Verhaftungen abgeworfen haben. Wir gehen davon aus, daß der kausale Bewußtseinskern ein reflexives Energiezentrum des unsterblichen Geistes ist, das weder nennbar, noch wägbar ist. Dieses Zentrum liegt eingebettet im Meer einer grenzenlosen Ausstrahlung, -dem Urlicht- und in diesem Licht spaltet sich, angelockt von unzähligen Schwingungen und Energiemustern, aus dem Zentrum ein Pseudoich ab und beginnt seinen Mythos zu träumen und verliert, durch die Fähigkeit der Identifikation, seine universale Wahrnehmung. So verirrt es sich langsam in eine selbstische Traumwelt. Dies verursacht Bedürfnisse, Hoffnungen und Sehnsüchte, aber auch Leid, Schmerz, Trauer, Angst und Sorgen. Allmählich sehnt es sich wieder zurück zu jenem seligen Urzustand, in welchem es -umgeben von der Herrlichkeit des Urglanzes- ganz in dem Bewußtsein der Einheit und Ganzheit versunken war. Wenn Mystiker und Weise sagen, diese Welt ist ein großer Traum und alle Manifestationsformen seien nichts weiter als bloße Gebilde unseres Bewußtseins, sowohl kollektiv als auch individuell, dann stimmen sie mit den modernen Erkenntnissen der Quantenphysik überein, die ebenfalls die Einheit von Bewußtsein und Materie konstatiert. Jede materielle Wandlung, ob makrokosmisch oder innerhalb des subtomaaren Energiefeldes, folgt der Bewußtseinsausrichtung des selbstbewußten Geistes oder der Energieausrichtung des göttlichen Funkens. Alles was außerhalb existiert, erscheint als die Verdichtungsform einer bestimmten Anschauungs-und Betrachtungsweise. Die präformativen Energiemuster richten sich nicht nach den gegenwärtigen Fragestellung, sondern zuvorderst nach der Zielsetzung des hohen Selbstes. Würde das hohe Selbst in einem neutralen Beobachterzustand verharren, dann hätten die Energien keine präformierende, strukturelle Ausrichtung mehr und blieben im Grunde leer. Die Leerheit aller Erscheinungen ist jedoch nach buddhistischer Auffassung eine Grundwahrheit, an der kein Mystiker vorbei kann; sie ist das Vorzimmer zur Seligkeit.

## Das hohe Selbst und seine Beziehung zur Reiki-Kraft

Schon im zweiten Kapitel sagte ich, daß die Reiki-Kraft das grenzenlose Licht, ist, -das sogenannten "AIN-SOPH-AUR"- und sein schöpferische Aktionszentrum, das hohe Selbst, eine Art unsterblicher erhabener Kondensationspunkt, das zu diesem Licht direkten Zugang hat. Deshalb kann einzig nur das hohe Selbst die Reiki-Kraft als eine Ausstrahlung des Absoluten kompetent weitergeben. Um es im christlichen Vokabular nochmals zu bekräftigen: Unsere unsterbliche Seele ist ein direktes Kind des Allerhöchsten und wer, außer Gotteskindern, darf mit seinen erhabenen Energien frei umgehen? Wenn wir also Reiki anwenden, dann fließt diese erhabene Kraft umso mehr und wir können unsere mentalen und astralen, sowie ätherisch-physischen Verhaftungen soweit neutralisieren, daß wir diesem reinen ICH-BIN-ZUSTAND wirklich erfahren. Tun wir das nicht dann übertragen wir nur flüchtige Pranaenergie, welche zwar auch kurzfristig hilft und lindert, jedoch nicht heilt. Die Reiki-Kraft ist eine unmittelbare Ausstrahlung Gottes, daher wirkt sie immer umfassend und ganzheitlich. Sie ist die erste und beste Nährenergie unseres hohen Selbst und wird vom Absoluten ständig durchpulst. So wie alles Leben von den Sonnenstrahlen abhängt, ist unsere geistige Existenz von der Ausstrahlung des Absoluten unbedingt abhängig. *Es ist der Wille des Absoluten, daß wir seine Kraft wie eine Botschaft weitergeben, damit wir seine Liebe und seine Güte in ihrer Tiefe bis hinein in die Physis erfahren und in uns die Erkenntnis unserer Gotteskindschaft wachsen möge, die ein Zustand des Friedens und der Glückseligkeit ist.*

*"Da er nicht die geringste Schwäche*
*bei sich selbst fand, verstand er nie*
*die der anderen...Er verstand wohl*
*niemanden und nichts, da er nur seine*
*eigene Person war, der er begegnete,*
*links und rechts, hinten und vorne,*
*es war so, als wäre er von ihr umkreist.*
*-Er begriff nicht einmal, was das Wort*
*verzeihen bedeutete."*

*(I.S. Turgenjew: Der Egoist in: Gedichte in Prosa I)*

## Das Wesen des Ego

Unter Ego verstehen wir zunächst unser gewöhnliches Tagesbewußtsein, in welchem alle Erlebnisinhalte z.b. Fähigkeiten, Bedürfnisse, Neigungen, Einstellungen, Gefühlszustände, Empfindungen und Handlungsabfolgen auf ein Ich hingeordnet sind. Der
Ichbezug durchzieht unsere Persönlichkeit permanent und scheint
aufs erste eine ganz natürliche Einrichtung zu sein. Die moderne
Psychologie sieht im Ego eine zwischen Bewußtsein und Unbewußtem vermittelnde geistige Instanz, welche in uns wahrnimmt und
das Wahrgenommene auf sich selbst zentriert. Nun zeigt die tägliche Erfahrung sehr deutlich, daß die Vermittlung zwischen Bewußtsein und Unbewußtem sehr unterschiedlich ausgeprägt ist.
Wäre das Ego tatsächlich eine Art neutrale Vermittlungsinstanz,
dann wäre der Mensch erleuchtet und hätte kaum Probleme. Viele
Menschen leiden jedoch unter einer erheblichen Ego-Neurose,
nämlich der zwanghaften Vorstellung, ihr Ich vor der Welt unter
allen Umständen behaupten und verteidigen zu müssen. Das Ich
ist zu einer gut befestigten Bastion ausgebaut worden mit astralen
Sperrfeuern und mentalen Gräben und Mauern, die nur derjenige
überwinden kann, der es schmeichelt und das zentrische Gefühl
bestärkt. In diesem Egobewußtsein gibt es die große Spaltung zwischen Ich und dem Anderen. Das Andere ist außerhalb und überwiegend feindlich, es erscheint als eine gefährliche Bedrohung, gegen die man entsprechende Sicherheiten aufbauen muß. Dies ist
die eigentliche Tragik unseres Egobewußtseins und es ist tatsächlich das größte Menschheitsproblem. Wie nun konnte der Mensch
so weit herabsinken, daß er im gegenwärtigen Bewußtseinszustand
alle ihm zur Verfügung stehenden Kräfte und Fähigkeiten überwiegend zur Verteidigung und zur Aufblähung seines Egos benutzt. Hier liegt doch offensichtlich ein schleichender Vergiftungs-
und Verdunklungsprozeß des höheren Selbstes vor. Das hohe

Selbst in uns, mit seinem kosmischen ICH-BIN, ist reines Seinsbewußtsein. Es will nichts, noch braucht es etwas, sondern spielt nur im Schöpfungstraum mit und erfreut sich; eben weil es an allem gleichermaßen teil hat und infolge seiner ICH-BIN-BEWUßTHEIT in allem schon ist. Sobald sich jedoch das ICH-BIN absondert, indem es seinem ICH-BIN einen besonderen Status verleiht, verliert es schließlich seinen kosmischen Bezug und das Wissen um die Ganzheit geht verloren. Die Absonderung vom Ganzen führt jedoch unweigerlich in die Isolation, sowie in die Angst und Unsicherheit; beide sind der Grund für den gegenwärtigen Zustand unseres Egos. Dieses Ego ist so verworren und verwickelt, daß stets nur wenige Menschen einen Weg aus ihm herausfinden und in allen Religionen und Glaubensrichtungen ist unser Ego das große Thema. Worauf es entscheidend ankommt ist, unser Ich nur noch als reinen neutralen Bezugspunkt zu dulden. Man darf ihm weder einen Sonderstatus einräumen, noch eine besondere Zuwendung geben. Unsere innere Aufmerksamkeit sollte stets auf den kosmischen Durchfluß des grenzenlosen Lichtes -die Reiki-Kraft- gerichtet sein, welche uns alle durchströmt und unsere geistige Nahrung ist. In dem wir uns nur als ein Übermittler oder auch Kanal dieser einen erhabenen Kraft begreifen, verlieren wir unsere Aufmerksamkeit für dieses jämmerliche Ego und gelangen so langsam wieder zurück zu der großen Einheit. Wir müssen wegkommen von jeder selbstischen Illusion, die uns stets in unserem Ichbezug wie in einem Kerker gefangen hält . Warum sollten wir vor einem Ichverlust Angst haben? Je weniger wir unser Ich wahrnehmen, desto mehr erfahren wir das Sein und desto mehr verstehen wir unsere Brüder und Schwestern. Ich existiere nur dann, wenn mich die Welt wahrnimmt. Würde mich niemand wahrnehmen, wie könnte ich mich selbst erfahren? Umgekehrt gilt das gleiche. Indem ich anderen meine Aufmerksamkeit schenke, gebe ich ihnen ihr Sein und ihre Freude. In diesem Punkt gibt es die meisten Kontroversen. Das beweist die Ich-Neurose in der gegenwärtigen Psychologie. Da wird mit intellektueller Akribie versucht zu beweisen, daß viele psychische Krankheiten, insbesondere Neurosen, auf eine Ichschwäche (Borderline-Syndrom) zurückzuführen seien. Mitnichten, genau umgekehrt! Neurosen und psychotische Zustände entstehen fast nur bei übersteigertem Ichbewußtsein. Nur ein aufgeblähtes Ego wird mit dem Leben nicht mehr fertig, fühlt sich stets als eine riesengroße Zielscheibe der "bösen Welt" und baut sich demzufolge neurotische Schutzmechanismen auf, das müssen wir klar sehen. Wäre es nicht so aufgeplustert, dann hätte es keine Angriffspunkte und hätte seinen Frieden. Über diese Mechanismen habe ich im Kapitel über astrale und mentale Hindernisse ausführlich gesprochen.

*Anscheinend wird zwischen reiner ungeteilter Aufmerksamkeit und Identifikation zu wenig unterschieden, sonst könnte es dieses Mißverständnis in der Psychologie nicht geben.* Wenn meine Aufmerksamkeit in die Außenwelt eingeht, dann bin ich mit meinem Bewußtsein tatsächlich in der Welt, einerseits bin ich das wahrgenommene Ereignis, das Wesen oder der Gegenstand, -das wäre dann ein magisches Bewußtsein, andererseits wird mir auch bewußt, daß ich nur *bei ihnen bin, ihnen also nur beiwohne.* Diese paradoxe Erkenntnis, die niemand leugnen kann, ist unsere eigentliche Grundlage. Wenn unsere innere Aufmerksamkeit stets in diesem paradoxen Spannungsfeld steht, wo ist, dann das Ich? Das Ich ist immer am Ort seiner Identifikation, es kann zu dem werden, was im Blickfeld seiner Aufmerksamkeit liegt. Wenn das Ich sich mit etwas identifiziert, dann ist es darin solange befangen, bis es von selbst diesen Zustand aufgibt. Richtet sich jedoch die Aufmerksamkeit auf sich selbst und kommt es dabei zu einer Identifizierung, dann nährt dies die Illusion von einem Ich, das für sich abgesondert existiert und wie ein schwaches Kerzenlicht im Schicksalswind flackert. Daher bedarf es der steten schmeichelnden Zuwendung, der Sorge und vor allem einem Übermaß an Sicherheit. Dies richtig zu verstehen, ist sehr wichtig, wenn wir das Wesen des Ego wirklich begreifen wollen.

## Wie überwindet man das Ego?

Die Loslösung von Identifikationen gelingt uns am schnellsten, wenn wir die Nichtigkeit einer jeden Erscheinung oder nach buddhistischer Auffassung, ihre Leerheit erkennen. Die Erfahrung der großen Leere ist eigentlich schon Erleuchtung, sie bedeutet jedoch noch nicht Erlösung. Wir können diesen Teufelskreis eines abgesonderten Ichbewußtseins wirklich nur dann durchbrechen, indem wir unser Ich in seiner jetzigen Form als eine Illusion durchschauen; erst dann ist es möglich, es als einen reinen Durchgangspunkt unserer Aufmerksamkeit zu erfahren und so stets in einer Art *selbstlosen jedoch zugewandten Beobachterposition* zu verbleiben. Manche mögen jetzt fragen, wo denn da noch ein echtes Selbsterlebnis übrig bleibt. Nun, diese Frage ist eine typische Egofrage. Je mehr unser Ich von den Schichten unserer Verhaftungen eingeschlossen ist desto weniger kann es das reine Seinsbewußtsein erfahren. Es ist, wie wenn wir verzweifelt durch eine verschmierte Windschutzscheibe hindurchschauen wollten und nur schemenhafte Umrisse sehen. Unser Ego selbst hindert uns an der wahren, unbekümmerten Seinserfahrung, es türmt sich in uns wie ein gewaltiger Schatten auf und verdunkelt die Sonne der wahren unbefangenen Aufmerksamkeit. Wir können die Gefühle und die Stimmungen unserer Mitmenschen in ihrer wahren Ursprünglichkeit nur in der reinen und klaren Bewußtheit des freien Durchganges erfassen, sobald wir jedoch unser Ego selbst zum Objekt der inneren Wahrnehmung machen, werden wir, ob wir es wollen oder nicht, zu einem abgesonderten Selbst, das die Dinge und Erscheinungen mit einer sehr gefärbten Sichtweise wahrnimmt und deshalb in die Angst und Isolation abtriftet. Durch die Anwendung der Reiki-Kraft können wir wieder die umfassende, reine und klare Bewußtheit des freien Durchganges in uns erfahren. Wenn wir das sanfte, grenzenlose Licht in uns spüren, wie es hindurchfließt, uns neu belebt und uns jenen Frieden zurückgibt, nach dem wir uns stets sehnten, dann erst wissen wir was es heißt, in der Einheit zu leben, frei von der Illusion einer Abgesondertheit. Wir sollten uns stets darüber im Klaren sein, daß wir alle in die große kosmische Bewegung eingebettet sind und ihr folgen müssen. Wohl haben wir die Möglichkeit, im Rahmen unserer alltäglichen Aufgaben frei zu entscheiden, doch, die große kosmische Richtung unseres Schicksalsweges wird uns stets von den Sturm-und Drangzielen unseres Egos wegführen in eine immer größere Freiheit.

## Der Unterschied zwischen der Egowahrnehmung und der Selbstwahrnehmung

Das Ziel der spirituellen Evolution ist das stete Gewahrsein des hohen Selbstes. Jede Art von spiritueller Praxis richtet seine Methoden auf diese eine Zielsetzung. Wer mit seinem Bewußtsein im hohen Selbst verankert ist, haftet nicht mehr an inneren Erscheinungen des Astral, des Mental und des Vital oder an äußeren Erscheinungen. Sie fließen durch ihn hindurch wie das Wasser durch die Turbinen, und gerade weil sie an seinem Selbst nicht haften, nimmt er sie umso schärfer und realer wahr. Aber auch das Selbst wird so wahrgenommen wie es tatsächlich ist, als *die Mitte einer verstehenden Beziehung zu allem* und als Teil eines umfassenden Ganzen, das alles annimmt und bejaht, weder verurteilt, noch gleichgültig daneben steht. In diesem Zustand *der Nichtverhaftung* gelingt es uns, wahre Objektivität zu verwirklichen. Die Dinge erscheinen dann so, wie sie wirklich sind und erst dann können wir uns an jeder Erscheinung erfreuen, wie unbedeutend sie auch sein mag. Ganz anders wenn wir unser Ego als Mittelpunkt wählen. Weil wir unsere Aufmerksamkeit zum Mittelpunkt unserer Betrachtung machen, verfallen wir der Illusion der Abgesondertheit vom Ganzen, nehmen die Erscheinungen nur im Verhältnis zu unserem Ich wahr und geraten so in den Sog von typischen Egobewertungen. Wir verhaften uns an Vorlieben und Abneigungen und können die Dinge nicht so sehen wie sie wirklich sind. In dieser hausgemachten Subjektivität kommt uns der Sinn für die wahre Realität völlig abhanden, wir werden zu egoistischen Blindgängern. Eine scharfe Egowahrnehmung bedingt Rücksichtslosigkeit und mangelndes Gespür für den Standpunkt des Mitmenschen. Dieser gravierende Sensitivitätsverlust bedingt mit der Zeit erhebliche Nachteile und Belastungen in den zwischenmenschlichen Beziehungen. Die Egowahrnehmung sieht, weil sie im tiefsten um ihre Isolierung weiß, in allem eine Gefahr, sie trägt das Stigma der Angst und Besorgnis und muß notwendig ihre Aufmerksamkeit stets auf Absicherung und Vorteile richten. *Darum ist sie lebensfeindlich.*

# Kapitel VI

*Im Land brach eine große religiöse Verfolgung aus*
*und die drei Säulen der Religion: Die hl. Schrift,*
*der Gottesdienst und die Nächstenliebe traten vor Gott,*
*um ihrer Sorge Ausdruck zu geben,*
*daß sie nicht länger bestehen würden,*
*wenn die Religion vernichtet wäre.*
*"Keine Sorge", sagte der Herr, "ich plane Einen*
*auf die Erde zu schicken, der größer ist als ihr alle. "*
*"Wie heißt dieses Große Wesen?"*
*"Selbsterkenntnis", sagte Gott.*
*"Sie wird größere Dinge vollbringen,*
*als je einer von euch vollbracht hat."*

*Aus: Warum der Schäfer jedes Wetter liebt.*

## Die Chakras und ihr Verhältnis zu den vier Energiehüllen

Das Wort Chakra ist ein Begriff aus dem Sanskrit, siehe auch indisches Symboldiagramm in Abb.14, S.124, und bedeutet einfach "Rad", eigentlich Energierad, denn die Chakras sind kreisförmige Energiezentren im feinstofflichen Körper, bzw. im Ätherleib. Wer einigermaßen hellsichtig ist kann die Chakras als kreisförmige, unterschiedlich gefärbte Energiewirbel wahrnehmen. Sie drehen sich sehr schnell, nach links und nach rechts, je nachdem, wie es gerade um das Energiegleichgewicht des Äther-und Astralkörpers steht. Die Linksdrehung bewirkt eine Aussendung von Prana. Rechtsdrehung bedeutet Assimilation von Pranaenergie, analog der Spiegelsymmetrie der Ein-und Ausfaltung des Kosmos, siehe S.37. Wie aus der Abb.17 und 18, S.127, hervorgeht, gibt es sieben Hauptchakras und vier Nebenchakras. Am Stamm befinden sich drei Nebenchakras. Ein Nebenchakra liegt direkt im Handteller, siehe Abb.19, S.129. Ihr Durchmesser und ihre Lichtintensität kann recht unterschiedlich ausfallen. Im Durchschnitt liegt er bei drei bis fünf Zentimeter, bei hochentwickelten Yogins und spirituellen Meistern kann ein Chakra ein ganzes Körperteil zum Leuchten bringen. Wenn es sehr schnell, rotiert, dann wird sein Licht zunehmend blendend weiß und klar und erscheint dem hellsichtigen Auge als Glorienschein (Aureole), ähnlich wie auf Heiligenbildern. Die Rotationsgeschwindigkeit der Chakras bestimmt die Energiequalität und natürlich auch den Schwingungsgrad. Die Chakras sind die Empfänger Umwandler und Leiter von Energien

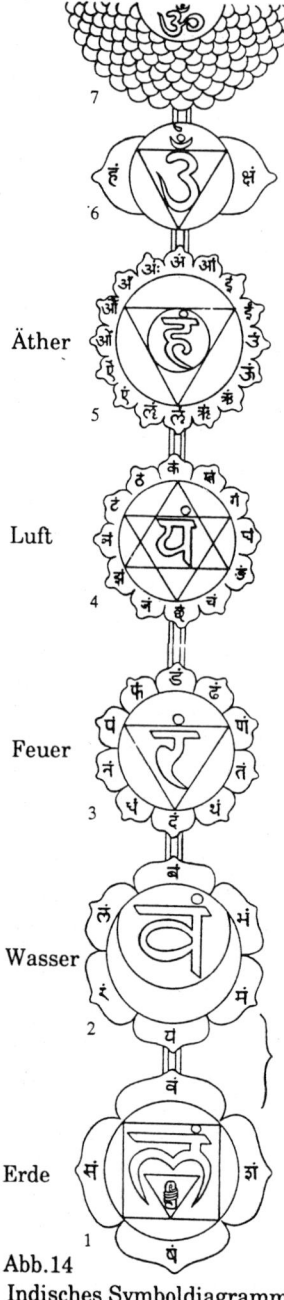

7

6

Äther

5

Luft

4

Feuer

3

Wasser

2

Erde

1

Abb.14
Indisches Symboldiagramm
der Chakren

insbesondere von Prana. Durch sie wird Prana und feinere Energieschwingung aufgenommen, gesammelt, in die jeweilige Schwingungsqualität und Frequenz umgewandelt und über die Haupt- und Nebenkanäle, siehe S.96, schließlich in das Energiesystem der verschiedenen Energiehüllen eingespeist. Andererseits verwandeln und transformieren sie auch die in den verschiedenen Hüllen kreisende Energie, damit für jedes Organ und für die astralen und mentalen Erfordernisse die entsprechende Energiequalität, z.B. gedankliche und emotionale Energie, in ausreichender Menge vorhanden ist. So müssen die Chakras, z.B. bei negativen Gefühlsladungen, welche das Energiesystem zu vergiften drohen, während der Nachtzeit enorm kompensieren, bis sich ihre Ausgleichsfunktionen selbst erschöpfen, was letztlich zu einem totalen Zusammenbruch in allen Hüllen führt. Das von den Chakras ausgesendete Energiefeld des Menschen hat im Mittel etwa einen Radius von acht Metern, siehe Abb.11, S.95, es kann jedoch bei spirituell fortgeschrittenen Menschen das Zehn -bis Zwanzigfache des genannten Durchmessers erreichen. Die sieben Hauptchakras befinden sich in den Medianen, d.h genau auf der Mittellinie des Körpers entlang der Wirbelsäule, vom Steiß bis hinauf zum Kopf. Sie liegen etwa auf gleicher Höhe, wie die verschiedenen parasympathischen und sympathischen Nervengeflechte vor der Wirbelsäule. Diese sind nichts anderes als das zelluläre Entsprechungsbild der Chakras im physischen Körper. Die Umwandlung des Prana in physische Strukturen, wird von der Energiequalität und Schwingung des ersten Chakra besorgt. Alles, was wir an unserem Körper grobstofflich wahrnehmen ist das manifestierte Produkt aus dem ersten Chakra. Es ist dies die Erdenergie, sozusagen die grobstoffliche physische Hülle. Das zweite Chakra wandelt Prana in Wasserenergie um, d.h alle Flüssigkeiten, ob Blut, Schleim, Lymphe, Liquor, Urin, Verdauungssäfte oder vitalisierende Inkrete, werden von diesem Chakra konstituiert. Im dritten Chakra vollzieht sich im Bauchraum (Solarplexus) die Umwandlung des Prana in Feuer- und Wärmeenergie, insbesondere die Körperwärme (Muskelwärme), Kerntemperatur und die Wärmeenergie aus den Assimilaten der Nahrungs. Das vierte Chakra ist für die Verteilung der Luftenergie zuständig und beherrscht die gesamte innere und äußere Atmung. Die Zirkulationsdynamik und der Sauerstoff-Kohlendioxydaustausch gehören ebenso dazu, wie der Ein-und Ausatmungsrhythmus der Lungen. Im fünften Chakra, -dem Hals-Chakra-, wird die Ätherenergie auf der somatischen Ebene konstituiert. Es ist dies das System der auf breiter Basis steuernden Hormone, welche allgemein die Richtung des Stoffwechsels bestimmen z.b. Thyroxin u.a. In den beiden letzten Chakras werden, die alle Körperfunktionen steuernden und integrierenden, neuronalen und humoralen Systeme aus dem kosmischen Prana, nicht nur kondensiert, sondern auch konzertiert. Diese Energien, stehen hinter der Ätherenergie und haben auf der physischen Ebene kein Äquivalent. Eine kurze Beschreibung möchte ich noch von den Nadis geben, die ebenfalls zu den Chakras gehören und im Ätherleib sichtbar sind. Die Nadis sind ein feines Röhrensystem, etwa vergleichbar mit dem Kapillarnetz des Kreislaufsystems. Die drei wichtigsten und mächtigsten Nadis verlaufen von den Nasenlöchern über das Schädeldach abwärts zur Wirbelsäule, um sich wieder am Damm, im Wurzelchakra zu vereinigen. Das rechte Nadi (Pingala) enthält eine Yinschwingung, vergleichbar der Wesenskraft des Mondes und entspringt dem rechten Nasenloch. Das linke Nadi entspringt dem linken Nasenloch, es hat eine ergänzende Yangschwingung, vergleichbar der Wesenskraft der Sonne. Beide laufen links und rechts zwei Fingerbreit von der Wirbelsäule abwärts zum Steiß. Zwischen diesen beiden Nadis existiert noch ein dritter Kanal, der in der Literatur als das zentrale Nadi des Feuers bezeichnet wird. Er verläuft im zentralen Kanal der grauen Rückenmarkssubstanz, dessen Energie zwischen den Augenbrauen, also im sechsten Chakra endet. Jedes Chakra steht mit bestimmten Organen des physischen Körpers und den Energieleitbahnen des Ätherleibes (Akupunktursystem) in Verbindung. In der Abb.20, S.126, habe ich versucht, diese komplexen Verknüpfungen grafisch zu veranschaulichen. So versorgt. z.B. jedes der sieben Hauptchakras eines der sieben Drüsen des endokrinen

# Chakras u. Akupunktur am Beispiel der Herz-u. Kreislaufleitbahn

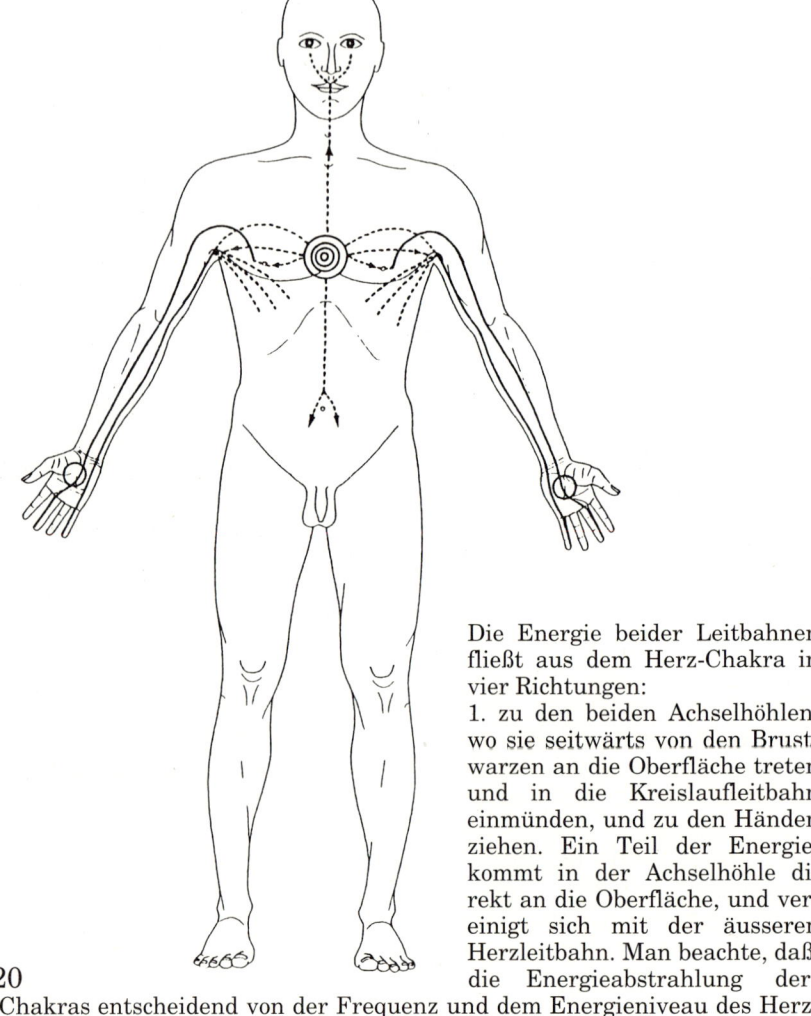

Die Energie beider Leitbahnen fließt aus dem Herz-Chakra in vier Richtungen:
1. zu den beiden Achselhöhlen, wo sie seitwärts von den Brustwarzen an die Oberfläche treten und in die Kreislaufleitbahn einmünden, und zu den Händen ziehen. Ein Teil der Energie, kommt in der Achselhöhle direkt an die Oberfläche, und vereinigt sich mit der äusseren Herzleitbahn. Man beachte, daß die Energieabstrahlung der Hand-Chakras entscheidend von der Frequenz und dem Energieniveau des Herz-Chakra abhängig ist.

Abb.20

2. Ein innerer Energiezweig zieht abwärts zum Dünndarmfunktionskreis, ein anderer fließt zum Gesicht und versorgt das Orbitalsystem.
3. Die aus der Achselhöhle austretenden Netzgefäße, in Richtung Rippen, versorgen oberflächlich die gesamte Brustwand (Rippenfell, Intercostalmuskulatur usw.). Die oberflächliche Verbindung zu den Komplementärbahnen wird über die LOund Quellpunkte gesteuert.

126

# Lage der zwölf Chakras

Vorderansicht

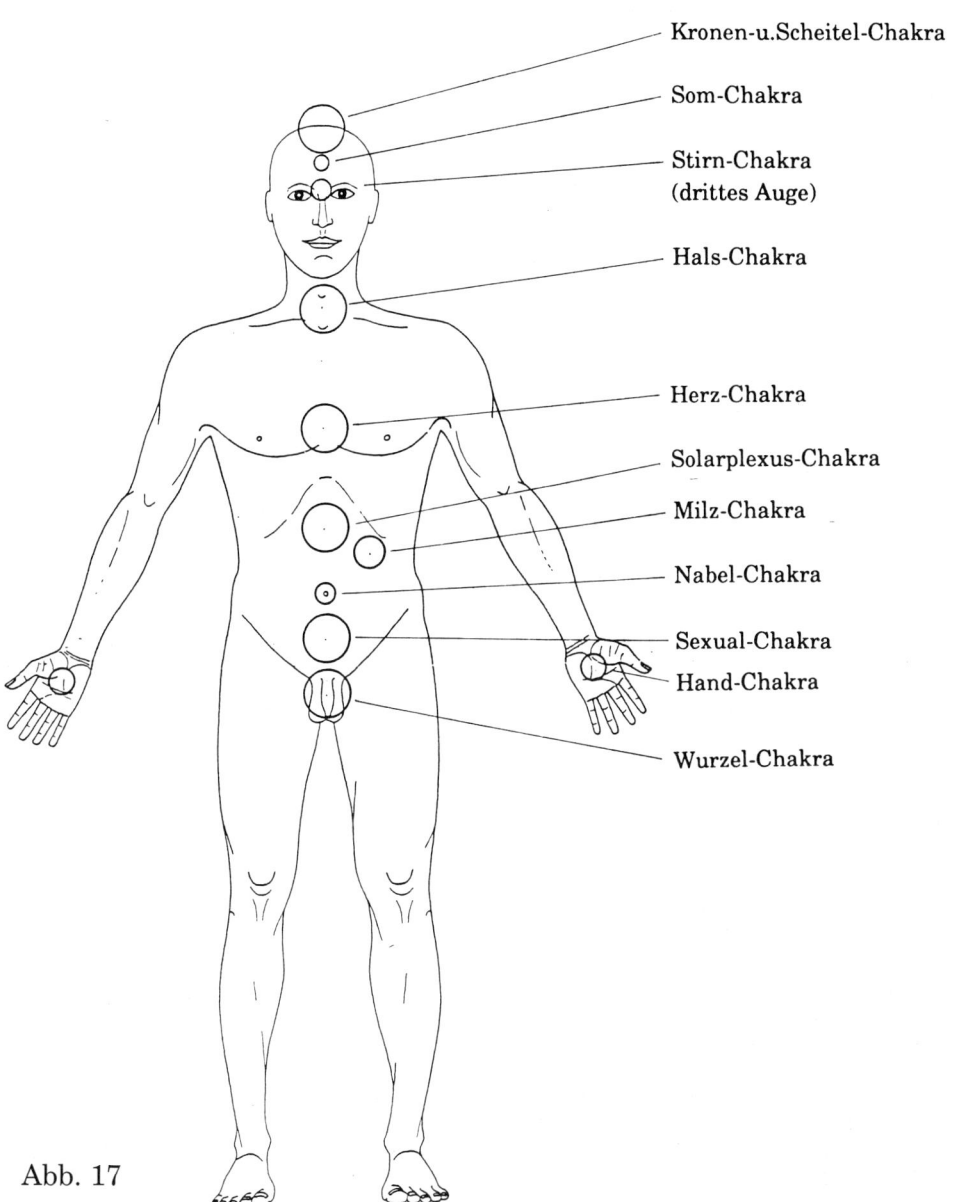

Kronen-u.Scheitel-Chakra

Som-Chakra

Stirn-Chakra
(drittes Auge)

Hals-Chakra

Herz-Chakra

Solarplexus-Chakra

Milz-Chakra

Nabel-Chakra

Sexual-Chakra
Hand-Chakra

Wurzel-Chakra

Abb. 17

Rückenansicht

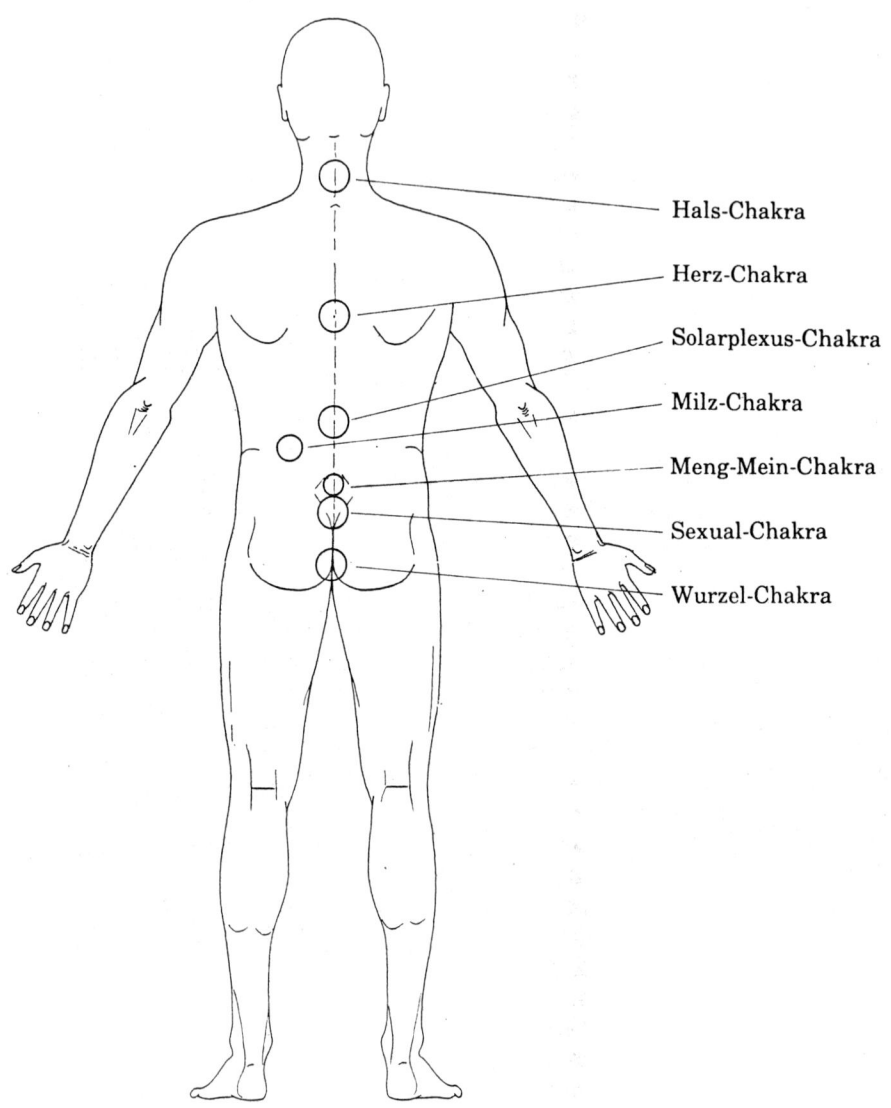

- Hals-Chakra
- Herz-Chakra
- Solarplexus-Chakra
- Milz-Chakra
- Meng-Mein-Chakra
- Sexual-Chakra
- Wurzel-Chakra

Abb. 18

# Hand-Chakras-Strahlung

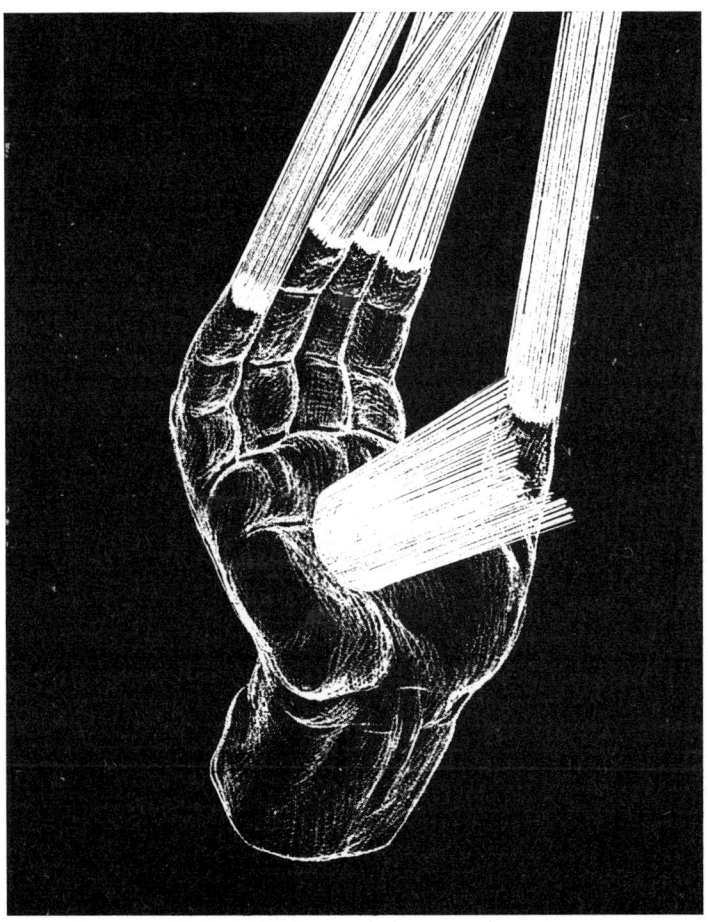

Abb.19
Systems und bestimmte Hohl-und Speicherorgane. Aber nicht nur
das physische und somatische System wird von den Chakras mit
bestimmten Energieschwingungen versorgt. Die Schwingungen
reichen über das vital-sinnliche Bewußtsein bis in die emotionalen
und mentalen Persönlichkeitsbereiche, und steuern die Modifikationen der Wahrnehmungen emotionaler und gedanklicher Art,
siehe auch S.224.

## Die Abhängigkeit der Chakrasaktivität von der jeweiligen spirituellen Bewußtseinsstufe

Letztlich richten sich alle energetischen, sowie bewußten und unbewußten Prozesse der Persönlichkeitsstruktur nach der momentanen Entwicklungshöhe des Bewußtseins, d.h. unser hohes Selbst, evolviert die vier Persönlichkeitsbereiche zu einer durchgängigen Einheit, sodaß bis in die letzte Zellstruktur hinein das kosmische Bewußtsein des ICH-BIN, ungehindert ein- und ausströmen kann. Vergessen wir nicht, daß das hohe Selbst -eine ewige Idee des Absoluten- bereits ein "vollkommenes Gotteskind" ist, doch möchte es sich, im Rahmen planetarischer und kosmischer Möglichkeiten in der Raum-Zeit-Welt verwirklichen. Anders gesprochen: Unser vollkommener Gottesfunke als ein Kind des Unendlichen, möchte sich auch im Endlichen in vollkommener Weise zum Ausdruck bringen. Seine Vision ist die chymische Hochzeit zwischen Geist und Materie. Der Geist ist der Bräutigam und die geschmückte Braut die Materie, also der göttliche Ausdruck unserer gestaltlichen Ausformung im Bios. Das ist der eigentliche Antrieb der Evolution und jeder kosmischen Bewegung aus dem die Manifestationen hervorgehen und sich wieder auflösen. Das wesentliche Hindernis des hohen Selbstes ist die Illusion des Ego, das eine oder gleichzeitig mehreren Persönlichkeitsbereiche beherrscht, bzw. verselbstständigt hat. Das Diktat von mentalen Vorlieben und Abneigungen, von Vorurteilen und bestimmten Einstellungen, sowie die Verhaftung an gewisse emotionale Momente und sinnliche Ausschweifungen bewirken, daß die Chakras ganz bestimmte Schwingungsmuster erzeugen und nur in seltenen Augenblicken die erhabenen Schwingungen des hohen Selbstes bis in die physischen Zellempfindungen vordringen können. Die reinen Schwingungen aus der höchsten Dimension können von den Chakras ungetrübt nur dann weitergegeben werden, wenn die jeweils anhängigen Energiemuster frei sind und auch die Chakras von keinen "Egoenergien" mehr blockiert werden. Es nützt wenig, wenn wir z.B. versuchen, unsere höheren Chakras zu öffnen und die unteren durch Egoenergien blockiert, bzw. verunreinigt sind. Das Ergebnis wäre nicht viel besser sondern eher noch schlechter, weil dies die egoistischen Bestrebungen noch steigern würde, und das auch noch auf einem höheren Niveau. Die spirituelle Bewußtseinshöhe bewirkt also eine ganz bestimmte qualitative Energie der Chakras, insbesondere den Grad der wechselweisen gegenläufigen Rotation, und sie bewirkt auch die quantitative-unterschiedliche Aktivität einzelner Chakras. Der Effekt der qualitativen und quantitativen Energieweitergabe aller Chakras ist die Weitergabe ganz bestimmter Energiemuster, das der jeweiligen Bewußtseinsstufe und Sichtweise entspricht. Vollzieht sich ein Bewußtseinssprung in Richtung integrativer Ganzheit, dann ändert sich gleichzeitig das quantitative-qualitative Energiemuster der Chakrasaktivität entsprechend.

## Die bewußten und unbewußten Energien der Chakras

Die unteren drei Chakras sind die Energietransformatoren für die Grundschwingungen des physischen, vitalen und emotionalen Persönlichkeitsaspektes. Sie dienen zunächst der *Identitätsbildung* auf den jeweiligen Stufen, siehe auch die einzelnen Beschreibungen S.142, 146 u. 150. Die höheren Chakras manifestieren die Energien der feineren, mentalen und supramentalen Persönlichkeitsbereiche. Hierbei gilt es zu beachten, daß die universale Lebensenergie sich aus bewußten, also reflexiven Energien und weniger bewußten Energien zusammensetzt. Die weniger bewußten Energien haben *stets dienende und stützende Funktion,* während die reflexiven *steuernde Wirkungen* entfalten. Letztere befinden sich in der mentalen und supramentalen Hülle, in dessen Zentrum auch das Selbst involviert ist. Der Ursprung der reflexiven Energien ist das hohe Selbst, es bringt die steuernden Energien in die einzelnen Hüllen ein, um den evolutiven Bewußtwerdungsprozeß einer jeden Dimension voranzubringen, bis endlich der involvierte Geist zum totalen Selbstausdruck gelangt.

Die nachfolgende, kurze und prägnante Auflistung des funktionellen Einflusses der einzelnen Chakras auf S.132 soll hier nun eine gewisse Übersicht geben.

## Welche integrativen Funktionen erfüllen die Chakras in den verschiedenen Energiehüllen?

Motorische und vegetative, bzw. bewußte und unbewußte Funktionen fallen -wie aus der Tabelle ersichtlich- hier zusammen und werden über die Vermittlung der Energiemuster des Ätherleibes gleichermaßen gesteuert. Im *zweiten Chakras* wird das Schwingungsmuster der vitalen Energie vermittelt. Das Elan vital, wie der Franzose sagt, ist der Lebensschwung und die Begeisterung, die wir fürs Leben empfinden. In ihm sind alle vitalen Triebregungen enthalten, die ebenfalls von den Energiemuster des Ätherleibes vermittelt werden. Wir erblicken im vital-hormonellen Gleichgewicht, bzw. in den hormonellen Verschiebungen zur Sicherung der vitalen Antriebskräfte, ein *humorales Kondensatsystem* dieses Chakra und in den entsprechenden peripheren Hormondrüsen die somatisch-lokale Manifestation. Im cerebrospinalen System, ist der Hypothalamus mit seinen neuronalen Zentren für Appetit, Sexualität und Sättigung die lokale, somatische Manifestation. Das *dritte Chakra* ist das energetische Steuerzentrum für alle einfachen Emotionen und Empfindungen.

Es korreliert mit der Astralhülle und hat sein somatisches Äquivalent in den subtilen Verschiebungen neurohormonaler Vermittlungssubstanzen, welche zwar im ganzen Körper präsent sind, jedoch im Gehirn in gewissen Zentren speziell kondensiert werden, z.B. im Aggressionszentrum oder in den subcorticalen Strukturen des Thalamusgebiet. Im *vierten Chakra* werden die Energieschwingungen und Muster der tieferen Chakras zu einer Einheit integriert und verlieren normalerweise ihre Egoverunreinigung. Daher ist das vierte Chakra das *Tor zum Geistigen* und die Grundlage jeder höheren, spirituellen Integration. Es korreliert mit einer höheren Astralebene, siehe S.97 und sollte im Mittelpunkt unseres Interesses stehen. Das *fünfte Chakra* vermittelt Schwingungen geistiger Wunsch-und Drangrichtungen sowie Motivationen, welche über die tieferen Chakras, mehr oder weniger vom Ego gereinigt, aufsteigen. Es hat eine enge Beziehung zur mentalen Hülle und empfängt aus jener entsprechende Schwingungen. Das *sechste Chakra* ist ein Integrations-und Vereinigungszentrum aller bisherigen Energiequalitäten und -quantitäten. In ihm wird *das Gesamt* der physischen, vitalen, emotionalen und mentalen Qualitäten in einem einzigen Erkenntnisakt ergriffen und zum totalen Selbstausdruck gebracht. Es tangiert die Dimension unseres Selbstes und ist die Ebene des Supramentals, der ungetrübten Individuation. Hier offenbart sich die Bewußtseinsmacht des hohen Selbstes und drückt die Einmaligkeit unseres Selbstes aus, genau so wie es das Absolute aus sich emaniert. Alle zentral-somatischen Bewußtseinsträger sind physische Manifestationen dieses Chakra. Es korreliert direkt mit unserem hohen Selbst, siehe S.115, jener geistigen Mitte, die zum Absoluten in einem unsagbaren Du-Verhältnis steht. Das *siebte Chakra* gilt als das mystische Vereinigungszentrum mit dem ewigen Urgrund, der totalen Individualität, aus der die wahre Liebe und unbedingte Freude entspringt. Erst wenn die Individuation abgeschlossen ist kann die mystische Hochzeit beginnen, jene Unio mystica, welche das Ziel von Mensch, Natur und Gott ist. Wegen der sehr verschiedenen Entwicklungsstufen der Menschen darf es auf dem Niveau der Chakrasinterpretation keine Verallgemeinerungen mehr geben. Zwar vermitteln uns die Energiequalitäten der Chakrasschwingungen gewisse, allgemeine und konstante Lebensgrundgefühle und Zielausrichtungen die für alle gleichermaßen gelten, sozusagen emotional-mentale Grundfärbungen, doch wäre es dilettantisch, wollte man die emotionalen und mentalen Modifikationen der einzelnen Chakras kategorisieren, ohne die individuelle Entwicklungsstufe zu berücksichtigen. Überdies werden komplexe, emotionale-mentale Erlebnisse häufig aus mehreren Chakras konstelliert, so daß die Idee, hierfür einzelne Chakras ausfindig zu machen ein naiver Kurzschlußversuch wäre.

Aus den bisherigen Ausführungen ist zu ersehen, daß das übergeordnete Chakra das *Integrationszentrum* des darunterliegenden ist. Andererseits liefern die tieferen Chakras die Grund -und Arbeitsenergien für die Integrationsarbeit der oberen Chakras. An dieser Stelle werden einige universale Schichtengesetze deutlich, die bereits vor mir von bedeutenden Ontologen (*N. Hartmann und E. Rotacker)* entdeckt wurden.

# Übersichtstabelle der physiologischen Chakrasfunktion

| Chakra | Lage | Organe | Energieleitbahnen | Funktionskreis |
|---|---|---|---|---|
| **7.Chakra** *sahasrara* | Am Scheitel des Kopfes(Fontanella) | Gehirn, Bewußtseinszentren, Zirpeldrüse, (Epiphyse) höchste emotionale u. mentale Integrationszentren d. Gewahrseins | **Zusatzleitbahnen, Tou-mo,**Jenn-mo, Tai-mo,Chung-mo, Yin-chia-mo,**Yang-chiao-mo,**Yin-wei-mo, **Yang-wei-mo** | Ausgleich zwischen Yin u.Yangenergien, ch'i-Aktivierung |
| **Som-Chakra** | Mitte Stirn | Sprachzentren, Phantasie | Tou-mo,Blasenleitbahn | ? ev.intuitive Energietransformation |
| **6.Chakra** *ajna* | Zwischen den Augenbrauen | Hypophyse, Hypothalamus, Neuroendokrines System willkürliches Nervensystem mot.u.bewußte Zentren | Tou-mo,Blasenleitbahn | Koordination v.Yin u.Yangenergien |
| **5.Chakra** *visshudda* | Mitte Hals Kehlkopfspitze | Halsorgane,Schilddrüse, Nase, Nebenschilddrüse, Luft, Speiseröhre, Lungen, Bronchien, Stimme, Nacken,Mandeln, Stellatum,medulla obl. | **Magenleitbahn, Yin-wei-mo,** Yin-chiao-mo, Jenn-mo, Lungenleitbahn | Energieverteilung u. Aktivierung, Speicherung |
| **4.Chakra** *anahata* | Mitte Brustkorb(Sternum) | Thymusdrüse, Herz, Mediastinum, Arme, Hilusdrüsen, ob. Rücken, Blut, Gasaustausch, Kreislaufsystem, Zwerchfell, Haut, Zwerchfell, Oxydationsvorgänge, Äther-u.Luftenergien | **Herz-und Kreislaufleitbahn. Dreifacherwärmerleitbahn,**Jenn-mo,Chung-mo | Quelle d.Energieimpuls Feuerenergie |
| **3.Chakra** *manipura* | Magengrube,vor dem Sonnengeflecht | Magen,Zwölffingerdarm,Leber,ob. Bauch,Bauchspeicheldrüse, Energiegewinn,Vagus, Wärmehaushalt,Gallensystem, unt. Rücken, enzymatische Umsetzungsprozesse | **Magen- u.Dünndarmleitbahn, Chung-mo,** Jenn-mo,Gallenleitb.- u.**Dreifacherwärmer** | Energiesammlung,u. Verwandlung, Bereitstellung Führung Erde-u.Feuerenergie |

| Chakra | Lage | Körperliche Zuordnung | Leitbahnen | Energie |
|---|---|---|---|---|
| **Milz-Chakra** | linker unterer Rippenbogen | Milz,Pfortadersystem, Körpervitalität | **Milzleitbahn,** Yin-chiao-mo | Bauenergiespeicherung, Energievorrat |
| **Nabelchakra** | Nabel | Dünndarm,Bauchfell,Vitalität, Abdomen,Dickdarm aufsteigender u.querverl.Zuckerstoffwechsel | Yin-chiao-mo, Tou-mo,**Jenn-mo,** Chung mo, **Nierenleitbahn** | Energieausgleich, d.Yinenergien u. Yangenergien |
| **Meng-Mein-Chakra** | In Höhe des 4/5 LWS. | Nebennieren,Blutdruck, adrenerges/cholinerges System,Lendenwirbelsäule, Rückenkraft,Glucocorticoide | **Tai-mo,** Jenn-mo,Milzleitbahn | Energieführung u.Leitung,Reserve, Erde-u.Feuerenergie Steuerung,Erdenergie |
| **2.Chakra** *svadhistana* | Unterbauch, kl.Becken, Kreuzbein, | Teile des Urogenitalsystem (Gebärmutter,Blase,Ovarien, Prostata,Hoden)männl.u.weibl. Hormone,Flüssigkeitshaushalt, alle Körpersäfte,Lymphsystem | Tou-mo, Jenn-mo, Blasenleitbahn, **Dreifacherwärmer** | Energieverteilung u.Bevorratung, Abwehr,Wasserenergie |
| **1.Chakra** *muladhara* | In Höhe des After u.Damm | Knochen u.Hartsubstanzen, Beine,abst.Dickdarm u.Enddarm, Anus,Niere,Körperhaare, Geschlechtstrieb,Ausscheidungen | **Blasenleitbahn,** Chung-mo, Jenn-mo,Dreifacherw. | Regenerierung,u. Erbenergie,Yin-Yangpotential,Wasser- u.Erdenergie |
| **Handchakra** | Handinnenseite | Handdurchblutung Handform Handsensitivität | **Herz-Kreislaufleitbahn** | Energie des Herzens |

# Die Integrationsgesetze der Energieschichten

**1.** Das Gesetz der **Freiheit**, wonach die Energien der höheren Zentren gegenüber den tieferen frei sind, sie folgen unabhängig von ihnen ihrer eigenen, höheren Seinsgesetzlichkeit. Das bedeutet, auf die Chakrasergien angewandt, daß mit zunehmender Integrierung der tieferen Energien auch eine zunehmende Befreiung vom Diktat gröberer Energievernetzungen möglich wird.

**2.** Das Gesetz der **Schichten-oder Energiezugehörigkeit**, wonach die entsprechende Energie nur im jeweiligen Energiezentrum und dem Versorgungsbereich volle Wirksamkeit entfaltet, außerhalb jedoch nur in abgewandelter, bzw. begrenzter Form wirksam sein kann. In Bezug auf die Chakrasaktivität bedeutet dies, daß z.B. Energien der tieferen Chakras in höhere wohl eindringen können, jedoch keine adäquate, sondern nur verzerrende, bzw. verfälschende Wirkungen hervorrufen. Im übrigen bedeutet dies, daß jede Energiequalität stets dorthin strebt wo sie konstituiert wurde.

**3.** Das Gesetz der **abgewandelten, bzw. modifizierten Energiewiederkehr,** wonach die abgewandelten Energiequalitäten der tieferen Zentren in den höheren, nur als integrative Teilmomente in Erscheinung treten, indem sie sich mit den höheren verbinden und so eine völlig neue Energieschwingung konstellieren, siehe auch Abb.29, S.295 im Anhang. Daraus folgt für die Chakrasphysiologie, daß die oberen Energiequalitäten sich aus den unteren zwar zusammensetzen, -die tieferen integriert haben- jedoch ein völlig neues und höheres Energiemuster bilden.

**4.** Das Gesetz der **Energiedistanz,** wonach die Energien der einzelnen Zentren sich nicht kontinuierlich von unten nach oben fortsetzten, sondern sich in Sprüngen konstituieren. Zwischen den Energiequalitäten, bestehen dimensionale Unterschiede. So ist z.B. die Schwingung der emotionalen Qualität eine ganz andere als die der mentalen usw.

**5.** Das Gesetz der **relativen Energiedetermination**, wonach die höheren Energiequalitäten zwar die niederen determinieren und in ein geordnetes Energiemuster fügen, jedoch ohne die tragende Vitalität der tieferen Energien praktisch keine direktive Dynamik entfalten können Insofern besteht einerseits eine von oben nach unten wirkende Determination, doch andererseits auch eine von unten nach oben wirksame Dependenz.

Volkstümlich ausgedrückt könnten wir hierzu in einem Satz sagen: *"Der Teufel tritt den Blasebalg und Gott spielt die Orgel."*

Falsch wäre allerdings der mögliche Kurzschluß, daß die unteren Schichten von den oberen unabhängig existieren könnten, denn der ordnende Impuls kommt stets von oben. Ein Beispiel dafür ist die

Krebskrankheit. Die höheren, ordnenden, geistigen Impulse, welche das somatische Wachstum steuern und organisieren, fehlen, was schließlich zu schrankenlosem, wucherndem Wachstum führt. Gleiches gilt auf politischer und gesellschaftlicher Ebene, wo der Mangel einer fähigen Führungsschicht das Volk in Anarchie und Chaos stürzt. Diese Gesetze müssen wir beachten und dürfen sie nicht willkürlich verdrehen, siehe auch S.210. Auch sollte mit ihnen der intuitiv-schwärmerischen und damit willkürlichen Chakrasinterpretation in der "seichten esoterischen Literatur und Popmystik" der Riegel vorgeschoben werden. Die launenhaften, intuitiven Einfälle, welche heute wie Sauer Bier zu Papier gebracht werden sind meist Erzeugnisse ahnungsvoller Empfindungs-Eingebungen und halten einer kritischen Überprüfung selten stand, daher werden sie zunehmend zum Gespött des profanen Alltagsintellektes. Wir dürfen nicht nur bewundernd auf die Farbenpracht und Erleuchtungsstufen eines erweckten Chakra schauen, sondern müssen mit nüchtern-praktischem Geist seine funktionelle Stellung innerhalb des psychischen Kräftefeldes erforschen und gegebenenfalls den therapeutischen Nutzen und die Wirkung ermitteln. Nach dem bisher Gesagten wird deutlich, daß die Chakras wesentliche energetische Integrationszentren unseres hohen Selbstes darstellen, die im spirituell-evolutiven Prozeß eine wichtige Schlüsselrolle einnehmen. Es geht dabei um mindestens *sieben Teilfunktionen* und ebenso um sieben integrative Lernprozesse eines jeden Chakras. Die übergeordneten Integrationsbewegungen der einzelnen Zentren werden im vierten und im sechsten Chakra zusammengefaßt. Im Vierten wird das Physische, Ätherische und Astrale, bzw. die Körperlichkeit, die Triebkraft und die Emotionalität zu einer Einheit zusammengefaßt, und ermöglicht so eine fruchtbare Wechselwirkung zwischen Innenwelt und Außenwelt. Wir dürfen nicht vergessen, daß die ersten drei Chakras wesentlich *zur Identitätsbildung* beitragen, indem sie zuerst in den drei unteren Hüllen die Selbstwahrnehmung stabilisieren, was freilich zunächst einmal in die Illusion des Egos hineinführt. Erst mit der Ausbildung des dritten Chakra ist die Identitätsbildung beendet und kann dann im vierten mit dem Du höher integriert werden.

Wenn ich also von *Egoverunreinigung* spreche, dann verneine ich damit nicht das Ego, sondern beziehe dies stets auf die *Illusion der Abgesondertheit*. Durch den Prozeß der geschärften Identitätswahrnehmung, wie sie in den drei ersten Chakras zunehmend erfahren wird, entsteht freilich die Täuschung der Abgesondertheit. Bleibt diese Illusion bestehen, dann haben wir es mit Egoverunreinigungen zu tun, die bis hinauf ins sechste Chakra reichen können, siehe

S.166. Die Entwicklung übersinnlicher Fähigkeiten und Psi-Kräfte ist nicht die Hauptwirkung, sondern ein Nebeneffekt der Chakrasaktivität. Je schneller ein Chakra rotiert und je frequenter und feiner das Energiemuster, desto mehr Psi-Kräfte werden verwirklicht. Diese, im Sanskrit auch als Siddhis bezeichneten Fähigkeiten, gehören durchaus zum evolutiven Plan der kosmischen Selbstverwirklichung. Die Siddhis erlauben eine weit schnellere Wunscherfüllung, bergen jedoch die außerordentliche Gefahr des Machtmißbrauches und der Verhaftung. Daher raten alle fortgeschrittenen Yogins von ihnen möglichst keinen oder nur seltenen Gebrauch zu machen, da sie sonst zu einem ernsthaften Hindernis werden könnten. Die verschiedenen Energien der Chakras und der Energiehüllen nehmen wir als Empfindungen, Emotionen, Vorstellungen, Gedanken, Ideen und als Ahnung oder Intuition wahr. Bevor wir Schwingungsmuster und Energiekräfte in uns integrieren, müssen wir sie prüfen und gegebenenfalls akzeptieren, also annehmen und dann versuchen, sie mit unserem eigenen Schwingungsmuster in Einklang zu bringen, entweder indem wir die ankommende Schwingung abwandeln, oder unsere eigene Schwingung anpassen. Ist dies geschehen, dann erst können wir sie integrieren und als neues Teilmoment (Bewußtseinsinhalt) in uns aufnehmen. Höhere und feinere Energiemuster bestimmen den Rhythmus der gröberen Schwingungen und deren Abwandlungen. Auch und das ist sehr wichtig, integrieren die feineren Energiequalitäten die gröberen zu einem größeren Ganzen und steuern die Verteilung der Energiefelder; über Energiefelder und Schwingungen, siehe im Anhang und S.294. Je differenzierter die Integrationsleistung, desto mehr feinere Energiemuster sind vorhanden. Fehlen sie, dann bleibt die Reaktion des Energiefeldes meist sehr starr und unelastisch.
Auf welche integrativen Leistungen kommt es nun an?

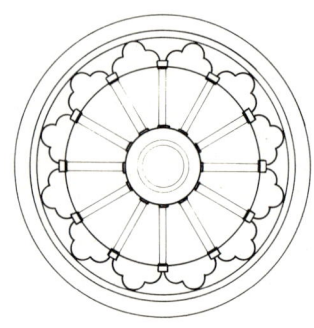

# Die Integrationsarbeit der Chakras -eine Übersicht

**a)** Entwicklung einer stabilen Identität, z.b. das Empfinden der Einmaligkeit meiner physischen Erscheinung oder meiner individuellen Grundstimmung und Grundeinstellung. Diese Mischung aus Grundstimmung und Grundeinstellung sowie Körperlichkeit, macht die Einmaligkeit meiner Identität, bzw. Originalität aus, sie unterscheidet mich von anderen Identitäten, doch sollte sie nicht die Illusion nähren, ein vom Ganzen abgesondertes Wesen zu sein. Die Vorstellung von einem einmaligen, unverwechselbaren Individuum der Schöpfung verleitet uns Menschen zu der Auffassung, außerhalb des kosmischen Organismus zu stehen und setzt in uns das Stigma der Urangst.

**b)** Akzeptanz fremder und scheinbar gegensätzlicher Eindrücke, Bedürfnisse, Stimmungen, Gedanken, Vorstellungen, Verhaltensweisen und Handlungen, z.b. neben den eigenen Bedürfnissen auch andere akzeptieren, andere Eindrücke ebenfalls gelten lassen. Vorstellungen die mit den eigenen im Widerspruch stehen, als reale Tatsachen hinnehmen und lernen, wie man gegensätzliche äußere Umstände und Gegebenheiten trotz bestimmter, bevorzugter Erwartungshaltungen akzeptieren lernt.

**c)** Vereinigung scheinbar gegensätzlicher Energien, z.b. männlicher und weiblicher Verhaltensmuster und Eindrücke, so wie wir sie im Alltag wahrnehmen, oder positive und negative Werte, aber auch die Abweichung und Unterschiede innerer Ideen von äußeren Verwirklichungszielen oder einfach *Versöhnung von Widersprüchen*. Letzteres geht häufig über Kompromisse und fordert von allen eine gewisse Verzichtshaltung. Die Versöhnung von Gegensätzen gelingt im dialektischen Prozeß, in welchem zwei Standpunkte in einem übergeordneten aufgehoben und vereint werden, siehe Abb.15. S.141. Dabei sollte jedoch nicht die Verwerfung des jeweiligen Standpunktes angestrebt, sondern seine Integration versucht werden, da jeder Standpunkt Teilwahrheiten enthält, die zum Ganzen beitragen, und sehr häufig ergaben gerade die Wechselwirkung gegensätzlicher Auffassungen und Denkweisen die fruchtbarsten Entwicklungen in der Kulturgeschichte.

**d)** Erst nach dem Lernprozeß der Akzeptanz und Synthese ist die Voraussetzung für eine reibungslose Integration von Bewußtseinsinhalten gegeben. Das bedeutet, daß wir Handlungen, Verhaltensweisen, Eindrücke und Erfahrungen usw. nicht einfach ablehnen und verwerfen, sondern stets als einen *integrativen Baustein unserer spirituellen Evolution verwerten sollen*. Wie bereits oben gesagt wurde, müssen wir die Erscheinungen und Tatsachen zuerst akzeptieren und verstehen lernen, erst dann sind wir in der Lage, gewisse Teilmomente, Erfahrungsinhalte und Eindrücke in unser Bewußtsein zu integrieren. Gerade die negativen Bewußtseinsinhalte spielen im Integrationsprozeß eine Schlüsselrolle für unsere spirituelle Evolution. *Der Mensch wächst offensichtlich nur an Enttäuschungen, an Leid und Not.* Wir sollten Unannehmlichkeiten nicht durch krampfhafte Vermeidungshaltungen aus dem Wege gehen, sondern auch durchstehen und ihren besonderen, *spirituellen Wachstumswert* erkennen. Die äußerliche Integration innerer Stimmungen bedeutet, das Lebensumfeld so zu gestalten, daß es mit den inneren Stimmungsmustern in Einklang ist. Gleichzeitig sollte sie auch mit allen anderen Lebewesen und Bereichen harmonieren, zB. wird man die Schönheit und Natürlichkeit des äußeren Lebensraumes nur dann umgestalten, wenn sie mit den Bedürfnissen und Vorstellungen anderer Menschen im Einklang ist. Beides, Notwenigkeit und innere Übereinstimmung muß jedoch an das ökologische Gleichgewicht angepaßt sein, was wiederum nur möglich ist wenn die Schwingungen und Empfindungen, in diesem Falle des ersten Chakra, geläutert sind und hierdurch die nötige Sensitivität für die äußerlichen Erfordernisse entwickelt wurden. Das übrigens ist das eigentliche Kernproblem des Umweltschutzes.

**e)** Den harmonischen Einklang zwischen äußeren Ausdrucksformen und inneren Bedürfnissen, sowie Stimmungen, Eindrücke usw. zur rechten Zeit und am richtigen Ort. Darunter ist eine eine Handlungs-und Ausdrucksweise zu verstehen, welche *die Einheit* zwischen innerer und äußerer Situation herbeiführt und nicht spaltet. Die Ausdrucksformen sollten stets aufrichtig und der inneren Situation angemessen sein, mit dem Ziel, eines möglichst vollkommenen Ausgleiches von Unterschieden der äußeren und inneren Realität. Wenn uns Menschen die hohe Aufgabe zufällt, zwischen Endlichem und Unendlichem zu vermitteln, d.h. die Gegensätze zwischen Himmel und Erde auszugleichen und zu versöhnen, dann sollten wir nach Vollkommenheit streben. Das ist unsere Bestimmung und unser Weg. Die Verstofflichung von Idealen in der Materie ist stets nur ein Annäherungsversuch, allein an ihm können wir unseren evolutiven Fortschritt messen, siehe auch Nikolaus von Kues S.64.

**f)** Die Bereitschaft, alle Energien, der Physis, des Vitals, Astrals und Mentals stets höher zu integrieren, d.h., daß alle Energien in den Dienst eines höheren Ideals eingespannt werden.

**g)** Die Voraussetzung hierfür ist allerdings, daß wir die Chance eines transformierenden Impulses erkennen und uns ihm unterordnen. Haben wir die direktive Wirkung eines höheren Impulses in uns erkannt, dann können wir geschehen lassen und zulassen, womit wir wieder bei der sechsten Teilfunktion wären.

## Das dialektische Fortschreiten zur Transzendenz

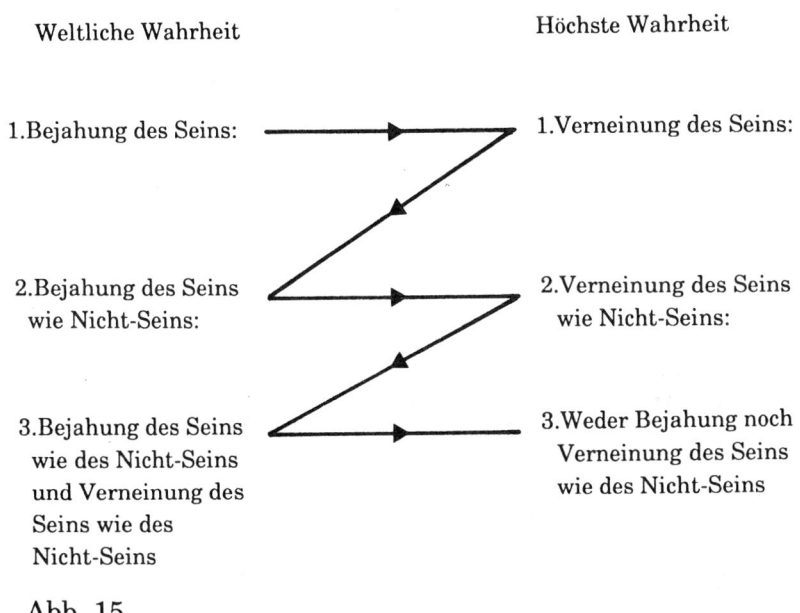

Weltliche Wahrheit

Höchste Wahrheit

1.Bejahung des Seins:

1.Verneinung des Seins:

2.Bejahung des Seins
wie Nicht-Seins:

2.Verneinung des Seins
wie Nicht-Seins:

3.Bejahung des Seins
wie des Nicht-Seins
und Verneinung des
Seins wie des
Nicht-Seins

3.Weder Bejahung noch
Verneinung des Seins
wie des Nicht-Seins

Abb. 15

# Kapitel VII

*Jesus sah Kleine, die gesäugt wurden.*
*Er sagte zu seinen Jüngern: Diese Kleinen,*
*die gesäugt werden, gleichen denen, die ins Königreich eingehen.*
*Sie sagten zu ihm: Wenn wir also Kinder werden,*
*werden wir in das Königreich eingehen?*
*Jesus sagte zu ihnen: Wenn ihr aus zwei eins macht*
*und wenn ihr das Innere wie das Äußere macht*
*und das Äußere wie das Innere und das Obere wie das Untere*
*und wenn ihr aus dem Männlichen*
*und dem Weiblichen eine Sache macht,*
*so daß das Männliche nicht männlich und das Weibliche nicht weiblich*
*ist und wenn ihr Augen macht, statt eines Auges*
*und eine Hand statt einer Hand und einen Fuß statt eines Fußes,*
*ein Bild statt eines Bildes,*
*dann werdet ihr in das Königreich eingehen.*

*Apokryphion (Thomas 22)*

## Die psycho-spirituelle Interpretation der Chakrasenergien und ihre energetischen Wirkungen

Wählen wir nun typische Lebensgrundgefühle als jeweilige Ausgangs-und Wurzelmentalität der entsprechenden Chakras, dann können wir eine grobe, emotional-mentale Zuordnung wagen und entgehen der Gefahr eines Schematismus; zudem haben wir die Möglichkeit, daraus sekundäre Wesenszüge abzuleiten, die wir dann ganzheitlich einordnen können.

### Erstes Chakra *(muladhara)*

a) Die Energieschwingung dieses Chakra wird im Trieb-und Drangerlebnis zum *Geborgenheitsbedürfnis,* zum Bedürfnis der vertrauensvollen Anlehnung, was letztlich die Grundlage des Urvertrauens setzt. Im Dasein äußert sich dieses Grundgefühl im Brut- und Nesttrieb, insbesondere in der Mutter-Kind Beziehung und der familiären Geborgenheit. Die Geborgenheit im Schoß der Mutter bedeutet analog zu unserer Mutter Erde, sich eingebettet fühlen in die Ordnung der materiellen, bzw. grobstofflichen Körperwelt, sie als die wesentliche Grundlage der geistigen Verwirklichungsmöglichkeit anzunehmen und alle ihre Möglichkeiten vertrauensvoll zu nutzen. In der materiellen Ordnung erfahren wir die harten Widerstände, die Festigkeit des Stoffes und die geprägte

Form. In dem Spruch: *"Denn alle Schuld rächt sich auf Erden"* tritt noch der Gerechtigkeitsaspekt hinzu, der unsere präexistenten Einstellungen, Taten und Absichten in der gegenwärtigen Inkarnation und materiellen Umgebung, also in den Umständen und Voraussetzungen sich widerspiegelt, siehe auch S.110. Die Originalität mit unserer physischen Hülle ist Grundlage und Voraussetzung der Geborgenheit, sie erst gibt uns die konstante Grundstimmung des Schutzes und die Möglichkeit des körperliche Ausdruckes innerer Regungen.

b) Das mutige Annehmen und Akzeptieren materieller Widerstände und Tatsachen, ist eines der Grundthemen unseres Lebens und jeder sollte dies als eine fruchtbare Herausforderung verstehen.

c) Aber auch der weise Umgang mit materiellem Wohlstand, seine sinnvolle Nutzung und Verwertung zum Segen aller, und die Abwägung des Verhältnisses, persönlicher und kollektive materieller Interessen, wird von dieser Chakrasenergie entscheidend beeinflußt.

d) Das *zielgerichtete Besitzstreben* und die richtige Einordnung materieller Werte und Zielsetzungen in unser geistiges Weltbild ist ein weiteres Lernthema. Materialien werden benutzt um geistige Werte entweder zu demonstrieren, darzustellen, oder leichter ins Bewußtsein zu heben. Nur so sollten wir uns ihrer stets bewußt sein. Es mag sein, daß dem einen oder anderen hohe Ideale vorschweben, wenn es jedoch darum geht, hierfür materielle Werte zu opfern, stehen oft Verlustängste und materielle Habgier im Wege. Daher gehört es zu einem der wichtigsten Lernthemen dieses Chakra zu begreifen, daß auch materielle Werte frei zirkulieren und ausgetauscht werden müssen sie daher kein Ersatz für spirituelle Armut sein dürfen. Materiale Werte, Hilfen, Unterstützungen und Erleichterungen, können unsere geistige Zuneigung wohl zum Ausdruck bringen nicht jedoch ersetzen, das sollten wir stets bedenken. Des weiteren sollten wir aus diesem Chakra klar erkennen, ab welchem Maß der materielle Segen zur Last wird, und wieviel wir tatsächlich zu unserer ausreichenden Versorgung benötigen. Diese Erkenntnis gehört zur äußeren Einordnung der Energiequalität des ersten Chakra.

e) Auch, und das scheint nicht unwichtig, erfahren wir über dieses Chakra alle physisch-gestaltlichen Ausdrucksformen. Wir wissen intuitiv wo die Grenzen und Möglichkeiten liegen, und wann und wo ein direkter physischer Nachdruck angebracht erscheint, bzw. den Vorzug hat. Desgleichen können wir unsere physische Kraft dosiert einsetzen, sowie die der anderen einschätzen lernen und deren Bedeutung im gesamten Persönlichkeitsbild.

f) Diese Energiequalität läßt uns fühlen, was es mit der materiellen Ordnung auf sich hat; sie macht uns deutlich, daß die Distanz in der grobstofflichen Körperwelt, das Grundprinzip der Ordnung und der Gerechtigkeit ist und wir spüren, wie alles seine Zeit und Entwicklung braucht, wie jede Erscheinung vom Keimstadium bis zur Vollendung hinstrebt, um sich in seiner wahren Idee zu offenbaren und voll zu manifestieren.

g) Ist die Chakraenergie im Muladhara geläutert, dann wird die physische Manifestation zum vollkommenen Ausdruck feinerer Schwingungen und sie unterstellt ihre Dynamik, sowie ihren Wirkungsradius der höheren Idee. Nicht mehr animalische Energieimpulse sind dann vorherrschend, sondern die Physis wird zum willigen Werkzeug höherer Seinserkenntnis. Die Energie des ersten Chakra kann uns auf hoher Ebene direkt auffordern, unseren Prinzipien treu zu bleiben und geistige Standhaftigkeit sowie Stabilität zu zeigen, indem wir von unserem Weg nicht abweichen. Die fünf yogischen Verhaltensmaßregeln zur Läuterung des ersten Chakra wie sie im klassischen Yogasytem des Patanjali angegeben sind, lauten:

Wahrhaftigkeit, Gewaltlosigkeit, Freisein von Habgier, keuscher Lebenswandel und Nicht-Annahme fremden Besitzes. Wer diese fünf regulativen Prinzipien verwirklicht, hat Yoga im Bereich von *Yama* verwirklicht. *Yama* bedeutet Regel und Pflicht. *Yama* dient zur Harmonisierung der menschlichen Beziehungen und der Umwelt. Erkennt der Meister im Muladhara-Chakra des Schülers eine außerordentliche Bahnungsmöglichkeit zur spirituellen Entwicklung, dann wird er dem Schüler bzw Suchenden den Weg des *Hatha*-Yoga, also den der Harmonisierung des körperlichen Gleichgewichtes anraten. Erreicht die Energiequalität des ersten Chakra eine hohe Schwingungsfrequenz, dann entwickelt der Yogi eine Reihe außergewöhnlicher, bzw. paranormaler Fähigkeiten, auch Siddhis genannt. Hören wir dazu Sivananda, einen indischen Heiligen:

*"Der Yogi, der in das Muladhara-Chakras durch geistige Übungen eingedrungen ist, hat die Erd-Eigenschaften (prithivi-tattva) besiegt und hat keine Furcht mehr vor dem körperlichen Tod. Indem er sich auf dieses Chakra konzentriert und darüber meditiert, erlangt er vollkommene Erkenntnis der Kundalini und damit die Mittel, diese zu erwecken; ist sie erwacht, empfängt er Darduri-Siddhi, die Kraft sich vom Boden zu erheben (Levitation) und den Atem, das Bewußtsein und den Samen zu beherrschen. Sein Prana tritt in die mittlere Brahma-Nadi (zentraler Rückenmarkskanal) ein. Seine Sünden werden ausgelöscht. Er erkennt Vergangenheit, Gegenwart und Zukunft und erfreut sich der natürlichen Glückse-*

*ligkeit (sahaja ananda)."*
Von den 33 Siddhis verwirklicht ein gereinigtes, hochfrequentes erstes Chakra folgende Psi-Kräfte (vibhuti):
1. Wissen um vergangene und zukünftige Ereignisse(III. 16).
2. Vorauswissen um die Todesstunde oder um Unglück(III. 22).
3. Große körperliche Stärke(III. 24).
4. Wissen um subtile, verborgene und weit entfernte Gegenstände(III. 25).
5. Die Fähigkeit, sich frei im Raum zu bewegen(III. 41).
6. Die Meisterschaft über die materielle Welt(III. 44).

Es können, je nach individuellem Entwicklungsstand der übrigen Chakras, noch weitere Fähigkeiten hinzutreten. Im übrigen gilt immer die jeweilige evolutive Bewußtseinsstufe und die karmischen Verflechtungen. Im gröberen Schwingungsbereich weckt sie in uns die Empfindung der materiellen und existenziellen Absicherung, des Gefühls für die richtige, existenzielle Grundlage und der Selbstbehauptung. Ist das Chakra von unserem Ego stark besetzt, dann geraten wir in Existenzängste, wir werden mißtrauisch, ungeduldig und können nichts abwarten. Die Welt mit ihren Tatsachen und Gegebenheiten wird als ein Hindernislauf empfunden, der häufig zu Aggressionen führt. Aber auch die zu starke Bindung an materielle Dinge und Gegenstände (Fetischismus) sind Zeichen einer Egoverunreinigung dieses Chakra. Verlustängste und ein übertriebener Tatsachensinn sind vorherrschend und lassen wenig Spielraum für schöpferische Möglichkeiten. Die materiellen Erscheinungen werden als die einzige Wirklichkeit geglaubt und im übrigen gilt das gnadenlose Gesetz der Vergeltung und der Reaktion. "Aug um Aug, Zahn um Zahn" ist das Motto eines vernureinigten ersten Chakra. Diese kalte Gerechtigkeit rechnet nur die materiellen Fakten und Tatsachen auf, sie läßt keine Reue und kein nachträgliches Bedauern gelten. Ist das Chakra in einem niedrigen Schwingungszustand, dann neigt der Träger dazu, alles nach den äußeren, materiellen Gegebenheiten zu beurteilen. Daher sollte vor allem das Loslassen von materiellen Dingen und Werten, siehe auch S.212, und das Loslassen von einer übertriebenen existenzabsichernden Grundhaltungen geübt werden. *Ordnung, maßvolle Gerechtigkeit, rechtes Besitzstreben, Vertrauen und Akzeptanz von Widerständen* gehört zu den Lernthemen des ersten Chakra und zu den wichtigsten, reinigenden Grundeinstellungen. Eine Reinigung des Chakra von negativen Egoschwingungen nach den Yamaregeln sollte von Zeit zu Zeit vorgenommen werden.

## Zweites Chakra *(svadhistana)*

Die Energieschwingung des zweiten Chakra vermittelt uns das Empfinden der *Heiterkeit, Spontanität und Natürlichkeit,* ebenso die bewußte Bejahung und das Annehmen weiblicher und männlicher Wesenskräfte, welche die Voraussetzung für Natürlichkeit und freien Phantasiefluß ist.

a) Die reine Originalität mit unserer physischen und psychischen Einmaligkeit in der Rolle als Mann oder Frau, ist für ein harmonisches Hier und Jetzt eine wichtige Voraussetzung, vor allem für das harmonische Zusammenwirken femininer und maskuliner Drang und Triebrichtung.

b) Diese mächtigen Energien finden in der geschlechtlichen Verschmelzung von Mann und Frau ihren äußeren Ausdruck, innerlich als die Vereinigung männlicher und weiblicher Persönlichkeitsanteile (Animus und Anima). Die Harmonie weiblicher und männlicher Triebregungen setzt voraus, daß wir männliches und weibliches nicht bloß in ihrem dumpfen Drang, sondern auch in allen ihren Phantasieformen kennenzulernen und ihre enorme Kraft anerkennen, selbst wenn sie voller Widersprüche sind. Die Phantasie hat sowohl männliche wie auch weibliche Züge, sie wird jedoch von Frauen mehr bewegt. Das Ganzheitsgefühl der unbewußten, sexuellen Unschuld zeigen uns, die in ihrer ungetrübten Heiterkeit spielenden Kinder. Bei ihnen fließt alles ineinander und ist eins. Kinder empfinden die Welt wie eine große Spielwiese, sie nehmen alles einfach an und fragen nicht nach Vergangenheit und Zukunft, nach Wert oder Unwert. Deshalb können Kinder *noch staunen, sich begeistern und am Leben erfreuen.* Alle Erscheinungen werden in einem umfassenden Einheitsgefühl wahrgenommen und einfach so erlebt wie es ist. Einer der schönsten kindlichen Fähigkeiten ist *die schöpferische Imaginationskraft, die Natürlichkeit und der freie Fluß der Phantasie.*

c) Die Vereinigung, bzw. harmonische Verknüpfung männlicher und weiblicher Wesenskräfte kommt in uns am deutlichsten in der Harmonie aktiver und passiver Grundhaltungen zum Ausdruck. Der männliche Eroberungsdrang kann nur dann sinnvoll sein, wenn das zu Erobernde nicht zerstört, sondern eben zur weiteren, fruchtbaren Erneuerung bewahrt wird. Ein Eroberer, ganz gleich wie kraftvoll er auch sein mag, sollte seine aggressive Grundhaltung stets in reformerische Bemühungen umsetzen, nach dem Motto: Statt Revolution gezielte Evolution. Wohl mag es manchmal natürlich sein, in einer plötzlichen Kehrtwendung gegen alte, längst überholte Verhaltensweisen und Einstellungen hart zu bleiben, doch sollte dem stets die bessere Alternative und die hierfür erforderliche Durchstehphase folgen.

d) Allerdings sollten wir deutlich unterscheiden zwischen einer bloßen Bejahung von Gegensätzen aus Neugierde oder Unkenntnis und einer Höherführung, bzw. Integration derselben. Es ist ein großer Unterschied, ob wir Gegensätze bloß bejahen oder, ob wir sie in eine fruchtbare Wechselwirkung überführen. Letzteres ist eine Integrationsleistung des vierten Chakra. Im zweiten Chakra werden die männlichen und weiblichen Aspekte zunächst bejaht, daher äußert sich seine Energiequalität in dem Grundempfinden der *Begeisterung und Heiterkeit, im Gefühl des Schönen und der Übereinstimmung. Ein weiteres Lernthema des zweiten Chakra ist die Dankbarkeit für alles Schöne und Gute, weil eben Übereinstimmung und Heiterkeit allzu leicht Dankbarkeit vergessen läßt.*

e) Der ausgewogene, äußere Ausdruck des männlichen und weiblichen Aspektes ist eine wichtige Voraussetzung für jede Art von harmonischer Beziehung. Als Beispiel kann uns hier der Ausdruck der Entschlossenheit und der gleichzeitigen Rücksichtnahme dienen. Bringen wir gegenüber unseren Mitmenschen Entschlossenheit zum Ausdruck, so kann deren Reaktion von Bewunderung und Respekt, bis hin zur panischen Angst reichen. Signalisieren wir jedoch gleichzeitig unseren Willen zur Rücksichtnahme, dann erreichen wir beides, nämlich Anerkennung und Vertrauen. Auch, und das sollten wir als wichtig erachten, sind wir berufen unserem äußeren und inneren Lebensausdruck Harmonie und Schönheit zu verleihen, und selbst zu einem lebendigen Zeugnis der inneren Einheit und Natürlichkeit zu werden.

f) Bleibt einem Menschen mit einem gut entwickelten zweiten Chakra, durch erzieherische oder soziale Hindernisse ein ihm gemäßer Persönlichkeitsausdruck versagt, dann sublimiert er diesen Drang und realisiert ihn in kreative Bestrebungen, z.B. im künstlerischen Ausdruck von formvollendeter Harmonie und Schönheit, in dem Weibliches und Männliches sich besonders harmonisch vereint ausdrückt.

g) Umgekehrt können wir uns durchaus von höheren Schwingungen aus der Kunst anregen lassen, um männliche und weibliche Strebekräfte in eine harmonische Austauschbeziehung zu bringen. Dominiert dieses Chakra im gröberen Schwingungsbereich, dann leiden wir an mangelnder Phantasie und unsere äußerlichen Ausgleichsbestrebungen verlieren sich in Kompensationshandlungen, z.B. sinnliche Ersatzbefriedigungen und fade Kompromisse. Ist das Chakra stark egobesetzt, dann nehmen all diese Bestrebungen einen egoistischen Zug in uns an und werden zum Selbstzweck. Die sexuelle Vereinigung wird zum überwiegenden Mittel sinnlicher

Befriedigung, alle äußeren Ausgleichsbestrebungen sind egoistisch motiviert, z.B. die Harmonievortäuschung und die Schmeichelei. Infolge der Überwertigkeit von Übereinstimmungsstreben und Scheinharmonien kommt es zu Lügen und Unaufrichtigkeiten, weil zu sehr an dem Ideal von Kompromissen festgehalten wird. Faule Kompromisse sind daher an der Tagesordung und das Schönheitsideal wird zur äußeren Tünche. Infolge egoistischer Absonderung kann geradezu das Gegenteil von Harmoniebestrebungen einsetzen, nämlich Opportunismus, was letztlich in ein nahezu undurchdringlichen Gestrüpp von Intrigen, Rücksichtnahmen und Falschheiten führt. Ein kindliches, unvoreingenommenes Verhalten ist dann nicht mehr möglich. Auch kann das Lebensgrundgefühl der Begeisterung sich in komödiantischen Euphorien äußern und schließlich jeden Bezug zur Realität verlieren. Starke Verunreinigungen des zweiten Chakra verkehrt die echte Dankbarkeit in ihr Gegenteil, nämlich in eine berechnende Dankesgesten, von denen man sich entsprechenden Profit erhofft. Ist eine solche Verhaltensweise einmal eingerastet, dann dürfte das Lernthema der aufrichtigen Dankbarkeit nur noch schwerlich zu verwirklichen sein. Geeignete, reinigende Verhaltensweisen und Einstellungen für das zweite Chakra sind daher alle Maßnahmen, welche uns das Harmonieempfinden wieder zurückgeben. Indem wir männliche und weibliche Gefühle in uns wieder zulassen, z.B. unsere Gefühle allen Mitmenschen ehrlich zeigen. Erst dann wieder sind wir auf dem Wege zurück zu *unserem inneren Kind,* um es neu zu entdecken und zu beleben. Erst in diesem Zustand sind wir wieder fähig, kindliches Staunen und ursprüngliche Begeisterung voll zu erleben. Auch die Betrachtung von Naturschauspielen und manchen Kunstwerken kann uns wirkungsvoll die natürliche Harmonie von Männlichkeit und Weiblichkeit offenbaren. Von ganz besonderem therapeutischen Wert sind alchymische Symbole, vor allem Mandalas, die uns helfen, Gegensätze in ihrer Einheit besser zu verstehen.

In den Sutren des Pantanjali-Yogasystems wird empfohlen, das zweite Chakra durch *"pratyahara"* zu reinigen. Hierbei werden bestimmte Betrachtungs-und Versenkungsweisen geübt, in denen die Sinne völlig eingezogen werden und nicht mehr an den Gegenständen haften. Dem Yogi kommt es darauf an, die Erscheinungen völlig frei von sinnlichen Begierden und Verlangen zu betrachten. Nicht das sinnliche Verlangen oder die Bewertung sollen die Auswahl der Wahrnehmungen bestimmen oder beherrschen, sondern allein die reine Wahrnehmung der Objekte und Erscheinungen in ihre inneren Essenz, d.h. ihrer originalen Soheit, welche die essenziellen Ergänzungseigenschaften zum Ganzen ausdrückt. Anknüpfend an den dynamischen Holismus und den transdynamischen Koordinaten *X5 und X6,* erkennt der Yogi in dieser ungetrübten reinen Wahrnehmung sowohl die inneren formbildenden Kräfte in gleicher Weise wie die Umhüllung. Erst in dieser umfassenden, ursprünglichen Wahrnehmung offenbart sich dem Yogi die wahre Schönheit, Harmonie und Zweckmäßigkeit einer jeden Erscheinung. Was noch kein Fleischauge (die durch Sinnenlust konditionierte Wahrnehmung) je gesehen hat, das offenbart sich dem, der ein hochfrequentes und gereinigtes zweites Chakra besitzt. Gelangt das Chakra auf eine hohe Schwingungsebene, dann stellen sich eine Reihe von Psi-Fähigkeiten ein.

Hören wir dazu wieder Sivananda:

*"Wer sich auf dieses Chakra konzentriert und über die Devata meditiert, hat keine Furcht vor dem Wasser und beherrscht das Wasserelement vollkommen. Er erwirbt verschiedene psychische Kräfte, intuitive Erkenntnis, vollkommene Beherrschung seiner Sinne und Erkenntnis der astralen Wesenheiten. Begierde, Zorn, Gier, Täuschung, Stolz und andere Unreinheiten sind ausgelöscht. Der Yogi wird zum Sieger über den Tod (Mrityunjaya-Siddhi)."*

Folgende Siddhis können vom zweiten Chakra verwirklicht werden:

1. Erkenntnis der körpereigenen Ordnung(III. 29).
2. Beherrschung von Hunger und Durst(III. 3O).
3. Die Fähigkeit vollkommener Intuition(III. 33).
4. Die Fähigkeit über Wasser und unverletzt über Dornen und spitze Gegenstände zu gehen sowie die Fähigkeit, den Körper zu verlassen. (III. 38).
5. Beherrschung der Sinne(III. 47).

Ist das Chakra in einem niedrig frequenten Zustand dann werden, wie das kaum anders zu erwarten ist, die gröberen lebensenergetischen Impulse aus dem Ätherkörper deutlich wahrgenommen und vielfach überbewertet, denn das zweite Chakra konstituiert die zweite Hülle mit all ihren ätherischen Besonderheiten, siehe auch S.87. Ein Yogalehrer empfiehlt dem Schüler, falls er im zweiten Chakra eine gute spirituelle Entwicklungschance erkennt, den Weg des Kundalini oder Tantra-Yoga. Wenn ein Schüler diesen Weg wählt, sollte er unbedingt unter der Führung eines Meisters stehen, denn der Tantra birgt viele Gefahren und ist ein schneller jedoch auch abschüssiger Weg.

## Drittes Chakra *(manipura)*

Haben wir im ersten Chakra die Integration des physischen Seins, d.h. die Erhaltung der funktionellen Hülle und ihre Verwertung für unsere spirituelle Evolution (der Körper als eine Transformationsmaschine), sowie im zweiten der harmonische Umgang mit männliche und weiblichen Urantriebskräften, so faßt das dritte Chakra beide Dimensionen (physisch und ätherisch) zusammen und transformiert sie in die Emotionalität, die wir als Astralenergie erkannten, siehe S.98.

a) Die emotionale Originalität ist ein energetischer Grundzustand, der mit der physischen und vitalen Lebensäußerung eng zu einem Komplex vernetzt ist. Wohl haben wir auch im ersten und zweiten Chakra Grundstimmungen aufgezeigt, doch kommen sie erst im dritten Chakra zu vollem Bewußtsein. Wie schon gesagt, vermittelt uns das erste Chakra das Gefühl und den Drang der Geborgenheit und des Urvertrauens als Grundvoraussetzung menschlicher Seinsentfaltung und das zweite das der kindlichen Begeisterung und Bejahung männlicher und weiblicher Gegensätze, welche die Voraussetzung für Natürlichkeit und Ausgeglichenheit sind. Das dritte nun übermittelt uns die *Einigung und Verarbeitung* gegensätzlicher *Gefühle und emotionaler Zustände.* Die Doppelwertigkeit von Gefühlen in Form einer Zu-und gleichzeitig Abneigung kennt wohl jeder von uns. Die Psychologie bezeichnet diesen Zustand als "Ambivalenz." Im Widerstreit von Gefühlen, dem sogenannten Ambivalenzkonflikt, reifen wir zu einer geläuterten Persönlichkeit heran, und nur so erwachen wir aus der Dumpfheit unbewußter Drangrichtungen und erlangen ein volles emotionales Bewußtsein und Einmaligkeit. Zu-und Abneigungen sind die psychischen Grundkräfte der Bewertung und haben auf unsere Sichtweise erheblichen Einfluß. Häufig *erleiden* wir unsere unbewußten Einstellungen und entlasten uns mit Projektionen und Sündenbockstrategien. Das Lernthema dieses Chakra ist daher *die geduldige Verarbeitung unserer und anderer Gefühlswidersprüche.* Dies bedeutet aus praktischer Sicht, dem anderen und sich selbst Raum und Zeit geben, für den inneren emotionalen Klärungsprozeß. Letztlich verlangt dies von uns *Gelassenheit und bewußtes Abwarten können.* Das ist auch das spirituelle Ziel, das wir in diesem Chakra verwirklichen sollten. Auch ist es das große physische wie psychische Kraftzentrum, von dem wir die emotionalen Antriebskräfte unseres Seins empfangen.

b) Die Voraussetzung hierfür ist zunächst einmal das Annehmen und unvoreingenommene Betrachten emotionaler, innerer und äußerer Gegebenheiten, siehe auch S.209. Das freie Annehmen anderer und eigener Gefühle, Gedanken und Vorstellungen darf nicht verwechselt werden mit kritikloser Übernahme. Letzteres würde unsere Originalität verfälschen und uns langsam zersetzen, siehe S.220. Es geht um die richtige, selektiv-emotionale Verarbeitung und Verdauung von Ideen, Vorstellungen und Empfindungen und ihre sinnvolle Einordnung und Verwertung in das ureigenste Wesen. Nur so kann sich volle emotionale Originalität entfalten und zu höherer Reife gelangen. Verbunden mit diesem emotionalen Umsetzungsprozeß ist gleichzeitig eine neue, inspirierende Energie und eine neue Lebenskraft; sie bewirkt wesentlich unseren Drang zur Selbstbestimmung und zur Lebensfülle, so wie sie uns in der Auslebung erfolgreicher Autonomiebestrebungen bewußt wird; dies steigert unser Selbstwertempfinden und geben uns den Schwung und die Dynamik zur Gestaltung unserer individuellen Drang-und Zielrichtung.

c) Dennoch bedarf es zur vollen Entwicklung einer emotionalen Originalität, ein mehr oder weniger weites Erfahrungs-und Betätigungsfeld innerhalb eines gesellschaftlich-sozialen Rahmens, in dem wir versuchen sollten, die vielfältigen, emotionalen Kräfte zu erfahren und ihre ihre Widersprüche in Einklang zu bringen. Gerade negative Emotionen, wie Ablehnung, Neid ua. sind meist unerlöste Energien und warten auf ihre Befreiung. Wie jedoch befreit man diese meist mächtigen Energieanteile aus ihrer negativen Gebundenheit? Wenn wir verstehen, daß jede Abneigung eine übertriebene Wahrnehmung des eigenen, *gegensätzlichen Schattens* ist, dann verliert die Abneigung ihre Macht über unsere Gefühle. Die Gleichung lautet also: eine übertriebene Abneigung gegen Toleranz entsteht nur deshalb, weil man selbst übertriebene Korrektheit im Sinn hat. Abneigung gegen Kompromisse, weil man eben Angst hat in der Übereinstimmung unterzugehen, bzw. den Standpunkt zu verlieren. Somit entstehen viele Abneigungen aus Angst vor der eigenen Schwäche. Hat man das einmal wirklich kapiert, dann sieht man die Welt mit ganz anderen Augen, siehe S.224. Die eigentlich erlösende Energie ist das gütige Urlicht der Reiki-Kraft, die z.B. Neid in Wohlwollen und Ablehnung in positive Antriebskräfte z.B. in Sympathie umwandelt. Die Umkehrung negativer Emotionen in ihr Gegenteil scheint zunächst schwierig, ist jedoch tatsächlich leichter als z.B. Gleichgültigkeit in Zuneigung zu verwandeln oder die Überwindung einer schon länger bestehenden Gefühlsindifferenz.

d) Erst wenn die gegensätzlichen, emotionalen Energien harmonieren, dann kann eine Kraftverstärkung und damit mehr Lebensschwung und Dynamik einsetzen. Dies äußert sich im Drang nach umfassender Bestätigung und Anerkennung. Aus höherer Sicht bedeutet die richtige Assimilierung dargebotener Erfahrungen, Ideen und Gefühle, sowie die Einordnung der Energien aus vitalen und selbstischen Zweckvorstellungen in die zentralen, universellen Grundideen, ein umfassendes, kosmisches "Lebensgefühl", das unsere Sehnsucht nach Einheit, Liebe und Frieden stets nährt und steigert. Lernaufgabe und Thema des dritten Chakra ist es einerseits, durch Annehmen und richtiges Verwerten der inneren und äußeren Erfahrungen und Lernmöglichkeiten, die Entwicklung unserer emotionalen Originalität konsequent zu fördern und zu vollenden, gleichzeitig jedoch die emotionale Originalität so in unser Umfeld einzubringen, daß sie für alle eine Bereicherung und Ergänzung darstellt. Dazu ist freilich *Gelassenheit* erforderlich und *das Wartenkönnen* bis die Entwicklung seinen Abschluß gefunden hat. Es geht also darum, die einmalige, emotionale, Gestalt und den Selbstwert in einer sozialen und geistigen Gemeinschaft nicht durch Überlegenheit und Machtposition zu demonstrieren, sondern sich als ein unverwechselbares, emotionales Glied in der Gemeinschaft zu verstehen, das durch seinen besonderen emotionalen Beitrag an der spirituellen Evolution und an der Harmonie und zum Miteinander in der menschlichen Gemeinschaft beiträgt.

e) Verbindlich relevante, emotionale Ausdrucksformen können nur solche sein, die ursprünglich und original sind. Als Vorbild können uns wieder Kinder dienen, siehe S.146. Wir sollten unseren Gefühlen einerseits freien Lauf lassen, wenn es darum geht, dem anderen wirklich unsere innere Situation zu zeigen, auch Trauer und Angst, Wut und Enttäuschung, Sorge und Verlegenheit sollten dabei zum Ausdruck kommen, denn wenn wir nicht durch durch emotionale Offenheit unserem Mitmenschen begreiflich machen was uns innerlich wirklich bewegt, wenn wir ihm nicht ehrlich zeigen wie und was uns ein Mensch, eine Sache oder ein Ereignis bedeutet, dann müssen wir unverstanden bleiben. Manchem mag dies nicht leicht fallen; gerade Männer mit einem hohen maskulinen Selbstverständnis meinen, daß sie durch die freie Entäußerung ihrer Gefühle, Schwächen und Angriffspunkte zeigen. Dieser Irrtum hat zu vielen Mißverständnissen geführt, und hat seine Wurzeln letztlich in einem patriarchalen Machtbewußtsein. Die Erfahrung zeigt jedoch, daß, wenn Emotionen spontan und original aus unserem Herzen aufsteigen, von unseren Mitmenschen auch so verstanden werden. *Sie kommen an* !

Ist unser drittes Chakra von Egoenergien verunreinigt, dann wird der individuelle Entwicklungsgang zur egozentrischen Selbstdarstellung. Die Verwertung äußerer Erfahrungen, und ihre mentale wie auch emotionale Umsetzung wird dazu benutzt, um Überlegenheit und Machtstellungen auszubauen, um sich so von anderen abzuheben und zu behaupten. Ein niederfrequentes drittes Chakra führt häufig zu bestimmten, emotionalen Abwehrformen, wie sie schon von der alten Psychoanalyse aufgedeckt wurde. Insbesondere, die durch Gefühlsverhaftungen konditionierten Erwartungshaltungen können sowohl zu einer aggressiven Grundstimmung, als auch zu Dauerfrustrationen führen. Es ist klar, daß damit auch Verdrängungs-und bestimmte Abwehrmechanismen in Gang kommen, um allen unangenehmen Gefühlen auszuweichen. Besonders die Kompensation, z.B. die Möglichkeit der Ersatzbefriedigung, wird häufig angewandt, anders die Regression, sie ist eine Abwehrform aus dem zweiten Chakra. Daß hierbei wiederstreitende Gefühle die innere Situation beherrschen, dürfte klar sein, und will man derartige Gefühlsknäuel schnell und nachhaltig entwirren, dann empfehle ich eine Chakrastherapie statt verkopfte Psychoanalyse. Bei höher frequenter Chakraschwingung kann die Abwehrform in das Stadium der Sublimierung eintreten. Diese höhere Form der Kompensation hängt davon ab, inwieweit die oberen Chakras entwickelt sind, vor allem das vierte Chakra.

Die Egoverunreinigung kann auch eine Übersteigerung der einen oder anderen Erwartungshaltung bewirken und so zur Überbewertung bestimmter Erfahrungen führen, z.B. Euphorien. Derartige Erfahrungen haben oft zähe Verhaftungen an althergebrachte Verhaltensmuster und Einstellungen zur Folge und können, wenn sie nicht in Frage gestellt werden, zu Gefühlsfixierungen und geistiger Unbeweglichkeit führen. Analog der spirituellen Beziehung von Individuum und Gesellschaft, sinkt bei besagter Chakrablockierung die Wahrnehmung auf bloße Nützlichkeitswerte herab. Hierbei wird der Wert des Mitmenschen nur noch an seiner funktionellen Austauschbarkeit gemessen und und wie er zum Bruttosozialprodukt beiträgt. Wird die Chakraschwingung durch sehr grobe Egoschwingungen wesentlich abgebremst, dann können die feineren Energien der Emotionen kaum noch zu Bewußtsein kommen, und nur die groben Herdeninstinkte werden wahrgenommen. Der Herdentrieb, ursprünglich in der Natur als wirksames Schutzverhalten vorgesehen, bekommt hier einen negativ-egoistischen Zug. Ein Mensch mit dominanten Herdentrieb fühlt sich nur in der Gruppe stark und identifiziert sich mit ihren Zielen und Leitmaximen, er meint dann das verwirklichen zu müssen, was die Hammelherde gutheißt; oder bei mentaler Egobesetzung wird er zum kalten Machtmenschen, der das Gruppenverhalten ausschließlich für seine Machtinteressen mißbraucht. Typische Verhaltensmuster sehen wir im versklavten Massenkonsumenten, im Parteiopportunismus, wo Parteiführer nur um der Machterhaltung willen die Meinung der Masse vertreten und im Diktat modischer Trends. Die Unfähigkeit, Ungeduld, sowie Launenhaftigkeit in Gelassenheit zu verwandeln, sind ebenfalls typische Symptome eines blockierten dritten Chakra. Das Yogasystem des Pantanjali empfiehlt zur Reinigung die Methode des Kontrollierens und Zügelns, *niyama*. Sie gibt fünf Lebensregeln, die jedoch nicht als Zucht oder Fessel mißverstanden werden dürfen, sondern als Voraussetzung für ein höheres Bewußtsein im Sinne echter Yogaverwirklichung (Erkenne Dich in Gott). Diese fünf Lebensregeln sind sehr einfach, doch bedarf es längerer Zeit, bis sie tatsächlich verwirklicht werden.

Reinigung, Zufriedenheit, Schlichtheit, Einfachheit, Askese, eigenes Forschen und Studieren und die Hingabe an Gott durch Frömmigkeit.

f) Will jemand über das dritte Chakra spirituelle Verwirklichung erlangen, dann empfiehlt sich der *Karma*-Yoga, also Yoga des Handelns und der guten Tat. Indem der Yogi praktische Erfahrungen im Alltag macht, bekommt er zunehmend eine untrügliche Gewißheit von der Realität *DES EINEN*.

g) Um es in der Sprache des Philosophen zu sagen, der Karma-Yoga ist der Weg des Empirikers. Werden nun die Voraussetzungen alle verwirklicht, und erreicht das dritte Chakra einen hohen Schwingungsgrad, dann erlangt der Yogi eine Reihe von Psi-Kräften, die eigentlich nur den Göttern zukommen. Vor allem verwirklicht er physisch all jene Fähigkeiten, wie sie von den höheren astralen Wesenheiten angewendet werden. Ich zitiere hier wieder Sivananda, welcher selbst einige davon erlangt hat:

*"Der Yogi der sich auf dieses Chakra konzentriert, erlangt Satala-Siddhi und vermag verborgene Schätze zu finden. Er ist von allen Krankheiten befreit und kennt keine Furcht vor Feuer. Selbst wenn er in loderndes Feuer geworfen wird, bleibt er ohne Todesfurcht am Leben."*

Von den 33 Siddhi's verwirklicht ein hochschwingendes drittes Chakra, folgende:

1. Innere Festigkeit und Stabilität(III. 31).
2. Wissen um subtile, verborgene und weit entfernte Gegenstände (III. 25).
3. Unbegrenzte Hörfähigkeit, uneingeschränktes Tastvermögen, unbegrenzte Sehkraft, erweitertes Schmeck-und Riechvermögen.

## Viertes Chakra *(anahata)*

Im vierten Chakra ordnen sich die drei tieferen Chakras zu einer Einheit. Das Vitale, Astrale, bzw. Emotionale sollen hier zu einem Ganzen verschmelzen und in ein stabiles Gleichgewicht kommen. Warum dieses ideale Gleichgewicht nur selten realisiert wird, liegt nicht an der mangelnden Integrationskraft des vierten Chakra, sondern an den vielen ungeläuterten Energieschwingungen aus den tieferen Zentren, die in einigen Aspekten, siehe S.100, entweder zu langsam oder zu grob schwingen, weil eben egoverunreinigt. Falls das Herz-Chakra genügend Energien aussendet vermittelt es uns trotz gewisser Unreinheiten die Fähigkeit *mitzufühlen und mitzuempfinden, den anderen in seiner Seinsweise fühlend zu verstehen. Es* setzt in uns den Drang, gegebenenfalls zu helfen, um den Mitmenschen wieder in die Mitte zurückzuführen, durch Mithilfe und Bereitschaft. Im Mitfühlen erfahren wir uns in einem besonderen Aspekt der Anteilnahme. Durch diese innere Haltung erleben wir uns neu und umfassender. Wie ein Reflektor verstärkt das Mitgefühl unsere Beziehung zum anderen und zu uns selbst. Das Mitfühlen und Mitleiden ist nur möglich wenn wir erkannt haben, daß das Universum ein großer geistiger Organismus ist in dem jede Manifestation ein unabtrennbarer Teil des Ganzen ist, unabhängig davon, wie flüchtig oder kurzlebig die äußere Form auch sein mag. Entscheidend ist nur, *welche Ergänzungsidee* hinter den Formen steckt und ihre Vernetzung mit der Ganzheit. In den Schriften wird gesagt, daß nicht ein Staubkorn im Universum verloren geht und würde dies geschehen, dann stürzte der Kosmos ins Nichts. Das Bewußtsein der großen inneren Verbundenheit ist also die spirituelle Botschaft, die wir aus den Schwingungen des vierten Chakra erfahren; sie konkretisiert sich in äußeren *gemeinschaftlichen Hilfeleistungen,* Spendenaktionen, in helfenden und heilenden Berufen und Institutionen, innerlich als ein Miteinander und Füreinander im Gefühlsleben, wo Verstand und Worte versagen und nur das Herz versteht. umfassend können wir sagen, in den Schwingungen des vierten Chakra erkennen und erfahren wir *das Gute,* dem wir, bewußt oder unbewußt, alle zustreben.

a) Das wahre Originalitätsgefühl, welches wir über das Herz-Chakra erfahren ist, das Mitfühlende und Mitleidende; dies führt uns zur *Barmherzigkeit;* wir erleben sie als selbstverständliches Grundgefühl unseres Seins. Barmherzigkeit fällt uns jedoch nicht so einfach zu.

b) Um sie frei aufsteigen zu lassen, müssen wir sie zuerst in uns zulassen und seine besondere emotionale Qualität erkennen. Dasselbe gilt auch für Mitleid und dem Drang, helfen zu wollen und nicht selten setzen wir dieser Grundempfindung die widerstrebenden Abwehrgefühlen unseres Ego entgegen. Das ist auch einer der Hauptgründe, weshalb Mitleid und Barmherzigkeit manchem so schwer fällt.

c) Haben wir die mitfühlende Grundempfindung als wichtigste Grundlage für ein Miteinander erkannt, dann erst sind wir wirklich fähig die Illusion eines abgesonderten Ichs zu verstehen und erst dann ist es möglich:

d) wahre Barmherzigkeit zu empfinden und durch konkrete Hilfe und Zuwendung zum Ausdruck bringen.

e) Der Ausdruck von Mitgefühl und Zuneigung will ebenso erarbeitet und integriert sein wie das Mitgefühl selbst. Viele Menschen zeigen ihre Zuwendung nur zögernd, häufig auch verstohlen, weil sie befürchten ausgenutzt zu werden. Hier zeigt sich das mangelnde Vertrauen in den Mitmenschen, ein Thema des ersten Chakra. Bei einseitig erhöhter Chakraaktivität kann allerdings das Mitgefühl in sentimentale Gefühlsduselei ausarten, womit niemandem geholfen ist. Es mangelt dann an ausgleichenden Energien aus dem fünften Chakra. Ein Beispiel dafür ist das Helfersyndrom, das seine energetische Ursache, sowohl in einem geschwächten dritten als auch des fünften Chakra hat.

f) Die höchstmögliche Haltung des Mitleids und des Mitgefühl, ist die der Hingabe für den Mitmenschen. Es ist dies die Bereitschaft, für den Nächsten da zu sein, ohne nach Belohnung und Vergeltung zu fragen. Sie ist Ausdruck einer bedingungslosen Liebe, wie wir sie nur bei Erleuchteten finden.

g) Liebe, insbesondere die Gottesliebe kann, wenn sie den Menschen in Besitz nimmt, in die Entzückung und in die Ekstase führen. Sie ist die alles hingebende Totalität und der höchstmögliche Gipfel menschlichen Bewußtseins. Hierbei kommt die Verschmelzung der ganzen Persönlichkeit mit dem göttlichen Du zum Ausdruck. Die Liebe führt in die Transzendenz; in ihrem Sog wird der Mensch zu ätherisch-ozeanischer Wahrnehmung geführt und erweitert sein Bewußtsein zu einer allumfassenden kosmischen Verbundenheit. Dieser Bewußtseinszustand gehört allerdings schon in das siebte Chakra und ist die Erfüllung all unserer Sehnsüchte. Das was wir weder beweisen, noch widerlegen können, fällt unter den Begriff des Glaubens und ist eine Herzensangelegenheit. Hierzu zählt freilich die Transzendenz und manche tun die Sehnsucht nach ihr als eine Glaubenssache ab. Doch spürt jeder diese Sehnsucht in seinem Herzen als eine Realität! In gröberen Schwingungsbereichen und mit zunehmender Egoverunreinigung wird das Mitgefühl zur bedingenden Anteilnahme, in dem man Dank

und Anerkennung erwartet. Dies drückt sich in gegenseitig bedingender Zuneigung aus, sei es wegen bestimmter Wesensverwandtschaften, Glaubens-und Gesinnungsübereinstimmungen oder gemeinsamer Zielsetzungen, z.b. übergeordneter Ideen und Wertvorstellungen. Ist die Egoverunreinigung weiter fortgeschritten, dann wird das Mitleiden zum narzistischen Selbstmitleid und kann nicht mehr den Mitmenschen verstehen. Hier mündet, falls eine allzu starke Verhaftung vorliegt, jede Gefühlsregung in einen leidhaft-tragischen Selbstbezug, der in eine Automatik abzugleiten droht. Thema und Lernaufgabe des vierten Chakra ist *ein gesundes Mitgefühl für unsere Mitmenschen zu entfalten und das Dabeisein mit dem Herzen zu üben.* Nur dann erfahren wir eine umfassende Verbundenheit und wissen um die innere Situation unserer Mitmenschen. Diese innere Haltung ist die eigentliche Voraussetzung für *Hilfsbereitschaft und Güte*; sie ist das spirituelle Ziel des vierten Chakra. Wir sollten uns stets eingedenk sein, daß wir mit dem Verstand wohl das *Wie* von Ereignissen und möglichen Problemlösungen erfassen können nicht aber das *Was.* Mit dem Verstand können wir Probleme lösen und vorbeugen mit dem Herzen jedoch *verstehen* wir sie und eben das ist es, was uns den eigentlichen Impuls zu unseren Handlungsschritten gibt. Dem Yogi, der sich mit dem vierten Chakra befaßt, wird der Weg des *Bhakti*-Yoga empfohlen. Dieser Pfad der Liebe und Hingabe zu Gott ist ein Weg der natürlichen Gotteserkenntnis, er wird in vielen Religionen praktiziert, besonders in Indien, vor allem von den Krsna-Anhängern. Bei der Arbeit mit dem Körper ist die *Pranayama*-Technik, die eigentlich zum *Hatha*-Yoga gehört, die Methode der Wahl, um das Herz-Chakra zu öffnen und auf eine höhere Schwingungsstufe zu heben siehe auch S.262. Hierbei wird Prana als reine, ungeschiedene Lebensenergie wahrgenommen. Dem Yogi, der Pranayama verwirklicht, ist es möglich, die universale Lebensenergie dorthin zu lenken, wohin seine Gedanken und seine geheimen Wünsche tendieren; gewissermaßen reichert er sie mit Energie an. Es versteht sich von selbst, daß diese sehr hohe Kraft nur dann wirklich der kosmischen Evolution dient, wenn völlige Freiheit von egoistischen Motiven erreicht ist.
Die durch die Pranayama-Praxis erlangten Psi-Kräfte schildert Sivananda so:
*"Wer über dieses Zentrum meditiert, beherrscht in vollkommener Weise Vayu-Tattva (Lufteigenschaften) die voller Sattvas sind (harmonische Eigenschaften). Er vermag durch die Luft zu fliegen und in den Körpern anderer einzudringen. Kosmische Liebe und andere Eigenschaften werden ihm zuteil."*

Von den Siddhis verwirklicht das vierte Chakra folgende:
1. Unsichtbarwerden(III. 21).
2. Wahrnehmung vollkommener Menschen(Siddhas)(III. 32).
3. Liebenswerte Freundlichkeit und ähnliche Tugenden(III. 23).
4. Die Fähigkeit in andere Körper einzutreten(III. 38).
5. Bewegungsmöglichkeit in Gedankenschnelle. Benutzung der Sinnesorgane, unabhängig vom Körper. Die Meisterschaft und das wahre Wissen über den ursprünglichen Kausalzusammenhang (die Urnatur) aus der alle Dinge hervorgehen.

## Fünftes Chakra *(visshuda)*

Die Stärke und Kraft dieses Chakra erfahren wir in *unserem Freiheitsdrang und dem Drang nach umfassenden Einsichten in die inneren und äußeren Zusammenhänge allen Seins.* Demzufolge bewirkt die Energie dieses Chakra eine Bewußtseins-Ausrichtung *auf Wissen und Einsichten der höheren Vernunft.* Der Verstand und das Wissen ist, wenn auch beide mit der Intuition kaum konkurrieren können, dennoch eine große Macht, besonders dann, wenn sie in hochentwickelten Datensystemen in Sekundenschnelle zur Anwendung kommen. Ziel aller Verstandestätigkeit ist es, *die Gewißheit* zu erlangen über die Wahrheit eines Sachverhaltes. Das wissenschaftliche Ideal von der sogenannten Objektivität allen Wissens, ist seit den modernen Erkenntnissen der Quantenphysik, nicht mehr haltbar und obsolet. Aus spiritueller Sicht hat der Verstand nur dienende Erkenntnisfunktion. Er sollte eigentlich das Wissen, welches sich um das Ego gruppiert, entlarven und zu kosmischer Einsicht führen. Wir dürfen nicht vergessen, daß der Verstand letztlich ein energetisches Absonderungskondensat des Mißtrauens ist, doch über ihn kann der Weg zur Einheit wiedergefunden werden. Das psychosoziale Lernthema des fünften Chakra ist daher *die Ehrlichkeit und innere Aufrichtigkeit* zu sich selbst und anderen gegenüber. Für alle ist ja Wissen eine große Versuchung der Lüge und Wahrheitsverdrehung und je ehrlicher wir sind, desto wahrer ist für alle das Wissen, und desto vertrauensvoller kann es angewandt werden. Auch, und das scheint mir einer der zentralen Punkte zu sein, ermöglicht wahres Wissen *die Erlösung von Lügen und macht uns offener,* weil wir immer wieder feststellen müssen, daß alles Wissen in einem persönlichen Standpunkt wurzelt und von daher keine Objektivität in Anspruch nehmen kann. Eine intolerante Haltung kann nur jemand einnehmen, der den eigenen Standpunkt verabsolutiert und darauf beharrt. Nach dem alten tantrischen Ideal, sollte die Energie der tieferen Chakras erst dann ins fünfte einströmen, wenn sie im vierten von Egoverunreinigungen befreit und zu einem Energiestrom vereinigt ist. Dem ist in der Realität bei weitem nicht so. Der Durchschnittsmensch ist in seiner mentalen Welt erheblich von der Vorstellung beherrscht, ein abgesondertes, für sich autonomes Wesen zu sein, dem es gilt zu seinem existenziellen Vorteil zu verhelfen. Das Mental bestärkt ihn darin, denn es bedient sich der analytischen Denkmethode, was übrigens das Empfinden der Abgesondertheit und Spaltung noch verstärkt, und meist wegen der logisch-nummerischen Schlußfolgerungen noch tiefer in das rechnerische Vorteilsdenken hineintreibt.

a) Dennoch muß der Mensch auch über das Mental seine Originalität und Einmaligkeit finden, wenn er es innerhalb des soziokulturellen Rahmens optimal einbringen will. Die ordnende Empfindung, welche uns die mentale Energie vermittelt, ist ein wichtiger Lernprozeß, doch darf das nicht soweit kommen, das Mental überzubewerten, sondern es sollte nichts weiter als ein ordnender Aspekt und als eine bestimmte Erkenntnismöglichkeit betrachtet werden.

Die feineren Schwingungen des fünften Chakra vermitteln uns den spirituellen Drang zu einer *umfassendem Gewißheit vom Wissen und seiner Macht*. Es ist die Suche nach wahrem, beständigem Wissen, das frei ist vom Wandel emotionaler Ahnungen, aber auch frei ist von logischen Paranoia. Nicht alles, was logisch ist, muß auch wahr sein, denn logische Verknüpfungsmuster sind nur formale Übereinkünfte und Regeln des Verstandes, die der Mensch hervorgebracht hat, aber noch weit unter dem Niveau der kosmischen Intelligenz stehen. Wahres Wissen geht darüber hinaus, es ist letztlich ein Soheits-Wissen, in dem der Wissende die Welt und das Sein so wahrnimmt wie sie ist.

b) Dazu ist es freilich erforderlich, zunächst einmal andere Gedanken, Ideen und Vorstellungen anzunehmen. Die mentale Sphäre ermöglicht die unbegrenzte Ableitung und Assoziation von Zeichen, Zahlen und anderen Symbolen, gerade deshalb ist dort der *Freiheitsdrang* besonders stark.

c) Darum ist es relativ leicht gedankliche Synthesen und Schlußfolgerungen durchzuführen, selbst widersprüchliche Ideen und Vorstellungen lassen sich mit den mentalen Vernetzungsregeln in viel höherem Maße verknüpfen als Gefühle und nebelhafte Ahnungen.

d) Die Integration gedanklicher Schwingungsmuster in das Gesamt mentaler Bewußtheit, orientiert sich zunächst an der Leitschiene der Wertvorstellungen und nach den jeweiligen situativen Erfordernissen.

e) In der Regel sind jedoch Wertvorstellungen und das Weltbild durch Erziehung und Schulung wesentlich indoktriniert, so daß sie einer steten Wandlung unterliegen. Deshalb sollten die gedanklichen Schwingungsmuster sich vor allem an kosmischen Wertsetzungen und unvergängliche Ideen orientieren. Es sind dies alles Werte, die seit Jahrtausenden von der Menschheit immer wieder erstrebt wurden besonders jene, die als Quintessenz aus Religionen und Glaubenssystemen extrahiert wurden. Ich nenne in diesem Zusammenhang zwölf höchste Sollwerte des menschlichen Ideals:

Friede, Freiheit, Weisheit, Wissen, Vollständigkeit, das Gute, Ordnung, Schönheit, Übereinstimmung, Gerechtigkeit, Gnade und die Liebe. Alle genannten Sollwerte sind aus individueller Sicht relativierbar und unterliegen infolgedessen der Verwässerung. Aus übergeordneter Sicht kann es, wenn wir sie auf die ganze Menschheit beziehen, keine Relativierung mehr geben, vorausgesetzt die Grundbedürfnisse der Menschen bleiben unverändert. So ist z.B. die Gerechtigkeit ein Urbedürfnis des Menschen und niemand kann anzweifeln was gerecht und ungerecht ist. Wer sich z.B. auf unehrliche Weise an seinen Mitmenschen bereichert, handelt ungerecht, nicht nur weil er damit anderen Nachteile bereitet, sondern gegen die Gerechtigkeit der Gemeinschaftsregeln verstößt, somit ist er auch lieblos. Es wäre also ein verhängnisvoller *Psychologismus*, wenn wir höhere Werte allein auf psychologische Bedürfnisse reduzierten und die Werte danach relativierten. Energetisch gesprochen sind es die subtilen Energiemuster mentaler Beweggründe, bzw. Motivationen, die wir nur in klaren Bewußtheitsmomenten erfassen. In diesem Chakra befindet sich sozusagen das mentale Grundmuster, auch Supramental genannt, jener energetische archetypische Grund, auf dem sich Ideen, Gedanken, Motive und Drangempfindungen, zu Vorstellungen und Plänen verdichten. Das Grundempfinden in diesem Chakra ist auch das *der Besonnenheit und der bewußten Vernunftshaltung*. Auch erfährt man über dieses Chakra das höhere Grundempfinden der Offenheit, der Weite und das der Freiheit. Man versteht hier die Relativität von Ansichten, Meinungen und Ideologien. Wir empfinden deutlich, wie einseitig doch unsere Standpunkte sind, und wie sehr sie noch in den Kinderschuhen willkürlicher Interpretationen stecken, je nach dem Grad der Egoverunreinigung. Diese innere wie auch äußere Erfahrung erregt in uns das Gefühl der freiheitlichen Meinungsvielfalt und offenbart uns die Erkenntnis, *daß jeder, gemäß seiner geistigen Entwicklungsstufe, seine momentane Seinsinterpretation benötigt, um bestimmte Erfahrungen zu machen.* Haben wir einmal diese Erkenntnis realisiert, dann erst können wir *tolerant sein und wirklich verstehen.* Eine geistige Weite und Offenheit tut sich in uns auf und wir können nun auch ganz abwegige Meinungen und Vorstellungen verstehen, ohne mit heiligem Eifer zu korrigieren. In der physischen Dimension äußert sich die mentale Schwingung im geschriebenen und gesprochenen Wort und in der gedanklichen Kommunikation. Alles was die Vermittlung von Wissen und ihre optimale Darstellung betrifft, sowie sämtliche Wissensstufen von den religiös-spirituellen Unterweisungen, bis zu den gewöhnlichen Alltagsgesprächen.

f) Aus höherer Sicht hat das Mental nur den Zweck, die Vernetzung und universale Gültigkeit der göttlichen Gesetze und vor allem die Sollwerte zu erfassen, und hierfür Methoden und praktikable Handlungs-und Umgangsformen ausfindig zu machen, um sie in das tägliche Miteinander von Mensch und Natur zu integrieren. Die verbale Ausdrucksform und die gedankliche Selbstdarstellung mittels der Sprache, sind für uns der physische Ausdruck der fünften Chakraqualität. Sie hat jedoch erst dann verbindliche Ausdruckskraft, wenn sie in der Lage ist, die überpersönlichen Werte und Ideen zu formulieren und griffig darzustellen. Das Mental wäre in diesem Sinne ein nützliches Werkzeug des höheren Selbstes und hätte kosmische Bedeutung. Umgekehrt sollte es die vital-emotionalen Energieschwingungen aus dem Herz-Chakra, also aus den tieferen Zentren nur dann zum Ausdruck bringen, wenn sie weitgehendst vom Ego gereinigt sind. Häufig jedoch ist es so, daß die ungeläuterten, tieferen Schwingungen das Mental überfluten, bzw. überlagern, und die übergeordneten Ideen in sehr persönliche, subjektive Vorstellungen umgesetzt werden. Bei zunehmender Egoverunreinigung sinkt der Drang zu höchster spiritueller Weisheit in der nachgeordneten Reihenfolge mit folgendem Niveau ab: *Propheten, Priester, Professoren, Politiker, Kaufleute und gewissenlose Geldspekulanten.* Der Gang der Kulturgeschichte hat uns diese Reihenfolge nur allzu deutlich bewiesen. Hatten die Propheten noch relativ reine, wenn auch häufig symbolisch verhüllte göttliche Inspirationen, die das Volk sehr ernst nahm, so schrieben die Priester in Ermangelung eigener göttlicher Inspirationen dieselben auf und machten daraus Dogmen und Glaubenssysteme. Zwar ging es ihnen wohl auch um die Bewahrung und Auslegung prophetischer Worte, doch kam es ihnen hauptsächlich darauf an, durch Einschüchterung und Verdammnisandrohung das Volk gefügig zu machen und so geistige Macht über die weltliche zu erlangen. Solche Motive sind eindeutig eine Egoverunreinigung eines ansich gut entwickelten, fünften Chakra; sie waren eines der größten Hindernisse für den geistigen Fortschritt. Nach der Priesterherrschaft kam das Diktat der Ratio und des Intellektualismus. Hierbei ging es nur um die Beachtung logischer Regeln und experimenteller Beweisgrundlagen, am besten mit verifizierbaren Meßdaten, denn nur so konnte man stets Beweise nachvollziehen. Nun muß diese begrenzte Sichtweise noch keine Egoverunreinigung bedeuten, wenn es darum geht, das Wissen um die Naturgesetze zunächst einmal durch eine logisch-experimentelle Grundlage zu sichern, auf der weiter aufgebaut werden kann. Das mag im ausgehenden Mittelalter durchaus ein sauberer Beweggrund gewesen sein (z.B. Galileo Galilei), später jedoch, als man nach den ersten experimentellen Erfolgen diese Auffassung zu einem überwertigen Dogma erhob, wurde sie schließlich zum Hindernis für eine ganzheitliche Sichtweise und wird angesichts ihrer zerstörerischen Auswirkungen in Natur und Gesellschaft, zu einem Damoklesschwert für die Menschheit. Es ist dies eine leidenschaftliche Verhaftung an bestimmte Denkformen und Regeln die alle ihre Grenzen haben und die stets nur Hilfsmittel auf dem Wege zu einer umfassenden Wahrheit sein können, nicht aber die Wahrheit selbst. Kommt hier nun eine Egoverunreinigung hinzu, dann wird die rationale Methode zum Mittel für Wahrheitsverdrehung, um Standpunkte zu behaupten oder abzusichern. Im Kapitel über das Mental siehe S.107, habe ich ja schon von den Abwehrformen gesprochen, auch über das Thema der Rationalisierung. Im gegenwärtigen Entwicklungsstadium befinden wir uns in einer sehr verzerrten, mentalen Schwingung, die ein Ausdruck dafür ist, daß das fünfte Chakra sehr stark von Egoenergien verunreinigt ist. Heute beherrschen die ökonomischen Rationalisten den Berufsalltag. Ihnen kommt es ausschließlich auf die Rentabilität eines Unternehmens an, ganz egal, was dabei mit den Mitmenschen geschieht. Es ist dies der Mißbrauch und die Versklavung des Mentals für ausschließliche Nützlichkeitsprinzipien. *Die hohe Aufgabe des Mentals, nämlich die höheren und feineren Wertgefühlen, durch Worte und Sätze eine griffige allgemein verständliche Form zu verleihen, um spirituellen Erkenntnisse verbal weitergeben zu können,* wird mißbraucht und degeneriert zur "Mickeymous-und Comixsprache".

Viele Menschen können infolge der merkantil-degenerierten Sprache, ihre höheren Wertgefühle und Erlebniszustände nicht mehr über das Mental zum Ausdruck bringen, und man hört bei vielen nur noch hilfloses Gestammel und Kraftwörter wie "Super, Spitze, stark, fabelhaft usw. Das sind die fatalen Folgen, wenn nur in Profitkategorien und Nützlichkeitsprinzipien gedacht wird, und bei nicht wenigen hat der Mißbrauch des Mentals den Sinn für Höheres erstickt. Darum gehört es zu den wichtigsten Aufgaben eine gründliche Reinigung des fünften Chakra vorzunehmen, so oft wie nur möglich, denn nur in einem "rein" schwingenden Chakras können die aufsteigenden, ganzheitlichen und wundervollen Emotionen aus den unteren Chakras in spirituelle Erkenntnisse formuliert und ausgedrückt werden. Das klassische Yogasystem empfiehlt für die Reinigung des fünften Chakra *"dharana"*, d.h. Sammlung auf den Geist, bzw. reine Ausrichtung auf die Immanenz von Erscheinungen mentaler Bilder und Eindrücke. Praktisch kann ein Yogi an die Essenz der Erscheinungen durch Wiederholung von *Mantras* herangeführt werden. Es gibt bestimmte Urlaute, welche die Grundlage aller anderen Tonschwingungen bilden, so z.B. der Laut *"AUM."* In ihm hören wir die erste Vibration der Schöpfung. Wer sich auf *AUM* konzentriert, wird zunehmend in die präkonstitutiven und formativen Energieschwingungen des Universums und der ganzen Schöpfung hineingezogen. Wir können diesen Vorgang, metaphorisch mit der Wahrnehmung von subtilen Schwingungsgestalten vergleichen. Ein Gedanke oder irgendeine Manifestation hat eine spezifische Energiequalität, die sich in einer bestimmten Schwingungsgestalt darstellt. Sobald die Aufmerksamkeitsenergie und Kraft des Yogi beginnt in dieser Vibration selbst zu schwingen, gelangt der Yogi auf die hohe kausale Ebene der universalen Lebensenergie.

g) Hierbei ordnet er sein geläutertes Mental ganz der Intuition unter. Die Mantras sind also sehr wirksame, praktische Hilfsmittel auf dem Wege zu unserer spirituellen Verwirklichung.

Eine Ahnung von dieser Bewußtseinsstufe gibt uns wieder Sivananda: *"Wer sich auf dieses Chakra konzentriert, wird selbst beim Untergang des Kosmos nicht vergehen, denn er erlangt die höchste und vollkommene Erkenntnis der vier Veden. Er wird zu einem Trikala-Jnani, der Vergangenheit, Gegenwart und Zukunft kennt."*

Das mag für nüchterne Realisten sehr schwärmerisch klingen. Wir sehen im fünften Chakra die Möglichkeit mit den konstituierenden Grundmustern der universalen Lebensenergie direkt in Berührung zu kommen und im Einklang mit der Ganzheit, bewußt mit ihnen umzugehen.

Von den Siddhis verwirklicht ein Yogi über das fünfte Chakra folgende: 1. Wissen um die Gedanken anderer Lebewesen(III. 19, 20).

2. Wissen um die Bedeutung der Sprachen, welche die verschiedenen Lebewesen benutzen(III. 17).

3. Wissen von der Ordnung der Gestirne(III. 27).

4. Wissen von der Bewegung der Sterne(III. 28).

5. Wissen um Bewußtheit und reine Energiemuster(III. 34).

6. Die Kraft der aus Unterscheidung geborenen Erkenntnis(III.52).

## Sechstes Chakra *(ajna)*

Aus spiritueller Sicht erreicht der Mensch im sechsten Chakra sein Selbst, jenes erhabene Bewußtsein, welches zu jeder Erscheinung und zu jeder Energieschwingung in Beziehung steht. Man könnte ohne Übertreibung sagen, dieses virtuelle Energiezentrum ist mit allem was ist verbunden; es steht in einem multidimensionalen Beziehungsnetz. Hier wird klar, daß der Mensch, falls alle tieferen Zentren vom Ego weitgehendst gereinigt sind, in die Phase der Erleuchtung tritt und somit sein Leben von Weisheit und Bewußtheit erfüllt ist. *Stärke und Selbstverwirklichungskraft sind die stete Grundempfindung dieses hohen Chakra.* Alle Erleuchteten, die auf diesem Planeten waren, hatten ein vollaktiviertes sechstes Chakra, doch konnten sie dies nur, weil sie die tieferen Zentren zuvor gereinigt hatten. Das Läutern der tieferen Zentren ist unsere wichtigste Aufgabe.

Im sechsten Chakra vereinigen sich praktisch alle vier Dimensionen zu einem einzigen höheren Erkenntnisakt. Ähnlich wie im Herz-Chakra, welches das Physische, das Triebhafte und das Emotionale zu einer Originalität vereinigt, und so die Möglichkeit der bewußten Vereinigung mit der universalen Lebensenergie bahnt, so integriert das sechste Chakra zusätzlich die mentalen Energiemuster und ist somit das totale Integrationszentrum der Persönlichkeit. Die Energieschwingungen des sechsten Chakra vermitteln uns das Grundgefühl und das Bedürfnis der Vereinigung von höheren Gegensätzen, in der Jung'schen Ganzheitspsychologie als "conjunctio oppositorum" apostrophiert. Es ist der stete Trieb-und Drang in uns nach einer umfassenden Selbstverwirklichung und der Einheit bewußter und unbewußter Inhalte. Die Standpunkte von Gut und Böse, Geist und Materie von Körper und Seele, von Idee und Form, Gedanke und Gefühl, sowie Sinnlichkeit und Prinzip, sind nur graduelle Abstufungen ein und derselben Kraft, wie etwa die Vielfalt der äußeren Formgebung und werden dialektisch oder intuitiv in einem höheren Blickwinkel aufgehoben, siehe Beispiele in Abb.15, S.141. Psychologisch gesprochen ist es der Abschluß oder die Vollendung der Individuation, in welcher nun alle Persönlichkeitsanteile und alle Widersprüche zu einem ganzen Guß verschmolzen sind. Unbewußtes und Bewußtes wirken gleichberechtigt miteinander und treten in die Phase der schöpferischen Wechselwirkung. Was das bedeutet kann nur ermessen, wer die Macht und das Diktat des Unbewußten kennt. Sozusagen werden alle unbewußten Regungen, ob animalisch, triebhaft, emotional oder gedanklich erhaben, bewußt wahrgenommen und können sich nicht mehr verselbständigen. Es setzt die totale Bewußtheit ein und jede Energiewelle, auch aus den tieferen z.B. archetypischen Schichten der Psyche, siehe auch S.112 und S.179, wird wahrgenommen und als Intuition oder Inspiration prompt in die jeweilige Situation umgesetzt. Erst auf dieser Höhe entsteht die Einheit zwischen Innen -und Außenwelt, indem der innere Handlungsimpuls als Inspiration genau zur rechten Zeit und am richtigen Ort nach außen in eine Handlungsfolge eingebracht wird. Eine der wertvollsten psychischen Kräfte, die aus den Schwingungen dieses Chakra genährt wird, ist die Fähigkeit der Organisation und der Systemschau. Bei starken Energiezuflüssen aus dem fünften Chakra, kann sich im aktivierten, sechsten Chakra eine Art visionäre Logik mit Massenvernetzung einstellen, dies sind jedoch nur eine von vielen psychischen Möglichkeiten. Sinngleiche Aussagen im christlichen Vokabular, über die letzten Dinge, sagt Meister Eckehart in einem seiner Traktate und Predigttexten zum Thema, "Gott-Vater, Gott-Sohn" folgendes dazu:

*"Darum hat Gott die Seele geschaffen, damit sein eingeborener Sohn in ihr geboren werde. Und wenn diese Geburt geschieht, das ist Gott lustsamer denn da er Himmel und Erde schuf. Denn die Seele ist edler und weiter denn der Himmel. Gott gebiert seinen eingeborenen Sohn jetzt und ewiglich, in einer jeden guten, schauenden Seele. Er muß es ja tun, es sei ihm lieb oder leid. Ohn Unterlaß gebiert der Vater seinen Sohn. Darüber hinaus sage ich: mich gebiert er als seinen Sohn, als denselbigen Sohn. Und noch mehr: er gebiert mich als sich selbst und sich als mich. Er gebiert mich als sein eigenes Wesen, seine eigene Natur. In dem innersten Quell, da quelle ich aus dem Heiligen Geiste; da ist nur ein Leben, ein Wesen, ein Werk."*

Die letzten Sätze dieses Traktates gehen allerdings über das Niveau des sechsten Chakra hinaus und werden erst im siebten realisiert. Die Energieschwingungen des sechsten Chakra geben, wenn sie rein und geläutert aus dem hohen Selbst empfangen werden, uns die untrügliche Gewißheit, daß die inneren Welten ebenso real sind wie die äußeren. Es läßt uns den Vorgang verstehen, wie Vorstellungen und Gedanken zu äußeren Manifestationen werden und die Erfahrungen und Impulse der äußeren Ereignisse wieder in die Vorstellungen und Bewußtseinsinhalte eingehen, um sich im Äußeren erneut zu offenbaren, siehe auch S.111 über das Supramental. Die durch die hohe Erkenntnis zusammengefaßte Direktion aller Energiemuster-und qualitäten gibt, wenn sie geläutert ist, dem totalen Individuum eine bedeutende Bewußtseinserweiterung und Verwirklichungskraft. In einem umfassenden Ganzheitsgefühl werden alle Energien schöpferisch auf ein zu verwirklichendes Ziel gelenkt. Daher können wir sagen, im sechsten Chakra verwirklicht der Mensch seine höchstmögliche Erkenntnis-und Schöpfermacht. Selbstverwirklichung auf dem Niveau des sechsten Chakra bedeutet jedoch nicht bloß Wunscherfüllung per Willens-und Bewußtseinsmacht, sondern zuvorderst kosmische Selbstverwirklichung, in welcher das hohe Selbst die *Egopanzerungen* sprengt und sich nach Außen stülpt. Was hierbei zum vollen Durchbruch kommt, ist das in verendlichter Gestalt offenbarte Göttliche im Hier und Jetzt. Ein Mensch mit einem vollaktivierten, sechsten Chakra, stehen alle Kräfte frei zur Verfügung und verwirklicht sich im wahren Sinne des Wortes. Man kann sagen, er ist in die Phase der Selbstaktualisierung getreten, doch haben, wie oben schon gesagt wurde, seine Ausdrucksformen und Handlungen auf diesem Niveau nur dann kosmische Relevanz, wenn alle tieferen Energiezentren geläutert und frei von Egoverunreinigungen sind. Da dies zumeist nicht voll verwirklicht ist, fallen Menschen bei entsprechender Chakraaktivität zurück, ja oftmals bis in den Bewußtseinszustand des ersten und zweiten Chakra. Dabei geht es nicht mehr um die innere oder äußere Verwirklichung des hohen Selbstes, sondern schlichtweg um die Durchsetzung des eigenen Willens. Ein solcher Mensch gleicht dann, obwohl er eine hohe Ebene erreicht hat, einem Kind in der Trotzphase. Es ist dies nichts weiter als die Demonstration der eigenen Willensmacht.

Dem Yogi, der an der Reinigung und Aktivierung des sechsten Chakra arbeitet, wird die "*dhyana*-Methode" geraten; sie ermöglicht eine verfeinerte innere Wahrnehmungsqualität, in der die Aufmerksamkeit sich zunächst zwischen dem Selbst und der eigentlichen Quelle derselben bewegt. Wir können auch sagen, erst wenn wir beginnen, unser reines Bewußtsein (also ohne alle Inhalte) zum Objekt der Aufmerksamkeit zu machen, dann erst bewegen wir uns auf die ewige Quelle zu. Dies bedeutet, daß wir durch entsprechende Aufmerksamkeitsausrichtung zur ideellen Essenz jeglicher Manifestation, sei sie materieller oder mentaler Art, vorstossen können. Im abendländisch-philosophischen Verständnis sind es die hinter den Erscheinungen wirkenden Wesenskräfte im Sinne platonischer Urideen. Diese Urideen sind keine bestimmten Gebilde oder Bilder, sondern jenseits jeglicher Form elementare Urmuster und formative Energiefelder, die den Kosmos und alle Manifestationen konstituieren. Aus psychologischer Sicht können wir diese feine Ebene auch als die archetypische Tiefenschicht bezeichnen, in der nur noch psychoide Energiemuster existieren, siehe auch S.179. Eine so hohe Ebene kann nur der begreifen, welcher alles konkrete Formdenken und jede Art von Formverhaftung, emotional sowie gedanklich abgelegt hat. Der Lohn dafür ist eine hohe intuitive Einsicht in jedes Ereignis und jede Erscheinung, sowohl was dessen Hergang als auch die Zukunft betrifft. Das zeitliche Stadium scheint dabei keine Rolle mehr zu spielen. Die Raumzeit-Betrachtung wird von den drei unteren Chakras dominiert und im sechsten Chakra anscheinend aufgehoben. Der Begriff Intuition, in der Esoterik oftmals überstrapaziert, bedarf offensichtlich einer graduellen Klärung. Wir sollten mindestens zwischen vier Intuitionsstufen unterscheiden:

**1.** Die dumpfe, empfindhafte Ahnung von etwas, sei es bedrohlich oder willkommen. Diese niedrige Intuitionsstufe ist sehr häufig und gehört schon fast zu den gewöhnlichen Alltagserlebnissen.

**2.** Die Gefühlsintuition, die uns eingibt wenn wir deutlich fühlen, ob eine Information, ein Ereignis oder Verhaltensmuster richtig oder falsch ist. Diese Art von Intuition bezeichne ich als Gefühlsintuition, weil es offenbar Wahrgefühle gibt, die uns eine Gefühlsgewißheit geben.

**3.** Die Bilderintuition, die von konkreten Phantasieinhalten ausgeht. Sie wählt aus dem riesigen Reservoir des Unbewußten bestimmte konkrete Bilder, welche für den gegenwärtigen Zeitpunkt genau zu passen scheinen, z.B. die Vorstellung eines bestimmten Hauses, oder eines Partners, oder das plastische Bild einer Problemlösung.

**4.** Die Ideenintuition. Diese höchste Form der Intuition, hat direkten Zugang zur supramentalen Dimension. Sie ist physikalisch gesprochen die Sechste, in welcher die präformativen Urmuster und Gesetze aller Energien walten. Auch ist es die Dimension der Möglichkeiten und Wahrscheinlichkeiten, so wie ich sie im Kapitel über die physikalischen Aspekte der universalen Lebensenergie bereits beschrieben habe, siehe auch S.31. Wir können sagen, wer sein sechstes Chakra vollaktiviert hat, handelt aus der höchstmöglichen, kausalen Sicht. Auf S.112 habe ich den Unterschied zwischen mentalem Raumdenken und supramentalem Zeitbewußtsein deutlich zu machen versucht. Das Zeitbewußtsein auf dem Niveau eines voll aktivierten sechsten Chakra, entspricht ganz der supramentalen Dimension, siehe auch S.111. Die Schwierigkeit des *dhyana* ist die unzulängliche und zu grobe Kontrolle der feineren gedankliche Impulse und subtilen Selbstwahrnehmungsprozesse. Die Arbeit mit dem Supramental, hat mich selbst viel beschäftigt und ich mußte erkennen, daß viele der subtileren Gedankenimpulse und Prozesse, häufig durch das grobmaschige Netz meiner Aufmerksamkeit schlüpften. Es bedarf nahezu Jahrzehnte der Übung um hier die Meisterschaft zu erlangen. Gelingt nach Jahren harter Meditationsarbeit ein Durchbruch, in welchem der Yogi auch noch

die feinste Bewußtseinsbewegung erfaßt, dann wird er sich seines hohen Selbstes gewahr. Diese, im Sanskrit als Purusha bezeichnete Subtilität, ist der weiter nicht hinterfragbare kosmische Wesenskern des Menschen, der im absoluten Urgrund wurzelt, siehe auch S.176. Dem Yogi, der sich auf das sechste Chakra konzentriert, wird daher der Weg des *Jnana*-Yoga geraten. Dieser dornige Weg des unterscheidenden Wissens differenziert zunehmend zwischen der Welt der Maya (Täuschung und Scheinrealität) und einer höherdimensionierten Wirklichkeit. Am Ende dieses Weges kommt der Yogi zu der Erkenntnis, daß Gott die einzige Realität ist und es nichts gibt, das außerhalb seiner Bestand haben könnte. Er begreift sich analog der manifestierten Schöpfung, als eine *Projektion* des absoluten Geistes, und erlangt durch diese fundamentale Erkenntnis den Schlüssel zum ewigen Leben. Auf dieser Bewußtseinshöhe wird er ein Jivanmukti -ein zu Lebzeiten Befreiter- ihm fallen alle Siddhis zu. Hören wir dazu nochmals Sivananda:
*"Wer sich auf dieses Chakra konzentriert, zerstört alles Karma aus vergangenen Leben, deshalb sind die Wohltaten solcher Meditationen, die den Yogi zum Jivanmukti, zu einem im Leben Befreiten machen, unbeschreiblich bedeutsam. Der Yogi erwirbt alle höheren und die zweiunddreißig niederen Siddhis. "*
Der Vollständigkeit halber seien noch einige der Siddhis angeführt.
1. Wissen um den inneren Menschen, das kosmische Sein(III. 35).
2. Wissen um frühere Existenzen(III. 18).
3. Ein göttliches Gehör(III. 4O).
4. Die Kraft zur atomisierenden Verkleinerung des Körpers, zu anderen körperlichen Veränderungen und zur körperlichen Vollkommenheit(III. 45, 46).

## Siebtes Chakra *(sahasrara)*

In der Sanskritliteratur bezeichnet man dieses Chakra als den tausendblättrigen Lotus. Wenn auch diesem Namen der Geruch von mystischer Schwärmerei anhaften mag, so drückt er doch jene frohe Botschaft aus, die Mystiker aller Zeiten uns verheißen. In Stichworten zusammengefaßt:
Ekstase, Unio mystica, kosmische Liebe, Satori, Samadhi Sahajbhava-Samadhi ua. So wundervoll diese fernen Omegapunkte auch alle sein mögen, wir müssen fragen, welche psychologischen und spirituell-praktischen Konsequenzen und Schlußfolgerungen ergeben sich für uns aus diesem Chakra und wie können wir seine hohe Energie im Alltag umsetzen. Bleiben wir also zunächst in den faßbaren Bereichen der vier Dimensionen und versuchen herauszufinden, inwieweit wir die Dynamik des siebten Chakra im psychischen Kräftefeld begreifen können. Im Grunde geht es, wie im folgenden Abschnitt noch wiederholt werden wird, um einen fortschreitenden Integrationsprozeß zu stets umfassenderen Verknüpfungsmustern. Ganz zuunterst, geht es zunächst um die Integration des erwachten Individuums in die Gruppe oder engere Lebensgemeinschaft, dann weiter in ein Volk, bzw. übergeordnete Sozialgemeinschaft, dann als biologisches Lebewesen innerhalb eines umfassenden, planetarischen Ökosystems. Bei noch größerer Bewußtseinsausweitung als erleuchteter Mensch (Avatar) innerhalb der gesamten Menschheit und schließlich die *fünfte Integrationsdynamik* endet als individuelles Geistwesen, in einem hierarchisch geordneten Geistorganismus, in einer kosmischen Geistgemeinschaft. Im ersten Zustand erfährt das Individuum seine Möglichkeiten und Grenzen innerhalb einer engen Lebensgemeinschaft. Dies kann eine Gruppe, Sippe oder Familie sein. Der enge Austausch und die z.T. sich hautnah berührenden Interessen der einzelnen Gruppenmitglieder, entwickeln bei jedem Individuum ein feines Gespür für Anpassung und Einordnung von einfachen Bedürfnissen bis komplexen Verhaltensmustern. Das Gruppenmitglied lernt durch Anerkennung und Versagung, Aggression und Liebe, die Stärken, Fehler und Schwächen von sich und anderen kennen, lernt sich selbst im Verhältnis zu seinen Mitmenschen wertschätzen und behaupten, und schließlich erkennt es irgendwann seine Einmaligkeit innerhalb der Gemeinschaft. Daraus schöpft es Lebensfreude, Inspirationen, Hoffnungen und entwickelt Pläne für die eigene Lebensgestaltung. Die Reiki-Gruppe ist dafür

ein Beispiel wie sich das Individuum als Gruppenmitglied integriert, siehe auch S.285. Im zweiten Organisationszustand haben wir es mit der weit größeren, mehr anonymen Sozialgemeinschaft zu tun, welche eine große Hilfs-und Schutzgemeinschaft mit Pflichten und Rechten jedes Einzelnen ist. Die Bereitschaft zur gegenseitigen Unterstützung und zum Schutz des Einzelnen vor willkürlichem Faustrecht und launenhafter Machtausübung hat zur Staatsmacht und zur Gesetzesbildung geführt. Daher ist der Staat durchaus ein natürlich gewachsenes Ordnungsgebilde, das für den Bürger da sein soll und nicht für Parteigänger oder Tyrannen. Haben wir also in der ersten Dynamik die psychologische Integration in naher Wechselwirkung auf engstem Raum, so zeigt sich im zweiten Fall die der formalen Eingliederung in mehr oder weniger anonyme Ordnungsstrukturen. Im dritten Zustand integrieren wir uns als physische Wesen in die planetarische Biosphäre, in nahem Austausch mit allen organischen und anorganischen Lebewesen. Die Bedeutung der weisen Naturgesetze, ihre Kreisläufigkeit, das Gesetz der wechselseitigen Abhängigkeit und schließlich die Wichtigkeit einer gesunden, intakten Umwelt als Lebensgrundlage, wird uns bei diesem Integrationsprozeß klar und nimmt jeden von uns in die globale Verantwortung. Die vierte Integrationsdynamik eröffnet uns das Bewußtsein und die Bedeutung unserer Persönlichkeitsentwicklung für die ganze Menschheit. Wenngleich wir an unserer Individuation ein ganz elementares Interesse bekunden, weil sie uns mehr Bewußtheit und mehr Sein verleiht, so dient sie letztlich doch nur dem Evolutionsprozeß der ganzen Menschheit. Je mehr wir selbst vollkommen werden, desto wertvoller sind wir für die Gemeinschaft, ja für die ganze Menschheit. *Daher geht die individuelle Entwicklung der kollektiven voraus und ist ihre Voraussetzung.* Zwar entwickelt sich Individualität und Menschheit parallel, jedoch muß es eine genügend große Anzahl von Individuen geben, welche die erworbene Reife ihrer Individuation in die ganze Menschheit einbringt, damit der evolutionäre Fortschritt stets neue Impulse erhält. Das bedeutet also, daß unsere gegenwärtige Bewußtseinsstufe die Entwicklung der ganzen Menschheit konstelliert, und wie ich noch weiter unten ergänzen werde, bestimmt der Langsamste das evolutionäre Tempo. Es hat also gar keinen Sinn, mit religiösen Verdammnisformeln dem Langsameren ein Feuer unter dem Stuhl anzuzünden, sondern viel effektiver ist es, ihn durch ein gutes Vorbild auf den Weg zu bringen und ihm seine Verantwortung für die ganze Menschheit deutlich zu machen. Die fünfte und vorläufig letzte Dynamik ist die Integration als Geistwesen in einem hierarchisch geordneten Geistorganismus. Es würde nicht in den Rahmen dieses Buches passen, diese Hierarchie von Myriaden von Geistern innerhalb der Schöpfungsordnung zu beschreiben. Andeutungsweise sei gesagt, daß die Hierarchien in Zehnerordnungen aufgebaut sind und diese durch alle mentalen Sphären gehen, symbolisch steht dafür der Sephirotbaum aus der Kabbala, siehe mein Buch, *die Kabbala ein Erkenntnisweg zum hohen Selbst*. Als Geistwesen sind wir Bewußtseinsträger und je umfassender und gütiger unser Bewußtsein ist, desto höher steigen wir in der Hierarchie auf. *Erst wenn wir die sechs Chakras und die vier Integrationsdynamiken mit all ihren Höhen und Tiefen erfahren haben, können wir uns auch als integrierte Geistwesen erfahren und zur Evolution des gesamten Geistorganismus wirksam beitragen.*

Um welche Art von Evolution geht es dabei?

Es ist dies das zunehmende Gewahrwerden des Gottesfunken in uns oder des Atman, der individuelle wie kosmische Relevanz hat. Seher und Gesehenes werden eins und enden in der Verschmelzung von Mensch-Gott-Natur. Das Gewahrwerden des Gottesfunken ist, wie Meister Eckehart sinngemäß sagt, nicht ein gigantisch ausgeweitetes Superbewußtsein, sondern die Aufgabe der Sonderexistenz und jeder Art von Identifikation. Sie ist reine Bewußtheit, frei von mentalen, astralen und physischen Verhaftungen. Freilich mag uns dies sehr abstrakt und womöglich auch unmenschlich vorkommen, doch die Begegnung mit Mystikern belehrt uns eines Besseren. Der Mystiker liebt alle gleich, er kennt weder Haß, noch Furcht, weder Zorn, noch überschwengliche Freude, sondern *stille Heiterkeit*. Seine Bescheidenheit, Reinheit und Unvoreingenommenheit gibt den wahren Frieden, nach dem wir uns seit Urzeiten zurücksehnen.

Nochmals, das siebte Chakra integriert das vollendete Individuum in das Kollektiv, bzw. in die Gesamtheit von Gott, Natur und Menschheit. Wenngleich auch die tieferen Chakras, die Integration der jeweils dimensionalen Persönlichkeitsanteile in die Ganzheit integrieren, siehe Teilfunktion (f) S.141, also die einzelne Integration physischer, vitaler, emotionaler und mentaler Energiemuster und ihre polaren Ergänzungen, so fehlt eben noch das integrative Einbringen eines ganzheitlichen, alle Teilmomente vereinigenden und umfassenden Rhythmus in den Geistorganismus von Natur, Gott und Menschheit. Wir sollten uns nochmals erinnern, daß die Integration der verschiedenen Dimensionen in den Geistorganismus auf dessen Vervollkommnung hinwirken und nicht bloß quantitativ vervollständigen. Die äonische Evolution hängt zwar von übergeordneten Einstrahlungen ab, doch bestimmt, was die Gesamtentwicklung der Schöpfung betrifft stets der Langsamste das evolutionäre Tempo. Daher ist es so wichtig, neben der individuellen Vervollkommnung, sich selbst als den oder das zu begreifen was seit Ewigkeiten in der Schöpfung existiert. Aus spiritueller Sicht können wir sagen, dieser Platz ist in Gott, doch ist er weder funktionell, noch räumlich, noch zeitlich faßbar, sondern er ist *das EINE IN DEM EINEN UND MIT IHM EINS*. Dieses Eine in uns ist frei von jeder Identifikation, frei von jeder Verhaftung, es ist lichtes Gewahrsein ohne Namen, ohne Form und ohne Wesen. Wenn wir dort eingehen, dann können wir mit Buddha sagen:

*"Es gibt, ihr Mönche, einen Bereich, wo weder Festes noch Flüssiges ist weder Hitze, noch Bewegung, weder diese Welt, noch jene Welt, weder Sonne, noch Mond. Das, ihr Mönche, nenne ich weder ein Kommen noch ein Gehen, noch ein Stillestehen, weder ein Geborenwerden, noch ein Sterben. Es ist ohne jede Grundlage, ohne Entwicklung, ohne Stützpunkt: das eben ist das Ende des Leidens" (Udana VIII, 3).*

Und Sivananda sagt zum siebten Chakra:

*"Ist Kundalini mit dem Gott Shiva (dem ewigen Vater) im Sahasrara-Chakra vereinigt, dann erfährt der Yogi höchste Glückseligkeit, (Paramananda) Überbewußtsein und höchste Erkenntnis. Er wird ein vollkommener Yogi."*

Von den zu verwirklichenden Siddhis gibt es bei einem voll entfalteten siebten Chakra nur noch die Forderung von allen erworbenen Siddhis wieder loszulassen, damit das in sich erkennende Bewußtsein nicht erneut zurückfällt in seine vergangenen Sonderexistenzen.

Im Sutra III. 50, lesen wir:

*"Durch Verzicht auf all diese Vollkommenheiten, werden alle Keime der Unreinheit zerstört und er (der Yogi) erlangt die völlige Freiheit. "* Diesen Vorgang bezeichnet das Pantanjalisystem als *"nirodha."*

Von den noch verbliebenen Siddhis seien noch vier angeführt, die in der Hierarchie übernatürlicher Fähigkeiten ganz oben stehen.

1. Körperlich wie blendendes Licht zu strahlen(III. 40). Diese Erscheinung bezieht sich besonders auf die Aureole, wie wir sie von christlichen Heiligenbildern und Yogins her kennen. In der Sanskritliteratur wird behauptet, daß das Licht heller als Zehnmillionen Sonnen strahlt, aber dennoch nicht blendet.

2. Die Kraft, die Hülle über der Erleuchtung zu entfernen(III. 43).

3. Allmacht und Allwissenheit(III. 49).

4. Die Kraft, auf alles zu verzichten, selbst auf die eigene Existenz(III. 50).

In seiner berühmten Predigt über die wahre Armut, sagte uns der erleuchtete Meister Eckehart schon vor mehr als 700 Jahren zur Frage worin denn die eigentliche Seligkeit bestünde:

*"Worin liegt am meisten Seligkeit? Etliche Meister haben gesagt: In der Minne (Liebe). Andere: In der Erkenntnis und in der Minne. Wir aber sagen: Nicht in der Erkenntnis noch in der Minne. Sondern es ist in der Seele ein Etwas aus dem fließt Erkenntnis und Minne: ein Etwas das selber weder erkennt, noch liebt, wie die Kräfte der Seele. Wer dies erkennt, der erkennt woran die Seligkeit liegt. Dies Etwas hat kein Vorher und kein Nachher und wartet keines hinzukommenden Dinges, denn es vermag weder gewinnen, noch zu verlieren. Darum ist es ihm auch benommen, in sich selbst zu wirken; mehr: es ist dies selber das Selbst, das sich selber genießt nach der Weise Gottes. Darum sage ich, daß der Mensch Gottes quitt und ledig stehen solle; daß er nicht wissen und erkennen wolle, was Gott in ihm wirke. Und also soll der Mensch arm sein, seines eigenen Wissens."*
Genau diese Aussage trifft den Kern und das Wesen der universalen Lebensenergie, denn auch sie kennt kein Vorher und Nachher, sie nimmt sich selber und alles was sie konstituiert, gleichermaßen an und macht dabei keinen Unterschied; sie wartet nicht auf Gewinn noch fürchtet sie Verlust. Sie sucht nicht nach einem bestimmten Ideal, noch lehnt sie etwas ab. Stets ist sie einfach und fließt in sich selber. Ihr Fluß ist ohne Maß und Zahl, ohne Wollen und Ziel, weil sie weder zunehmen, noch abnehmen kann. Mir scheint, ihr Wesen ist dem Wasser am nächsten.
Auch die Aphorismen des Laotse betonen, daß reines Gewahrsein des Seins nur aus dem Nichtsein möglich ist. Im 16. Aphorismus des Tao-Te-King sagt er:
Schaffe Leere bis zum Höchsten!
Wahre die Stille bis zum Völligsten!
Alle Dinge mögen sich dann zugleich erheben.
Ich schaue wie sie sich wenden.
Die Dinge in all ihrer Menge,
ein jedes kehrt zurück zu seiner Wurzel.
Rückkehr zur Wurzel heißt Stille.
Stille heißt Wendung zum Schicksal.
Wendung zum Schicksal heißt Ewigkeit
Erkenntnis der Ewigkeit heißt Klarheit.
Erkennt man das Ewige nicht,
so kommt man in Wirrnis und Sünde.
Erkennt man das Ewige,
so wird man duldsam.
Duldsamkeit führt zur Gerechtigkeit.
Gerechtigkeit führt zur Herrschaft.
Herrschaft führt zum Himmel.
Himmel führt zum Sinn.
Sinn führt zur Dauer,
Sein Leben lang kommt man nicht in Gefahr.

In seiner Predigt von der wahren Armut entdecken wir deutliche Übereinstimmungen mit Buddha und Laotse. Da heißt es:

*"Zum ersten heißt der ein armer Mensch, der nichts will. Diesen Sinn verstehen etliche Leute nicht recht. Das sind die Leute, die bei allem Bußwerk und äußerlichen Übungen doch an ihren Eigenschaften festhalten. Wie diese Leute angesehen sind, daß Gott erbarm! (Er meint wohl das Pharisäertum). Und sie erkennen doch so wenig von der göttlichen Wahrheit. Diese Menschen heißen fromm nach dem äußeren Schein. Aber von innen sind sie Esel, denn sie erfassen den Unterschied der göttlichen Wahrheit nicht. Diese Menschen meinen, der sei ein armer Mensch, der nichts will als den allerliebsten Willen Gottes zu erfüllen. Ein solcher Mensch hat aber nicht die Armut, von der wir reden wollen, denn er hat noch einen Willen mit dem er den Willen Gottes genugtun will. Und das ist nicht das Rechte. Denn wenn der Mensch wirklich arm sein will, so soll er seines geschaffenen Willens also ledig sein, wie er war, da er nicht war. Und ich sage euch bei der ewigen Wahrheit: solange ihr diesen Willen habt, den Willen Gottes zu erfüllen und etwa nach der Ewigkeit und nach Gott selbst begehrt, solange seid ihr nicht echt arm. Nur der ist ein armer Mensch, der nichts will, noch erkennt, noch begehrt. Als ich in meiner ersten Ursache stand, da hatte ich keinen Gott; ich wollte nichts, ich begehrte nichts, denn ich war nur ein Sein und wollte kein ander Ding. Was ich wollte das war ich; und was ich war, das wollte ich und stand ledig Gottes und aller Dinge. Aber als ich hinausging aus meinem freien Willen und mein geschaffenes Wesen empfing, da bekam ich auch einen Gott. Denn ehe die Kreaturen waren, war Gott nicht "Gott": er war das, was er war. Da die Kreaturen wurden und ihr geschaffenes Wesen anfingen, da war Gott nicht mehr allein in sich selber Gott, sondern er ward Gott in den Kreaturen. Demnach ist er ihnen Gott nach ihrer Kreatur und hat genauso viele Allmacht und Reichtum, als sie in ihrer geringen Kreatur zu fassen vermögen"* (Je nach der Bewußtseinsstufe).

An anderer Stelle zum Thema geistliche Armut sagt Meister Eckehart: *"Zum zweiten ist der ein armer Mensch, der nichts weiß. Wir haben manchmal gesagt, der Mensch solle so leben, als ob er nicht lebte, weder sich selber, noch der Wahrheit noch Gott. Aber jetzt sprechen wir es anders und meinen mehr und sagen, der Mensch, der die Armut haben möchte, der soll dessen inne sein, was er war, da er noch nicht lebte, weder sich selber noch der Wahrheit, noch Gott. Er soll so ledig allen Wissens sein, daß keinerlei Vorstellung Gottes in ihm lebendig ist. Denn da der Mensch in dem ewigen Urstand Gottes war, da lebte in ihm nichts anderes. Was da lebte, das war Gott selbst. Daher sagen wir, daß der Mensch also ledig sein soll seines eigenen Wissens, wie er war, da er noch nicht im Dasein war und er lasse Gott wirken, was er wolle und stehe, also ledig wie, da er aus Gott kam. "*

An dieser Stelle können wir die Reiki-Kraft einflechten, wenn wir im Kapitel III sagten, daß wir seine universale Lebenskraft in uns wirken lassen sollten, ohne daß unser Vital, Astral oder Mental sich einmischt, dann lassen wir Gott wirken, wie es ihm gefällt. Ja, wir sollten soweit kommen, daß wir in völliger Selbstvergessenheit die Reiki-Kraft personifizieren, erst dann sind wir wahre Reiki-Meister und erleben Reiki in seiner reinen Essenz.

Meister Eckehart drückt dies im dritten spirituellen Kriterium über die geistliche Armut folgendermaßen aus:

*"Zum dritten ist der ein armer Mensch, der nichts hat..."*

Weiter heißt es:

*"Steht die Sache so, daß der Mensch aller Dinge ledig und aller Kreaturen und sein selber und Gottes ledig steht und ist es noch also mit ihm bestellt, daß Gott in ihm eine Stätte zu wirken fände, so sagen wir: solange das im Menschen ist ist der Mensch nicht arm in der tiefsten Armut; denn Gott ist mit seinen Werken nicht der Meinung, daß der Mensch in sich eine Eigenstätte habe, worin Gott wirken möge. Denn das erst ist Armut des Geistes, daß Mensch Gottes und aller seiner Werke so ledig stehe, daß Gott, wenn er in der Seele wirken wollte, er selber die Stätte sein müßte, darinnen er wirken will. Und das tut er gerne. Denn fände Gott den Menschen so arm, so erlangte der Mensch in dieser Armut das ewige Wesen, das er gewesen ist und das er jetzt ist und das er in Ewigkeit leben soll. "*

Meister Eckehart vertritt eine radikale Mystik, die uns erschauern läßt. Mir fällt dazu noch das Wort im alten Testament ein, das da lautet: "Sei still und erkenne, daß ich der Herr bin." Dieses Wort trifft auch für die Erfahrung der universalen Lebensenergie zu, denn wenn wir Reiki anwenden lassen wir geschehen, lassen wirken und in diesem stillen Wirken erfahren wir einfach die Kraft, die durch uns fließt, siehe S.198. Die angeführten Beispiele dürften genügen, um zu verstehen was in den Schwingungen des siebten Chakra verborgen liegt. Letztlich endet die konsequente Öffnung dieses Chakra in der Unergründlichkeit des Nirvana. Es ist das Eingehen in das Absolute, in dem es keine Fragen und auch keine Antworten mehr gibt. Die schwer erkämpfte und hart verteidigte Individualität, welche im sechsten Chakra ihren heiß ersehnten Zenit erreicht, scheint aufs erste vernichtet und verloren, doch ist es geradezu eine mystische Ironie, wenn wir von dem "Lotusgeborenen", dem hochverehrten Lama aus Tibet Padmasambhava zu hören bekommen:

*"Das, was du suchst und nicht finden kannst ist der Suchende. Der Dharmakaya (Geist) kann nicht gefunden oder beschrieben werden, weil letztlich er der Suchende, der Beschreibende ist und so müßte er dann das Subjekt sein, das sich selbst zum Objekt macht. Immer*

*wenn du Dies-Hier-Jetzt zu benennen versuchst, bist du ein Auge, das sich selbst sehen will. Du kannst dies, was du bist nicht objektivieren und was du objektivieren kannst ist das was du nicht bist. Dies Suchende ist das Gesuchte und das Gesuchte ist dies Suchende."*

Ramana Maharshi, der große Weise vom Berge Arunachala in Südindien, drückt diese Ironie mit folgenden Worten aus:

*"Es gibt kein größeres Mysterium als dieses: daß wir, die wir die wahre Wirklichkeit sind, sie erreichen wollen. Wir bilden uns ein, daß es etwas gäbe, das unsere Wirklichkeit vor uns verbirgt und, daß dies zerstört werden müsse, bevor wir die Wirklichkeit gewinnen können. Es ist geradezu lächerlich. Und es wird ein Tag heraufdämmern, an dem du über deine jetzigen Bemühungen lachen wirst. Aber das, was an jenem Tage deines Lachens da sein wird, das ist jetzt und hier bereits gegenwärtig."*

Objekt und Subjekt verschmelzen zu dem EINEN, welcher sie immer schon waren. Der Wahrnehmende ist schon immer eins gewesen mit dem Universum, das er wahrnimmt; die Illusion der Trennung hat ihr endgültiges Ende gefunden und war eben nur ein Alptraum. Indem wir uns durch das Ich künstlich von der Schöpfung absonderten, machten wir uns auf die Suche nach etwas, das in uns und außerhalb unverändert stets gegenwärtig ist. Es ist das mystische Selbst, das in allem ist und doch für sich. Damit haben wir wieder das Paradoxon des Tao und wir können abschließend mit Laotse sagen:

Der Sinn, der sich aussprechen läßt,
ist nicht der ewige Sinn.
Der Name, der sich nennen läßt,
ist nicht der ewige Name.
"Nichtsein" nenne ich den Anfang von Himmel und Erde.
"Sein" nenne ich die Mutter der Einzelwesen.
Darum führt die Richtung auf das Nichtsein
zum Schauen des wunderbaren Wesens,
die Richtung auf das Sein
zum Schauen der räumlichen Begrenztheiten.
Beides ist eins dem Ursprung nach
und nur verschieden durch den Namen.
In seiner Einheit heißt es das Geheimnis.
Des Geheimnisses noch tieferes Geheimnis
ist das Tor, durch das alle Wunder hervortreten.

Was bleibt noch zu sagen als nochmals einige markante Punkte dieses höchsten Chakras hervorzuheben: Die emotionale Grundstimmung kann, nach allem was gesagt wurde, demnach nur die Fülle sein. Wenn ich Fülle sage, dann meine ich das im paradoxen Sinne, nämlich die Fülle in der Leere. Um in den kosmischen Urgrund eingehen zu können, bedarf es der vollkommenen Bereitschaft der Hingabe bis hin zur Auflösung der Individualität. Erst aus dieser Bereitschaft kann wahre Liebe und das Einssein mit allem entstehen und erst dann wird die esoterische Weisheit zu einer unsterblichen Erfahrung, die da lautet:

*"Wer sich selbst erkannt hat, kennt das All und wer sich selbst erkennt, ist mit allem in Frieden."*

# Übersichtstabelle der psycho-spirituellen Chakrasintegrationsarbeit

| Chakra | psycho-spirituelle Identität/Integration | emotionale Grundstimmung | psychische Qualität | psycho-soziales Lernthema | spirituelles Ziel |
|---|---|---|---|---|---|
| **7.Chakra** *sahasrara* | Integrierung des Individuums in den Urgrund | Ekstase, Fülle | Liebe | Einheit, Hingabe | Unsterblichkeit Friede |
| **6.Chakra** *ajna* | Direktion u.Vereinigung mentaler u.emotionaler Energieanteile, Individuation | Stärke, Autonomie | Willenskraft Intuition | Volle Bewußtheit, Ganzheit | Weisheit, Selbstverwirklichung |
| **5.Chakra** *visshudda* | Mentale Identität | Freiheit, Einsichten | Wissen, Verstand | Offenheit, Ehrlichkeit | Verstehen Wahrheit |
| **4.Chakra** *anahata* | Direktion u.Vereinigung emotionaler, vitaler u.physischer Energieanteile | Mitgefühl, Freude | Barmherzigkeit | Hilfsbereitschaft | Das Gute |
| **3.Chakra** *manipura* | emotionale Identität, Ego-Identität | Ambivalenz, Zu- u.Abneigungen | Geduld | Vertrauen | Gelassenheit |
| **2.Chakra** *svadhistana* | Vitale Identität, Integrierung männlicher u.weibl. Energieanteile | Heiterkeit, Begeisterung | Natürlichkeit, Phantasie | Dankbarkeit | Übereinstimmung |
| **1.Chakra** *muladhara* | physische Identität, Integrierung von Raum-u. Festkörperbewußtsein | Geborgenheit | Urvertrauen | Ordnung, Überwindung | Gerechtigkeit |

# Die Chakras und das Unbewußte

Wenn wir die bisherigen Ausführungen über die verschiedenen Energiehüllen (im Sanskrit *kosha* genannt) und die Chakrasaktivität sowie ihre Verunreinigungen durch das Ego zum Unbewußten in Beziehung setzen, dann erscheint das Unbewußte in einem neuen umfassenderen Licht.

Die maßgeblichen psychologischen Schulen unterscheiden ein Unterbewußtes und ein Unbewußtes. Im ersteren sind die Inhalte noch nicht verdrängt sondern unterschwellig Wahrgenommenes, Gedachtes oder Gefühltes nur aus dem Bewußtsein ausgeblendet und jederzeit reaktivierbar. Im zweiten sind die Inhalte durch gewisse Abwehrprozesse verdrängte, bzw. geleugnete oder einfach abgelegte Motive und Erfahrungen. In Abb.21, S.181, habe ich die Aktivierungszustände des Bewußtseins und die graduelle Bewußtheit näher dargestellt. Unterhalb des somnolenten Zustandes befinden sich die Stufen und Schichten des Unbewußten. Im Alpha-Zustand sowie in der REHM-Phase, bedarf es nur relativ geringer Reaktivierungsreize, um unbewußte Inhalte in die Bewußtseinsschwelle zu heben. Hingegen benötigen der Theta -und Deltazustand sehr starke Reize, etwa starke Drogen oder lange und tiefe Kontemplationsübungen z.B. Zazen, um in diese Schichten einzudringen. Nach der Art und Qualität der Inhalte unterscheidet man noch ein persönliches, familiäres und ein kollektives Unbewußtes (Archetypen). Letzteres hat numinosen Charakter und ist anscheinend durch seine Universalität für jeden Menschen und für die spirituelle Evolution der Menscheit von Bedeutung. Ich bin der Auffassung, daß die Archetypen des Unbewußten die eigentlichen präformativen und präkonstituierenden Energien oder sagen wir es einmal wissenschaftlich, die "stereometrische" Strukturmöglichkeit für Ideen, Vorstellungen und Bewußtseinsinhalte sind. In der Abb.21, S.181, sind die Archetypen im Theta, vielleicht im Deltazustand und scheinen für das Bewußtsein kaum erreichbar. Beide Zustände sollen uns jedoch nur die Bewußtseins-Transzendenz anzeigen, was nicht heißt, die Archetypen führten so eine Art Dornröschenschlaf. In Abb.21 sehen wir im Spektrum oberhalb der Bewußtseinsschwelle, z.B. die Exaltation oder die Verzückung. Beide Zustände kommen vor, wenn Archetypen ins Bewußtsein aufsteigen und zum überwiegenden Inhalt werden. Es können bei einer besonders psychoiden Anlage dann regelrechte Psychosen auftreten.

In der nachfolgenden Tabelle habe ich die Luziditätsstufen des Supramentals und anderer Bewußtseinsstufen hierarchisch aufgelistet. Danach gibt es mindestens drei Stufen des Supramentals, welche sowohl die integrale Weite und Tiefe, als auch den Bewußtheitszustand andeuten. Letzterer ist näher aufgefächert in Abb.21. Typisch und am häufigsten ist der Zustand der Psychostase, welcher der Ruhe, des Friedens und der Übersicht eines hohen Berggipfels gleicht. Hier erreicht das Supramental seinen höchstmöglichen Zustand, der auch der Stufe des Übergeistes entspricht. Die tieferen Luziditätsstufen entsprechen analog der Tabelle in Abb. 21 der Ekstase und Bodyekstase. In letzterer handelt der Geist nach intuitiven Impulsen und seine Entscheidungen befinden sich bereits in Übereinstimmung mit jedem kosmischen Entfaltungsmoment, siehe auch S.193.

## Spektrum der Bewußtseinsstufen

| | |
|---|---|
| Das Absolute | Der göttliche Funke |
| Der Übergeist | Luziditätsstufen des Supramentals |
| Der erleuchtete Geist | |
| Der intuitive Geist | |
| Der integrative Geist | Stufen des Mentals |
| Der logisch-reflexive Willensgeist | |
| Der emotionale Geist | Stufe des Astrals |
| Der sinnliche Geist | Stufe des Vitals u. Bios (Äther) |
| Der physische Geist | Stufen der Physis |
| Der unterbewußte Geist | Pflanzen |
| Der unbewußte Geist | Mineralien |

# Aktivierungsgrade des Bewußtseins

| |
|---|
| Glückseligkeit |
| Psychostase |
| Ekstase |
| Body-Ekstase |
| Exaltation |
| hellwach |
| wach |
| halbwach |
| **normale Bewußtseinsschwelle** (Konsensus-Bewußtsein) |
| somnolent |
| Alphazustand (Tiefenentspannung) |
| REM-Phase (Traumbewußtsein) |
| Thetazustand (tiefer Meditationszustand) |
| Deltazustand (reines Gewahrsein) |
| Komma/Tod |

Abb. 21
C.G.Jung vergleicht die Archetypen öfters mit dem bloß formalen Achsensystem eines wachsenden Kristalls, welches im Prinzip ein invariables geometrisches Verhältnis hat, jedoch in seiner äußeren Manifestation beliebig variabel ist, was Größe, Flächenausbildung und Gestalt betrifft. Ein Beispiel dafür bietet uns der Sonnenheldmythos in Gestalt des Siegfrieds aus der Nibelungensage. Der Sonnenarchetypus ist nicht mit Siegfried identisch, sondern er bildet in den unbewußten Schichten unserer Psyche nur die abstrakte

oder formale Struktur des Überwinders und Siegers über das Böse und Abgründige. Seine Naturentsprechung sehen wir im täglichen Sonnenlauf. Diese Naturerfahrung, welche die Menschheit seit Urzeiten machte, scheint sich in den Tiefenschichten der Psyche als eine Art Energiematrix oder als eine Möglichkeit wiederzufinden. Auch die Ägypter haben im Mythos des Osiris ihren Sonnenarchetypus veräußert und ihn als Gottheit verehrt. Archetypen sind die eigentlichen Mächte der menschlichen Seele; wenn sie reaktiviert werden, bewirken sie nicht selten eine völlige Neuorientierung und bleibende Verhaltensänderungen. Sie sind ein Faszinosum der menschlichen Psyche und von numinoser Kraft. Bestens studieren können wir die Archetypen in den 22 Arkanas des Tarot. Zwar haben wir in ihnen konkrete Bilder, aber sie sind universelle Grundthemen des Lebens und des menschlichen Schicksals und von daher in der archetypischen Tiefenschicht angesiedelt. Einen noch besseren Einblick in die individuelle, archetypische Konstellation bietet uns das Horoskop oder das kosmische Psychogramm. Durch meine langjährigen, astrologischen Studien an vielen Patienten, hatte ich reichlich Gelegenheit, mich langsam in diese subtil-qualitativen Energiemuster hineinzutasten. Die planetarische Kräftebeziehung zeigt uns die potentiellen Entfaltungsmöglichkeiten von Archetypen. Die Sonne z.B., steht stellvertretend für das väterliche Energiepotential. Ihr Stand in den einzelnen Energiefeldern gibt ihr eine bestimmte, qualitative Färbung oder Wesenstönung. Das gleiche, mit umgekehrten Vorzeichen, trifft für den Mond zu, dem weiblichen, bzw. mütterlichen Energiepotential. Freilich ist damit noch längst nicht die Sonne-Mond Symbolik erschöpft. Sonne steht auch für Animus, Selbstbewußtsein, Mond für Anima, Unbewußtes, Kind ua. Angewandt auf die Chakras und Energiehüllen des Menschen, finden wir die Archetypen im sechsten Chakra und im Supramental wieder, d.h.: hat jemand dieses Chakra aktiviert, dann kann er in sich beliebige Archetypen wecken und individualisieren. Er wird zu einer schillernden, manchmal auch charismatischen Persönlichkeit. Ebenso geht es jenen, die sich über Jahre mit dem Supramental auseinandersetzen. Im Supramental s. S.111, wurzeln die Grundmuster der menschlichen Psyche oder die Energiematrix der Mentalhülle. Dort finden sich auch die Wahrscheinlichkeitsfelder der universalen Lebensenergie. Wir können auch sagen, daß die Archetypen das Äquivalent zu den integralen Energiemustern sind, oder ganz einfach ausgedrückt, letztere sind dasselbe wie Archetypen. C.G.Jung betonte immer wieder die Autonomie des Unbewußten und sein kompensatorisch-funktionelles Verhältnis zum Bewußtsein. Nun zeigt uns das Chakra -und Energiesystem, daß das Unbewußte jene Schwingungsmuster und Energiequalitäten behinhaltet, die nicht bewußt sind. Sie erreichen anscheinend nicht unser Bewußtsein, sondern verlieren sich in den verschiedenen Persönlichkeitsbereichen und bewirken Umwandlungen, die außerhalb unserer bewußten Kontrolle liegen; sie können so tiefgreifend sein, daß wir sie erleiden müssen und machtlos ihren Dynamiken ausgesetzt sind, wie das z.B. bei bestimmten Neurosen und Psychosen der Fall ist. Wenn wir davon ausgehen, daß die volle Bewußtheit ihren Sitz im sechsten Chakra hat, dann scheint es zunächst so, als ob die zu geringe Aktivität dieses Energiezentrums die mangelnde Bewußtheit verursacht. Je umfassender die Bewußtheit ist desto weniger Macht hat das Unbewußte über uns, daher wäre die Bewußtseinserweiterung das oberste Gebot, allerdings gibt es, was die Art und Methode der Erweiterung betrifft, gravierende Unterschiede, auf die ich noch zu sprechen komme.

Schauen wir uns einmal an, wo die psycho-spirituellen Ursachen der mangelnden Bewußtheit liegen. Wir sprachen schon vom reinen Gewahrsein bei vollendeter Öffnung des sechsten Chakra. Reines Gewahrsein kann es jedoch nur dann geben, wenn, wie wir schon sagten, die Dualität von Subjekt und Objekt aufgehoben wird. Das spirituelle ICH-BIN, also unser höheres Selbst, wird von den physischen, vitalen, astralen und mentalen Egoverhaftungen, die sich fälschlich für das ICH-BIN halten, so stark eingehüllt, daß zuerst die Illusion der Abgesondertheit entsteht. Treffender ausgedrückt: Physis, Vital, Astral und wesentliche Teile des Mental, halten sich für das wahre ICH-BIN. Damit wird das universale Einheitsbewußtsein und somit reines Gewahrsein verdrängt und wird, weil nicht mehr bewußt, unbewußt. Das Ich-Bin sitzt in den tieferen Energiezentren und aktiviert das Energiesystem einerseits und andererseits hüllt es sich in die Vorstellung ein, eine gesonderte Existenzform zu sein. Die höheren Zentren büßen durch den Verlust des integralen ICH-BIN, ihre steuernde übergeordnete Funktion ein und werden von den tieferen dominiert. Alle Zentren, insbesondere die ersten drei Chakras, werden in den Dienst der sich zunehmend steigernden Egomanie eingespannt und das Bewußtsein sondert sich vom universalen, bzw. kosmischen Bewußtseinsfeld im gleichen Maße ab (proportional) wie das Ego anschwillt. Je mehr jedoch das physische, vitale, astrale und mentale "ICH-BIN" dominiert, desto mehr reichert sich das Unbewußte mit abgewehrten, bzw. verdrängten Energiekomplexen aus dem höheren Selbstes an. Die Spannung zwischen dem kosmischen Ich-Bin, also dem Selbst und dem erdgebundenen, körperbezogenen ICH-

BIN, wächst so zu einem Dauerkonflikt, der das Individuum in einem zähen Stellungskrieg langsam zermürbt oder zu einer offenen Schlacht herausfordert, in welchem es unter großen Opfern nur eine Entscheidung gibt. Der Unterschied zwischen ICH-BIN und Ego ist, daß das Ego sich grundsätzlich abgesondert fühlt, während das reine ICH-BIN sich mit allem verbunden weiß siehe auch S.121. In den tieferen Hüllen, insbesondere im Vital und Astral kann das reine ICH-BIN von Identifikationen nur dann frei sein, wenn es deren Energiequalitäten ausschließlich als Ausdrucks-und Hilfsmittel für die jeweils gegenwartsbezogene Seinsweise des hohen Selbstes benutzt. Das Absolute, bzw. Gott, will im Endlichen und zwar in allen Dimensionen ebenso vollkommen sein (seinen Sohn gebären) wie in der Unendlichkeit, daher sind all die unzähligen Energieschwingungen, Manifestationsformen und Kräfte nichts weiter als vollkommene Ausdrucksmittel, Betätigungs-und Seinsweisen des EINEN. Der Kardinalfehler, welcher uns Menschen immer wieder unterläuft (das wäre dann die Erbsünde) ist, daß wir fortgesetzt etwas für unser wahres Ich-Bin halten, was in Wirklichkeit nichts weiter ist als form-und ausdrucksgebende Kräfte, sowie Handlungsenergien aus den vier Hüllen zur Verwirklichung des involvierten Geistes. Der o.g. Konflikt mit dem Unbewußten ist also der zwischen reinem ICH-BIN und dem illusorischen Egobewußtsein und es ist unsere evolutive Aufgabe, diese Spaltung aufzuheben, indem wir die Energien des "verlorenen Sohnes," des Egobewußtseins, in das reine Gewahrsein neu integrieren.

# Kapitel VIII

*"Nach neun Jahren, da machte ich einen Strich*
*durch die Gedanken meines Herzens und die Worte des Mundes.*
*Ich wußte nicht mehr, ob es sich um mein Recht und Unrecht,*
*um meinen Vorteil und Nachteil handle*
*oder um die von andern.*
*Noch wußte ich mehr, daß der Meister mein Lehrer war,*
*oder jeder andere mein Freund.*
*Der Unterschied von Ich und Nicht-Ich war zu Ende.*
*Danach hörten auch die Unterschiede der fünf Sinne auf,*
*alle wurden sie einander gleich.*
*Da verdichteten sich die Gedanken, der Körper wurde frei,*
*ich hatte keine Empfindung mehr davon,*
*worauf der Arm sich stützte, wohin der Fuß trat:*
*ich folgte dem Wind nach Osten und Westen*
*wie ein Baumblatt oder trockenes Spreu*
*und wirklich weiß ich nicht,*
*ob der Wind mich trieb oder ich den Wind. "*

*Liä Dsi (Lieh-tzu), 4. Jh. v. Chr.*

## Die spirituelle Zentrierung mit der Reiki-Kraft

### 1. Die innere Mitte des Herzens

Wenn wir von der Mitte unseres Gefühlslebens sprechen, dann wählen wir hierfür entsprechende Begriffe, die aus dem mentalen Bereich stammen. Das erschwert natürlich die ganzheitliche Darstellung dessen, was man unter Herzensmitte versteht, denn die Sprache des Herzens ist nicht die des Kopfes und umgekehrt. Dennoch, in einem Buch können wir geistige Inhalte nur über Begriffe vermitteln, Habitus und emotionale Äußerungen fallen weg und vor allem vermissen wir das so wichtige, gefühlsmäßige Verstehen jenes Erfassen von Gefühlsinhalten, die zwischen den einzelnen Sätzen und Wörtern stehen und häufig mehr aussagen als ein ganzer Wortschwall. Ich kann nur hoffen, wenn ich jetzt über die Herzensmitte schreibe, daß mir die richtigen Worte einfallen mögen. Die Herzensmitte bewahren, heißt, eine verstehende, wohlwollende Grundhaltung einnehmen, denn die größte Eigenschaft des Herzens ist das Mitfühlen, das wortlose Verstehen der Gefühlslage des Anderen. Wie kommt man zu einer verstehenden, wohlwollenden Grundeinstellung? Kann man wirklich im realen Sinne noch verstehen, noch ein Realist sein, wenn man Logik und Verstand beiseite läßt? Wir haben über die hierfür in Frage kommenden Ener-

185

giezentren -dem Herz-Chakra und dem Hals-Chakra schon einiges auf S.155 u. S.158 gesagt und erkannt, daß das Mental seine logischen Regeln nur dort erfolgreich anwenden kann wo der Maßstab von Raum und Zeit existiert, denn als logische Voraussetzung für einen psychologischen Sachverhalt müssen wir mindestens vier Orientierungsfragen haben, um aus deren Beantwortung eine raum-zeitliche Erkenntnis zu gewinnen.

1. Wir müssen zunächst konstatieren, daß etwas ist.
2. Dann erfassen, was es ist.
3. Wie es beschaffen ist also seine Differenzierung im Raum.
4. Woher es kommt und wohin es geht.

Dieser vierfache Aspekt ist eben das Minimum der Vollständigkeit eines Urteils und die ideale Vollständigkeit wäre das Runde, der Kreis, dessen natürliche minimale Einteilung die Vierheit, also das Quadrat darstellt.

Die Herzensmitte analysiert natürlich nicht nach diesen Regeln, sondern sie erfaßt sie intuitiv, d.h., wenn wir sie anwenden, dann wird die Ganzheit rund und nicht eckig wie beim Verstand. Mit der Herzensmitte ecken wir eben nicht an und das ist eine sehr wichtige Erfahrung. Die Überlegenheit der menschlichen Intuition gegenüber rationaler Einsicht und sei sie noch so präzise, hat uns der Schachweltmeister Garri Kasparow in New York vorgeführt, als er den zur Zeit größten elektronischen Schachcomputer in nur zweiundfünfzig Zügen matt setzte. Der Computer war kein geringer! Er konnte z.B. in einer Sekunde 720 000 Positionsprüfungen vornehmen, eine Leistung die kein menschliches Gehirn, jedenfalls nicht linear, nachvollziehen kann. Im zweiten Durchgang zwang Kasparow den Computer in nur 37 Zügen zur Aufgabe, womit klar war, daß der erste Sieg kein Zufallsergebnis sein konnte. Kasparow hatte nicht gewonnen, weil er intelligenter als der Computer war oder die Züge alle vorausberechnet hatte, sondern weil er ein *rein intuitives Schach* spielte, das eben nur scheinbar der Logik folgte. Aus energetisch-psychologischer Sicht arbeitete Kasparow mit dem Supramental und dürfte in jahrelanger, harter Arbeit sein Supramental, bzw. das sechste Chakra voll aktiviert haben. In volkstümlicher Weise ausgedrückt, wußte sein Herz den richtigen Schachzug. Es ist nicht so einfach, Herz und Verstand in der rechten Weise miteinander zu verbinden. Nicht wenige Menschen, die sich auf den spirituellen Weg machen, meinen, man müsse zunächst einmal den Verstand bewußt niederhalten und ganz auf die Gefühlseingebungen achten und ihnen unbedingten Vorrang einräumen. Sie übersehen dabei ganz, daß die Gefühlserkenntnis zuvorderst aus unbewußten Dynamismen und Engramms hervorquellen und nicht selten in ganz simplen Konditionierungen ihre Ursache haben. Praktisch verfallen sie in das andere Extrem, weil sie glauben, daß ihre vernachlässigte Gefühls-Intuition einen ungeheuren Nachholbedarf hat. Auf Seminaren beobachtete ich öfters diese einseitige Verhaltensweise und auch so mancher Seminarleiter verfällt in dieses Extrem. So lobenswert der Eifer zur intuitiven Mitte auch sein mag, wir erreichen sie nur, wenn wir extreme Ausrichtungen vermeiden. Es geht wie in allem doch darum, dem Verstand seinen ihm gemäßen Platz innerhalb der Gesamtpersönlichkeit zu zuweisen. Wie ich an anderer Stelle schon ausführte, sagt uns der Verstand das *Wie* nicht aber das *Was*! Indem er uns Techniken, Methoden und Wege aufzeigt, wie wir z.B. eine intuitive Erkenntnis beweisen oder ein Mitgefühl, vielleicht ein bestimmtes Wahrheitsgefühl in eine, den Umständen und Erfordernissen angepaßte Handlung umsetzen können. Leider wurde er in der westlichen Industriegesellschaft zu einem überwertigen Ideal und Erkenntnisinstrument erhoben, und die Akademien erfanden langwierige, z.T. schikanöse, bizarre Ausbildungs-und Schulungswege, um ihn auf den Thron der Vernunft und höchsten Erkenntnis zu setzen. Schaut man sich allerdings seine Früchte und Produkte an, wie sie uns in der z.T. Umweltzerstörerischen Technik und in der zunehmenden Verdatung des Menschen beschert wurden, dann wird es höchste Zeit, ihn von seinem hohen Thron herunter zu holen und ihm eine wesentlich bescheidenere, bzw. mehr dienende Funktion zuzuweisen. Zur Herzensmitte stoßen wir vor, wenn wir uns frei machen von Empfindungen und Gefühlen die aus Erinnerungen und aus Zukunftsperspektiven stammen. Wir sollten die Gegenwart in ihrem ganzen Sosein reflektieren und dabei unsere Gefühle und Empfindungen wertfrei beobachten. Sobald wir den Verstand als bewertende Instanz einschalten sind wir nicht mehr im reinen Gewahrsein, sondern in der Mühle des Vorher und Nachher und der moralisch-ethischen Bewertung. Wenn wir also jemanden oder einer Situation begegnen, dann sollten wir zunächst eine unvoreingenommene Beobachterposition einnehmen, in der wir einfach den Eindruck und das Bild auf uns wirken lassen und es anschauen, ohne etwas zu denken. Die ersten Gefühle, die hierbei aufsteigen, geben uns eine sehr präzise, ganzheitliche Information über die Botschaft, die wir aus der Begegnung entnehmen können. Der Verstand hat in diesem Fall, wie schon angedeutet, nur eine *nachordnende Funktion,* indem er Möglichkeiten erkundet, wie damit im Rahmen unserer gesellschaftlichen und beruflichen Situation umzugehen ist und was wir davon verwirklichen, z.B. was wir davon verwerten und praktisch umsetzen können, aber auch welche Folgen das für uns insgesamt haben könnte. Er ist also wirklich nur *der Butler*, der uns hilft, unsere Mitte zu halten und abzusichern, mehr nicht, das sollten wir klar erkennen. Deshalb nochmals: Unsere Mitte ist nicht der Verstand, sondern das reine Gewahrsein, welches frei ist von allen selbstischen Gefühlen, Empfindungen und zuvorderst von Bewertungen aus der raum-zeitlichen Erkenntnis.

## 2. Mit der Reikikraft zur inneren Mitte

### Ein Prolog

Die universale Lebensenergie ist so sagten wir im ersten Kapitel, eine Ausstrahlung Gottes. Sie ist die Kraft, die um sich selbst weiß, also mit Bewußtsein begabt ist und deshalb die Formen manifestiert. Sie ist das Urlicht und der Urstoff der Schöpfung aus dem die Universen hervorgehen und wieder eingehen. Unser Bewußtsein ist Teil dieser Kraft und hat sich infolge seiner universalen ICH-BIN-Bewußtheit von ihr in das Ego abgesondert. Die Hingabe an die universale Lebensenergie und die direkte praktische Erfahrung lassen unser Ego und unser Absonderungsbewußtsein dahinschmelzen wie Eis in der Sonne. Indem wir uns als ein neutraler Durchflußkanal zur Verfügung stellen und unser Bewußtsein wertfrei wie einen Scheinwerfer ausrichten, erfahren wir wieder die Ganzheit des Seins und nehmen unmittelbar an ihr teil. Uns wird dann bewußt, daß hinter allen Manifestationen eine mit höchster Intelligenz und Weisheit begabte, kosmische Energie waltet, welche alle Disharmonien und widernatürlichen Unterschiede ausgleicht und mit dem Zahn der Zeit alles auf sein kosmisches Maß zurechtrückt.

Diese Erfahrung macht uns gelassen!

*Sie führt uns zu der Einsicht, daß wir Teil dieser einen Kraft sind und wir alle müssen ihrer großen, abgründigen Bewegung folgen, deren erhabenes Ziel wir nicht kennen, doch im tiefsten ahnen.*

Wir kommen so zu der Einsicht, wie absurd und nichtig unser Versuch bislang war, unser Bewußtsein mit all ihren Inhalten als vom Ganzen abgesondert zu wähnen. Und weil wir uns der Liebe, der unergründlichen Weisheit und ewigen Kraft der universalen Lebensenergie sicher sein können, dürfen wir ihr uneingeschränkt vertrauen und ihr uns hingeben. Lassen wir also die universale Lebensenergie in uns arbeiten, ja übergeben wir ihr die Führung unseres ganzen Seins, denn im Grunde ist sie ja schon in unserem höheren Selbst kondensiert und lenkt unbewußt unsere spirituelle Evolution. Spiritueller Fortschritt bedeutet jedoch nicht nur die Entdeckung des hohen Selbstes, sondern zuvorderst die endgültige

Aufgabe der illusionären Vorstellung, als ein von der universalen Lebensenergie abgesondertes Etwas zu sein. In unserer Herzensmitte erfahren und spüren wir dieses universale Einheitsbewußtsein. Wir geben ihm Raum und Entfaltungsmöglichkeiten, weil wir alle wertenden und aus dem Ego intervenierenden Vorstellungen und Dynamismen ruhig an unserem inneren Auge vorbeiziehen lassen und so endgültig frei werden für die Botschaften der universalen Lebensenergie, aus der Mitte unseres Herzens.

# Praktischer Teil I

*"So wie eine weiße Sommerwolke*
*im Einklang mit Himmel und Erde frei schwebt*
*und von Horizont zu Horizont zieht,*
*dem Hauch der Lüfte folgend,*
*so überläßt sich der Pilger dem Strom*
*eines größeren Lebens, das ihn*
*über ferne Horizonte zu einem,*
*seinem Blick verborgenen,*
*aber stets gegenwärtigen Ziel führt."*

*Lama Anagarika Govinda*

## Wie kann man die universale Lebensenergie stetig wahrnehmen?

Ein jeder von uns lebt, bewußt oder unbewußt, in der großen Kraft. Genaugenommen werden wir alle von ihr gelebt, da macht niemand eine Ausnahme. Wenn dem so ist warum sollten wir uns gegen sie aufbäumen, nur weil das Ego in der Selbsttäuschung der Abgesondertheit sein eigenes Dasein fristen möchte. Aus all dem bisher Gesagten geht zwingend die Einsicht hervor, daß einzig die illusionäre Vorstellung des Getrenntseins uns abhält von der kosmischen Verbundenheit und Geborgenheit. Das tiefe und weite Empfinden mit der universalen Lebensenergie eins zu sein ist wahres Lebens-Gefühl. Es ist Lebendigkeit an sich und quellender Urgrund, auf dem unser Sein wie eine Blüte erscheint.

Was müssen wir nun tun und was lassen, um dieses wahrhaft kosmische Bewußtsein in uns nicht nur in einem flüchtigen Erleuchtungsmoment zu erfahren, sondern kontinuierlich zu leben? Zunächst ist es notwendig, die Erfahrung der kosmischen Verbundenheit nicht im Äußeren, sondern in uns selbst zu suchen. An verschiedenen Stellen sprach ich immer wieder vom hohen Selbst und seiner direkten Beziehung zur universalen Lebensenergie. Das hohe Selbst in uns ist jedoch als personaler Aspekt der universalen Lebensenergie dasjenige, welches die Lebendigkeit dieser universalen Energie in die vier Energiehüllen weiter vermittelt. Daher sollten wir, wenn wir ihrer gewahr werden wollen, nach innen gehen. Ist einmal die Aufmerksamkeit ins Innere gerichtet, dann sollten wir uns bewußt werden, daß die Quelle der Energieerzeugung nicht wir selbst sind, noch sind wir die Schöpfer und "Macher" unserer Lebensgrundgefühle und mentalen Kräftedynamik, sondern wir beziehen die Energien der vier Energiehüllen fortlaufend von der universalen Lebensenergie. Was die Unterscheidungskriterien zwischen Ego-und Selbst-Wahrnehmung betrifft, bitte ich meine Ausführungen auf S.121 zu beachten. Das ist die wichtigste Voraussetzung für die Kontinuität kosmischen Gewahrseins. Solange wir uns jedoch selbst für die Verursacher und Schöpfer unserer Persönlichkeitskräfte halten, werden wir schwerlich kosmisches Bewußtsein erlangen. Indem wir jede Form von emotionaler und gedanklicher Lenkung aufgeben und in uns den Energiefluß einfach geschehen lassen und wir zunächst in einer passiven Beobachtungshaltung verbleiben, dennoch aber hellwach sind, erfahren wir am leichtesten, wohin wir der universalen Lebensenergie folgen sollen. Die dritte, wichtige Voraussetzung ist die der wachen Beobachtung der aufsteigenden Energiequalitäten. Sozusagen müssen wir hellwach darauf achten, welche Art von Energiequalität und Muster in uns aufsteigt und was sie von uns will. Nochmals: die Grundvoraussetzung ist die Aufgabe jeder Art von Egomanipulation, sei sie vitaler, emotionaler oder mentaler Art. Wird man in diesem Bewußtseinszustand zur Marionette des Kosmos oder irgendeiner anonymen Macht? Diese Frage ist müßig, denn jeder von uns lebt ja von der Kraft und der Zielausrichtung des EINEN und kann im Grunde nichts aus sich selbst tun. Frage ich z.B. wer ist es, der mich atmet, der für meinen Herzschlag sorgt, mich jeden Morgen erwachen läßt und mich am Leben des Seins teilhaben läßt, was kann ich darauf antworten? Daher sind solche Bedenken kleinkariert und von Egoängsten diktiert. Haben wir erst einmal zu unserem inneren Quell Vertrauen gefaßt, dann können wir ihm ohne Zweifel folgen und uns führen lassen. Es stellt sich spätestens nach der Verwirklichung des dritten Schrittes eine große Gelassenheit und Selbstsicherheit ein. Da gibt es keine Angst, keine Sorgen und kein Mißtrauen mehr, weil die innere Gewißheit von einer gütigen Weisheit geführt zu sein, all die kleinkarierten Egonöte wie Spreu im Winde verweht. Die wohl größte Erfahrung, die wir dabei machen, ist die des großen Vertrauens, des Gelingens und der Zuneigung zu allen Wesen. Begleitend dazu, stellt sich ein starker Austauschwunsch mit allem was ist ein und das unbedingte Gefühl, alles erlangen zu können, was man sich nur wünscht. Es ist die sichere Gewißheit, daß alle Ziele, die in uns intuitiv aufsteigen, verwirklicht werden und einen kosmischen Sinn haben. Was früher als unerreichbar galt, erleben wir im kosmischen Gewahrsein als ein heiteres Seins-Spiel, das wir zur Freude aller inszenieren.

## Mit der universalen Lebensenergie zur richtigen Entscheidung finden.

Der Weg ist das Ziel, sagt uns der Taoist und ergänzend können wir sagen, der Weg führt zum Ziel. Wenn wir an einer Weggabelung stehen und wählen eine bestimmte Richtung, dann haben wir uns zumindest für das nächstliegende Ziel oder Nahziel entschieden und müssen alle negativen Situationen und Einwirkungen, welche uns auf diesem Weg begegnen, in Kauf nehmen. Manchmal können wir gewisse Dinge und Ereignisse voraussehen, weil wir ähnliche Wege schon gegangen sind. Wenn wir z.B. eine Schnellstraße inmitten des Feierabend-Verkehrs ansteuern, dann müssen wir damit rechnen in einen größeren Stau hineinzugeraten, d.h. die Wahrscheinlichkeit, daß wir zum Stillstand kommen und eine Überdosis an Abgasgiften einatmen ist ziemlich sicher. Wie nun kommt es, daß viele Menschen trotz negativer Wahrscheinlichkeiten dennoch Wege des größeren Widerstandes wählen und obendrein den des Unglückes, nicht selten sogar wider besseres Wissen? Die Antwort ist simpel und doch nicht so leicht zu verwirklichen: *Es ist die Dissonanz des jeweiligen Entscheidungsmomentes, die uns auf den falschen Weg bringt.* In dem Moment, wo wir uns entscheiden, dorthin oder dahin zu gehen, entscheiden wir über längere Strecken die nachfolgenden Ereignisketten und die daraus resultierenden Muß-Reaktionen sowie über unser weiteres physisches, vitales, emotionales und mentales Befinden. Es ist dies der schicksalhafte Existenzmoment, welcher die Weichen stellt für ein anderes Wahrscheinlichkeitsfeld, das uns zum Ganzen in ein neues Verhältnis bringt. Ich nenne diesen Moment eine *Supramental-Entscheidung,* denn tatsächlich bestimmt sie die nachgeordneten Reaktionen in den vier unteren Energiehüllen. Die Supramental-Entscheidung führt uns also auf ein bestimmtes Wahrscheinlichkeitsfeld, in dem alle Möglichkeiten der Freude und des Leides sowie des Erfolges und Mißerfolges vorprogrammiert sind. Die universale Lebensenergie ist aus unzähligen solcher Felder zusammengesetzt, sie sind der schicksalhafte Rahmen und die Bedingung unseres Seins. Supramental-Entscheidungen sind daher fundamentale Führungs-Energien, ähnlich wie die Psi-Wellen, siehe S.293, welche die Richtung unseres Seins in allen Dimensionen bestimmen. Wie nun kommt es, daß wir uns häufig unbewußt für den schwereren Weg entscheiden und hierbei nicht selten den Mißerfolg wählen?

Zunächst können wir feststellen, daß wir jede Entscheidung auf unser Ich richten, das stets das Angenehme und Leichte sucht. Ich will, ich mag, ich würde, ich werde, ich tue, weil dies meinem Idealbild und meinen Vorstellungen und Wünschen am nächsten kommt, usw. Das Ich jedoch, so führten wir auf S.118 aus, ist meist egozentriert und deshalb eine physische Raum-Zeitvorstellung, welche die Energien des Supramentals vom Ganzheitsaspekt ihrer virtuellen Vernetztheit herauslöst und somit eine qualitative Veränderung der Schwingung und des Energieflusses herbeiführt. Dieser abgelöste Energiekomplex kondensiert sich dann im unteren Mental zu einer rationalen Zweckvorstellung, die, weil sie nicht mehr mit dem Ganzen verbunden ist, sich selbst für das Ganze und Wahre hält. Wird nun dieser dissonante Teilaspekt in die peripheren Energiehüllen übertragen dann entsteht eine weitere dissonante Kettenreaktion bis in die Physis hinab. Es läuft ein falsches Programm ab. Alle weiteren Entscheidungen sind mit disharmonischen, emotionalen wie auch mentalen Energien belastet, daher auch fehlerhaft und mit dem Stigma des Unglückes behaftet. Als weitere Folge entwickeln sich zur Stabilisierung von Harmonie und seelischem Gleichgewicht mentale und vitale Kompensationen sowie Befriedigungsversuche, siehe auch S.100 und S.107, doch meist ohne durchschlagenden Erfolg. Die Wurzel dieses üblen Mißstandes liegt also in den egozentrierten Entscheidungen, welche im unteren Mental entstehen. Es kommt also darauf an, daß wir unsere Entscheidungen aus dem Supramental abrufen und nicht auf die Egoebene des niederen Mentals und Astrals heruntertransponieren. *Eine ungetrübte Supramental-Entscheidung ist wahre Intuition, weil sie stets in einem optimalen Verhältnis zur Ganzheit steht und insofern mit allem stimmig ist, siehe S.30.* Das Supramental, auf der Ebene der Wahrscheinlichkeitsstrukturen, entscheidet sich stets für den richtigen Ort, die richtige Zeit und den optimalen Handlungsmodus, weil es viel intensiver mit dem höheren Selbst vernetzt ist als das gewöhnliche Mental. Sobald jedoch das Ego jenes Pseudoselbst, innerhalb der Energiehüllen alle Energien wie ein starkes Magnet anzieht, kann das Supramental seine intuitiv steuernden Energien nicht mehr frei entfalten und die erhabenen Energien, werden in gröbere Schwingungsbereiche hinabgezogen und bis zur Unkenntlichkeit überlagert. Eine gute Möglichkeit, diesen verhängnisvollen Prozeß auszuschalten, bietet uns die Reiki-Praxis. Indem wir die universale Lebensenergie in uns frei fließen lassen, neutralisieren wir unser "Egomagnet" und die Güte und Weisheit der Reiki-Kraft kann in uns unverfälscht und frei zirkulieren. Wir befinden uns in diesem Zustand in einer Beobachterposition und können selbst supramentale Energiequalitäten wahrnehmen und bei günstigen Bedingungen zum Ausdruck bringen. In diesem Zustand haben unsere Entscheidungen kosmische Relevanz, weil sie mit dem Ganzen übereinstimmen. Alles, was wir auch beginnen, gelingt in harmonischer Abfolge und paßt wie ein Mosaiksteinchen zum ganzen Bild, oder wie ein wohlgestimmtes Instrument zum Orchester. Der Dirigent ist nicht mehr das Ego, sondern etwas in uns, das stets vom Ganzen weiß und mit diesem Ganzen verbunden ist eben unser hohes Selbst aus dem die universale Lebensenergie herausfließt wie Ströme lebendigen Wassers.

## Das Gesetz von Geben und Nehmen.

Schauen wir uns den Kreislauf der Elemente von Erde, Feuer, Wasser, Luft und Äther an, dann wird klar, daß jedes Element auch im anderen enthalten ist und keines ohne das andere sein kann. Die Kybernetik und Ökowissenschaft hat uns in den letzten drei Jahrzehnten durch eine Unzahl von Fakten klargemacht, daß der Mensch nur ein Glied im komplizierten Kreislaufprozeß der Naturkräfte ist und seine existenzielle, bzw. physische Grundlage, wesentlich von einer ausgewogenen Kooperation mit den Biosystemen innerhalb dieses Kreisprozesses abhängt. Er kann nur dann mit den Mächten und Kräften der Natur wieder in Harmonie kommen, wenn er sich ihren weisen Gesetzen unterordnet und insbesondere, wenn er die Bodenschätze und Gaben dieses Planeten so verwertet, daß sie wieder giftfrei in den Kreislauf der Elemente zurückfließen.

Was im Großen gilt, gilt auch im Kleinen und umgekehrt.

Auch wir Menschen leben mit allem, was ist, in einem ständigen Austausch. Das beste Beispiel dafür bietet uns die Atmung. Wie selbstverständlich atmen wir Sauerstoff ein und geben Kohlendioxyd ab, den die Natur wieder für die Pflanzen braucht. Nicht viel anders verhält es sich mit unseren Bioenergien und allen anderen Energien, ganz gleich aus welcher Dimension sie auch stammen z.B. Vital, Astral, Mental, wir nehmen sie auf und geben sie in anderer Form wieder ab. Das geschieht z.T. unbewußt und wie selbstverständlich und auch die universale Lebensenergie schenkt uns stetig Kraft, Bewußtheit und Freude, ohne zu fragen, was sie dafür bekommt. Das eben ist das kardinale Kennzeichen der Liebe; sie gibt ohne zu fragen, wie die Belohnung ausfällt. Wir sind also in den großen Rhythmus des Gebens und Nehmens eingebunden und sollten gleiches tun, nämlich für das was wir empfangen, sollten wir auch etwas geben, freilich im Rahmen unserer wirtschaftlichen und sozialen Möglichkeiten. Einseitiges Geben hat zur Folge, daß ein Ungleichgewicht entsteht, das solange bleibt, bis ein Ausgleich stattgefunden hat. Das Gefühl jemandem etwas schuldig geblieben zu sein, nagt an der inneren Harmonie, nährt den Unfrieden und ist wie ein lästiger Wurm. Ein undefinierbares Unbehagen ergreift uns, wir fühlen uns nicht mehr wohl und versuchen diesen unangenehmen Komplex ins Unbewußte abzudrängen, ahnen jedoch nicht, daß alles Verdrängte in maskierter Form irgendwann wieder ins Bewußtsein tritt. Wir sollten daher, wenn wir von unserem Mitmenschen Reiki empfangen, dafür auch etwas geben und zwar soviel wie wir für angemessen halten. Ist in der Finanzkasse Ebbe oder zur Zeit keine Verdienstmöglichkeit, dann kann statt des Geldes auch ein Hilfsangebot, Naturalien oder ein Geschenk die Gegengabe sein. Zum Beispiel, wenn jemand handwerklich begabt ist kann er Reparaturen durchführen oder Wäsche waschen und bügeln oder vielleicht Babysitten, einkaufen gehen und kochen, oder im Urlaub die Post und das Haus überwachen. Auch, falls künstlerische Fähigkeiten gegeben sind, ein schönes Bild malen oder eine Skulptur modellieren. Wer gerne für andere betet und Kerzen aufsteckt kann auch dies als Gegengabe anbieten. Ich jedenfalls hätte dagegen nichts einzuwenden und würde es dem Geld vorziehen, wenn mir das Angebot ehrlich und aufrichtig erschiene. Wenn wir Geld als Energieaustauschmittel vorziehen, dann empfehle ich den Stundenlohn eines selbständigen Handwerkermeisters.

Zu den juristischen Fragen über das gewerbemäßige Ausüben von Reiki, siehe auch S.289. Es gibt tausend Möglichkeiten, den Energieaustausch (energy-exchange) wie ihn die Reiki-Anwender nennen, befriedigend zu praktizieren. Die Mittel sind stets im Überfluß da, jedoch leider zu wenig in Bewegung. Jemand mag sich einreden, er sei dem anderen nichts schuldig, weil er "eigentlich" nichts bekommen hat oder kein Ergebnis, bzw. keine Wirkung spürbar war. Dennoch hat er die Zeit und die Mühe eines anderen in Anspruch genommen in der Hoffnung, von ihm Hilfe zu erhalten. Wir machen uns mit dergleichen Selbstlügen nur Feinde und schaden uns und dem Ganzen. Wer ist der andere? Er ist unser Mitmensch, unser Bruder und unsere Schwester und hat Anspruch sowohl auf Hilfe als auch auf Anerkennung und wir können unserer Liebe gerade dadurch Ausdruck verleihen, indem wir großzügig sind und nicht kleinkariert reagieren. Geiz und Knauserigkeit sind dem Bewußtsein der universalen Lebensenergie diametral entgegengesetzt und gehören zu den stärksten Absonderungs-Verirrungen des Egowahns. Wer geizig ist hat sich direkt auf das abschüssige Geleise zur Hölle begeben und wird weder in diesem Leben, noch im kommenden, schwerlich mit der Fülle, Freude und Liebe der universalen Lebensenergie in Berührung kommen.

## Reiki und Beten

In meinen Reiki-Treffs gibt es manchmal Meinungsverschiedenheiten zur Frage, ob Reiki und Beten die gleiche Wirkung hätten. Einige meinten, man müsse während einer Reiki-Anwendung beten, um so die Reiki-Kraft noch zu steigern. Andere lehnen dies ab, weil sie glauben, daß Beten den Energiefluß und das Durchflußerlebnis stört. Manche behaupten, Reiki hätte sie vom Beten abgebracht und einige berichten genau das Gegenteil, nämlich daß sie durch Reiki wieder zum Gebet gefunden hätten. Um diese Fragen zu beantworten, ist es zunächst wichtig, Unterschiede und Gemeinsamkeiten von Reiki und Beten herauszustellen, um dann beide in einem übergeordneten Standpunkt zu heben.

Wer betet, wendet sich einer höheren Macht zu um sie entweder zu preisen, seine Achtung und Ehrerbietung zum Ausdruck zu bringen, oder um etwas zu erbitten. Nun gibt es, was die Qualität des Gebetes betrifft, große Unterschiede. Wer es sich zur täglichen Gewohnheit macht z.B. Stundenbuch, einen Psalm oder ein Vaterunser herunterzuplappern, verfehlt nicht nur den Sinn des Gebetes, sondern auch die Wirkung. Gebetsroutine und selbstauferlegter Gebetszwang mag zwar das frömmelnde Selbstgefühl und die Pflichterfüllung gegenüber einem fordernden Gott befriedigen, jedoch kann niemand unter solchen Zwängen ein wirklich freies und liebendes Verhältnis zu seinem Schöpfer finden.

Bei Mtth. 6.7 steht z.B. *"Wenn ihr aber betet, sollt ihr nicht plappern wie die von den Nationen; denn sie meinen, daß sie um ihres vielen Redens willen erhört werden. Seid ihnen nun nicht gleich; denn euer Vater weiß, was ihr benötigt, ehe ihr ihn bittet."*

Diese Aussage, der man nur voll zustimmen kann, steht in krassem Widerspruch zum Gebetsverhalten der Gläubigen in Wallfahrtsorten und sogenannten Mariennächten der katholischen Kirche. Viele beten bei solchen Zusammenkünften bis zur physischen und psychischen Erschöpfung und meinen, der himmlische Vater müsse doch nun endlich ein Einsehen bei soviel Opferbereitschaft haben. Solche Verhaltensmuster sind nichts weiter als drastische Loslaß-Methoden, denn andererseits hört man von den vielen Erfüllungen und Wundern, die sich nach derartigen Gebetsexzessen ereigneten. Anscheinend bedürfen viele Menschen zunächst eines Opfers, sei es physischer, psychischer oder materieller Art, um ihren inneren Selbstgerechtigkeitsmaßstab zu befriedigen. Dieser Maßstab hat zwei Pole. Einmal ist da die Notwendigkeit und Bereitschaft für seine Schandtaten und Verfehlungen, sich selbst und anderen zu vergeben und zum anderen die Bereitschaft, sich selbst etwas zu geben. Dieses Maß mit dem sich jeder selbst mißt, wird auf einen äußeren Gott projiziert, daher oftmals die unglaubliche, nahezu märtyrerhafte Sühnebereitschaft. Wir können sagen, das Symptom der peinigenden Sühne und Selbstzerknirschung kann ein äußerer Hinweis auf mangelnde Selbstvergebung sein oder ein überwertiger Gerechtigkeitssinn, in dem Wiedergutmachung und Genugtuung die Hauptrolle spielen. Es liegt auch der Schluß nahe daß, je mehr sich ein Mensch im Sühnewahn befindet, desto weniger kann er sich und anderen verzeihen und den Glauben an einen *liebenden Gott* aufbringen. Hat ein reuiger Sünder schließlich nach seinem Ermessen genug Buße getan, dann kann er *ganz loslassen* und erlebt erhellende Bewußtseinsmomente, sogenannte flüchtige Gottesnähe-Erlebnisse, wie sie in bestimmten Meditationsstufen oder nach befreienden Psychodramen einsetzen. Diese Selbstvergebungspraktiken haben mit einem liebenden und verzeihenden Gott, noch mit der universalen Lebensenergie kaum etwas Gemeinsames, sie sind jenseits der gütigen und verzeihenden Kraft wie wir dies bei Reiki erleben. Das Wesen der universalen Lebensenergie ist es, allen zu nützen, niemandem zu schaden und keine Unterschiede zu machen, was immer auch gewesen sein mag. Die universale Lebensenergie ist wie das Wasser, sie streitet nicht und dient jedem, sie gibt sich einfach nur hin, nimmt selbst das an was die Menschen verachten, kümmert sich um alles und fragt nicht nach Belohnung oder Bestrafung. Ihre Gerechtigkeit besteht nicht in persönlicher Genugtuung, sondern im natürlichen Selbsterkenntnisprozeß, der jeden irgendwann zur Einsicht bringt. Ein Zweites ist die Sinnfrage. Wenn wie oben gesagt, Gott ja im Voraus weiß, worum wir bitten, ist dann jedes Beten überflüssig? Ich meine, daß das Beten und Bitten eine emotionale und mentale Entäußerung ist und daher auch bescheidener macht. Wer bittet, gesteht seine Schwäche ein und baut Stolz ab. Wer von uns hat das nicht nötig? Letztlich wird das Ego durch das Gebet, auf dem ihm gebührenden Platz verwiesen und erhöht unser Selbst, doch sollten wir auch bedenken, daß beten stets die Gefahr der Selbstheuchelei in sich birgt. Ein Drittes ist der Glaube an die Wirkung des Gebetes. In Mk.11,24 heißt es z.B.:

*"Darum sage ich euch: Alles, um was ihr auch betet und bittet, glaubt, daß ihr es empfangen habt und es wird euch werden. Und wenn ihr steht und betet, so vergebt, wenn ihr etwas gegen jemanden habt, damit auch euer Vater, der in den Himmeln ist euch eure Übertretungen vergebe."* Die Wirkung des Gebetes hängt zuvorderst von unserem Glauben an

die Erfüllung und von unserer inneren Losgelöstheit ab. Das Thema Loslassen habe ich auf S.212 ventiliert und auch die Vergebung besprochen. Nur wenn wir uns Gott ganz hinwenden, ohne Vorbehalte und Bindungen an Abneigungen und Zuneigungen, erfüllt sich unser Gebet.

*Wie unterscheidet sich nun Reiki vom Gebet?*
Während einer Reiki-Anwendung sprechen wir normalerweise kein Gebet sondern sind still. Das Stillesein in uns bewirkt, daß kein mentales oder emotionales Feuerwerk das Durchflußerlebnis stört und alle unsere Persönlichkeitsenergien und Anteile auf den Durchfluß der Reiki-Kraft eingestimmt sind. Somit anerkennen wir diese Kraft, indem wir vor ihr stille sind und sie einfach erfahren. Das Stillesein zeugt von unserem Wissen um diese Kraft, wir brauchen nicht erst ein Gebet zu sprechen um zu diesem Wissen Zugang zu erhalten, sondern wir wenden diese Kraft einfach an. Daß der Mensch vor der Kraft Gottes stille sein soll, davon zeugen die Schriften, z.B. Ps.62.2
*"Meine Seele ist still zu Gott."*
Oder Jes. 30,15
*"Durch Umkehr und durch Ruhe würdet ihr gerettet werden;*
*im Stillsein und im Vertrauen würde eure Stärke sein."*
Auch Meister Eckehart meint, wenn er von der geistlichen Armut spricht, das gleiche, siehe auch S.174. Das Stillsein zeigt in der Tat wahre Stärke und Vertrauen. Der Reiki-Anwender muß sich dieses Vertrauen nicht erst erbeten, sondern setzt dieses Vertrauen in die Tat um, wir können auch sagen, wer Reiki anwendet, vertraut auf die Kraft Gottes, denn er praktiziert dieses Vertrauen. Einen stärkeren Vertrauensbeweis gibt es nicht. Das wirkliche Gebet ist stets von wahrer Zuversicht begleitet und das kann letztlich nur die Handlung mit Gott sein. Wenn wir also das Göttliche in uns verwirklichen, dann handeln wir und vertrauen bei jeder Tätigkeit auf die universale Kraft, indem wir uns ihrer Führung und Leitung gewiß sind. Dennoch, Reiki schließt keineswegs das Gebet aus. Wer das Bedürfnis hat, während einer Reiki-Anwendung zu beten der sollte dies auch tun. Je mehr wir jedoch Reiki anwenden desto stiller werden wir. Im Stillesein begegnet uns die Kraft Gottes, denn Beten ist stets nur Mittel zum Zweck nicht aber das Ziel. Die universale Lebensenergie soll durch uns hindurchfließen, uns transformieren, damit der involvierte Geist sich auf diesem Planeten verwirklichen kann.

## Reiki im Unterschied zu anderen Behandlungsformen

Reiki ist eine spirituelle Behandlungsform, in welcher der Mensch über einen anderen Menschen durch bestimmte Handpositionen universale Lebensenergie empfängt. Man könnte Reiki auch als eine spirituelle Energiesubstitution-und harmonisierung bezeichnen. Die zugeführte Energie ordnet und stabilisiert das ätherische, astrale und mentale Energiefeld und steigert die Bewußtheit. Reiki entfaltet infolge der Universalität der Lebensenergie, eine ausgesprochene ganzheitliche Wirkung, die sich in allen Persönlichkeitsbereichen gleichzeitig entfaltet. Man kann im Vergleich zu anderen, konservativen Behandlungsformen, folgende Unterschiede konstatieren:

1. Sie ist eine der direktesten Formen der Energieübertragung.
2. Sie kann nur von Menschen übertragen werden.
3. Sie erfordert keine Diagnose.
4. Sie harmonisiert alle Persönlichkeitsbereiche gleichzeitig z.B. Körper, Seele und Geist.
5. Sie bedarf keiner besonderen Behandlungsumstände, da sie jederzeit und an jedem Ort angewendet werden kann.
6. Sie wirkt sofort und nachhaltig.
7. Ihre Wirkung ist stets kausal, ganzheitlich und nicht symptomatisch.

## Behandlungskombinationen mit anderen Heilmethoden.

Es wäre niemandem damit gedient, eine Bewertung der Heilungschancen bestimmter Behandlungsformen und Methoden vorzunehmen. Es gibt viele individuelle Behandlungsvariationen und Erfordernisse, die sich unmöglich in ein Schema pressen lassen. Glücklicherweise können wir alle Behandlungsformen, auch die außergewöhnlichen, mit Reiki gefahrlos kombinieren. Wenn ein Patient neben der ärztlichen oder naturheilkundlichen Behandlung, zusätzlich eine Reikibehandlung wünscht, gibt es dagegen nichts einzuwenden, sondern dies ist nur zu begrüßen. Reiki unterstützt alle ganzheitlich ausgerichteten Therapien, es mindert in keinem Fall die arzneiliche Dynamik des Medikamentes, noch andere medizinisch-heilende Einwirkungen, sondern steigert sie insofern, als sie die Entgiftungs-und Selbstheilungskräfte des inneren Arztes in ausgezeichneter Weise fördert. Das sollte jedoch nicht dazu verleiten, ärztliche oder naturheilkundliche Verordnungen enthusiastisch abzusetzen. Die vom Arzt oder Heilpraktiker verordneten Medikamente und Heilbehandlungen sollten auch während einer

Reikibehandlung beibehalten und erst mit Einverständnis des Behandlers abgesetzt werden. Einige Ärzte, Heilpraktiker und Psychologen kombinieren Reiki mit ihren üblichen Behandlungsmethoden, besonders mit körperorientierten Behandlungstechniken und haben damit bessere Erfolge. Vor allem haben sich folgende Behandlungsformen mit Reiki bewährt:
verschiedene Massageformen, Alexandermethode, Bioenergetik nach Lowen, Polaritätstherapie, Rebirthing, Akupunktur, Akupressur, Akupunktmassage, Chiropraktik, Touch for Health, Aromatherapie, Bach-Blütentherapie, Homöopathie, Yoga, vor allem Hatha-Yoga, autogenes Training und Psychotherapie. Während der Fastenkuren reagieren die Patienten auf Reiki sehr sensitiv und erfahren während dieser Zeit die Reiki-Kraft besonders intensiv. Aber auch Krankenschwestern, Hebammen, Masseure, Krankengymnastinnen, Sportlehrer, Rehabilitationstherapeuten, u.a. loben die wunderbare Hilfe von Reiki-Anwendungen, vor allem bei solchen Patienten, die psychosomatische Störungen aufweisen und bislang keine Hilfe fanden. Es ist sehr schade, daß Reiki hierzulande noch keine medizinische Anerkennung gefunden hat. In den USA wird Reiki schon seit einigen Jahren den Ärzten, Psychologen und Krankenschwestern angeboten. In Japan gab es, wenn auch auf privater Initiative, bereits 1935 zwei Reiki-Kliniken, die beachtliche Heilerfolge aufzuweisen hatten. Heute erkennt die Schulmedizin in zunehmenden Maße den Wert spiritueller Heilweisen. Das hat dazu geführt, daß z.B. in England seit Jahren Geistheiler, Psychotherapeuten, Ärzte und andere Heiler zum Wohle des Patienten zusammenarbeiten und den noch hierzulande, akademischen Standesdünkel längst überwunden haben. Eine fruchtbare Kooperation zwischen Universitätsmedizinern, Naturheiltherapeuten und spirituellen Heilern kann nur dann wirklich funktionieren, wenn jede Gruppe *die Grenzen* ihrer Heilmethoden klar erkennt und den ergänzenden Wert, der scheinbar entgegengesetzten, völlig andersartigen Methoden anerkennt. Es ist auch wenig hilfreich und förderlich, wenn spirituelle Heilweisen als "Placeboeffekt oder Placebohascherei" abgetan werden. In den weiter unten gemachten Ausführungen über die Wissenschaftlichkeit der Medizin, habe ich einige klärende Worte darüber gesagt. Wenn wir den drohenden Finanzkollaps der Krankenkassen abwenden wollen, dann kann es nur ein Miteinander geben, denn nur noch gemeinsam können wir die uns alle bedrohenden, global-apokalyptischen Probleme lösen.

# Wissenschaftliche Heilung gibt es nicht

Daß man Reiki wissenschaftlich nicht erklären kann, mindert ihren hohen Heilwert in keiner Weise, *denn nicht die Erklärung heilt oder hilft dem Kranken, sondern nur die dahinterstehende Heil-Energie.* Auch nicht die Heil-Technik oder Methode entscheidet allein über den Heilerfolg, sondern zuvörderst die im Menschen vorhandenen Energiereserven und ihre Aktivierung. Ein ausgedörrter Baum kann nicht mehr zu neuem Leben erblühen. Nur wenn in ihm noch genügend Lebenskraft fließt, dann können wir sie entfachen und verstärken, dazu kann uns die Reiki-Kraft helfen. Die Physik, bis hinein in die Kernkräfte und vor allem die Astrophysik muß bei ihren physikalischen Überlegungen und Erklärungsmodellen auch mit dem Faktum der Gravitation arbeiten, ohne sagen zu können was sie nun eigentlich ist. Die Gravitation ist ein so leibnahes, physisches Erlebnis, daß wir gar nicht auf die Idee kommen, sie zu hinterfragen. Wenden wir nun diese Einsicht auf Reiki an, dann haben wir in der universalen Lebensenergie ebenfalls ein unbeugsames Faktum, das viele von uns nur deshalb nicht wahrnehmen, weil sie so gegenwärtig ist wie das Sonnenlicht und die Gravitation. Es grenzt schon fast an Blauäugigkeit, etwas, das real für jedermann offensichtlich existiert, nur deshalb zu ignorieren, weil es zu einem selbstverständliche Alltagserlebnis geworden ist. Wer mit offenen Augen durch die Natur geht, kommt an einer, hinter allen Erscheinungen webenden Kraft nicht vorbei, es sei denn, jemand wäre von einer krankhaften Ignoranz beherrscht. Exakte wissenschaftliche Nachweise für einen Heilungsvorgang, die mit eindeutigen Meßdaten aufwarten könnten sind ohnehin schwierig zu erbringen. Zwar weiß man heute ziemlich genau, welche Einflüsse den Heilungsprozeß beschleunigen oder verlangsamen, aber man kann nur selten exakt berücksichtigen, was ein kranker Mensch alles tut und welchen heilenden Einwirkungen er sich unbewußt aussetzt um wieder gesund zu werden. *Die Aktivierung des inneren Arztes,* geschieht insbesondere auf der geistigen Ebene durch eine völlige Neueinstellung zum Leben, sodaß es für Arzt, Therapeut und auch für den Heilpraktiker nahezu unmöglich ist anzugeben, was nun die Heilung ausgelöst haben mag. Daher ist auch die Behauptung nicht stichhaltig, man könne bei Fern-Reiki und selbst bei direkter Handauflegung nicht wissen was da nun wirklich geheilt hat. Dieses Argument kann man auch gegen die Erfolge in allen wissenschaftlich anerkannten Heilberufen vorbringen, denn die Therapie "lege artis" wirkt nicht bei jedem gleich und geht verschlungene Wege.

# Praktischer Teil II

*Die einzige Annäherungsmöglichkeit, die wir an die Wirklichkeit haben, ist die Praxis.*

## Die Einweihung in den ersten Reiki-Grad

Auf S.77 habe ich den Unterschied zwischen Einweihung und Einstimmung deutlich zu machen versucht. In einem Satz zusammengefaßt, entfällt bei der Einweihung die lange, mühsame Vorbereitung und die Entäußerung. In den vier Einstimmungen vollzieht der Meister in einer Zeremonie am Schüler ein bestimmtes Ritual und verbindet für immer alle Energiehüllen des Bewußtseins mit der universalen Lebensenergie. Der Schüler erhält in zwei Tagen vier Einstimmungen und wird so nach und nach mit den hohen Schwingungen der universalen Lebensenergie vertraut gemacht. Mit jeder Einstimmung wird dem Schüler die universale Lebensenergie bewußter, sie wird spürbarer und ergreift zunehmend alle Energiehüllen und Schichten seiner Persönlichkeit. Die Verteilung von vier Einstimmungen auf zwei Tagen, entstand aus praktischen und psycho-spirituellen Beobachtungen. In Seminaren hat sich immer wieder gezeigt, daß vier Einstimmungen hintereinander an einem Tag das Energiesystem und die Chakras des Schülers überfordern können und möglicherweise Energiekrisen auslösen. Die universale Lebensenergie erfaßt ja nicht nur unsere positiven Bewußtseinsinhalte wie Zuneigungen, Wertgefühle, Ichideale und Wohlwollen, sondern auch alle verdrängten Bewußtseinskomplexe. Sie bringt bestimmte Abwehrformen und Konditionierungen zu Bewußtsein, siehe im Kapitel über die Energiehüllen von S.100 bis S.120. So können die Erschütterungen von überschwenglicher Freude, gesteigerter Hochstimmung, Glücksgefühl und Euphorie, bis hin zu sentimentalem Selbstmitleid und zur Selbstwertkrise reichen. Wenngleich letztere eher die Ausnahme ist, so können sie bei dem einen oder anderen ein Hinweis auf einen Bewußtwerdungsprozeß sein, der eindeutig auf die Einweihung der Lebensenergie zurückzuführen ist. Vielen Schülern wird oft erst nach den Einstimmungen ihre Lebenssituation klar. Manche bemerken, daß sie bisher am Leben vorbeigelebt haben, daß sie sich von Konditionierungen, negativen Einstellungen und Verhaltensmustern haben gängeln lassen, und vor allem in einer egobetonten Abgesondertheit lebten, die ihre Auffassung vom Sinn des Lebens und Daseins wesentlich prägte. Manchen ergeht es wie einem Raumfahrer, der zum ersten Mal die Weite und Schwerelosigkeit des Weltraumes erlebt und nun erst weiß, wie sehr er von den Bleigewichten seines Erdendaseins behindert war und immer noch ist. Vergessen wir nicht, daß die bewußte Erfahrung mit der universalen Lebensenergie unser Ganzheitsbewußtsein aktiviert und uns einerseits die Gewißheit und das erhabene Hochgefühl einer umfassenden Verbundenheit und Einheit schenkt, andererseits jedoch auch klar macht, daß wir von nun an nicht mehr in den alten Gewohnheiten, Einstellungen und Egoverhaftungen verbleiben können. Es ist wie wenn uns langsam eine Augenbinde abgenommen wird und nun die lichte Weite unseres wahren Seins vor uns ausgebreitet liegt. In gleichem Maß werden uns aber auch unsere früheren Irrtümer und Verhaltensweisen bewußt. Daher gibt es kein zurück mehr. Kein Reiki-Meister kann eine Einweihung wieder rückgängig machen. In dieser Hinsicht unterscheidet sie sich nicht von der esoterischen, traditionellen Einweihungsform.

## Zum Ablauf der Einweihung in den ersten Reiki-Grad

Die Einführung findet meist an einem Wochenende statt. Sie beginnt morgens gegen 10 Uhr und endet abends zwischen 17 und 18 Uhr. Am ersten Tag spricht der Reiki-Meister einige Stunden über die äußeren Themen des Seminars, z.B. gibt er eine Darstellung der Reiki-Tradition und ihrer Gründung durch Dr. Mikao Usui, vergleiche auch S.28. Danach erläutert er ausführlich die psychologische, philosophische und spirituelle Bedeutung der universalen Lebensenergie. Es folgt eine gründliche Darstellung der verschiedenen Handpositionen, sowohl zur Eigen, -als -auch zur Klientenbehandlung. Je nach der Schwingung und Gruppenatmosphäre, wird er eventuell kinästhetische Sensibilisierungsübungen für die äußeren Energiehüllen durchführen, um so den einen oder anderen besser auf die Einstimmungen vorzubereiten. Die kinästhetischen Übungen steigern das Bewußtsein für die verschiedenen Energiehüllen und sind sehr wirksam. Einige Reiki-Meister haben für jede der vier Energiehüllen ganz spezielle Techniken entwickelt, die hier aus Gründen des Mißbrauches nicht dargestellt, sondern nur in Seminaren vermittelt werden dürfen. Danach erfolgt die erste Einstimmung, zumeist einzeln und in einem feierlich-würdigen Rahmen. Es kann auch sein, daß der Reiki-Meister, wenn die Gruppe sehr groß ist, gleichzeitig an mehreren die Einstimmung vornimmt, dies liegt ganz in seinem Ermessen. Nachdem die Schüler ihre erste Einstimmung erhalten haben, beginnen sie sofort mit praktischen Übungen, indem sie sich gegenseitig zunächst einzeln die Hand auflegen und so den Durchfluß der universalen Lebensenergie direkt erfahren. Hat nun jeder Schüler zwei Einstimmungen erhalten, und mit der universalen Lebensenergie innere Erfahrungen gemacht, dann werden nochmals in einem Gruppengespräch, Erlebnisse und Erfahrungen ausgetauscht und so manche ungewöhnlichen, aber auch ergreifende Erlebnisse reflektiert und besprochen. Der Reiki-Meister weiht ja nicht nur ein, sondern baut dem Schüler auch eine Erkenntnis-Brücke, damit er mögliche Schwierigkeiten im bewußten Umgang mit der Bewußtseinslage leichter zu handhaben versteht. Auch steht er ihm bei allen Bewußtwerdungsprozessen als Freund zur Seite und tut sein Bestes. Die Qualität und das Niveau eines Reiki-Meisters erweist sich also nicht nur darin, wie stark er die Erfahrung der universalen Lebensenergie weitergeben kann, sondern auch, wie er mit den Einweihungs-Reaktionen seiner Schüler, umzugehen versteht, wie immer sie auch sein mögen. Meist ist mit dem Abschlußgespräch der zweiten Einstimmung der erste Tag vorüber. Am nächsten Morgen werden zunächst Traumerlebnisse und andere, über Nacht gemachte Erfahrungen besprochen. Die Traumdeutung muß ein Reiki-Meister sicher beherrschen, denn Träume sind wichtige Botschafter aus dem Unbewußten und der Transzendenz. Auch wird offen über Stimmungen, positive Persönlichkeitsveränderungen und sonstige, innere Erlebnisse reflektiert. Gerade diese Gespräche zeigen stets aufs Neue, wie wichtig und wertvoll die Gruppengespräche sind. Die Dynamik in der Gruppe verstärkt die Wirkung der Reiki-Kraft ganz erheblich und macht sie zu einem wunderbaren Erlebnis. Nach der Gruppenaussprache gehen alle wieder zur praktischen Erfahrung über und der Reiki-Meister beginnt zunächst mit einer kinästhetischen Technik zur Aktivierung der höheren Energiehüllen. Danach erhält jeder Schüler die Gelegenheit, sich von mehreren Gruppenmitgliedern gleichzeitig behandeln zu lassen, um so eine noch stärkere Erfahrung mit der universalen Lebensenergie zu machen. Während dieser praktischen Übungsphase, beginnt der Reiki-Meister mit den letzten beiden Einstimmungen, die ähnlich ablaufen wie die ersten beiden. Sind alle eingeweiht und auch jeder von der Gruppe behandelt worden, dann findet nochmals ein gemeinsames Abschlußgespräch statt. Danach erhält jeder ein Zertifikat, bzw. eine Urkunde über die Einweihung in den ersten Grad. Die Einweihung in den ersten Grad ist stets ein besonderes Erlebnis und kann wahrlich als Türöffner zu einer höheren Dimension betrachtet werden. Für manche ist sie tatsächlich ein *Quantensprung* des Bewußtseins, und nicht wenigen gibt sie eine völlig neue Lebensrichtung, die auf Ganzheitsbewußtsein, psycho-spirituelle Integration und Selbstverwirklichung im Sinne des höheren Selbstes hinzielt. Der Reiki-Meister bleibt auch nach dem ersten Grad mit dem Reiki-Schüler stets verbunden und ist immer bereit, ihn in seiner geistigen Entwicklung zu unterstützen.

## Die läuternde Wirkung der universalen Lebensenergie

Wie schon mehrfach betont, bewirkt die Reiki-Kraft eine Reinigung in allen Energiehüllen, von der gröbsten weil dichtesten, bis zur feinsten, dem Supramental. Die Frage, wie lange ein solcher Klärungsprozeß dauert, und wie bewußt oder unbewußt er abläuft, läßt sich so nicht sagen, da er sehr individuell ist, und von der Entwicklungsstufe des Reiki-Schülers abhängt. Von einigen Reiki-Meistern wird er auf ca. 21 Tage geschätzt, weil jedes Chakra drei Tage benötigt, und dies bei sieben Chakras 21 Tage ausmacht. Aber selbst diese Schätzung kann nur ein Richtmaß sein und sollte nicht zu einer starren Erwartungshaltung und Verhaltensweise verleiten. Geht man die einzelnen Hüllen der Reihe nach durch, also Physis, Äther, Astral und Mental, dann zeigen sich einige immer wiederkehrende Erfahrungen, die fast jeden Reiki-Schüler betreffen. In der physischen und ätherischen Hülle, die wir beide als "Vital" bezeichneten, haben wir es vor allem mit Entgiftungs-und Stoffwechselreaktionen zu tun. Offensichtlich aktiviert die universale Lebensenergie alle Ausscheidungsvorgänge und bringt Toxine und Schlacken aus dem Bindegewebe, sowie direkt aus den Zwischenzellräumen in Fluß. Durch die wohlbekannten Vorgänge der enzymatischen Auflösungsprozesse und Toxinbindung, gelangen die Schlacken dann zu den großen Ausscheidungsorganen von Leber, Niere, Milz, Haut und Darm. Die dabei auftretenden Symptome sind immer dieselben und äußern sich zuvorderst in typischen Erscheinungsbildern wie gesteigerte Harnausscheidung, vermehrter Stuhlgang, erhöhte Blut-und Lymphzirkulation und manchmal auch vorübergehende, lokale Schmerzen. Auf der Haut können sich Parästhesien in Form von Kribbeln, vermehrte Wärmeempfindungen und manchmal auch Fleckenbildungen zeigen. Diese harmlosen Symptome sind jedoch nur vorübergehend und haben einen großen gesundheitlichen, weil reinigenden Effekt. Die zwischen dem höheren Astral und der Physis vermittelnden, vitalen Triebkomplexe, z.B. Grundtriebe wie Sexualtrieb, Genußtrieb, Berührungstrieb, Neugiertrieb, Herdentrieb und Muttertrieb, erfahren durch die höheren Schwingungen eine Sublimierung und Verfeinerung und werden als Antriebskräfte für die feineren, spirituellen Bestrebungen eingespannt. Man kann sagen, sie werden wie Pferde vor einen Wagen gespannt.
Daß manche, mehr oder weniger unterschwelligen Konflikte dabei ablaufen, versteht sich von selbst, denn so manchem werden gewis-

se Konditionierungen und eingerastete, triebhafte Verhaltensweisen mit einem Schlage bewußt, von deren Diktat er sich nun befreien möchte. Ein typisches Beispiel dafür ist der Genußtrieb, der oft für Enttäuschungen und Frustrationen herhalten muß. Durch die Reiki-Kraft verliert der Genußtrieb zwar seine Bedrohlichkeit, doch gehen ihm einige Überwindungskämpfe voraus. Der Zwangscharakter der Genußsucht wurzelt in der Kompensation und ein Reiki-Eingeweihter ist viel eher bereit die Ursachen der Kompensation anzugehen. Erstaunlicherweise ist dazu kein aufwendiger Willensakt im üblichen Sinne erforderlich, sondern die universale Lebensenergie verstärkt die innere Wahrnehmung, in welcher der Trieb in seiner wahren und tieferen Bedeutung vor dem geistigen Auge erscheint, und sich neu integriert. Die innere Erfahrung, daß jede Schattenseite in uns auch eine Lichtseite hat (bei den Trieben die positive Antriebskraft) und, daß wir mit der Bejahung der Schattenseite auch die Lichtseiten anerkennen und somit nutzen können, ist eine der *kardinalen Erfahrungen* die durch Reiki möglich wird.

*Das Wissen um die wahre, tiefere Bedeutung unserer inneren Wahrheit, ist erlösende Erkenntnis und befreit uns aus der Versklavung.* Überhaupt erfahren alle Triebe eine wesentlich bessere Kanalisierung, was ihre zeitliche und situative Auslebung betrifft. Der sexuelle Drang z.B., setzt erst dann ein, wenn auch der Partner wirklich dazu bereit ist, allgemein ist er weniger dranghaft, doch umso ergiebiger. Das niedere Astral betrifft sozusagen alle einfachen, elementaren Gefühle, die sich auf der Unterlage des Vital konstituieren. Hierzu zählen Enttäuschung, Frustration, Furcht, Verunsicherung, Neid, Zorn, Ärger, Schadenfreude, Euphorie, Sympathie, Antipathie u.a. Auch diese Gefühle werden in das höhere Astral des Herz-Chakra transformiert und erhalten eine dienende Funktion. Ein Beispiel dafür ist der Zorn. Ich konnte an mir selbst beobachten, wie diese wahrhaft erruptive, emotionale Kraft in eine gedehnte, schöpferische Energie des Ehrgeizes umgewandelt wurde. So mußte ich in einer Münchner Klinik mitansehen, wie Patienten durch symptomatische Behandlungen mit Psychopharmaka zwar vorübergehend Linderungen erfuhren, doch systematisch vergiftet wurden. Die Nebenwirkungen und Folgen dieser Vergiftungsmedizin, trieben mir des öfteren die Wut ins Gesicht und verleiteten mich zum offenen Widerspruch. In diesem Konflikt erkannte ich, daß der Zorn zwar eine durchaus menschliche Reaktion ist, doch die dabei freigesetzte Energie, sowohl mir selbst, als auch meinem Umfeld schadete. Mit dieser Einsicht begann ich mich kritisch mit der Schulmedizin und alternativen Naturheilweisen auseinanderzusetzen,

wurde daraufhin Heilpraktiker, und schrieb wenige Jahre später ein Buch über den inneren Arzt und seine Unterstützung durch Naturheilverfahren. Somit hatte ich mehr unbewußt als bewußt, meine angestauten Zornesenergien so kanalisiert, daß ihre Impulse schließlich in einem für alle fruchtbaren Werk endete. Die Läuterung und Reinigung der höheren und feineren Energien der Astralhülle durch die Reiki-Kraft, wie sie uns im Herz-Chakra begegnet, betreffen vor allem die des Mitfühlens, des Einfühlens, kurzum des *fühlenden Verstehens* und der Barmherzigkeit, siehe S.156. Je weniger diese fundamental-menschlichen Gefühle von Egogefühlen verunreinigt sind, z.B. der Zu-und Abneigungen und Vorbehalte, desto mehr Liebe schwingt in ihnen mit und desto machtvoller entfalten sie sich. Dem Reiki-Schüler wird zunehmend der Wert des inneren Verstehens durch Mitfühlen bewußt; ihm wird klar, daß es auch hier Stufen der Offenheit gibt und der Gefühlsaustausch im Miteinander eine neue Bewußtseinsdimension darstellt, und die bisherige Isolationshaltung einem Schattendasein glich. So manchem wird plötzlich schmerzlich bewußt, daß seine zwischenmenschlichen Beziehungen von den Tücken und Launen konditionierter Zuneigungen und Ablehnungen belastet und eingeengt waren, und gerade dieses Eingeständnis der eigenen Unzulänglichkeit und Schwäche, ermöglichen inneres Wachstum und Fortschritt. In solchen Phasen ist es wichtig, einen kompetenten Reiki-Meister zur Seite zu haben, der den richtigen Rat, sowie Aufmunterung zu geben versteht.
Im Reiki-Schüler entwickeln sich nun höhere Wertgefühle!
Die vitalen und die sinnlich-emotionaen Erwartungen werden zunehmend als belastend empfunden, und transformieren sich nach und nach in die feineren Energieschwingungen zwischenmenschlicher Rücksichtnahme und Liebe. In der mentalen Energiehülle werden, falls ihre Muster mit dem höheren Selbst bereits in einem gewissen Grad des Austausches stehen, z.B. auf der Ebene des Supramentals, die feineren Beweggründe (Motive) des Handelns und Wollens transparent und durchschaut. Die rationalen Rechtfertigungsversuche des Ego, z.B. die Scheinrationalisierung, verliert durch die erste Einweihung ihre dunkle Macht und kommen dem Schüler besonders zu Bewußtsein. Im bildlichen Vergleich könnte man sagen, daß das Licht von Reiki solcherlei *mentales Gesindel* auflöst und von ihrem Schattendasein nach und nach erlöst. Es kommt gelegentlich vor, daß nach der Einweihung in den zweiten Reiki-Grad gewisse archetypische Mächte im Schüler geweckt werden. Ihre numinose Kraft und psychoide Relevanz, können den Schüler bleibend verwandeln. In dieser Phase ist der einweihende

Reiki-Meister stark gefordert um den Schüler vor möglicher Selbstüberschätzung zu bewahren; über Archetypen, siehe S.179. Wie ich schon im Kapitel über die Energiehüllen ausführte, wird im Läuterungsprozeß dem Schüler auch das rationale Bollwerk der *Be-und Verurteilungen* bewußt, die ja nichts weiter sind, als in begriffliche Formen gegossene Zu-und Abneigungsempfindungen aus dem niederen Astral. Ist der Schüler einmal von den ganzheitlichen Impulsen der universalen Lebensenergie auch im mentalen Bereich berührt, dann sieht er sehr klar, wie eng sein geistiger Horizont war, zumeist zusammengesetzt, aus einem Gestrüpp unzähliger Selbstkommentare, kleinkarierter Meinungen, die doch nur eine mentale Abwehrformation des Ego und ein großes Hindernis waren. Er durchschaut nun die Motive dieser Haltungen und gewinnt durch das Licht der universalen Lebensenergie zunehmend die Übersicht und Herrschaft über alle mentalen Steuermodule seines Handelns und Wollens. Auch wird ihm die Thyrannei der Muß-Vorstellungen mehr und mehr bewußt, siehe S.109. Er beginnt sie zu entlarven und macht sich langsam frei von allen überwertigen, unrealistischen Zielvorstellungen. Der eigentliche Hauptkonflikt in der mentalen Energiehülle ensteht meist aus den rationalen Abwehrversuchen des Ego gegen höhere, spirituelle Einsichten. *Das dröhnende Ego* behält in solchen Fällen häufig die Oberhand, weil es ihm immer wieder gelingt, durch allerlei Ausflüchte Höheres zu verwerfen. Doch der ganzheitliche Aspekt der universalen Lebensenergie meldet sich immer wieder, wie ein sanfte Abendwind, und führt wie zufällig, gleich mehrmals, in alltägliche Situationen hinein, die genügend Anschauungsunterricht über den hintergründigen Unsinn jeder noch so fein gesponnenen Egoargumentation geben. Freilich ist dic mentale Läuterung die langwierigste und muß immer wieder von Zeit zu Zeit aufgefrischt werden, denn stets ist das Ego bestrebt, die mentalen Energiemuster für sich einzuspannen. Durch die Erleuchtungskraft von Reiki wird dem Schüler besonders schnell die eigentliche Funktion des Mentals klar, so wie ich sie auf S.105 im Kapitel V eingehend dargestellt habe.

# Das richtige und falsche "Zulassen oder Geschehen-lassen"

Eine der wichtigsten Grundhaltungen zur Überwindung von Konflikten und Läuterungsproblemen ist stets die Bereitschaft, unangenehme Gefühle, Gedanken, Strebungen und negative Energien, zunächst einmal zuzulassen und zu bejahen. Aus energetischer Sicht, werden z.b. die negativen Emotionen wie Abneigung, Neid, Haß, Kränkungs-und Schuldgefühle, oder die aus der vitalen Hülle stammenden Triebregungen, in Bewegung gebracht und eben dadurch bewußt, weil sie mit den subtil-richtungsweisenden Energieschwingungen des hohen Selbstes in Berührung kommen. Werden sie nun bejaht, dann können ihre Energien transformiert und neu integriert werden und das System der Energiehüllen erhält neue erlöste Energiepakete für schöpferische Impulse und Umsetzungen. Andernfalls bleiben sie unerlöst, wirken als negative Störnergien weiter, mit der Gefahr der Verselbständigung und Zunahme negativer Energieladungen. Also zunächst bejahen, akzeptieren, aber auch nicht liegen lassen so, als würden sie sich von selbst auflösen, *denn das tun sie nicht*. Gerade diese Haltung trifft man in gewissen Kreisen öfters an. Schlagwörter wie Geschehenlassen, Akzeptieren, Zulassen, Annehmen usw. haben dazu geführt, daß niedrige Triebregungen, vitale Eingebungen und launenhafte Intuition, die wegen ihrer Bequemlichkeit im Moment in die Situation oder ins Konzept passen, eine Alibifunktion erhalten. So wird z.B. der sexuelle Drang zueinander, ungeachtet irgendwelcher partnerschaftlicher Bindungen und Verpflichtungen, anderweitig fröhlich ausgelebt mit der Begründung, den Drang eben zu zulassen und zu akzeptieren. *Hier wird Auslebung mit Zulassung und Akzeptanz verwechselt.* Diese Unterscheidung ist nun mal wichtig, wenn wir nicht auf die Stufe eines vital-astral-wildwuchernden Individualismus zurückfallen wollen, in welcher jeder nach Laune seine Glücksvorstellungen mit spirituellen und esoterischen Schlagwörtern begründet. *Wenn ich eine negative Eigenschaft in mir anzunehmen versuche, sie also akzeptiere, dann heißt das noch lange nicht, daß ich mich ihr auch ausliefern muß, indem ich geschehenlasse oder zulasse, sondern d.h, ich beobachte sie wie ein Außenstehender, und versuche ihre Lichtseite zu ergründen, ohne mich mit ihr einzulassen.* Gerade die beiden letzten Begriffe, das Zulassen und das Akzeptieren, verführen schlichtere Gemüter zu schrankenloser Auslebung, womit die hohe spirituelle Bedeutung dieser Einstellung für rein sinnlich-astrale Auslebungsformen mißbraucht wird. Es ist auch wenig hilfreich, das Argument von der Ganzheit zu bemühen, indem manche nicht müde werden immer wieder zu betonen, man müßte alles durchleben, wenn man ganz werden wolle. Wie tückisch solche New-Age Argumente letztlich sind, kann man an der zunehmenden Degeneration höherer Werte erkennen. Da wird die Liebe des Partners daran gemessen, wie lange er z.B. eine Nebenbeziehung duldet, es wird nicht danach gefragt, ob sich Liebe auch an der Standhaftigkeit und Treue bewährt. Die physische, vitale, astrale und mentale Dimension sind, nach Auffassung dieser Leute, alle gleichwertig und gleichrangig; damit entfallen natürlich auch alle Gesetze der spirituellen Hierarchie, weil das nun schon wieder ein Symptom der Obrigkeit und Gängelung wäre, und man doch im Sinn hat, jede das Ego bevormundende Struktur, wie alt sie auch sei, endgültig abzustreifen.

Der Fallstrick einer solchen Sichtweise ist jedoch subtil und nicht für jeden durchschaubar. Wird nämlich die physische Ebene z.B. mit der mentalen gleichgesetzt, dann kann das nur in funktioneller Hinsicht stimmen, jedoch nicht was Qualität und Steuerwirkung anbetrifft. Es ist richtig, wenn in der New Age-Szene das Universum als ein ganzheitlicher Geistorganismus erkannt wird, analog dem menschlichen Körper mit seinen verschiedenen Organen und Funktionen. Die funktionale Wechselwirkung und Abhängigkeit der Organe und Zellen untereinander ist evident, doch gibt es auch hier ein hierarchisch-funktionales Ordnungsprinzip aufsteigender Organdifferenzierungen, welche den Fortbestand, die besondere Entwicklungsstufe, sowie die außergewöhnlichen Fähigkeiten des Gesamtorganismus, determinieren. Aus physiologischer Sicht kann nicht bestritten werden, daß die höheren Ordnungsstrukturen von den tieferen, was ihre substanzielle Versorgung und Erhaltung anlangt, direkt abhängig sind, nicht aber die steuernden-integrativen Impulse, die von ihnen ausgehen. Ein menschliches Gehirn braucht wohl Nährstoffe, Sauerstoff und eine optimale Blutversorgung, wenn es seine Aufgabe als Integrationszentrum erfüllen will. Andere Organe jedoch können die qualitativen Funktionen und Aufgaben des Gehirns, nämlich die eines Bewußtseinsmediums (Hirn-Geist-Liason) nicht übernehmen, sondern stehen zum Gehirn in einem dienenden und stützenden Verhältnis. Das sind nun mal unbeugsame Tatsachen, an denen wir nicht vorbeigehen können. Nicht anders verhält es sich mit den vier Energiehüllen des Menschen und ebenso mit den Seinsschichten oder Seinsstufen. Die physische Hülle ist Ausdrucks-und Verwirklichungsmittel, sie ist Medium auf der physischen Ebene und steht in direkter Abhängigkeit zu den übergeordneten Hüllen, die jedoch ohne die Physis keine ganzheitliche Verwirklichung erfahren. Auf S.136 sprach ich vom Gesetz der relativen Schichtendetermination in welchem stets

die steuernden Impulse vom hohen Selbst ausgehen und das Verhalten der äußeren und zunehmend gröberen Energiehüllen determinieren. Je eigengesetzlicher, also autonomer, die nachfolgenden Hüllen sind, desto weniger können die kausalen Energieimpulse ihr Verwirklichungsziel erreichen. Daher ist es absurd zu meinen, alle Seinsstufen, bzw. Dimensionen und Energiehüllen seien gleichrangig, nur weil sie energetisch in einer Wechselwirkung und Dependenz stehen. Vielmehr ist es so, daß die steuernden und integrativen Impulse determinieren, d.h sie bestimmen das Wie und Wo einer Manifestation, also seine Differenzierung, Dauer und Veränderung, kurz den Seinsmodus, und sind somit, was ihre Wertigkeit anlangt, den nachfolgenden Hüllen kausal vorgeordnet. Diese Erkenntnisse haben eine zwingende Evidenz und müssen berücksichtigt werden. Wenn wir den höheren mentalen und astralen Energieimpulsen nur funktionelle Bedeutung zugestehen und ihren steuernden, bzw. geistigen Einfluß leugnen, dann verlieren sie auch ihre evolutiv-spirituelle Zuständigkeit und werden so zu ganz gewöhnlichen Energieschwingungen der Erhaltung und Zweckerfüllung. Die gröberen und dichteren Formen der nachgeordneten Energiehüllen werden dadurch aufgewertet und bekommen, bedingt durch ihre vitale Energiequalität, die Oberhand, weil eben das Elan vital nun mal die antreibende Grundenergie ist und alles überschwemmt, was feiner und weniger vordergründig in Erscheinung tritt. Und das ist dann auch der eigentliche Fallstrick:
Wird die steuernde Wirkung höherer Dimensionen geleugnet, verkannt und mit den tieferen Dimensionen gleichgestellt, dann gewinnt das Vital, also das Trieb-und Dranghafte, schleichend und fast unmerklich die Oberhand und unterdrückt alles was der evolutiven Entwicklung dient. Alles wird dann sinnlich und konkret interpretiert, bzw. alle feineren Impulse werden in diesem Sinne verstanden und umgedeutet (Scheinmotive), so daß sie ausschließlich für die Auslebung physischer und vitaler Strebungen Geltung haben. Damit wird dem *Egotrip* Tür und Tor geöffnet. Die universellen Leitprinzipien werden dabei zugunsten subjektiver Launen über den Haufen geworfen und die nachgeordneten Energiehüllen geraten in ein strukturelles Chaos, analog der Krebskrankheit in der physisch-vitalen Dimension. Würde der Geist die Materie sich selbst überlassen, dann gäbe es keine geordneten Strukturen und intelligenten Manifestationsformen, sondern nur amorphe, chaotische Verdichtungszustände ohne Sinn und Ziel. Dieses uralte exoterische Wissen, scheint jedoch noch nicht ganz bis zu jenem verhängnisvollen New-Age-Brei vorgedrungen zu sein und es wird Zeit, daß hier einmal gründlich unterschieden wird.

## Richtiges und falsches "Loslassen"

Ein zweites, ebenso brisantes Thema ist das Schlagwort vom Loslassen. Da heißt es z.B.: *"Laß los, dann läßt es dich los!"* Die einfache Logik dieses Wortes mag faszinieren und bei so manchem Erleuchtungseuphorien auslösen, dennoch kann sie auch gründlich in die Irre führen. Auch wird es sehr darauf ankommen, wie man eine Sache, ein Ereignis oder ein Problem losläßt. Das Loslassen bedeutet ja nicht, daß man etwas verdrängt oder so tut als existiere es nicht mehr. Das wäre dann eine glatte Selbstlüge, besonders dann, wenn wir es gleichgültig beiseite schieben, als ob es uns nichts anginge, sondern es bedeutet, *daß wir uns damit nicht mehr identifizieren.*

Wer Loslassen mit Gleichgültigkeit in eins setzt, liegt falsch. Probleme, Vorlieben und Abneigungen, auch eingefleischte Süchte und das Haften an liebgewordenen Gewohnheiten und Dingen, legt man nicht dadurch ab, indem man ihnen nur eine nebelhafte, halbherzige Aufmerksamkeit schenkt und somit meint, es löse sich dann von selbst auf, sondern im Gegenteil, wenn wir unsere volle innere Aufmerksamkeit auf sie richten, erfahren wir zunehmend ihre *Leerheit* und erst dann können wir wirklich Loslassen. Leerheit, was bedeutet sie in diesem Zusammenhang?

Sie bedeutet, daß Probleme, Vorstellungen, Gewohnheiten, Meinungen usw. nur vor dem Hintergrund eines Ich existieren können und ohne es ins Nichts zusammenstürzen. *Solange jedoch ein Ich als die eigentliche, konstellierende Kernkraft in den Anhaftungen steckt, wird man schwerlich mit Loslaß-Schlagwörtern etwas ausrichten.* Daher können wir nur wirklich Loslassen, wenn wir durch scharfe Beobachtung und innere Selbstwahrnehmung die vitalen, astralen und mentalen Identifikationen als im Grunde nichtig und wesenlos erkennen, eben weil sie nicht wirklich Teil unseres Ich sind. Erst wenn unser Ego sich von Bewußtseinsinhalten trennt und sie als hausgemachte Objekte wahrnimmt, können wir loslassen, ohne daß wir dabei in Selbsttäuschung verfallen. Diesen Vorgang sollten wir tagtäglich üben, denn mit der Übung kommt die Meisterschaft und mit der Meisterschaft die Erlösung. Buddha nannte die Selbstwahrnehmung "Achtsamkeit" als eine Grundvoraussetzung, um vom Daseinsdurst (Begierde) loszukommen. Freilich ist es damit allein noch nicht getan, denn nicht selten gehören zum Loslassen mindestens zwei. In zwischenmenschlichen Beziehungen kann ich nur dann wirklich loslassen, wenn ich jemandem verziehen und vergeben habe. Auch Schuldgefühle und Kränkungen gehören hierher und sind oft schwere Hindernisse im Umgang mit unseren Mitmenschen. Ein Beispiel dafür ist die Partnerschaftskrise. Was kann ich dabei loslassen, ohne den anderen zu kränken oder zu verletzen und ohne selbst in Schuldgefühle zu verfallen? Es ist sicher nicht einfach, darauf eine allgemeinverbindliche Antwort zu geben bis auf die allgemeine Regel der Nächstenliebe, daß man seinen Partner lieben und achten soll wie sich selbst. Kann jemand diese Liebe nicht aufbringen, dann wird's schwierig und man muß, um wieder in den alten Zustand zu kommen, jene mentalen und astralen Behinderungen loslassen, welche die einstige Liebe verdunkelt haben. Wenn wir Fehler und Schwächen unseres Partners nicht annehmen, bzw. nicht unvoreingenommen anschauen können, sondern sie verdrängen, weil sie uns sozusagen auf den Wekker gehen, dann bauen wir unbewußt die Liebe zu unserem Partner ab und es fällt dann immer schwerer, dem Gebot der Nächstenliebe nachzukommen. Die negativen Eigenschaften unseres Partners werden dann im Unbewußten festgehalten, nicht mehr losgelassen und reifen langsam zu einem Feindbild heran. Daher müssen wir, wenn wir das Loslassen üben nicht nur unsere Identifikationen beachten und loslassen, sondern zuvorderst auch unsere kritischen Einwände und Stellungnahmen gegenüber unserer Partnerschaft oder einfach unseres Mitmenschen. Es ist sicher nicht im Sinne der Nächstenliebe unter loslassen das Fallenlassen einer Partnerschaft zu verstehen. Das ist auch der Fallstrick einer simplifizierenden Verallgemeinerung, über die so manche stolpern. Es ist dies nichts weiter, als sich von einem ungelösten Problem zu trennen und es so stehen zu lassen wie es ist. Man läßt etwas fallen, weil es zu schwer geworden ist eben zu sehr mein eigenes Ich bedrängt hat. Loslassen dagegen meint von einem Problem soviel Abstand zu gewinnen, um es aus objektiver Distanz heraus neu zu lösen. Es kommt freilich auch vor, daß eine Sache so verworren und mit dem Ego verschlungen ist, daß zunächst nur durch eine Trennung und ein vorübergehendes Vergessen der nötige Abstand gefunden und erst späterhin eine akzeptable Lösung gefunden wird. *Wir sollten Probleme nicht einfach loslassen, sondern lösen.* Wenn wir unseren Partner einfach nur loslassen, indem wir ihn schlicht fallenlassen, dann kränken wir ihn und haben damit nichts zur Lösung des Problems beigetragen, sondern das Problem auch noch vergrößert.

In diesem Sinne gilt auch das Wort des Jesus Christus von Nazareth:.."und wer nicht sein Kreuz aufnimmt und mir nachfolgt ist meiner nicht wert. "(Mtth. 10,38)

Unter meiner versteht Christus im esoterischen Sinne das hohe Selbst, den Sohn Gottes in uns, und unter Kreuz versteht er die Last unserer Fehler und Unzulänglichkeiten und unter Kreuz tragen meint er insbesondere, die Unvollkommenheiten unserer Mitmenschen zu erdulden, indem wir sie als Tatsachen bewußt hinnehmen und sie nicht in unser Unbewußtes abdrängeln.

## a) Loslassen von der Vergangenheit

Es gibt nicht wenige Menschen, die an schönen Erinnerungen festhalten und glauben, so vor der unangenehmen Gegenwart davonlaufen zu können. Diese mentale Verdrängungsstrategie ist sehr gefährlich, weil sie fast unbemerkt in einen Wiederholungszwang einmündet aus dem es früher oder später kein Entrinnen mehr gibt. Erst kürzlich konnte ich mich von der Richtigkeit dieser Lebenserfahrung überzeugen. Ich wurde wegen einer Reiki-Anwendung zu einer älteren, bettlägerigen Dame gerufen, die an schwerem Asthma litt und vor allem im Herz-Kreislaufsystem bereits irreversible Cortisonschäden zeigte. Als erfahrener Heilpraktiker war ich mir ziemlich sicher, daß das Asthma einen psychosomatischen Entstehungsmodus haben mußte. Schon während der ersten Behandlung erzählte sie mir ihre Lebensgeschichte und die näheren Umstände ihrer Asthma-Erkrankung. Ich sagte zunächst nichts, sondern ließ ihre Lebensgeschichte in mir wirken, um mit ihr das Nächstemal darüber zu sprechen. Bei der zweiten Behandlung erzählte sie unentwegt von den guten alten Zeiten, und wie schön doch alles war und ihre Erinnerungen seien das Einzige, was sie noch am Leben erhalte, das jetzt doch so trostlos geworden sei. Dabei fiel mir auf, daß sie die schönen und angenehmen Erlebnisse besonders hervorhob, um damit stets ihre trostlose Gegenwart zu vergleichen. Der Fallstrick, über den sie stolperte, war die Selbsttäuschung, man könne durch die Konservierung angenehmer Erinnerungen über die Probleme der Gegenwart hinwegkommen. Mitnichten! Besonders dann, wenn wir meinen, wir könnten mit angenehmen Erinnerungen unsere Gegenwartsprobleme vergessen machen, indem wir sie einfach überlagern, wird uns der krasse Unterschied überdeutlich und läßt so die Gegenwart noch trostloser erscheinen. Im übrigen aktivieren wir, ob wir's wollen oder nicht, auch die negativen, bzw. schmerzlichen Erinnerungen, denn das Leben und unsere Erinnerungen haben stets zwei Seiten, eine positive und eine negative. Ich mußte also dieser bedauernswerten Dame die Wahrheit ziemlich unverblümt sagen, was natürlich ihren lauten, geharnischten Protest hervorrief. Auch gab ich ihr den Rat, ihrer derzeitigen Situation klar ins Auge zu schauen, sie anzunehem, um so ihre Vergangenheit einfach besser loslassen zu können. Wer genügend Reife hat, mag diesen Rat beherzigen, denn die Erkenntnis, daß dieses Leben wie ein Traum ist mit all den

Schmerzen und Freuden, wird nur dort auf fruchtbaren Boden fallen, wo wirklich erkannt worden ist, daß wir nichts festhalten können, weil im Grunde nie etwas da war, was wirklich Substanz hatte. In diesem Sinne müssen wir sagen, alles was ist, wird erst durch unsere Vorstellung und Erwartung zu einer leidvollen oder glückseligen Realität.

## b) Loslassen von Muß-Vorstellungen

Ein ebenso brisantes und sehr häufig mentales Hindernis sind unsere Muß-Vorstellungen, siehe auch S.109. Es ist schon unglaublich, was der Mensch alles haben muß, bzw. welche überwertigen Bedingungen er an sein persönliches Glück knüpft. So meint er, nur wenn dieses oder jenes Ziel erreicht sei, könne er wirklich zufrieden und glücklich sein. Nur wenn dieser oder jener Mensch ihm seine alleinige Zuneigung schenke, wäre er glücklich oder nur wenn er bei seinen Mitmenschen beliebt oder mindestens anerkannt sei, bedeute dies Glück und Erfüllung. Manche wiederum wünschen sich bestimmte Eigenschaften und Fähigkeiten und glauben, nur mit diesen könnten sie wirklich erfolgreich sein. Hierbei geht es doch wieder nur um den Zwang nach Anerkennung, Wertschätzung und Beliebtheit. Das Gegenteil, nämlich Verachtung, Unbeliebtheit und Geringschätzung unbedingt zu vermeiden, bzw. unter allen Umständen zu verhindern ist auch eine Muß-Vorstellung, der wir teilweise unser ganzes Denken und unsere ganze Lebenskraft von der Physis bis zum Supramental, unterordnen, ja unser Leben opfern. Daran sollte uns die Tyrannei unserer Muß-Vorstellungen bewußt werden, der wir uns tagtäglich ausliefern. Es sollte daran auch deutlich werden, wie sehr wir von unseren Muß-Vorstellungen versklavt sind und wie eng unser Anspruchsniveau verknüpft ist, mit den Wertvorstellungen unseres sozialen Millieu, dem Elternhaus und Bildungsniveau. Können wir daran etwas ändern? Wir ändern nur dann wirklich etwas, wenn wir statt Haben mehr Sein suchen. Der Besitz materieller oder ideeller Werte ist nicht das Glück, sondern zumeist Ballast, denn ob wir mit viel physischem und seelischem Arbeitsaufwand Häuser, Grundstücke, oder Fabriken erarbeiten, oder alles tun um unseren guten Ruf zu festigen, wirklich glücklich werden wir damit nicht, sondern nur versklavt. Diese Erkenntnis erfordert ebenfalls einen langen Reifungsprozeß und kann allein durch intellektuelle Einsicht nicht erlangt werden.

# Wie kommen wir von unseren Muß-Vorstellungen los?

Wer den Weg der mentalen Analyse geht, kommt sehr schnell dahinter, weshalb er z.B. gewisse Ängste hat und ganz bestimmte Vermeidungshaltungen und Strategien einnimmt.

*Zwei Beispiele:*

Schon die Frage, weshalb man es unzumutbar, ja schrecklich findet, Sozialhilfeempfänger zu werden, entlarvt ziemlich schnell die dahinterstehende Muß-Vorstellung. Wir verbinden in unserer Überflußgesellschaft den Anspruch auf Sozialhilfe mit Lebensuntüchtigkeit, versagt haben und Schwachheit. Ein flaues Gefühl bemächtigt sich unseres Bauches bei dem Gedanken, wie wir wohl in den Augen der anderen, insbesondere unseres Bekanntenkreises dastehen, wenn wir tatsächlich in diese Misere hineingerieten. Die Muß-Vorstellung die hier aufscheint ist klar: Um Gotteswillen kein Versager werden!

An diese Muß-Vorstellung koppelt sich freilich auch das Gegenteil, nämlich die Vorstellung eines erfolgreichen, selbstbestimmenden, unabhängigen und souveränen Mitgliedes dieser Gesellschaft, das sich tüchtig durchzusetzen weiß und die Nase immer ein bißchen vorne hat. Oder, wenn wir z.B. panische Angst vor der Einsamkeit haben, dann sollten wir uns wirklich fragen, welche Muß-Vorstellung dahinter steckt. Einsamkeit wird sofort mit Außenseiter, Ablehnung und mangelnder Integrität assoziiert. Das Selbstbildnis, das wir uns seit der Adoleszenz machten, nämlich als beliebt, angenommen und gesellig zu gelten ist die verursachende Muß-Vorstellung. Mit diesem "überwertigen Selbstbildnis" versklaven wir uns, indem wir alles tun um beliebt und angenommen zu sein. Wir finden jedenfalls so nicht zu unserem wirklichen Sein, sondern liefern uns lediglich unserem eigenen Erwartungsbild aus, das wir uns irgendwann einmal eingebildet haben. Die Verhaltensweise, die wir bei einer solchen Mußvorstellung einnehmen ist deshalb stets auf Vermeidung von Einsamkeit fixiert, obwohl jedem dämmern müßte, daß Einsamkeit zu gewissen Zeiten durchaus sein Gutes hat.

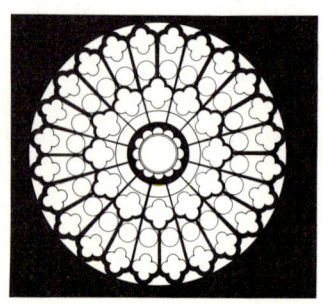

# Laß den Ärger los, ohne andere zu ärgern

Eines der schwierigsten Lernthemen unseres Menschseins ist das Loslassen von Ärger, ohne andere zu ärgern. Dem Ärger folgt ja meist die Aggression und wer von uns war noch nie aggressiv? Die immer wiederkehrende Erfahrung, daß der Ärger den Ärger steigert, hat jeder von uns schon gemacht. Mit anderen Worten, man ärgert sich über seinen eigenen Ärger. Schon diese Einsicht müßte genügen, den Ärger loszulassen, eben weil er außer Kontrolle geraten könnte und dann gefährliche Folgen hätte. Viele Psychologen meinen, wer den Ärger hinunterschluckt, begeht eine gefährliche Affektverdrängung, die sich früher oder später in gewissen Organen somatisiert, etwa in Form von Magengeschwüren oder Gallenkoliken. Das mag durchaus in dem einen oder anderen Fall zutreffen, doch verschärft das Produkt des Ärgers, nämlich die Aggression, den Konflikt erheblich und man geht das Risiko der psychischen Selbstzerstörung ein, aber auch der schweren seelischen Verletzung anderer Menschen. Ich halte vom Konzept der Affektauslebung oder direkten Veräußerung nicht viel, weil in den wenigsten Fällen eine echte Entladung stattfindet. Wutausbrüche und aggressive Handlungen verletzen ja nicht nur, sondern fordern meist auch zu Vergeltungsreaktionen heraus, womit der Ärger und die Aggression nur noch weitergeschürt wird. In welcher Form kann sich Ärger und Aggression in den Bereichen der Persönlichkeit äußern? Im Physischen, äußern sich der Ärger und die aggressive Entladung nicht selten in brachialer Gewaltanwendung, motorischer Übererregtheit und muskulären Verkrampfungen. In der vitalen Ebene kann sich der Ärger durch hemmungslose Freßsucht, Drogenmißbrauch und triebhafte Ausschweifung äußern. Hierbei geht der Ärger nach innen und überlastet das vegetative Regulationsspiel und die Homöostase des Stoffwechsels. Die inneren Organe, allen voran die Entgiftungsorgane (Leber, Niere und Immunsystem), werden zuerst betroffen. Im emotionalen Bereich kommt es zu gefährlichen Gefühlsstauungen und affektiven Überschwemmungen. Bei starker Steigerungsfähigkeit entstehen Gereiztheit, Jähzorn, Haß, Rachsucht, Trotz, Unversöhnlichkeit, Mißgunst, Streitsucht, Verbitterung, Verachtung, Gehässigkeit und am Ende noch die Grausamkeit. All diese Emotionen haben eine selbstzerstörerische Wirkung auf die Psyche, aber auch auf die Physis und das Vital, z.B. das Herz-Kreislaufsystem, und führen in die Depression und Frustration. Im mentalen Bereich kann sich der Ärger in Sarkasmus, Rechthaberei und aggressiven Phantasien äußern. Das Mental schöpft hierbei alle seine Möglichkeiten aus, um den Ärger in gedanklicher Form zu interpretieren oder abzuleiten. Ein Ärger, der sich überwiegend mental manifestiert, kann zu einer fixen Muß-Vorstellung werden und so zum ständigen Herd und Quell negativer Gedanken. Er zersetzt die klare Erkenntnisfähigkeit und damit die spirituelle Orientierung. Wie können wir den Ärger ohne Schaden an uns selbst und an anderen loslassen? Wir sollten zuallererst erkennen, daß aufkommender Ärger eine psychische Energie von enormer Steigerungsfähigkeit ist. Auch der Ärger ist eine anders gepolte Form der Lebensenergie, die es gilt, schöpferisch umzusetzen.

Wie aber kann das geschehen?

Es ist bei weitem schwieriger, die tieferen Ursachen des Ärgers zu entlarven, weil er oftmals gleichzeitig in allen vier Hüllen der Persönlichkeit auftritt und nicht selten eine sehr dunkle Vergangenheit hat. Die oft weit zurückreichenden Ursachen des Ärgers sind mit den Mitteln der mentalen Analyse kaum aufzudecken. Daher rate ich, den Ärger entweder in konstruktive Arbeit abzuleiten, oder einfach der universalen Lebensenergie zu übergeben. Die Biographien großer Künstler z.B. Michelangelo oder Beethoven sind voll von Hinweisen, wie diese Menschen ihre Aggressionen in schöpferische Arbeit umsetzten. Ein französischer Zeitgenosse, der Michelangelo besuchte, berichtete zum Beispiel:

*"Michelangelo konnte in einer Viertelstunde mehr Stücke aus dem harten Marmor hauen als drei junge Steinhauer in drei bis vier Stunden, was man mit eigenen Augen gesehen haben muß um es glauben zu können. Er machte sich mit derartiger Raserei und Ungestüm an die Arbeit, daß ich dachte, das ganze Werk würde in Stücke zerstrümmert. Mit einem einzigen Schlag hieb er drei bis vier fingerbreite Stücke heraus und diese so nahe an der Stelle, die er bewahren wollte, daß er riskierte, das ganze Werk zu zerstören, hätte sein Schlag auch nur geringfügig weiter rechts oder links getroffen."*

Wenngleich Michelangelo ein Genie war, so mußte er dennoch mit seinem impulsiven Temperament ringen und es in schöpferische Handlungen umsetzen. Der Ärger kann in der Arbeit, ob künstlerisch oder nicht, abgeleitet und schließlich vergessen werden. Wenn uns die Arbeitswut packt, dann haben wir ein typisches Beispiel, wie wir Ärger und Aggression in die Lebensenergie hineinleiten und so unsere Vitalität und unsere Schaffenskraft steigern können.

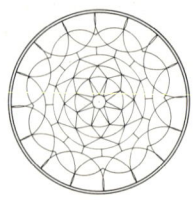

## Wert und Unwert von Erfahrungen

Ebenfalls zu den derzeit gängigen, spirituellen Schlagwörtern in Kursen und Seminaren, gehört der Slogan von "Erfahrungen machen." Manche sagen z.B. diese und jene Erfahrung mußtest du machen, sonst wäre sie dir nicht begegnet. Oder man sagt mit dem Lächeln eines Weisen zu jemandem, der vielleicht mit tantrischen Yogaformen seine Chakras gewaltsam öffnen möchte und nur schwer vom Gegenteil zu überzeugen ist, er müsse eben gerade da seine Erfahrungen machen. Diese, anscheinend rücksichtsvoll-zarte Haltung dem Mitmenschen gegenüber, mag zwar den Respekt vor seiner Individualität vorkehren und vielleicht schmeicheln, doch ist sie, wenn wir genau wissen, welche Risiken er dabei eingeht, zugleich eine gleichgültige Haltung, daher lieblos und kalt. Wir tragen für unsere Brüder und Schwestern dann Mitverantwortung, wenn wir sie vor dem Leid eigener, negativer Erfahrungen zumindest warnen können. So mancher sollte, wenn ihm wirklich an seinem Mitmenschen etwas liegt, runter vom hohen spirituellen Roß, auch mit dem Risiko, keine gute Figur dabei zu machen, falls er grob zurechtgewiesen wird. Nicht jede negative Erfahrung fördert unsere spirituelle Entwicklung.

Der Spruch: *"Nur ein gebranntes Kind scheut das Feuer"*, wird dann harte Wirklichkeit, wenn negative Erfahrungen den Menschen zu lebenslänglichen Ängsten und Vermeidungshaltungen programmieren, die ihn in seiner spirituellen Entfaltung wesentlich behindern. Welcher Mensch würde seinen besten Freund oder Freundin nicht vor negativen Erfahrungen warnen? Ich persönlich halte nicht viel davon, nur um den Anschein von Liebe, Frieden, Freude zu bewahren, auf eine ehrliche Warnung zu verzichten. In esoterischen Seminare, pflegt man allzu gerne übertriebene Übereinstimmung und meidet ängstlich jede Form von Kritik, um sich ja keine spirituelle Blöße zu geben. Damit verstummt auch konstruktive Kritik und die Gruppe verliert ihre kaum zu ersetzende, erzieherische Dynamik. Wir dürfen also unsere Mitmenschen durchaus freundlich auf unsere jeweils negative Erfahrung hinweisen und sollten nicht darauf warten, ob sie vielleicht dabei noch schlechter wegkommen als man selbst. Auch zeigt sich im Bekennermut und der Fähigkeit, auch mal herbere Kritik an unserem Mitmenschen zu üben, eher unsere ehrliche Sorge um ihre Entwicklung, als wenn wir uns in unergründliches Schweigen hüllen und so tun, als seien wir über allem erhaben. Darin zeigt sich eben die Liebe und die Sorge, um den anderen. Freilich, gerade Kritik hat ihr individuelles Maß und man sollte versuchen, dem Humor ein bißchen Raum zu geben, ganz gleich wie ernst es steht. Auch ist es töricht zu meinen, jede Erfahrung führe irgendwie zum Licht. Diese Weisheit bezieht sich einzig auf den karmischen Reifeprozeß und hat oft paradoxe Gesichter. Es gibt genügend Beispiele dafür, wie Menschen an ihrem Schicksal zerbrachen, nur weil sie in der ständigen Hoffnung lebten, am Ende ihres jammervollen Daseins käme die große Erleuchtung. Ist jemand unbelehrbar, so ist ihm wahrlich nicht zu helfen, und *gegen Dummheit kämpfen selbst Götter vergebens*, sagte schon Goethe, doch wir tragen alle füreinander Verantwortung, wenn es darum geht, diese Menschheit auf dem Weg zu einer großen planetarischen Familie voranzubringen. Auf S.171, im Kapitel über die Reiki-Kraft, sagte ich bereits, daß der Langsamste das spirituelle Tempo bestimmt und warum soll er nicht von meiner und anderer Erfahrung profitieren?

## Positives Denken

Der große Aufbruch für das positive Denken kam, als Dr.Joseph Murphy mit seinem Buch "Die Macht Ihres Unterbewußtsein" in der esoterischen Literatur die Bestsellerliste anführte. Alles besann sich plötzlich auf die Macht der Gedanken und kaum jemand kam auf die Idee zu hinterfragen, wo die Grenzen und auch Fallstricke dieser neuen Einstellung sein könnten. Im Gegenteil! Verkaufspsychologen, Werbetexter und das hochspezialisierte Werbemanagement, sie alle machen sich die Wirkung des positiven Denkens zunutze und verwenden seither in ihren Werbeträgern die Gesetze des Unbewußten, um die Umsatzzahlen weiter zu steigern. Und auch in esoterischen Seminaren wußte man gut aus dem positiven Denken Kapital zu schlagen und so mancher, bislang erfolglose Therapeut, witterte darin eine Goldgrube zur Finanzierung seiner hochgespannten Pläne und Ziele. In der esoterischen Szene übertreibt man es ein bißchen mit dem positiven Denken. Bei all den Vorteilen und Segnungen, die uns Murphy aus dem positiven Denken verspricht, scheint mir deutlich geworden zu sein, daß dabei die innere Natürlichkeit auf der Strecke bleibt und das Verhaltensmuster sich zunehmend verkünstelt. Natürlichkeit ist ein Lernthema des zweiten Chakra und wie sollten wir sie erlangen, wenn wir uns in ein Denken hineinzwängen, welches nicht nur alles bejaht, sondern darüber hinaus auch noch alles gut und schön findet, indem es selbst dem Widerwärtigsten noch positive Seiten abgewinnen möchte. Die große spirituell-erzieherische Wirkung des positiven Denkens ist unbestreitbar, das sehe ich sehr wohl, doch vermisse ich eine ausgewogene, natürliche und menschliche Verhaltensweise, die in der Polarität unseres Lebens so bunt und zauberhaft zum Ausdruck kommt. Die psychischen und spirituellen Ursachen positiver und negativer Gedanken haben im Supramental, siehe S.111, ihre eigentlichen Wurzeln. Dort, im subtilen Bereich der Wertehierarchie, Leitmotive, Einstellung und Erwartungshaltung sowie des *persönlichen Mythos,* werden die Weichen für Zuneigung und Abneigung gestellt. Dort müssen wir an die Arbeit gehen, wenn wir uns aus dem Gestrüpp positiver und negativer Gedanken befreien wollen. Der eigentliche Fallstrick, der hinter allem übertriebenen, positiven Denken lauert, ist *der schleichende Realitätsverlust* dem nicht wenige dabei zum Opfer fallen. Der schwarmgeistige Positivdenker mißversteht den Satz von der Bejahung allen Seins, indem er nun glaubt, *er müsse aus der Bejahung eine unbedingte Zuneigung machen und aus jedem Ding und Phänomen um jeden Preis das Positive hervorheben.* Was ich bejahe muß ich nicht gleichzeitig lieben und mit Zuneigung überschütten, denn damit verzerre ich meine natürliche, spontane Zuneigung und am Ende weiß ich nicht mehr, was wirkliche Zuneigung ist. Wer mit solchen Schwarmgeistern längere Zeit Umgang hatte wird, was das Maß seiner inneren und äußeren Gelassenheit betrifft, auf eine harte Zerreißprobe gestellt. Es erfordert schon viel Geduld, das künstliche, süßliche Getue und vor allem die oft realitätsfernen, gedanklichen Verdrehungen von nun mal negativen Tatsachen und Fakten zu ertragen. Mit solchen Leuten ist schwer auszukommen und ein Zusammenleben nahezu unerträglich. Das Meiden jeder Diskussion, sowie jeglicher kritischen Äußerung, schafft eine spannungsgeladene Atmosphäre, die wie eine Gewitterwolke auf Entladung wartet. Es ist bezeichnend, daß Lebensgemeinschaften mit einer derartig seichten Lebensphilosophie, meist nur von kurzer Dauer sind. Sie scheitern am Gegenteil, nämlich an ihrem schwarzen Sack verdrängter, negativer Gefühle und Gedanken, denn darüber sollten wir uns klar sein: *"Aus einer Schweinsblase kann man kein Seidentuch machen und wenn man's noch so positiv sieht."* Wir alle sind der Polarität unserer Gefühle und Gedanken unterworfen und wir können nicht nur einseitig alles bejahen und gut finden, denn das Gegenteil von dem, was wir bejahen, verneinen wir gleichzeitig. Laotse hat das in seinem ersten Abschnitt des 2. Aphorismus sehr treffend zum Ausdruck gebracht:

> Wenn auf Erden alle das Schöne als schön erkennen,
> so ist dadurch schon das Häßliche gesetzt.
> Wenn auf Erden alle das Gute als gut erkennen,
> so ist dadurch schon das Nichtgute gesetzt.
> Denn Sein und Nichtsein erzeugen einander.
> Schwer und Leicht vollenden einander.
> Lang und Kurz gestalten einander

Hoch und Tief verkehren einander
Stimme und Ton vermählen sich einander.
Vorher und Nachher folgen einander.

Wer will die Wahrheit dieser Sätze in Frage stellen?
Wir sollten wohl auch die Schattenseiten des Lebens bejahen und
annehmen, jedoch den Unterschied der Licht -und Schattenseiten
umso deutlicher erkennen. Nur das garantiert uns die Einheit zwischen inneren und äusserer Realität. Auf S.224 habe ich wichtiges
zur Wahrnehmung gesagt, und weshalb positives Denken niemals
das Niveau einer liebenden Wahrnehmung erreichen kann. In Anbetracht dieses fundamentalen Vergleiches nimmt sich das Positiv-
denken wie bleiche Tünche aus.

## Idealität und Realität

Menschen, die gegen Tatsachen kämpfen, werden häufig als Träu-
mer und Phantasten hingestellt; sie haben es schwer andere von
ihren zukunftsweisenden Ideen zu überzeugen. Wesentlich leichter
scheinen es jene zu haben, die dem Slogan folgen: wir müssen die
Welt so nehmen wie sie ist und wir können die Realität nicht ändern. Der Phantast will sofort den idealen Endzustand herbeiführ-
ren, ohne zu bedenken, daß alles seine Zeit und seine Entwicklung
braucht. Und der Überrealist glaubt, daß das gegenwärtige Zwi-
schenstadium die einzig annehmbare Realität sei, an der nicht her-
umgedoktert werden dürfe. Beide gehören einer extremen Position
an und bedürfen einer Korrektur in Richtung Mitte. *Der wahre Realist* nimmt zunächst die Dinge und Erscheinungen so wahr wie sie
sind, d.h. die Erscheinungen und Ereignisse haben sich im Moment
den allgemeinen Rahmenbedingungen in der bestmöglichsten Weise angepaßt und könnten sich, bei idealen Verhältnissen, weiter
optimieren. Er sieht sie also nicht in ihrem ideellen Endzustand,
sondern in einem angepaßten Zwischenzustand, woraus er schließlich seine Hoffnung auf Fortschritt und Verbesserung schöpft. Daher ist es töricht und schadet dem Fortschritt, entweder nur ge-
stützt auf Tatsachen und Fakten, oder auf überspannte Ideen und
Ideale, extreme Postionen zu verfechten. Der Erleuchtete nimmt
die Welt so wie sie ist, weiß aber um ihre Mängel. Er anerkennt,
daß die Realität ein stetig fließender Prozeß ist und, daß sie einer
unendlichen Bewegung folgt, deren weise Intelligenz für stets neue
Überraschungen sorgt. Der spirituelle Prozeß, welcher in der Bewegung von Vergehen und Entstehen aufscheint, ist das Wesentliche worauf es ihm ankommt. Geburt und Tod, Gesundheit und
Krankheit, Wachstum und Verfall sind dabei nur die jeweiligen

Formen und Elemente dieses Prozesses und werden daher als unabtrennbarer Teil des Ganzen angenommen. In den Augen eines Erleuchteten ist die Schöpfung ein Traum, wobei der Erleuchtete sich selbst als eine Traumgestalt wahrnimmt, analog der Bühne eines Theaters. Der Erleuchtete sieht sich als Zuschauer und als Akteur gleichzeitig auf der Bühne des Alltages; er kann gelassen bleiben, weil er zwischen Traum und Wirklichkeit keinen Unterschied mehr macht. Er nimmt das Leben und Sein als einen fließenden Zustand wahr, in dem es weder einen Anfang, noch ein Ende gibt. Wenn uns also Tatsachen und Fakten begegnen, seien sie äußere Umstände oder Bewußtseinsinhalte der verschiedenen Energiehüllen, dann sollten wir stets eingedenk sein, daß sie alle nur Energiezustände sind, welche der großen Bewegung folgen, die niemals von ewiger Dauer sein können. Der Läuterungsprozeß durch die Reiki-Kraft bringt auf jeden Fall die Energien unserer Bewußtseinsinhalte in Fluß und richtet ihre Strukturen auf unser hohes Selbst aus. Mit dieser Veränderung kommen jedoch auch die äußeren Umstände in Bewegung, denn das universelle Gesetz, wonach das Äußere der inneren Zielausrichtung folgt, gilt für das ganze Sein. Daher sollten wir uns frei machen von statischem Tatsachensinn, aber auch freihalten von allen hochgespannten Erwartungen und ideellen Forderungen, sondern stetig dem universalen Impuls der Reiki-Kraft folgen, die uns sanft aber bestimmt, sowohl zeitlich als auch räumlich so führt und leitet, wie es für unseren momentanen spirituellen Entwicklungsstand am besten ist.

# Die Wahrnehmung bestimmt dein Schicksal

Wenn, wie ich schon an anderer Stelle sagte, Wahrnehmung Bewußtsein bedeutet, dann könnten wir auch sagen: in der Wahrnehmung vollzieht das Bewußtsein einen Handlungsakt in dem es sich selbst zu ergreifen versucht, siehe auch S.64.

Was aber ist Wahrnehmung in seiner tieferen Bedeutung?

Sehr wahrscheinlich nimmt das Bewußtsein sich selbst wahr, nämlich all das, was es in sich eingefaltet hat (implizite Ordnung) und zur Anschauung bringen möchte. Wenn nun Bewußtsein in der Wahrnehmung sich selbst ergreift, dann folgt notwendig daraus die Frage, wie denn unsere Wahrnehmung die äussere Realität beeinflußt? Die Antwort darauf kann nur sein, daß die äussere Realität im Gegenständlichen scheinbar feststehend, doch im subtil energetischen Bereich in ständiger Bewegung ist und die Impulse direkt aus unserer Wahrnehmung fließen. Für manche mag das zu starker Tobak sein, doch in der Quantenphysik ist das längst bekannt, siehe auch S.33.

Somit bestimmt die Wahrnehmung die Wirklichkeit, und diese fundamentale Erkenntnis sollten wir auf uns selbst anwenden. Unsere Wahrnehmung ist unsere Realität und jeder hat *seine ganz eigene* Realitätssicht. Je mehr die innere Realität, bzw. Wahrnehmung von der äusseren abweicht, desto mehr Fehler werden gemacht und desto schmerzhafter sind die Schicksalsschläge. Die Harmonie zwischen innerer und äusserer Realität ist ein Lernthema von äonischer Weite und der Alpha-und Omegapunkt einer meist langen Inkarnationskette. Daher sollten wir, wenn wir uns auf den spirituellen Weg machen, stets die Grundprobleme angehen und das Übel bei der Wurzel packen.

Wie nehme ich also wahr und wie beeinflußt die Wahrnehmung meine Entscheidungen und die äusseren Umstände.

Bleiben wir bei der ersten Frage, weil ihre Klärung einen ganz wesentlichen Schritt bedeutet. Es gibt sicherlich viele Modalitäten der Wahrnehmung, doch sollten wir bei der Frage nach dem *Wie* der Wahrnehmung stets erforschen, ob wir in die Wahrnehmung bereits eine *Erwartung, ein Wissen oder gar ein Urteil hineinlegen.* Das ist der springende Punkt, dem wir fortgesetzt zum Opfer fallen. Wir nehmen etwas wahr und haben es mehr unbewußt als bewußt schon kategorisiert, eingeschätzt oder beurteilt. Auch hier können wir eine simple doch sehr brauchbare Einteilung des Wahrnehmungsmodus vornehmen:

**1.** Überwiegen des sinnlich-physischen Eindruckes, sowie Beurteilung und Einschätzung (Gestalt, körperliche Entlastung, Bequemlichkeit und sinnlicher Genußgewinn) usw.

**2.** Überwiegen des emotionalen Eindruckes, bzw. Einschätzung von emotionalen Lustgewinnes durch Wertgefühle, sowie Vermeiden von schmerzhaften Emotionen, wie Ärger, Aggression und Traurigkeit.

**3.** Überwiegen des mentalen Eindruckes und Beurteilen, bzw. Bewerten von Nützlichkeit, Zweckmäßigkeit, richtig oder falsch, Ausbeute und Profit, sowie Vermeiden von Verlust und Mangel.

**4.** Überwiegen des supramentalen Eindruckes und Einschätzung von ethisch-moralischen Kategorien, sowie Wahrscheinlichkeiten und Entwicklungstendenzen.

Je nachdem, welche der vier Grundwahrnehmungen überwiegt bauen wir eine subtil-individuelle Erwartungsschwingung während des Wahrnehmungsprozesses auf, die von der äusseren Realität mehr oder weniger abweicht. Die Folge ist, daß dieses Erwartungsmuster nicht nur unsere Realitätssicht verzerrt, sondern auch das energetische Grundmuster für Wünsche, Ziele, und Begierden konstituiert. Zudem aber auch unsere Verhaltensweise und unsere Entscheidungen wesentlich mitbestimmen. Überwiegt z.B. der mentale Wahrnehmungsmodus, dann verfällt man allzu leicht einer kritischen Wahrnehmung, und je nachdem wie stark unser Egoschatten dominiert, konstituiert sich ein Erwartungsmuster in der die Nützlichkeit und der Profit *am lautesten dröhnt.* Werden dann die Erwartungsmuster nicht erfüllt dann kommt es zu Enttäuschungen und am Ende zur Frustration.

Nicht die Handlung bestimmt also unser Schicksal, sondern die dahinterstehende Wahrnehmung und Erwartungsschwingungen, denn sie sind die Voraussetzungen von Handlungen und Taten.

Worauf es jedoch ankommt ist, daß wir die *Dinge so sehen wie sie sind,* nicht wie wir sie gerne sehen wollen.

Daher sollten wir die Dinge zunächst beobachten *ohne bereits zu wissen,* um sie so zu sehen wie sie wirklich sind.

Das heißt nicht, daß wir an die Dinge völlig erwartungslos herangehen sollen, da wäre wohl jeder überfordert, sondern wir sollten jede Erscheinug und sei sie noch so absurd und unangenehm, zunächst annehmen und ihre *spirituelle Botschaft* erforschen. Wir können dabei durchaus, gemäß unserer Veranlagung eine der vier Wahrnehmungsformen bevorzugen und eine sehr sinnvolle Antwort erhalten. Was der eine mit seiner emotionalen Hülle gut erforschen kann, gelingt einem anderen ebensogut mit der mentalen, in dieser Hinsicht darf es keine Bewertung geben.

Wenn wir die *spirituelle Botschaft* begriffen haben, dann erfahren wir mehr von unserer inneren Realität, und wir gewinnen nach und nach zu allem eine liebende Beziehung. Das ist das göttliche

Geschenk und die Belohnung an uns, für all die Bemühungen und inneren Kämpfe, die wir auf uns genommen haben. Hier erfüllt sich im wahrsten Sinne das Wort:

*"Siehe, wir preisen die glückselig, die ausgeharrt haben"* (Jk.5,11)

Was nun ist die Essenz einer Wahrnehmung und wie kann man daraus eine spirituelle Botschaft ableiten? Ein Beispiel soll dies verdeutlichen: Nehmen wir an, jemand ist uns eine beträchtliche Geldsumme schuldig, die wir dringend zur Deckung unseres Haushaltdefizites benötigen. Wie würden wir darauf reagieren?

Der eine würde zunächst versuchen, durch ein vernünftiges Gespräch den Schuldner zur Zahlung zu bewegen, ein anderer würde Drohbriefe schreiben, ein dritter würde eine Zwangseintreibung ankurbeln usw. Doch bei all dem geht eines unter, nämlich die Frage weshalb man an Menschen gerät, die zahlungsunwillig sind. Die Lösung dieser Frage liegt in uns selbst. Denn alles was uns im äusseren begegnet, ist bereits in uns und eine Reflexion unserer inneren Realität. Damit ist nicht behauptet wir hätten selbst keine Zahlungsmoral, nein, das wäre viel zu plump, sondern das Ereignis signalisiert unsere Beziehung zum Geld und wieviel Realität wir ihm beimessen. Das ist dann auch die *spirituelle Botschaft*, und sie gibt uns Kunde über unsere karmischen Belastungen. Wir sollten solche Unanehmlichkeiten ausschließlich aus dieser Sicht verstehen lernen, erst dann ist unser Leben sinnerfüllt und wir gewinnen Raum für inneres Wachstum. Die Reiki-Kraft wird uns dabei führen und helfen.

**Wir fassen kurz zusammen:**

Die läuternde Wirkung der universalen Lebensenergie ist im Grunde ein Bewußtwerdungsprozeß, sowohl unserer positiven wie auch negativen Bewußtseinsinhalte. Reiki öffnet die Tore zum Unbewußten und verschafft uns einen Zugang zu unserem hohen Selbst, siehe auch S.115. Aus energetischer Sicht erfahren die vier äußeren Energiehüllen, also Physis, Vital, Astral und Mental eine Reinigung von negativen Egoschwingungen und kommen in eine harmonische Wechselwirkung. Ihre Schwingungen werden feiner und differenzierter, und ermöglichen so eine Bewußtwerdung subtiler Welten und Bewußtseinsinhalte. Auch das Gewissen, unsere moralische Instanz, wird empfindlicher und verschafft sich mehr Gehör. Wir sprachen vom richtigen Zulassen und Geschehenlassen, worunter nicht ein Nachgeben von triebhaften Wünschen und Sehnsüchten gemeint ist, sondern die unvoreingenommene, neutrale Akzeptanz unserer negativen Seiten, doch ohne uns ihnen auszuliefern. Wir lassen alte Verhaltensmuster, Vorurteile, Abneigungen, liebgewordene Gewohnheiten Mußvorstellungen, Ärger, Aggressionen und störende Vermeidungshaltungen los, indem wir erkennen, daß sie an sich wesenlos sind und nur auf der Grundlage unseres Ichs existieren können. Wir drängen sie weder weg, noch unternehmen wir Anstrengungen um sie los zu werden, denn damit beleben wir sie mit neuer Energie, sondern wir entziehen ihnen sämtlich die Identifikationsgrundlage, indem wir ihnen unser Ich verweigern und lassen sie so absterben. In den Reflexionen über das Problem von Erfahrungen machen, haben wir erkannt, daß es zwar ohne Erfahrungen nicht geht, doch negative Erfahrungen nicht unbedingt unsere spirituelle Entwicklung fördern. Häufig behindern sie uns und werfen uns zurück. Daher erscheint es geboten mit unseren Mitmenschen Erfahrungen auszutauschen, auch wenn wir uns bei dem einen oder anderen unbeliebt machen und dadurch vielleicht nicht so spirituell aussehen. In unseren Ausführungen über das Akzeptieren von Tatsachen sind wir dahin gekommen, daß wir die Realität als einen vorübergehenden Zustand, eines stetig voranschreitenden, spirituellen Prozeß erkannten, in welchem wir ein Teil sind. Wir alle sind aufgefordert als bewußte Wesen an der Realität mitzuarbeiten, doch Gegebenheiten und Tatsachen, die momentan unverrückbar sind zu akzeptieren und ihren Reifungsprozeß abzuwarten. Das Augenmaß und Gespür für den Zeitpunkt des Eingreifens, hängt jedoch von unserem inneren Entwicklungszustand ab, denn die innere Zielausrichtung und Reife allein bestimmt unser äußeres Handeln und Tun. Im letzten Thema behandelten wir das Problem der Wahrnehmung und den Unterschied zwischen der inneren und äusseren Realität. Dabei kamen wir zu dem Schluß, daß Wahrnehmung die entscheidende Realität ist und je nachdem, welche der vier Wahrnehmungformen wir bevorzugen, unsere Absichten, Handlungen und Verhaltensmuster wesentlich beeinflußen. Um den subtilen Erwartungsschwingungen zu entgehen, sollten wir *Wahrnehmen ohne bereits zu wissen*, und wir sollten lernen, die in jedem Ereignis enthaltene *spirituelle Botschaft* zu entschlüsseln. Gerade unangenehme Erlebnisse und Erfahrungen haben einen hohen spirituellen Wachstumswert, denn sie reflektieren unsere innere Realität an schärfsten und stoßen uns mit der Nase auf unsere karmischen Verhaftungen. Am Beispiel Geld erkannten wir, daß wir stets das innere Verhältnis zum Kernpunkt eines Ereignisses oder Sachverhaltes erforschen sollen. Deshalb sollten wir nicht jammern und klagen, sondern dankbar sein, daß wir im Hier und Jetzt die Gelegenheit bekommen, unsere Wahrnehmung auf das Niveau der universalen Lebensenergie anzuheben.

## Die Einweihung in den zweiten Reiki-Grad

Man mag kritisch fragen, weshalb es für die Einweihung der universalen Lebensenergie mehrere Grade gibt und, ob dies in Anbetracht des ganzheitlichen Aspektes der Reiki-Kraft notwendig ist? Diese Frage ist durchaus berechtigt, entspringt sie doch aus dem Bedürfnis nach innerer Schlüssigkeit und Klarheit, denn die universale Lebensenergie ist ja auch nicht nach Graden unterteilt, sondern, wie wir schon sagten, die eine unbedingte und ungeteilte Abstrahlung Gottes. Auf S.202 im Abschnitt über die erste Einweihung führten wir näher aus, daß die vier Einstimmungen, die vier Energiehüllen des Schülers auf die universale Lebensenergie einschwingen und anheben. Der Bewußtwerdungsprozeß hierbei ist sehr intensiv und braucht natürlich seine Zeit, siehe auch S.205 über die läuternde Wirkung der Reiki-Kraft.

Die Einführung in den zweiten Reiki-Grad, intensiviert den Bewußtwerdungsprozeß weiter und ergreift die tieferen, unbewußten Schichten, die auch das Supramentale beinhalten. Sie tangieren bereits das hohe Selbst. Auf die Chakras-Physiologie angewandt bedeutet dies, daß uns hierbei die verunreinigenden Ego-Schwingungen in den einzelnen Energiehüllen und ihren Zentren, bewußt werden, doch auch gleichzeitig unser geistiges Begabungspotential, unsere Fähigkeiten und paranormalen Möglichkeiten, z.B. die Intuition und nicht zuletzt die ganze Erlebnisskala unserer höheren, ethischen Gefühle wie Harmonie, Frieden, Liebe, Herzlichkeit und feine spirituelle Heiterkeit. Daher erscheint es durchaus sinnvoll, die Einweihung in Grade zu unterteilen, damit zwischen den einzelnen Stufen genügend Zeit für die höherführende Läuterung zur Verfügung steht. Das tiefere und weitere Eindringen der universalen Lebensenergie durch den zweiten Reiki-Grad weitet also unser Bewußtsein erheblich und gibt damit der Reiki-Behandlung eine neue Dimension. Der zweite Grad ermöglicht uns erstmals Fernbehandlungen durchzuführen, die ganz unabhängig von Ort, Zeit und Entfernungen angewendet werden können. Das mag für manche zunächst ungläubiges Staunen auslösen oder vielleicht befremdend wirken, doch demonstriert uns die Reiki-Praxis eindringlich die Erfolge durch Fernbehandlung und ist eines der überzeugendsten Beweise, gegen theoretisch-skeptische Einwände. Normalerweise funktioniert eine Energie-Fernübertragung ja nur über einen Leiter, bzw. über ein entsprechendes Medium sowie ein geeignetes Sender -und Empfängeraggregat. Funk-und Fernsehtechnik sowie Satellitenübertragung und Fernsprechanlagen, ob nun drahtlos oder nicht, können ihre Schwingungsfrequenzen nur unter diesen drei Bedingungen wirkungsvoll übermitteln. Im Kapitel über die philosophischen Grundlagen der universalen Lebensenergie, sprachen wir auch vom Äther, in welchem die universale Lebensenergie anscheinend eingehüllt ist. Wenn heute wieder bedeutende Physiker sagen, daß es für Lichtwellen, bzw. Photonen und elektromagnetische Wellen ein Fortpflanzungsmedium im leeren Raum geben muß, dann wird wieder die Theorie eines alles durchdringenden Äthermeeres aktualisiert und erklärt zumindest hypothetisch, weshalb sich Energiewellen mit Lichtgeschwindigkeit fortpflanzen können. In Bezug auf die Übertragung und den wortlosen Austausch von Gedanken und Gefühlen, hält die wissenschaftlich orientierte Parapsychologie ähnliche Erklärungsmodelle bereit, siehe auch S.42, wobei sie jedoch nicht hinreichend erklären kann, was das eigentliche Trägermedium der Gedanken und Gefühle wirklich ist. Wir dürfen jedoch davon ausgehen, daß seelische Energien wie Gedanken, Gefühle und Motive ganz bestimmte, feinstrukturierte und hochenergetische Schwingungsfelder darstellen, siehe auch Abb.13, S.106 welche, sobald sie zwei übereinstimmende Menschen miteinander verbindet, außersinnliche Wahrnehmungsprozesse (ASW) auslösen, etwa so wie beim telepathischen Phänomen. Die dabei auftretende Raum-Kontraktion, d.h. die Überbrückung riesiger Entfernungen ohne ein zeitliches Vorher, lassen vermuten, daß Bewußtseinsenergien ganz anderen Gesetzen folgen als physikalische und anscheinend jenseits von Raum und Zeit in einer höheren Dimension existieren. Die Zeitdehnung läßt sich vorläufig nur so erklären, daß Gedanken und Vorstellungen unbegrenzte Energiefelder bilden und daher nicht mehr den Gesetzen von Raum und Zeit folgen. Freilich beanspruchen sie einen Raum, doch scheinen sie selbst Raum zu erschaffen, sofern sie mit der universalen Lebensenergie übereinstimmen. Das von Einstein entdeckte Raum-Zeitkontinuum, läßt sich mit diesem Modell vereinbaren. Letztlich kann nur eine ganzheitliche Feldtheorie diese Phänomene erklären; bedeutende Ansätze, unter Zuhilfenahme moderner subatomarer Erkenntnisse, wurden von Burkhard Heim unternommen, siehe S.56, die wegen ihrer inneren Schlüssigkeit bislang am stärksten überzeugen. Die universale Lebensenergie dürfte, da sie die Grundlage des Weltäthers bildet, eine geometrisch-dynamische Hyperstruktur haben, ähnlich wie die fraktale Geometrie von Mandelbrot, allerdings von unfaßbarer Wandlungsfähigkeit. Darüberhinaus ist sie auch die nährende und harmonisierende Grundlage aller Energien, sowohl einfacher, physikalischer als auch komplex strukturierter Energiefelder. Speziell für die Einweihung in die Reiki-Fernbehandlung wird der Schüler vom Reiki-Meister in die dazu erforderliche Technik, bzw. methodische

Anwendung von Symbolen eingewiesen. In meinen Ausführungen über die Wirkung von Symbolen bei der Einweihung, siehe S.73, habe ich bereits Grundlegendes dazu gesagt. Ergänzend sei hinzugefügt, daß das Symbol die Bewußtseinsenergien des Senders, in einem weit stärkeren Maße bündelt als das Wort, bzw. Sätze, analog der kohärenten Bündelung des Lichtes einer Glühbirne in einen Laserstrahl. Hinsichtlich der universalen Lebensenergie heißt dies, daß sich durch unsere Aufmerksamkeit auf das Symbol die universale Lebensenergie wie ein Laserstrahl bündelt und gleichzeitig unsere Ausrichtung auf den Empfänger ähnlich verhält wie ein Scheinwerfer auf einen ganz bestimmten Punkt im Raum. In Anbetracht des ganzheitlich-harmonisierenden Aspektes der universalen Lebensenergien scheint es angebracht, kritisch nachzufragen, ob eine Energiebündelung dieser holistischen Energie überhaupt erforderlich ist. Sie ist es, weil die universale Lebensenergie im Grunde über *sehr lange Zeiträume* eine ausgleichende Funktion ausübt und die Dauer eines Menschenlebens keine Bedeutung hat. Die universale Lebensenergie gleicht aus, indem sie Starkes schwächt, Hohes erniedrigt, Niedriges erhöht, Schwaches stärkt, Krummes gerade macht usw.
Im 22. Aphorismus sagt Laotse dazu folgendes:

"Was halb ist wird voll werden.
Was krumm ist wird gerade werden.
Was leer ist wird voll werden
Was alt ist wird neu werden
Wer wenig hat, wird bekommen
Wer viel hat, wird benommen"

Und im NT. finden wir bei Mtth. 11,5 folgende Sätze:
"Blinde werden sehend und Lahme gehen Aussätzige werden gereinigt und Taube hören und Tote werden auferweckt und Armen wird gute Botschaft verkündet."
Heilung heißt, etwas heile machen, wieder in Ordnung bringen, wieder eingliedern und mit dem Ganzen harmonisieren. Der Begriff Heil bedeutet soviel wie Glück und Freude und alles was zuwenig oder zuviel hat ist nicht in der Ordnung und nicht im Heil. In diesem Sinne verfährt auch die universale Lebensenergie, indem sie auf Grund ihrer holistischen Intelligenz und Liebe ausgleicht und somit Harmonie und Gerechtigkeit allen Wesen widerfahren läßt. Die Verstärkung und Bündelung ihrer Energien ist also erforderlich, weil all das, was nicht im Heil ist erst in unverhältnismäßig langen Zeiträumen heile wird. Wir dürfen nicht vergessen für die universale Lebensenergie gibt es keine Zeit, es gibt

keine Eile und auch kein Verzögern. Eine jede Manifestation wird seinen ihm gemäßen Platz, sein Maß, seine Dauer und seine Funktion im Ganzen erhalten nicht mehr und nicht weniger. Wir jedoch sind Kinder Gottes und es ist der Wille des Höchsten, daß für die kurze Zeit, die wir für unsere spirituelle Verwirklichung zur Verfügung haben, *alle Möglichkeiten geboten werden* um zu ihm zurückzukehren. Die universale Lebensenergie arbeitet mit ihrem kosmischen Bewußtsein wohl optimal, doch für die verhältnismäßig kurze Dauer einer Inkarnation, langsam. Würden die geistigen Wesen allein dem Prozeß des spirituellen Evolutionsganges unterworfen sein, dann wären alle spirituellen Bemühungen umsonst und wir wären nichts als mechanisch funktionierende Teile, wie Rädchen in einem Uhrwerk, und unendlich lange Zeiträume müßten verstreichen bis sie wieder in den Urgrund eingingen. Zwar bestimmt in unserer planetarischen Familie der spirituell Langsamste das Tempo, jedoch hängt dessen Entwicklung auch vom Fortschritt seiner Mitmenschen ab. Daher dürfen wir die Energien des Höchsten bündeln und zielrichten; wir erweisen unseren Brüdern und Schwestern damit einen Liebesdienst, wenn wir sie zur Heilung und zur Linderung ihrer Krankheit und ihrer Schmerzen einsetzen. In diesem Sinne erst sind wir wahre Kinder des Höchsten, denn der Glaube an seine Kraft und Liebe, offenbart sich in dem was wir tun und wie wir es tun.

Für die Anwendung der Fernbehandlung erhalten die Schüler drei Symbole, wobei das Hauptsymbol die Einschwingung in die universale Lebensenergie bewirkt, d.h, unser Bewußtsein und die innere Aufmerksamkeit auf sie einstimmt, während die anderen beiden ausgleichende und verstärkende Wirkung haben. Alle drei Symbole haben bei näherer Betrachtung Brückenwirkung, indem sie die universale Energie vermitteln. Damit wird dem Empfänger die Möglichkeit gegeben, soviel Energie und Licht als nötig anzusaugen, und wenn wir das verstärkende Lichtsymbol einsetzen, dann bleibt es letztlich dem Empfänger überlassen, wieviel er davon annimmt. Mit dieser Einstellung unterscheidet sich die Reiki- Fernbehandlung von der Magie im okkulten Sinne, welche allein durch magische Intentionen in Form einer Ritual- oder Zeremonialmagie, Geister und Engel beschwört und so bestimmte Ziele erreichen will. Aus höherer Sicht kann die Magie allerdings durchaus hilfreich sein, wenn sie in ethisch verantwortlicher Weise praktiziert wird. Das eigentliche Ziel der Magie ist es den Ausübenden in eine spirituelle Transformation hineinzuführen. In der hohen Magie ging es nur darum, wie der Magier in steten Kontakt mit dem heiligen Licht (das Urlicht) kommt, das im Zentrum seines hohen

Selbstes fortwährend ausstrahlt. Leider haben kleinkarierte Kleriker der verschiedenen Konfessionen, esoterische Dilettanten sowie ängstliche, vom Dämonenglauben und Höllenfurcht besetzte Schriftsteller, die magische Literatur derart negativ durchsetzt, bis sie arg in Verruf kam, und schließlich als Teufelswerk abgetan wurde. Wahre Magie hat nur das Ziel, den Menschen auf Gott und seine Kraft auszurichten und die übersinnlich-geistigen Fähigkeiten ganz in den Dienst dieses Zieles zu stellen.

## Zum Ablauf der Einweihung in den zweiten Reiki-Grad.

Die Einführung in den zweiten Grad kann ähnlich wie schon beim ersten Grad, an zwei aufeinander folgenden Tagen durchgeführt werden, am besten an einem Wochenende. Am ersten Tag wird die Gruppe nach einem Erfahrungsaustausch, zunächst in die Symbole, vor allem was die transzendente Bedeutung und die Wirkungen auf das Unbewußte betrifft, eingeführt. Danach werden die Symbole zeichnerisch auf Papier vorgeübt und später auch in der Luft. Der Reiki-Meister läßt die Schüler solange üben, bis sie jedes Symbol vollständig und ohne Vorlage, sowohl auf dem Papier, als auch frei in der Luft darstellen können. Noch am gleichen Tag gegen Abend erfolgt die Einweihung, welche die feineren Energiehüllen, auf die universale Lebensenergie einstimmt. Wie ich bereits im Kapitel VI über die Chakras ausführte, bewirkt diese Einweihung eine Aktivierung der höheren Chakras, insbesondere des fünften und sechsten Chakra und steigert deren Wurzelmentalität, z.B. der Drang zu Wissen und Weisheit und deren sinnvolle Verwendung für die spirituelle Transformation, sowie die Bewußtwerdung unbewußter Energien und ihre Integration in den höheren Erkenntnisakt. Dem Schüler im zweiten Reiki-Grad dämmern langsam die potentiellen Möglichkeiten seiner höheren, psychischen Kräfte. Er lernt mit der Einweihung erstmals die direkte Bewußtseinsmacht der Symbole kennen und erfährt dabei einen starken spirituellen Schub. Gleichzeitig wird ihm auch deutlich, wieviel noch an seiner spirituellen Entwicklung zu tun bleibt. Der Reiki-Meister steht ihm dabei hilfreich zur Seite und arbeitet mit Erkenntnisbrücken und falls nötig, mit zusätzlichen Selbstfindungsübungen, die für die Entwicklung und das spirituelle Wachstum des Schülers geeignet sind. Am zweiten Tag üben die Schüler die Technik der Fernbehandlung, indem sie sich gegenseitig Reiki geben. Es werden verschiedene Anwendungsmöglichkeiten geübt und nach jeder Anwendung Erfahrungen ausgetauscht. Die Läuterungsprozesse im zweiten Grad laufen indirekter und subtiler ab, es fehlen die offenen Auseinandersetzungen und direkten Konfrontationen mit dem Ego. Besonders die Egoabwehrformen der mentalen Energiehülle werden bewußt und zwingen viele zu stiller Selbsteinsicht, siehe S.107 über die mentalen Hindernisse und meine Ausführungen über das fünfte Chakra, S.158. Mit dem zweiten Reiki-Grad, hat der Schüler eine neue Dimension in der Anwendung der universalen Lebensenergie eröffnet. Er ist von nun an ein Eingeweihter einer höheren Bewußtseinsmacht und ist aufgefordert, verantwortungsvoll damit umzugehen. Über die einzelnen Anwendungsmöglichkeiten informiert der Praktische Teil III, S.271.

## Gibt es einen höheren Sinn der Krankheit?

Es steht außer Frage, daß Krankheit und Leid sinnvoll sind, daß sie läuternd wirken und die Menschen in ihrem ganzen Sein höher führt. Viele Krankheitsschicksale sprechen darin eine überaus deutliche Sprache, auch wenn viele daran zerbrochen sind und für Betroffene wie für Außenstehende oftmals der Sinn kaum zu erkennen war. Für den einen oder anderen kann Krankheit ein Weg sein, der zu innerer Ganzheit führt, doch was dabei ganz und seelisch heil werden soll, bleibt oft unergründlich und ist schwer zu deuten.

Faßt man die Meinung vieler Psychosomatiker über die seelischen Ursachen von Krankheiten zusammen, dann läßt sich schon in einem Satz sagen, was der Sinn der Krankheit ist. Krankheit ist stets der körperliche Ausdruck von verdrängten und nicht integrierten Bewußtseinsinhalten. In der komplexen Ganzheitspsychologie nach C.G.Jung, wird z.B. die Neurose und abnorme psychische Verhaltensweisen als Symptom eines im Unbewußten herumvagabundierenden nicht integrierten, bzw. unerlösten Persönlichkeitsanteiles gedeutet. Diese Auffassung kann nur eine vorläufige Erkenntnis sein und sie scheint mir etwas überspitzt, denn allzu schnell wird damit dem Patienten der schwarze Peter zugeschoben, ohne zu bedenken, wie rätselhaft und doch verwickelt die Entstehungsgeschichte (Ätiologie und Pathogenese) von Krankheiten ist. Was ist z.B. mit Menschen, die jahrelang unter der tyrannischen Willkür ihres Lebenspartners zu leiden hatten und schwer erkranken, ja chronisch erkranken und daran schließlich zugrunde gingen? Wie will man solche Schicksale mit selbstverschuldeter psychischer Unreife, Verdrängung und dergleichen erklären. Man mag das Karma bemühen und darin ein wohlverdientes Schicksal sehen, was überdies die kalte Gerechtigkeit über die Liebe stellt, doch ruft ein solcher Mitmensch nach Hilfe und wir haben zu helfen ohne kritisch zu hinterfragen! Auch, und das scheint mir eines der Hauptargumente gegen eine nur psychische Deutung der Krankheitsgenese zu sein, erkranken relativ konfliktfreie Menschen an den verschiedensten Leiden, die man kaum mit psychischen Problemen, bzw. seelischer Dysharmonie und mangelnder innerer Einheit in einen kausalen Zusammenhang stellen kann. So ist die Geschichte der Heiligen und Frommen voll von schweren Erkrankungen und selbst Erleuchtete erkranken manchmal sogar dramatisch. So starb Buddha an einer Durchfallerkrankung, dasselbe geschah mit Hegel, welcher in Berlin an einer Ruhrepidemie zugrunde ging. Ramana Maharshi starb an einer bösartigen Armgeschwulst, und Sri Aurobindo beispielsweise an Urämie, d.h, es versagten die Nieren usw. Zwar ist es richtig, daß letztlich alles eine geistige Ursache hat, denn der Geist ist es, welcher der Materie Form und Qualität verleiht. Er ist es, welcher Entstehung, Dauer und Verfall bestimmt und letztlich auch die Art und Weise wie und unter welchen näheren Umständen sich Form und Qualität verändern. Darüber ist man sich allseits einig, *doch muß man sich hüten allzu schnell, in einer Art Kurzschlußverfahren, Krankheiten und Symptome ausschließlich nach ihrer Be-Deutung zu interpretieren.* Behaupten wir z.B. dieser oder jener Mensch hat deshalb eine Augenerkrankung etwa eine Netzhautentzündung, weil er bestimmte Dinge und Tatsachen nicht wahrhaben will, oder weil er gegen sich selbst mit Blindheit geschlagen ist, dann widerspricht das einfach den Lebenserfahrungen und der täglichen Praxis von zig Ärzten und Heilpraktikern. Da wird z.B. behauptet, Mundgeruch käme von üblen Absichten und "faulen Gedanken." Derartige Interpretationen entbehren nicht nur der täglichen Praxiserfahrung, sondern verführen obendrein noch dazu, dem kranken Menschen psychische Fehlhaltungen anzudichten, die er nicht hat und ihn so in ein willkürliches Schema einzureihen. Der Pferdefuß dabei: Ein solcher Interpret bemüht sich erst garnicht um körperliche, bzw. somatische Ursachen (am Beispiel des Mundgeruchs könnte man mindestens zehn Ursachen aufzählen), sondern er glaubt, er müsse zunächst einmal die psychische Fehlhaltung dieses armen Menschen korrigieren. Nun ist es auf der einen Seite recht lobenswert, wenn man sich um Ganzheit bemüht und in solchen Bemühungen wieder zur Einheit von Körper, Seele und Geist zurückfinden möchte, doch ist die hierbei verwendete Organsymbolik ein viel zu grobes Raster, durch das die verschlungenen Feinheiten individueller Krankheitsschicksale hindurchschlüpfen wie durch ein grobes Sieb. Deshalb weigere ich mich, hinter jeder Erkrankung gleich eine bestimmte psychische Ursache zu sehen, die mit der *Organ-Be-Deutung* um jeden Preis übereinstimmen muß. Hier wird dem armen Patienten die Organsymbolik einfach aufgesetzt und er hat die entsprechende *Be-Deutung* zu schlucken, ob das zutreffend ist oder nicht. Mir scheint es vielmehr so zu sein, daß die Psyche und das Unbewußte nur wenig oder kaum Rücksicht darauf nimmt, ob das entsprechend erkrankte Organ nun symbolisch stellvertretend für mangelnde innere Ganzheit, Fehlhaltungen, oder auch Verdrängungen geeignet ist oder nicht. Die Krankheit greift nach meiner, und sicherlich auch nach der Erfahrung vieler anderer Therapeuten, die täglich in der Praxis stehen, zunächst mal am schwächsten Punkt an und wenn wir die Krankheit als einen holistischen Ausdruck sehen, dann trifft sie den Menschen exakt dort, wo er psychisch am empfindlichsten reagiert und so am wirkungsvollsten Erkenntnisprozesse und psychische Dynamiken in Bewegung kommen. Es geht also nicht darum, daß die Krankheit nur dort ansetzt, wo sie mir, eine von Menschen interpretierte Symbolik meines gegenwärtigen, inneren Zustandes signalisiert (die universale Lebensenergie fragt kaum nach unserer Meinung), sondern sie sucht sich ganz individuell die effektivsten Organe und Systeme aus die am besten für einen Erkenntnisprozeß und für eine psychische Kartharsis geeignet sind. Mit diesem Modell läßt sich auch viel plausibler erklären, weshalb Menschen mit oft ähnlichen oder gleichen Charakterfehlern, ganz verschiedene Krankheiten durchmachen und wir kommen nicht in Gefahr, einen kranken Mitmenschen mit Vorbehalten und fertigen Erklärungen zu schematisieren, sondern wir können ihm frei und in Liebe begegnen. Es ist sicherlich sehr nützlich und hilfreich, ihn während der Krankheitsdauer auf die Chance einer möglichen inneren Ganzwerdung und auf spirituelles Wachstum hinzuweisen, *doch soll er dies für sich ganz persönlich interpretieren dürfen, ohne irgendwelchen dilettantischen Schemata ausgesetzt zu sein.* Das Schema der Organ-Be-Deutungen kann bestenfalls ein Wegweiser und eine Orientierungshilfe sein für Erkenntnisprozesse, nicht mehr und nicht weniger.

Beziehen wir nun diese Überlegungen in die Reiki-Kraft ein, dann können wir uns getrost ihrer kosmischen Weisheit anvertrauen und brauchen für die Reiki-Anwendung sicherlich keine spezielle kausale Krankheitsinterpretation, welche uns einerseits zu schablonierter, psychischer Fehleinschätzung verleitet und andererseits auch noch nötigt, auf ganz bestimmte Körperstellen die Hände aufzulegen. Es zeigt doch gerade unser mangelndes Vertrauen, wenn wir meinen, während einer Reiki-Anwendung die universale Lebensenergie dirigieren zu müssen. Das ist beinahe schon Anmassung. Die universale Lebensenergie wird sich von unseren subjektiv gefärbten Interpretationen und Motiven kaum beeindrucken lassen.

## Die energetischen Ursachen von Krankheiten

Die Frage nach dem tieferen, individuellen Sinn einer Erkrankung, läßt sich in den meisten Fällen nicht befriedigend beantworten, doch wissen wir heute durch die weltweiten Forschungsergebnisse etwas mehr über die seelischen und energetischen Ursachen von Krankheiten. Wie im ersten Kapitel S.24 ausgeführt, ist der physische Körper aus energetischer Sicht ein wohlstrukturiertes Energiefeld, welches beständig Energie aufnimmt und abgibt. Wissenschaftliche Anerkennung haben bereits die vor mehreren tausend Jahren entdeckten Energieleitbahnen gefunden. Ihr symmetrischer Verlauf erweckt den Eindruck von Energiestrombahnen, das die gesamte Körperperipherie wie ein Energiefeld konstelliert. Parapsychologen ist weiterhin bekannt, daß dieses Energiefeld gleichermaßen ein luminiszierendes Lichtfeld darstellt, das eine ganz individuelle Strahlungsintensität und Formation zeigt. Daß sich dieses Lichtfeld in einem beständigen Energieaustausch mit seiner Umgebung befindet, versteht sich von selbst. Neuere wissenschaftliche Untersuchungen von Popp haben gezeigt, daß jede gesunde Zelle Licht absorbiert und regelrecht emittiert. Wenn Zellen erkranken, dann emittieren und absorbieren sie das Licht nur unregelmäßig das ist z.B. bei Krebszellen der Fall. Dies könnte ein Hinweis für die Auflösung strukturierter Energiefelder sein, denn nur in einem geordneten Energiefeld ist die Photonenaufnahme und -abgabe regelrecht und im Gleichgewicht.

**Wie kommt es zur allmählichen Auflösung der Energiefelder im physischen Körper?**
In der Hauptsache sind es unbewußte emotionale und gedankliche Fehleinstellungen, welche zu bestimmten Streßsituationen und energieaufzehrenden Fehlverhalten führen. Die auf die Psyche einwirkenden fremden Schwingungsmuster können entweder mit den eigenen nicht in Einklang gebracht werden, z.B. wenn sie gegensätzlich sind, oder die eigenen stimmen mit den umgebenden Schwingungen von Grund auf nicht überein oder die Schwingungsdifferenzen blockieren die kontinuierliche Energieaufnahme-und abgabe. Nur hochfrequente Energiehüllen bleiben von Dissonanzen weitgehendst frei und können auf andere Schwingungen ausgleichend reagieren so, daß die Schwingungsmitte stabil bleibt. Das schleichend zunehmende Defizit in den Energiefeldern kommt,

wenn wir es vom Qualitätsaspekt der Energie her betrachten also davon, daß gewisse Energiemuster die Energieaufnahme und den Durchfluß stören und bei zu massiver Einwirkung einen vorzeitigen Energieverbrauch auslösen. Der daraus resultierende Energiemangel, führt früher oder später zur Auflösung der Energiefelder. Berücksichtigen wir das Gesetz der gegenseitigen Aufhebung von Wellenmustern, dann könnten auch manche Schwingungen aus bestimmten Energiefeldern unsere eigenen neutralisieren und unser ganzes Energiesystem aus dem Gleichgewicht bringen. Wenn z.B. zwei Menschen versuchen sich gegenseitig zu dominieren, dann gibts Krieg und schwere seelische Spannungen, die auf Dauer keiner verkraftet. Solche und ähnliche Prozesse führen zur allmählichen Auflösung der Energiefelder und ihren Strukturen und bedingen den Verfall und den Alterungsprozeß. Das die Körperzellen strukturierende, morphogenetische Feld, ist die eigentlich energetisch-konstellierende Kraft die alle somatischen Prozesse steuert (siehe auch S.26 über morphogenetische Felder) und bestimmt die Feldstabilität. Aus der Genforschung wissen wir, daß z.B. die DNS (Desoxyribonukleinsäure) sich im Alter zunehmend verkürzt und ihre Reduplikation fehlerhafter wird. Die energetischen Bedingungen einer kompletten, fehlerfreien Kondensation der DNS., d.h. die auf der Doppelhelix aufgereihten vier Grundbasen, müssen demnach in den harmonischen Energieresonanzen unserer Psyche selbst liegen. Es leuchtet daher ein, daß die allmähliche Verkürzung der DNS, ein Sekundärprozeß ist dessen eigentliche Kausa in den dissonanten emotionalen Resonanzen liegen muß. Auch muß angenommen werden, daß die das Energiefeld stets aufspaltenden und störenden Ego-Schwingungen und Muster, negative Folgen für die Kohärenz des morphogenetischen Feldes hat, so daß schließlich die steuernd-ordnende Wirkung des Energiefeldes ständig erschüttert wird. Wir haben es also hier mit komplexen Wechselwirkungen zu tun, welche zu einer Reihe von Kettenreaktionen führt:
1. Durch energieaufzehrendes Fehlverhalten z.B. Disstreß, kommt es zunächst zu einer Inkohärenz des morphogenetischen Feldes und damit zur Instabilität energetischer Schwingungsmuster.
2. Veränderungen von Energiemuster bedingen gestörte Energieaufnahme und abgabe.
3. Gestörtes Energiegleichgewicht führt zum Zusammenbruch von Energiefeldern, d.h das implizite Energiemuster des morphogenetischen Feldes beginnt sich aufzulösen und damit der Ordnungszustand zellulärer Substrate.
4. Daraus entwickeln sich systemische Reduplikationsdefekte und minderwertige, bzw. kränkelnde Ersatzzellen.

5. Krankhafte, bzw. minderwertige Ersatzzellen sind, jedoch trotz ausreichender Zufuhr von essentiellen Nahrungsenergien nicht mehr in der Lage, die ordnenden Energieimpulse aufzunehmen und abzugeben. Ein Beispiel dafür sind die Vernarbungsprozesse und funktionslosen Ersatzzellen von größeren Organeinschmelzungen (Fibrose).

6. Die wechselseitige Auflösung von Soma und Energiefeldern, erklärt den nicht mehr umkehrbaren Alterungsprozeß. Würde das Energiefeld unverändert bleiben, dann müßte das Soma sich stets neu regenerieren.

Wir erblicken in der Wechselwirkung zwischen dem sich auflösenden Energiefeld und dem genetischen Defekt einen wesentlichen Faktor für Krankheit und Alterungsprozesse. Zudem wird klar, daß der Verlust und die mangelnde Assimilation von kosmischer Lebensenergie ursächlich daran beteiligt sein muß. Die eigentliche Kausa, die der geistigen Fehleinstellung mit all ihren Folgen, sowohl für die Emotionalität, als auch für jede Form von Daseinsbewältigung, ist zwar offensichtlich, doch zeigt die Erfahrung, daß sie, vor allem bedingt durch das frustierende Milieu einer *berechnenden Informationsgesellschaft,* nur selten erfolgreich bewältigt werden kann. Der Wunsch nach einer spirituellen Kurskorrektur geistig-emotionaler Fehleinstellungen kann nur in einem ganzheitlichen Ansatz, sowohl beim Einzelnen, als auch unter Einbeziehung gesellschaftlich-sozialer Normen und Wertsetzungen verwirklicht werden. Wenn wir davon ausgehen, daß Konditionierungen und gesellschaftliche, sowie soziokulturelle Einflüsse unsere Wertvorstellungen, Lebenseinstellung und Erwartungen etc. wesentlich prägen und mitformen, dann dürften die Chancen eines wirksamen, kausalen Ansatzes nicht allzu groß sein. Somit bleibt uns als therapeutische Hilfe zunächst nur die symptomatische Behandlung entweder auf dem stofflichen Weg über die Methoden der Rezepturenmedizin (Verordnungspraxis), oder die Energieübertragung mittels des Reiki-Systems. Letzteres ist, weil in seiner Anwendungsform sehr einfach, geeignet, auf die denkbar schnellste Weise zu helfen. Indem wir in die Feldmuster eines oder mehrerer geschwächter Energiehüllen, regelmäßig kosmische Energie übertragen, unterbrechen wir die negative Wechselwirkung zwischen dem physischen Körper und Energiehüllen.

# Praktischer Teil III

*Der Kamakura Buddha war in einem Tempel aufgestellt,*
*bis eines Tages ein mächtiger Sturm den Tempel zerstörte.*
*Dann blieb die riesige Statue*
*viele Jahre Sonne, Regen und Wind ausgesetzt*
*und mußte den Unbilden des Wetters standhalten.*
*Als ein Priester Geld zu sammeln begann,*
*um den Tempel wieder aufzubauen,*
*erschien ihm die Statue im Traum und sagte:*
*"Dieser Tempel war ein Gefängnis, kein Zuhause.*
*Laß mich draußen, den Wechselfällen des Lebens ausgesetzt.*
*Dorthin gehöre ich. "*

*Aus: Warum der Schäfer jedes Wetter liebt.*

## Die Reiki-Behandlung

### a) Allgemeines

Die Behandlung mit der Reiki-Kraft ist denkbar einfach und erfordert für die praktische Anwendung keine besonderen Anweisungen. Die von S.241 bis S.252 abgebildeten Handauflege-Positionen sind leicht zu merken, weil sie der natürlichen Schmerzhaltung der Hand entsprechen. Auch müssen sie nicht exakt nach den Abbildungen und in der gleichen Reihenfolge durchgeführt werden, der Reiki-Anwender kann durchaus nach intuitiver Wahl vorgehen, wie es eben gerade die Situation erfordert. Die abgebildeten Handpositionen dienen lediglich als Orientierungshilfe und sollten in diesem Sinne als Vorlage verstanden sein. Wenn wir eine Reiki-Einzelbehandlung durchführen, dann sollten wir wenigstens die wichtigsten Stellen behandeln, indem wir vom Kopf bis zu den Füßen alle Körperpartien durchgehen, vor allem die Gelenke und Übergangsstellen von einem Körperteil zum anderen. Auf S.249 habe ich für eine Reiki-Schnellbehandlung die drei Auflade- Positionen in Abb.23.C2, 23.C3, 23.C4 abgebildet. Hat der Klient an bestimmten Stellen Schmerzen oder ist er wegen einem Organleiden, bzw. einer Krankheit gerade in ärztlicher oder naturheilkundlicher Behandlung, dann sollten wir seinen individuellen Anweisungen folgen und die gezeigten Körperpartien besonders intensiv behandeln. Nun gibt es nicht wenige Reiki-Behandler, welche die Hand nicht direkt auflegen, sondern im Abstand von ca. 3-5 cm vom Körper entfernt halten. Einige sagen, daß sie dabei den Energiefluß besser spüren. Ich habe diese Erfahrung auch gemacht, doch rate ich dem Anfänger, die Hände zunächst sanft aufzulegen und allmählich zu dieser Sensitiv-Praxis überzugehen, denn auch die universale Lebensenergie braucht seine Zeit, bis sie vom Reiki-Anwender in ihren verschiedenen Variationen voll erfahren werden kann. Es versteht sich von selbst, auf oberflächlich schmerzende Stellen, z.B. Hauterkrankungen und Unterhautzellgewebsentzündungen, etwa Abzesse und Karbunkel oder Verbrennungen Rücksicht zu nehmen und die Hand in einem leichten Abstand davon zu halten. Vor und nach der Reiki-Anwendung sollte man sich die Hände waschen, das gebietet uns die Hygiene und Rücksichtnahme. Der Reiki-Anwender und der Empfänger sollten alle störenden Schmuckstücke vor der Behandlung ablegen, z.B. Armreife, Ringe und eventuell Uhren. Der zu Behandelnde sollte entweder in einer entspannten Haltung liegen, oder sitzen, je nachdem welche Lage er gerne einnehmen möchte. Zwar entspannt Reiki ungemein, doch ist es für den Empfänger besser, wenn er sich vorab etwas ausruht, damit er umso besser die universale Lebensenergie wahrnehmen kann. Daher sollten auch alle beengenden Kleidungsstücke, Hosenbund, Gürtel, Krawatte, Büstenhalter, Korsette usw. gelockert werden. Allgemein gilt, daß weder Arme, noch Beine während einer Reiki-Behandlung gekreuzt werden sollen, da dies den natürlichen Energiefluß stört. Man könnte zu diesem Punkt auch Einwendungen erheben, doch sagt unser natürliches Gefühl, daß überkreuzte Arme und Beine eine mehr oder weniger abwartende und angespannte Haltung ausdrückt und eine vollständige Entspannung so nicht möglich ist.

Nicht unwichtig ist auch die Fingerhaltung. Aus den Erfahrungen vieler Reiki-Behandlungen kann man feststellen, daß bei geschlossenen Fingern die Energie besser fließt, sie geht kompakter auf den Empfänger über und der Behandler spürt "das Fließen der Reiki-Kraft" um so deutlicher.

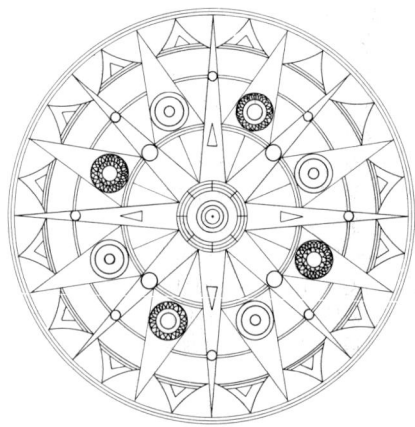

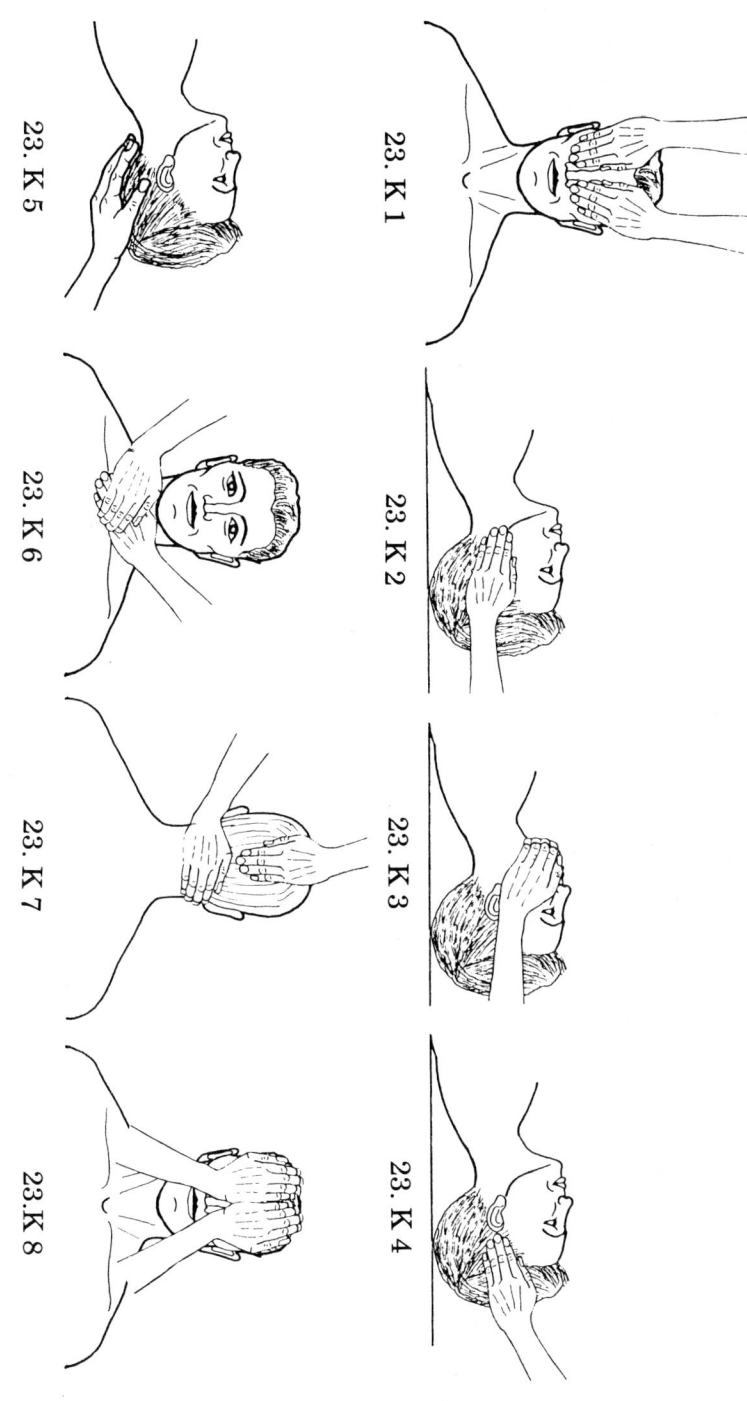

Kopf-u. Halspositionen

23. K 1

23. K 2

23. K 3

23. K 4

23. K 5

23. K 6

23. K 7

23. K 8

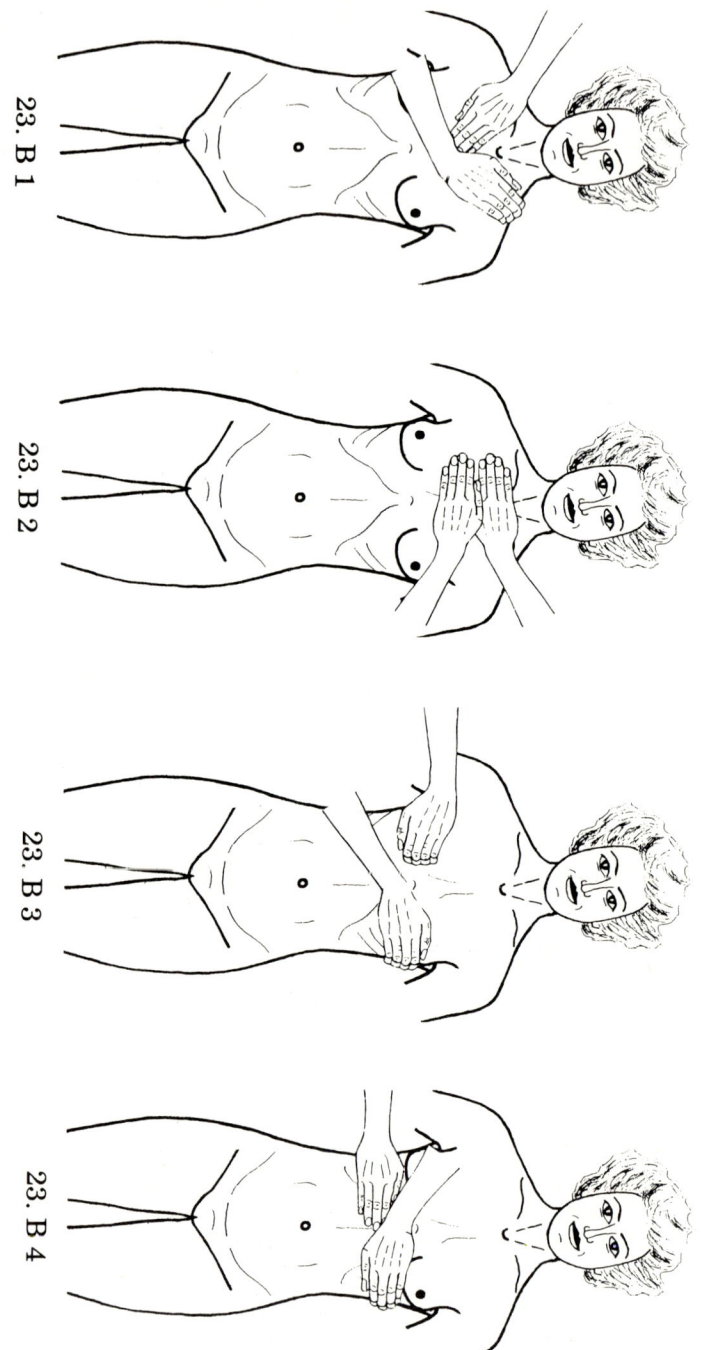

23. B 1

23. B 2

23. B 3

23. B 4

**Brustpositionen**

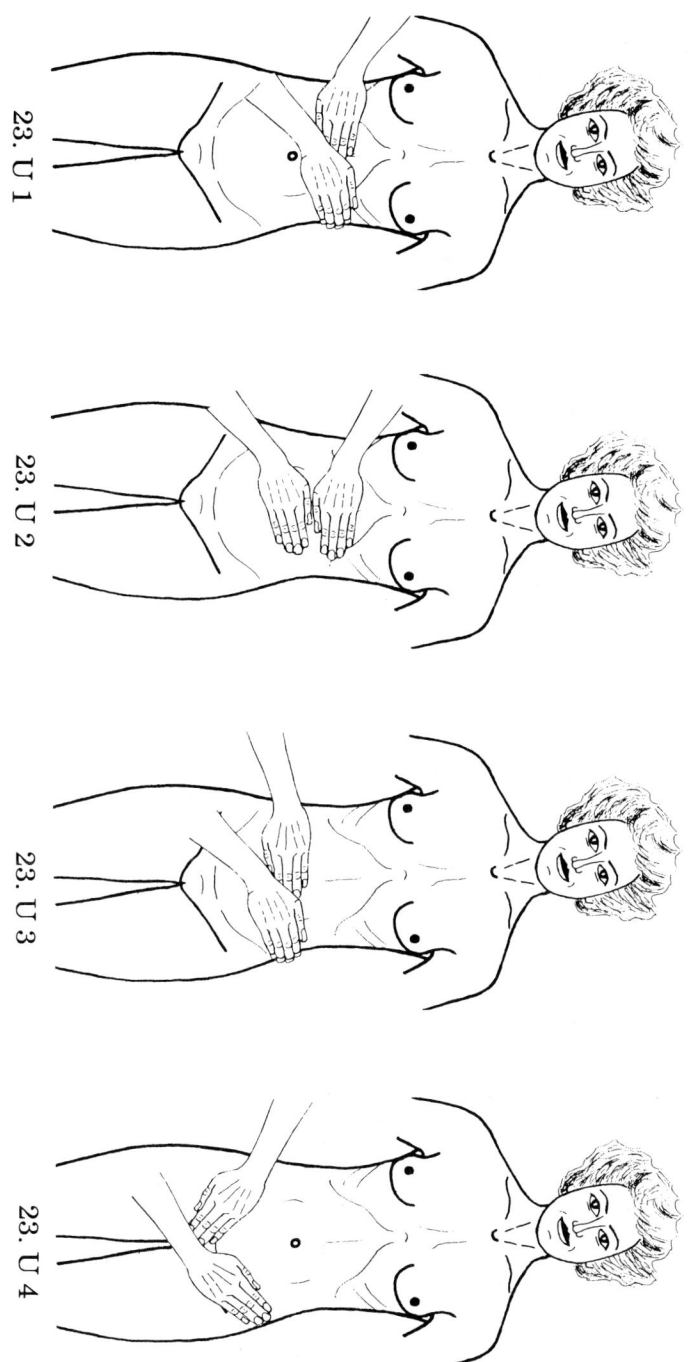

Bauch-u. Unterleibspositionen

23. U 1

23. U 2

23. U 3

23. U 4

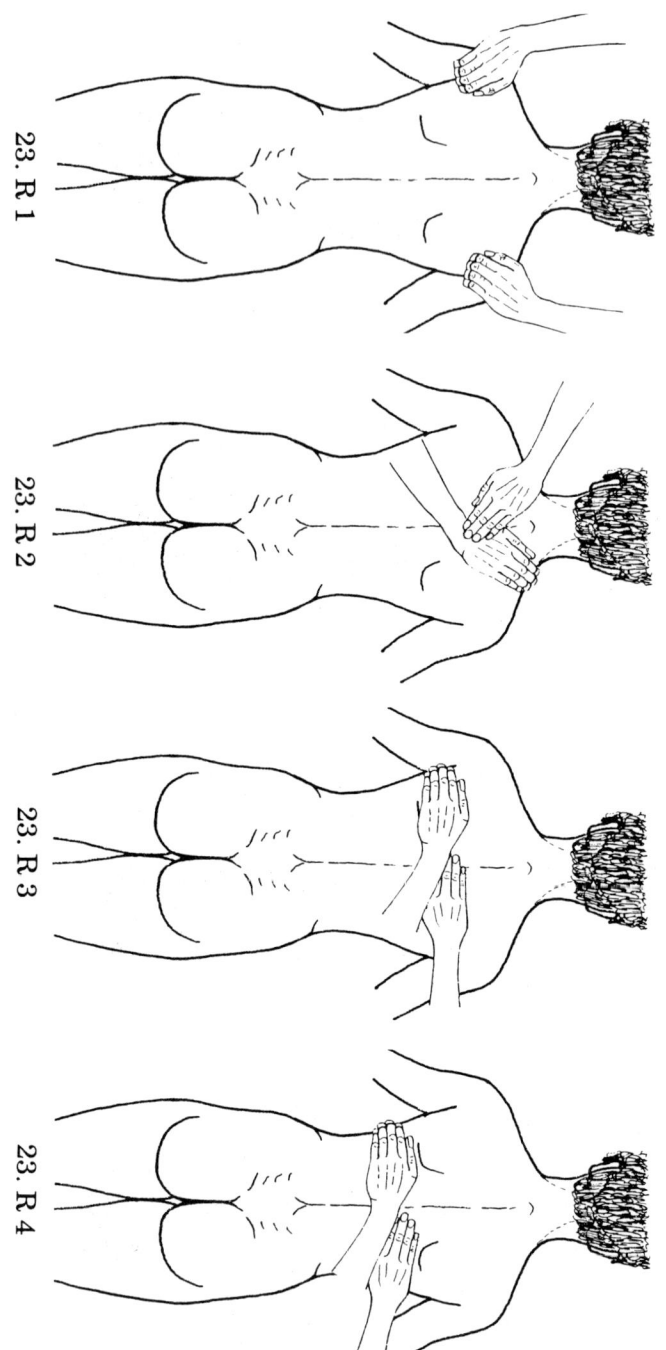

23. R 1   23. R 2   23. R 3   23. R 4

**Schulter-u. Rückenpositionen**

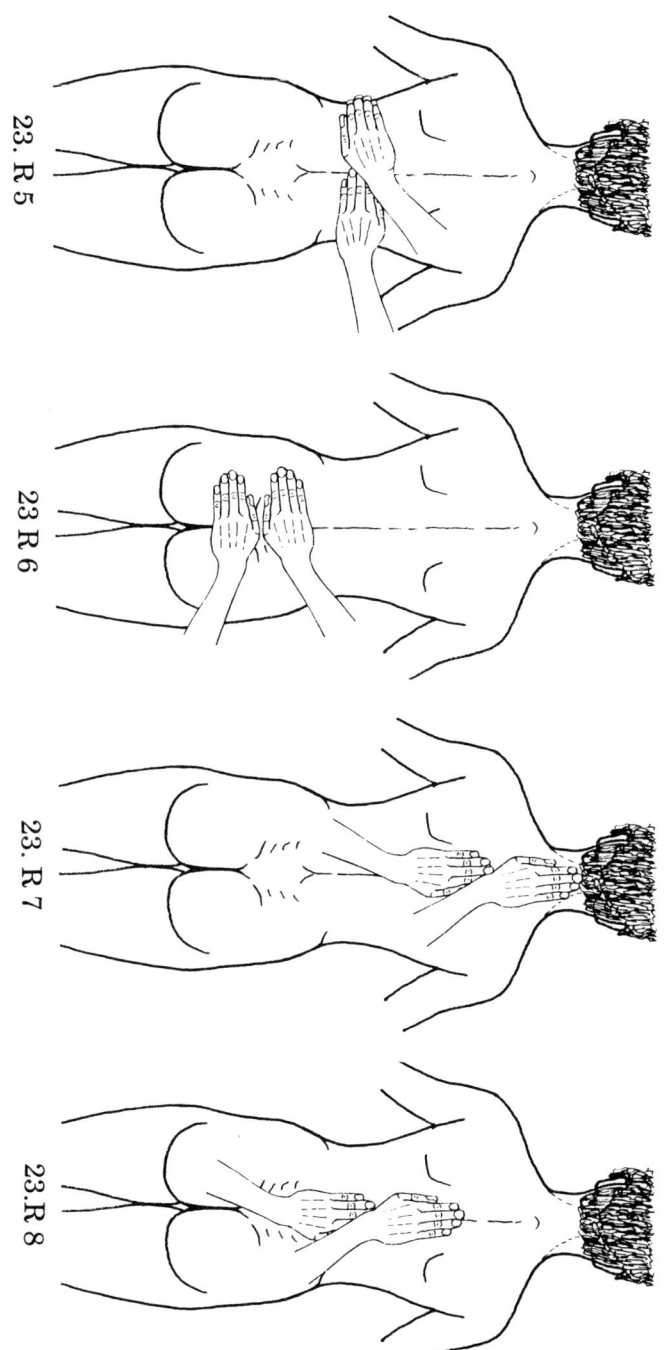

23.R5    23 R6    23.R7    23.R8

**Rückenpositionen**

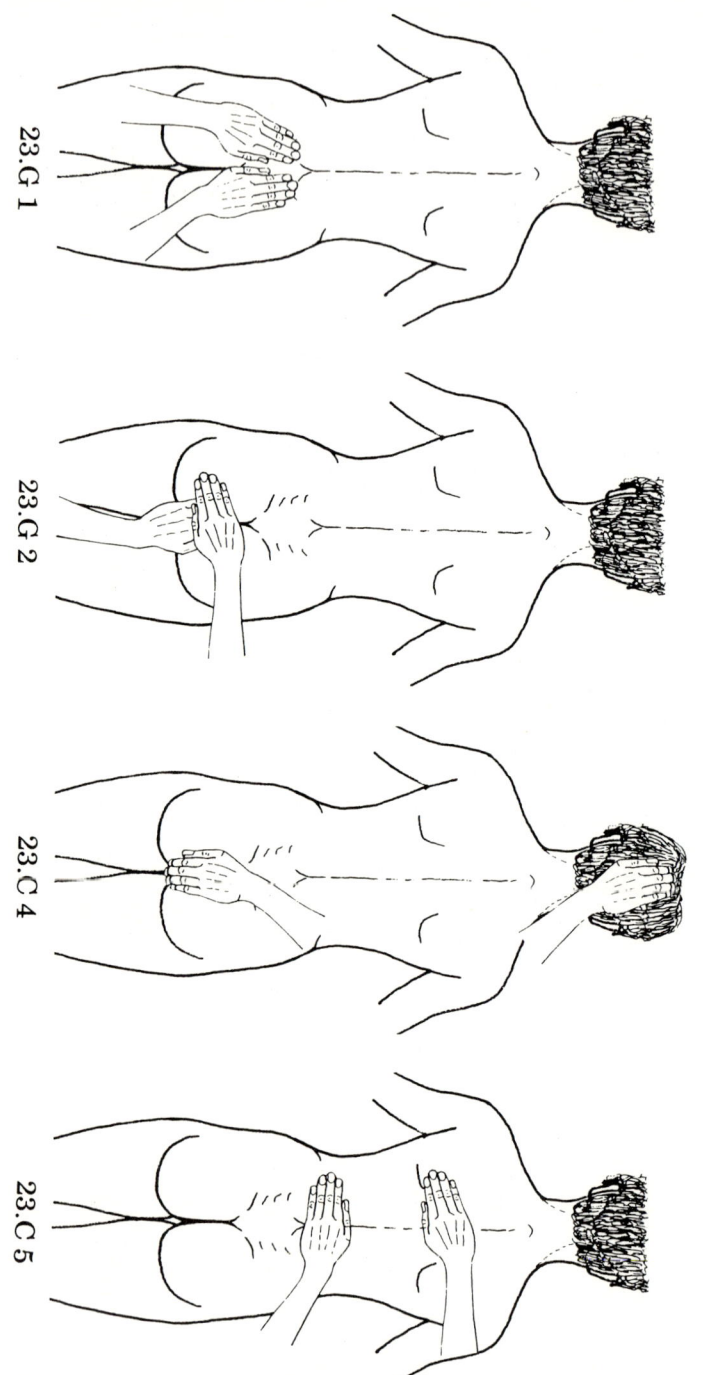

**Rücken u. Gesäßpositionen**

23.G 1

23.G 2

23.C 4

23.C 5

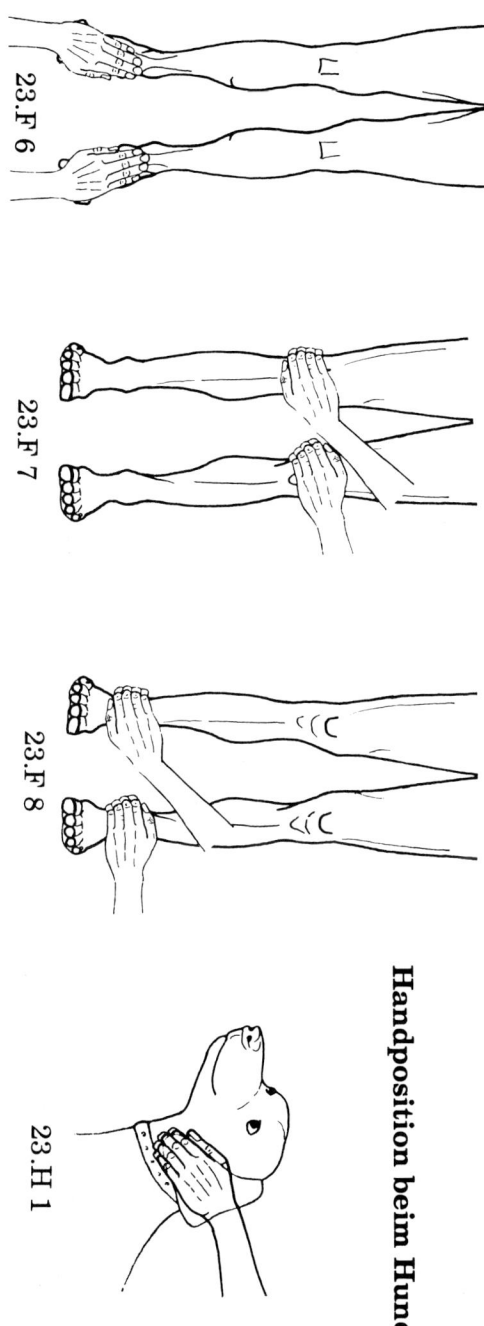

**Bein-u. Fußpositionen**

23.F 6

23.F 7

23.F 8

**Handposition beim Hund**

23.H 1

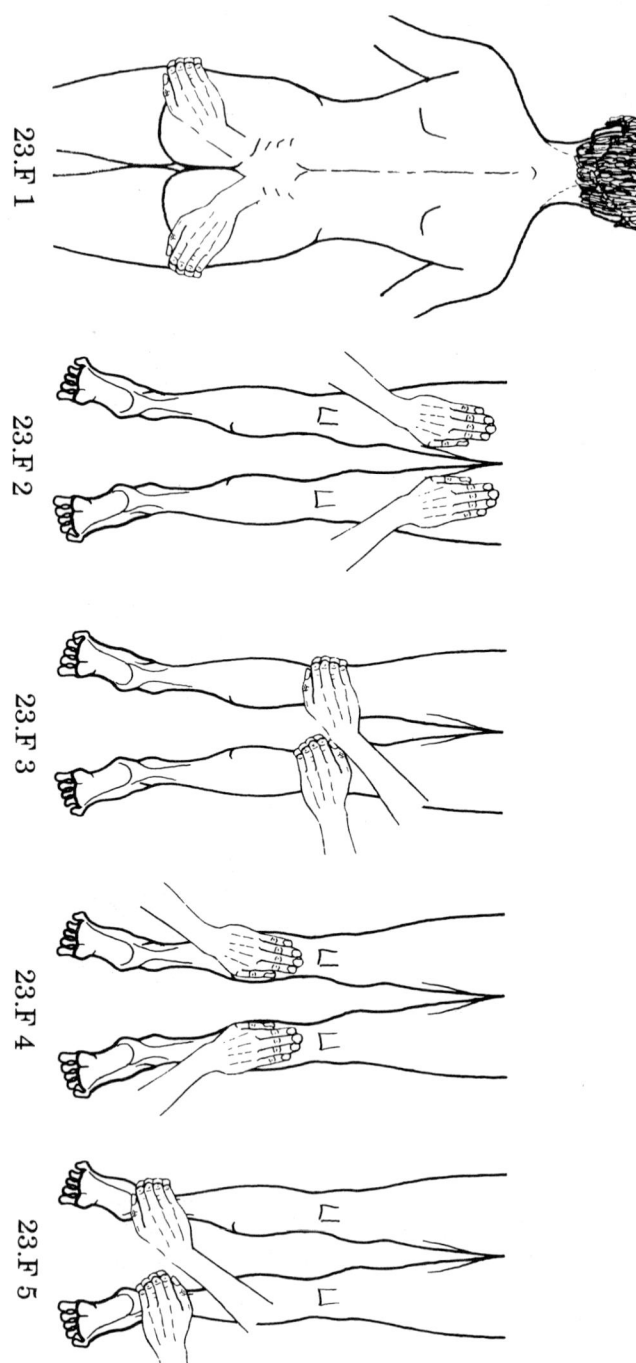

23.F 1  23.F 2  23.F 3  23.F 4  23.F 5

Bein-u. Fußpositionen

# Chakrapositionen mit Reiki

## Drei Chakrenpositionen bei sich selbst

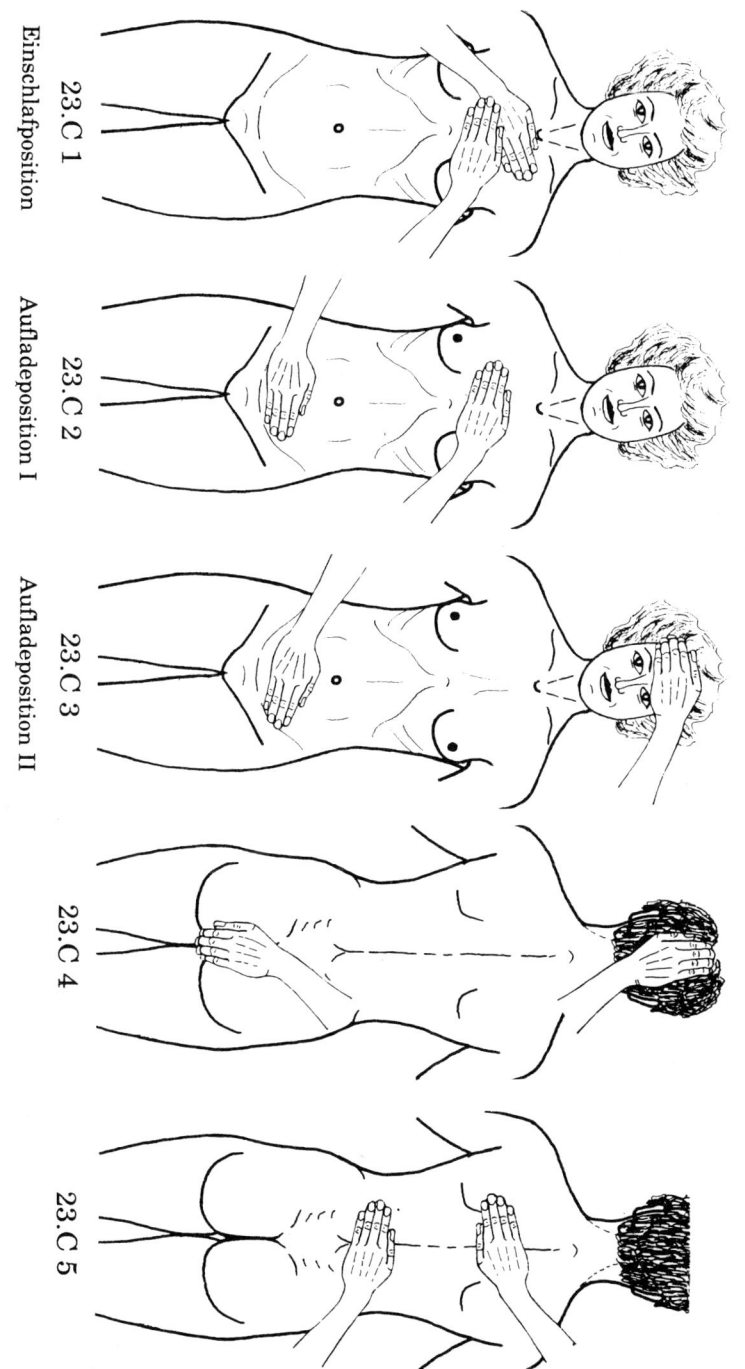

23.C 1
Einschlafposition

23.C 2
Aufladeposition I

23.C 3
Aufladeposition II

23.C 4

23.C 5

# Anatomische Übersicht der menschlichen Organe

Vorderansicht

**B**

**C**

**D**

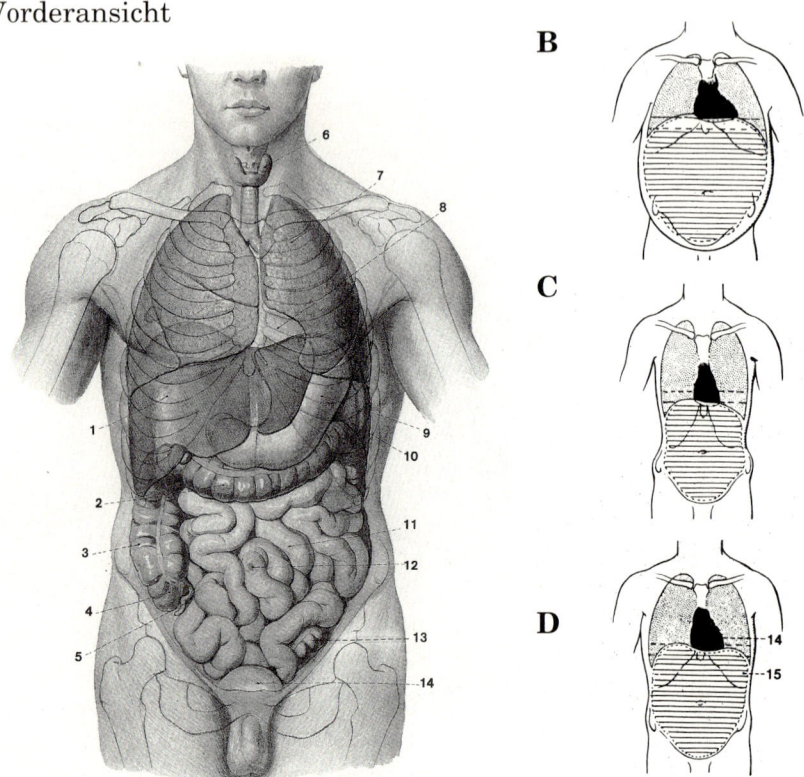

1 Leber . . . . . . . . . . . . . . . . . . . . . . . . .
2 Dickdarm, querer Teil . . . . . . . . . . . .
3 Dickdarm, aufsteigender Teil . . . . . .
4 Blinddarm . . . . . . . . . . . . . . . . . . . . .
5 Wurmfortsatz . . . . . . . . . . . . . . . . . .
6 Schilddrüse . . . . . . . . . . . . . . . . . . . .
7 Lunge . . . . . . . . . . . . . . . . . . . . . . . .
8 Herzbeutel . . . . . . . . . . . . . . . . . . . .
9 Magen . . . . . . . . . . . . . . . . . . . . . . . .
10 Milz . . . . . . . . . . . . . . . . . . . . . . . . . .
11 Dünndarm . . . . . . . . . . . . . . . . . . . . .
12 Nabel . . . . . . . . . . . . . . . . . . . . . . . . .
13 Dickdarm, S-förmiger Teil . . . . . . . .
14 Harnblase . . . . . . . . . . . . . . . . . . . . .

Abb. 23.1

**Lageveränderung der Organe in den Körperhöhlen bei den verschiedenen Konstitutionen**

**b**) Beim breitwüchsigen Pykniker sind Herz und Lunge nach oben gedrückt.

**c**) Beim schmalwüchsigen Astheniker sind beide Lungen verlängert mit verkleinerten Bauchraum.

**d**) Beim Athletiker sind Lungen und Herz vergrößert.

Bei Anwendung der Handauflegepositionen sollten diese Konstitutionstypen berücksichtigt werden, soweit vom Empfänger eine genaue Auflegeposition erwünscht ist.

Rückenansicht

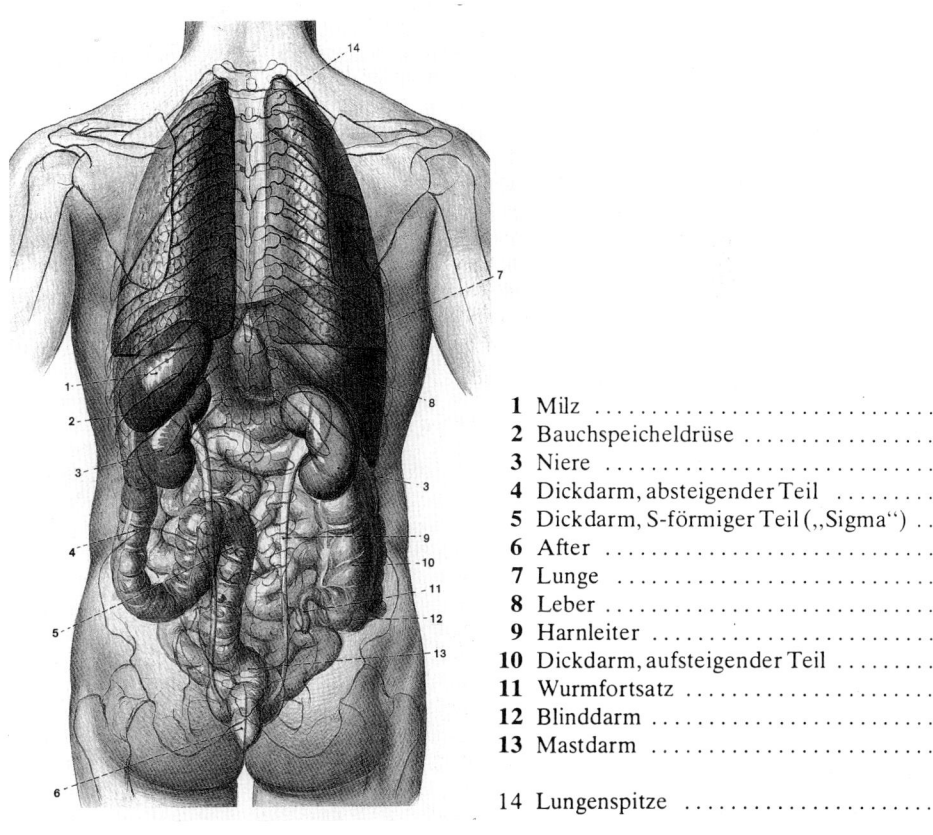

1 Milz ............................
2 Bauchspeicheldrüse ................
3 Niere ............................
4 Dickdarm, absteigender Teil .........
5 Dickdarm, S-förmiger Teil („Sigma") ..
6 After ............................
7 Lunge ...........................
8 Leber ............................
9 Harnleiter .........................
10 Dickdarm, aufsteigender Teil .........
11 Wurmfortsatz .....................
12 Blinddarm .........................
13 Mastdarm .........................

14 Lungenspitze ......................

Abb.23.2

# Seitenansicht

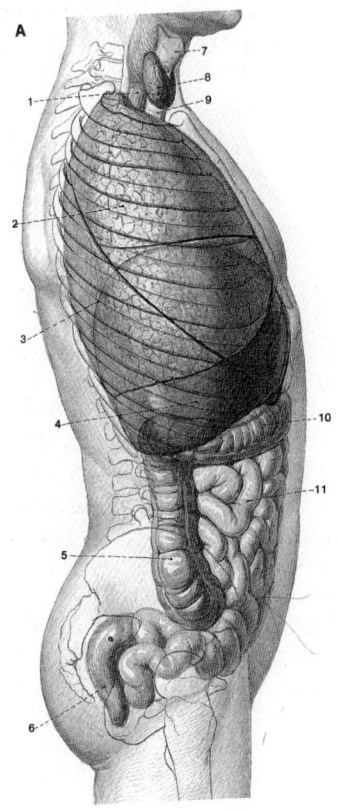

1 Speiseröhre ................................
2 Lunge ....................................
3 Zwerchfell (darunter Leber, darüber Lunge) ....
4 Leber .....................................
5 Dickdarm, aufsteigender Teil ................
6 Mastdarm .................................
7 Kehlkopf .................................
8 Schilddrüse ..............................
9 Luftröhre ................................
10 Dickdarm, querer Teil .....................
11 Dünndarm ...............................
12 Wirbelkanal .............................
13 Brusthöhle ..............................

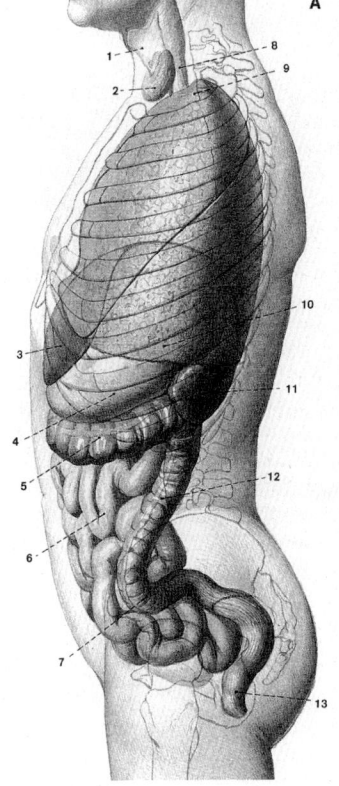

1 Kehlkopf ........................
2 Schilddrüse ......................
3 Leber ...........................
4 Magen ..........................
5 Dickdarm, querer Teil ............
6 Dünndarm ......................
7 Dickdarm, S-förmiger Teil („Sigma") .
8 Speiseröhre .....................
9 Linke Lunge, Oberlappen ..........
10 Linke Lunge, Unterlappen ........
11 Milz ...........................
12 Dickdarm, absteigender Teil ......
13 Mastdarm ......................
14 Herz ..........................
15 Rippenbogen ...................

23.3

## Allgemeine Anwendungstips

Die äußeren Rahmenbedingungen für eine Reiki-Behandlung sind zwar nicht die wichtigsten, aber sie tragen dazu bei, den Eindruck den Reiki bei jedem Einzelnen hinterläßt mitzuformen. Wir vertrauen in erster Linie auf die universale Lebensenergie und wissen um ihre harmonisierende Kraft, doch sie fordert uns auch auf, dort wo wir die Möglichkeit haben, die entsprechenden Rahmenbedingungen zu optimieren und dies auch zu arrangieren. *Die göttliche Energie hilft uns vor allem in Bereichen, wo wir keine direkte Eingreifmöglichkeit haben und dort, wo wir selbst etwas tun können, überläßt sie uns den vollen Handlungsspielraum.* Diese Erkenntnis hat für unser Verhalten weitreichende Folgen und mag manch fromme Einstellung erschüttern; denn nicht wenige meinen, sie überlassen nun vieles der universalen Lebensenergie und dann wird's schon gut werden. An anderer Stelle, zum Thema Reiki-Fernbehandlung für unsere Feinde, sagte ich ähnliches. Wir sind immer wieder aufgefordert, dort wo wir durch eine konkrete Handlung zur Harmonie und zum Frieden in dieser Welt persönlich beitragen können, dies unter Einsatz unserer ganzen Persönlichkeit praktisch zu tun und wir sollten nicht die Flucht antreten, indem wir unangenehme Handlungen allein der universalen Lebensenergie überlassen. Es ist eben ein erheblicher Unterschied, ob ich meinen Feind persönlich aufsuche, und ihn um Frieden und Verzeihung bitte oder, ob ich dies z.B. über Fern-Reiki geschehen lasse. Daher ist es unsere Aufgabe und Pflicht, die universale Lebensenergie auch äußerlich, durch unseren physischen Einsatz zu unterstützen und Opferbereitschaft zu zeigen.

## Was können wir äußerlich zu einer optimalen Reiki-Behandlung beitragen?

Für eine komplette Reiki-Behandlung benötigen wir mindestens 30 Minuten deshalb sollten wir, wenn wir jemanden behandeln, diese Zeit ohne Eile voll zur Verfügung haben. Zeitmangel ist eines der größten Übel unserer Zeit und macht uns zu Sklaven der Zeit. Der Reiki-Raum sollte ruhig gelegen, gut gelüftet und sauber sein. Die Raumtemperaturen sollten in kalten Jahreszeiten mindestens 21 Grad Cels. sein, denn infolge der liegenden oder sitzenden Position, braucht z.B. ein fröstelnder Patient eine wohlige Außentemperatur. Für die Gestaltung des Reiki-Raumes gibt es keine besonderen Reiki-typischen Anweisungen. Es sollte ein Raum der Ruhe, der Harmonie und des Friedens sein. Man kann ihn durch Blumen, warme Pastellfarben und helle, heitere Musterungen auf Teppichböden und Tapeten freundlich gestalten. Wer die Ausgaben nicht scheut, kann mit Bildern und kleineren Skulpturen durchaus eine sakrale Note in den Raum einbringen. Neonröhren sind zu meiden und durch gedämpftes, warmes Licht zu ersetzen. Störgeräusche, z.B. Telefonklingel, Hundegebell, Vogelgezwitscher oder Summtöne, z.B. von Geräten wie Computer und Lüftern, oder ein laufender Radio und Fernseher, sollten abgestellt werden, das versteht sich von selbst. Als Reiki-Anwender sollten wir frei von störenden Gerüchen sein, z.B. einer Knoblauch -oder Zwiebelfahne, desgleichen auch keine Tabak-und Alkoholausdünstung vorausgegangener, feuchtfröhlicher Stunden. Betörende Parfümmarken mögen zwar so manchen Liebhaber bezaubern, doch paßt eine Parfümwolke nicht zur Reiki-Behandlung. Stattdessen empfehle ich milde Räucherstäbchen, Duftöle oder sonstige, angenehm-aromatische Geruchsquellen. Zur allgemeinen Atmosphäre trägt ganz erheblich dezente Entspannungsmusik bei. Es eignen sich am besten Kassetten oder Disketten mit langen Klangteppichen, melodischen Naturklängen z.B. Meeres-oder Wasserfallrauschen u.ä. Es gibt dazu heute ein umfangreiches Angebot in esoterischen Buchläden, bzw. Buchhandlungen mit esoterischem Sortiment. Möchte jedoch unser Klient lieber klassische Musik z.B. sakrale Orgelmusik von Bach oder Bruckner hören, oder vielleicht von Händel, Mozart und Haydn, dann sollten wir ihm diesen Wunsch gerne erfüllen. Nach meiner Erfahrung hat bislang noch niemand esoterische Entspannungsmusik abgelehnt, da sie sehr beruhigend und zugleich erhebend wirkt.

Als Liegefläche bieten sich zwei zusammengestellte Küchentische mit zwei oder drei weichen, flauschigen Decken als Unterlage an. Das ist am billigsten und die Höhe ist angenehm. Bodenmatrazen oder Sofas u.ä. eignen sich für Reiki schon deshalb nicht so gut, weil wir meist nur von einer Seite behandeln können und vor allem gezwungen sind, in der Hocke oder Bückhaltung zu arbeiten, die schnell ermüdet. Wer finanziell beweglich ist, kann sich auch eine tragbare Massageliege kaufen, zum Preis von ca. 450, -DM. Diese Koffermassagebank ist leicht und angenehm zu transportieren. Nach der Behandlung kann man sie zusammenklappen und besser beiseite stellen. Ich habe selbst zwei und kann diesen Vorzug nur loben. Alle Koffermassagebänke sind gepolstert und der Klient kann darauf auch für längere Zeit angenehm liegen. Bezüglich Stühle und Hockern empfehlen manche Rollhocker oder Pendelhocker u.a. Das sind sicher gute Empfehlungen, doch genügt auch ein ganz einfacher nicht zu hoher Hocker und meinen Erfahrungen zufolge, lohnt sich das Sitzen nur dann, wenn wir mehrere Klienten hintereinander behandeln oder wenn wir Probleme mit unseren Beinen haben.

**Behandlungszeit und Behandlungsserie**
Nach den Empfehlungen der beiden Reiki-Organisationen sollte jede Handauflege-Position mindestens 3-5 Minuten dauern. Wenn wir alle wichtigen Positionen in diesem Zeittakt durchführen, dann dauert die Gesamtbehandlungszeit ca. eine knappe Stunde. Bei chronischen Erkrankungen sollten wir die individuelle Krankheitssituation berücksichtigen und anfangs die Behandlungszeit auf eine halbe Stunde beschränken, z.b. bei Kranken mit Ausscheidungsstörungen der Blase und des Darmes oder bei Klienten, die nicht zu lange in einer bestimmten Körperstellung bleiben können. Chronische Schmerzstellen können natürlich beliebig lange behandelt werden, hier sollten wir ganz auf die Reaktionen des Kranken eingehen und ihn fragen, wie lange er die jeweilige Handposition aufgelegt haben möchte.
Nach den Empfehlungen der Reiki-Allianz, sollte eine Behandlungsserie mit vier aufeinanderfolgenden Tagen beginnen. Danach können die Behandlungsabstände größer werden, doch sollten sie nach unseren Erfahrungen mindestens dreimal wöchentlich stattfinden.

## Gespräche und Unterhaltungen während einer Reiki-Anwendung

Die Erfahrung mit der universalen Lebensenergie während einer Reiki-Behandlung ist sehr beruhigend und gleichzeitig anregend. Bei Gruppenbehandlungen, auf die wir noch zu sprechen kommen, unterhalten sich die Gruppenmitglieder oftmals recht angeregt. Auch zwischen altvertrauten Bekannten und Freunden, die sich gegenseitig Reiki geben, entsteht sehr oft, eine lebhafte Unterhaltung über ganz alltägliche Dinge. Das mag für die Gruppendynamik und zwischenmenschlichen Beziehungen durchaus ein nützliches und zuweilen auch notwendiges Verhalten sein, doch sollte es nicht in profan-leeres Geschwätz ausarten, das besser ins Wirtshaus oder auf den Jahrmarkt gehört. Grundsätzlich wird während einer Reiki-Behandlung nur das Nötigste gesprochen, z.B. indem wir uns über die Handauflege-Positionen verständigen oder Schmerz und neuralgische Punkte erfragen. Das gilt besonders für den Behandler. Für den Klienten nicht unbedingt, denn nicht selten haben wir ein psychosomatisches Klientel mit erheblichen, seelischen Störungen und nicht wenige nützen die Gelegenheit um sich auszusprechen. Wenn also unser Reiki-Patient redet, weil das Herz ihm überläuft, oder weil er zu uns Vertrauen faßt, dann sollten wir ihn ruhig reden lassen und ihm zuhören. Unterhaltungen anderer Art z.B. leichte Musik oder Werbegags und Sprüche aus dem Radio, gehören nicht zur Reiki-Atmosphäre, in die wir uns ja harmonisch einschwingen wollen. Dafür eignen sich z.B. spirituelle Klänge und Melodien, auch manche harmonische Klangteppiche aus esoterischem Angebot. Bei all dem dürfen wir nicht vergessen, daß die universale Lebensenergie eine göttliche und allgegenwärtige Energie ist, die wir entsprechend würdigen sollten.

## Die Reiki-Eigenbehandlung

Jeder, der die Einweihung in den ersten Grad besitzt, kann sich, ja soll sich mit Reiki selbst behandeln. Die erstaunlichen Wirkungen der Eigenbehandlung überzeugen oftmals auch Skeptiker und lassen ihre Bedenken schnell verstummen. Durch die Einweihung wird der Fluß der Lebensenergie über das Kronen-Chakra und auch über die sechs anderen Chakras wesentlich verstärkt und fließt dann vom Herz-Chakra über sekundäre und primäre Energiebahnen direkt zu den Händen, welche die Energie über die Hand-Chakras wieder dem Körper zuführen. Die zusätzliche Energieabgabe über die Hände, verstärkt den Energiezufluß über das Kronen-Chakra. Hätte die universale Lebensenergie im Körper keine Möglichkeit zu emanieren, d.h. abzufließen, dann wären die o.g. kritischen Einwendungen wirklich stichhaltig. Auf S.249, habe ich die wichtigsten Handauflege-Stellen für eine Selbstbehandlung dargestellt. Je nachdem welche Körperpartien wir bevorzugt behandeln möchten, nehmen wir die entsprechende Körperhaltung ein. Es gelten die gleichen Regeln wie für die Einzelbehandlung, siehe S.239. Auch, und gerade in der Einzelbehandlung, spielt die intuitive Wahl der Handpositionen eine große Rolle. Besonders gut hat sich die Einschlafposition Abb.23.C1, siehe S.249 bewährt. Der Umsatz pharmazeutischer Schlafmittel würde, falls Schlafmittelsüchtige auf diese Einschlafmethode zurückgreifen, erheblich zurückgehen. Allen, die an chronischen Einschlafstörungen leiden, kann ich die Reiki-Einschlafposition wärmstens empfehlen.

256

# Der Dreifacherwärmer von vorne

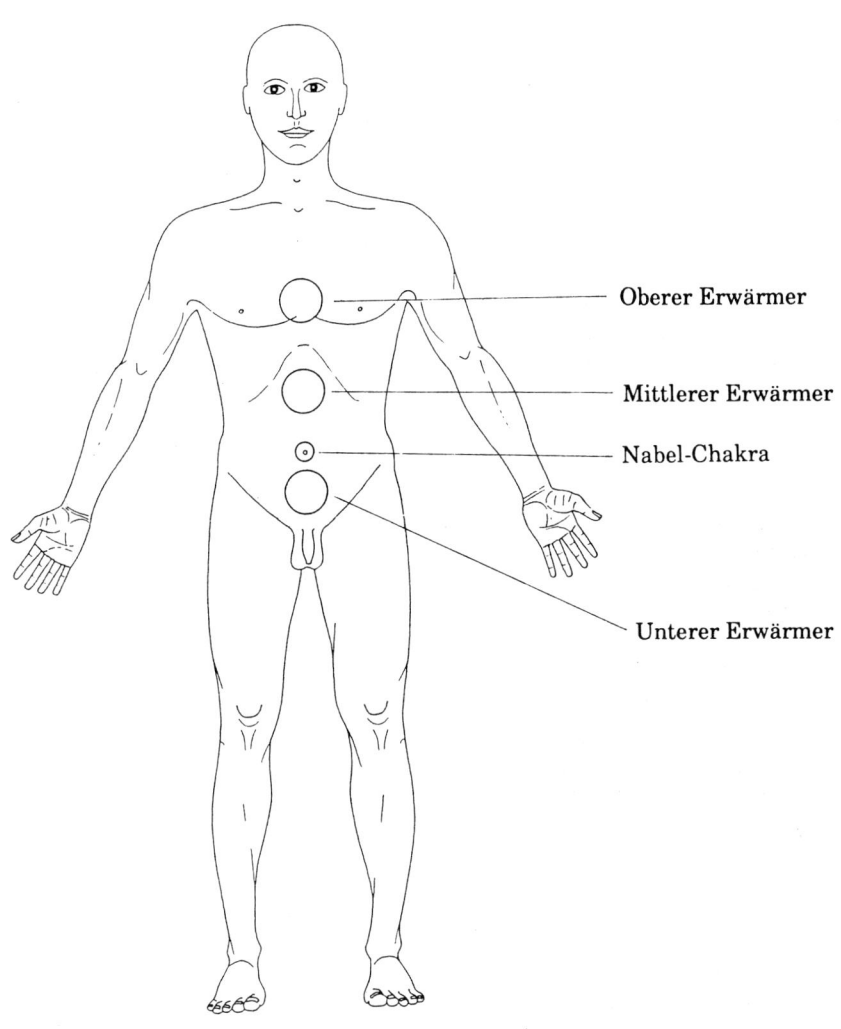

Oberer Erwärmer

Mittlerer Erwärmer

Nabel-Chakra

Unterer Erwärmer

Abb. 22a

# Der Dreifacherwärmer auf der Rückseite

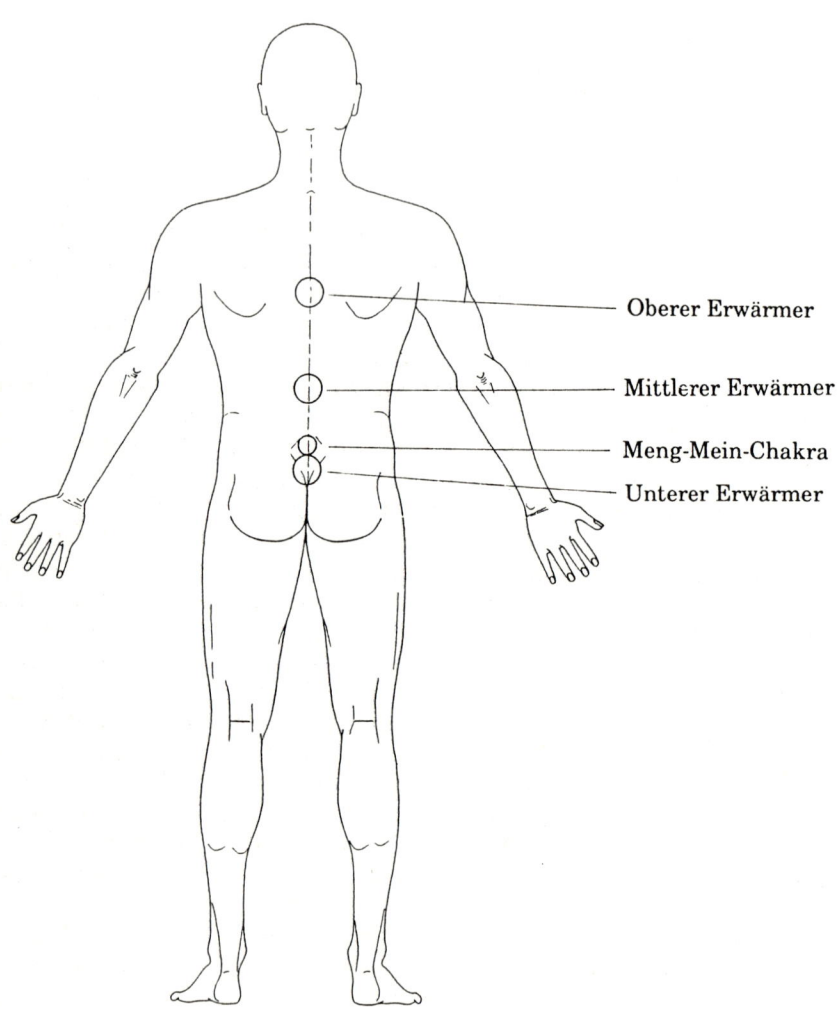

— Oberer Erwärmer

— Mittlerer Erwärmer

— Meng-Mein-Chakra

— Unterer Erwärmer

Abb. 22b

die in diesem Leben zusätzlich erworbene Dissonanz, die ursprüngliche überlagert. Daher ist es wenig sinnvoll, hier Diagnosetechniken oder typische Leitsymptome weiterzugeben, sondern zuvorderst einfache Maßnahmen, die geeignet sind, stärkere Symptome, die einen Leidensdruck verursachen, abzuschwächen.

## Einige Behandlungstips

Zur Aktivierung des Energieaustausches rate ich die Hände in jener Position zu halten wie ich sie in Abb.23.C1, 23.C2, 23.C3, u. 23.C5, S.249, dargestellt habe. Wir erreichen damit die drei Punkte des unteren, des mittleren und oberen Erwärmers. Sollte unser Klient sehr groß oder unsere Hände sehr klein sein, so daß wir nicht alle Stellen gleichzeitig erreichen, dann genügt es auch den oberen und mittleren Erwärmer mit unseren Händen zu bedecken. Diese Handstellung fördert den Energieaustausch zwischen dem Herz-Chakra und den darunterliegenden Chakras und damit für den notwendigen Energieausgleich. Eine weitere, sehr wirksame Handposition ist die in Abb.23.C4. Sie verbindet das Obere mit dem Unteren und schafft so einen verstärkten Energiefluß zwischen den beiden Polen, die wir im übertragenen Sinne auch als Yin -und Yangpole bezeichnen können. Freilich ist damit die Chakrasdissonanz noch nicht beseitigt, doch werden für eine gewisse Zeit unangenehme Symptome gemildert und unser Klient fühlt sich besser. Die Dauer einer Chakras-Behandlung richtet sich nach dem Grad der Dissonanz oder Dominanz. Schwere Formen mit psychosomatischen Zuständen, bedürfen bis zu einer halben Stunde, auch ist hierbei Geschick und Einfühlung die wichtigste Voraussetzung für die Harmonisierung. Die kausale Chakras-Behandlung kann, wie schon gesagt, aus guten Gründen nicht dargestellt werden, hierzu müssen wesentlichen Grundkenntnisse erworben sein. Eine Möglichkeit diese Kenntnisse praktisch zu erwerben, bieten die im Anhang dargebotenen Seminare. In der **Übersichtstabelle** der therapeutischen Chakrasstimuli und Harmonisierung auf S.264 habe ich Methoden, Mittel und sinnliche Eindrucks -sowie Imaginationsmöglichkeiten aufgezeigt. Am Beispiel eines dissonanten, bzw. schwach aktiven Herz-Chakras, soll gezeigt werden, wie man diese Mittel anwendet. Nun muß man aus systematischen Gründen zunächst deutlich zwischen passiven und aktiven Chakrasstimuli unterscheiden. Alles, was wir ohne eigenes Zutun auf unser Energiesystem einwirken lassen ist ein *passiver Vorgang*, in dem Energie-Frequenzen auf unsere unbewußte Energiekonstellation Einfluß nehmen. Wenn wir selbst eine therapiewirksame Frequenz erzeugen, sei es durch Visualisierung eines bestimmten Natureindruckes, oder durch Vokalisation z.B. Singen eines Mantras z.B. YAM, dann ist das ein *aktiver Vorgang*. Alle hier angeführten Mittel, können sowohl passiv, als auch aktiv angewendet werden mit Ausnahme der Yogawege und Methoden. Aus persönlicher Erfahrung ziehe ich die aktive Methode vor, weil sich hierdurch der Harmonisierungseffekt wesentlich intensiver und ganzheitlicher ist. Freilich, für visuell weniger Begabte gibt es genug passive Möglichkeiten, z.B. ein Spaziergang in der blühenden Natur, oder durch ein Blumenmeer, die Betrachtung eines Sonnenunterganges oder auf einem Bild usw. Für die optische Farbschwingung gibt es sogar rosarote Brillen, die man Zuhause oder in der Freizeit verwenden kann. Die hier genannten Behandlungs-Prinzipien gelten für alle Chakras gleichermaßen. Weitere Techniken, in Kombination mit Krya-Methoden, können nur in Seminaren vermittelt werden, siehe Anhang. Im Falle des häufig dissonanten Herz-Chakra, empfehle ich bei ausreichender Visualisierungfähigkeit, Rosen oder rosenartige Blumen mit zartem Rot oder Rosa vorzustellen, desgleichen alles was lieblich ist oder einen sanften und zarten Eindruck macht, z.B. ein junges Kätzchen, zarte Blüten, ein Kleinkind an der Brust der Mutter, Knospen die eben aufgehen, ein sanftes Abendrot mit rosarotem Himmel und ähnliches. Auch kann man seine Wohnung gezielt auf eine Herz-Chakra-Stimulierung und Harmonisierung einrichten, indem man leichte Möbel mit sanftem, gedämpftem, warmen Rottönen oder warmen, hellen Grüntönen wählt, ebenso Vorhänge und Teppichböden. Auch sollten viele blühende Pflanzen die Wohnung freundlich gestalten und so zu einer *Herzensatmosphäre* beitragen. Die Edelstein-Harmonisierung sollte individuell sein und nicht schematisch. Es muß nicht ausschließlich Rosenquarz sein, sondern kann auch Chrysopras oder Rhodrodrit sein. Wichtig ist, daß wenn der Stein in einen Ring oder Emblem eingefaßt wird, die Einfassung lieblich und erfreuend ist. Abstrakte Muster sind für das Herz-Chakra ungünstig und tragen eher zur Unterfunktion bei. Der Edelstein sollte einen warmen, lieblichen Ton ausstrahlen und mehr runde als eckige Form haben, auch sollte er mehr organisch aussehen; ein geometrisch exakter Schliff ist nicht günstig. Den Edelstein kann man aber auch direkt auf das Herz-Chakra legen und auf seine Strahlung meditieren. Ebenso kann man Symbole aus Zinn auf die Brust oder den Rücken legen, um so durch die Strahlung des Metalls eine Stärkung des Herz-Chakra zu erreichen. Als Symbol und Zahl empfehle ich die Meditation auf den Zwölfstern oder das Hexagramm. Wer will kann das Symbol auch über dem Bett an die Decke zeichnen oder malen, in Form einer zwölfblättrigen Blüte, womit man ein gutes, herzwirksames Meditationsobjekt hätte. Alle Situationen und Ereignisse, wo es auf Herzlichkeit, Freundlichkeit und sympathische Zuwendung ankommt, fördern die Öffnung des Herz-Chakra. Besonders Menschen, die solchen Alltagssituationen bewußt oder unbewußt aus dem Wege gehen, leiden an einer Blockade des Herz-Chakra und haben eine Stimulierung, bzw. Deblockierung sehr nötig. Zinnkrüge und lieblicher Zierat ist herzwirksam, aber auch Legierungen, die einen warmen, sanften Glanz ausstrahlen, wie das Herz-Chakra selbst. Der Meditationsraum kann von Rosenduft erfüllt sein, entweder indem man duftende Rosen hineinstellt, oder Rosenöl verdampft. Von den Yogawegen eignet sich der Bhakti-Yoga besonders, weil er am schnellsten das Herz-Chakra aktiviert. *Die Liebe zu Gott geht nur über unseren Mitmenschen, d.h. keine wahre Gottesliebe ohne Nächstenliebe.* Wir mögen Gott preisen und loben aus vollem Halse und dafür viel Zeit opfern, allein im Menschen begegnet uns Gott in seiner Lebendigkeit, das sollten wir wissen. Bhakti-Yoga ist der Weg der Hingabe und Liebe zu Gott, indem Gott nicht nur verehrt und gefürchtet wird, wie in der mosaischen Gesetzesreligion, sondern als ein *DU* geliebt wird. Die Pranayamatechnik ist ebenfalls eine gute Möglichkeit das Herz-Chakra wie auch das Hals-Chakra zu aktivieren. Es gibt dazu sehr gute Anleitungsbücher, ich rate jedoch stets den Kontakt mit einem erfahrenen Yogalehrer, weil gerade in diesem Bereich Übertreibungen vorkommen.

# Übersichtstabelle der therapeutischen Chakrasstimuli

| Chakra | Zahl,Element, Farbe,Symbol | Natureindruck | Mantra,Aroma, Yogaweg-Methode | Metall,Edelsteine |
|---|---|---|---|---|
| **7.Chakra** *sahasrara* | Eins, Violett bis weiß leuchtender Punkt | Gipfel einer glitzerden Bergspitze, Bergfrieden, Unendlichkeit | AUM, Lotus, Olibanum, Tao | Gold, Violette u.kristallklare Steine, z.B.Diamant, Amethyst, Bergkristall, Alexandrit |
| **6.Chakra** *ajna* | Drei, Indigo, Kreis mit Halbmondsichel (Pfauenauge,Sonne-Mond Vereinig) | Sternenklarer Himmel, Implodierende Prozesse | KSAM ,Jasmin, Lavendel, Yantrayoga Jnanayoga, Dhyana-Methode | Silber, tiefblaue bis violette Steine, z.B.Achat, Lapislazuli Saphir, Sodalith. |
| **5.Chakra** *visshudda* | Sechzehn, Äther, Azurblau, Oval | glatte silbrige Wasseroberfläche, Bergsee, reines Wasser, Raum, Ruhe, Klang, Waldesrauschen, Reinheit | HAM, Salbei, Mantrayoga, Dharana-Methode | Quecksilber, türkisfarb., azurblaue Steine, z.B.Aquamarin Azurit, Türkis, Amazonit, Turmalin |
| **4.Chakra** *anahata* | Zwölf, Luft, rosa, helles grün, Zodiakkreis | Blühende u.duftende Natur,Blütenpracht, Sanftes, lieblich, Lufthauch expansive Prozesse | Yam, Rosen, Bhaktiyoga, Pranayama | Zinn, rosa u.grüne Steine, z.B.Rosenquarz Smaragd, Jade, Chrysopras, Malachit, Olivin, Rhodrochrosit |
| **3.Chakra** *manipura* | Zehn, Feuer, gelb, Dreieck, n.oben | Reifende Felder u.Früchte, Feuererscheinungen, Wärme, dynamische Bewegung, Kraft, Sonne u. Entsprechungen | RAM, Zitrus, Limonen Bergamotte, Karmayoga, Niyama-Methode | Messing, goldgelbe u.gelbe Steine, z.B.Zitrin, Bernstein, Tigerauge, Edeltopas, Goldberyll |
| **2.Chakra** *svadhistana* | Sechs, Wasser, rotgelb, Orange, Mondsichel | Bach-und Flußläufe, stetig Fließendes, Keimendes, Weiches,Junges, Mond u.Entsprechungen, Wechselhaftigkeit | VAM, Sandel,Organgen, Tantrayoga, Pratyahara | Kupfer, rotgelbe u.orangefarbene Steine z.B.Karneol, Mondstein Spinell, Quarzkatzenauge |
| **1.Chakra** *muladhara* | Vier, Erde, rot u.braun, Viereck | Erde,(Humus) Wurzeln-u.Stock, Höhlen u.Spalten, Quelle, Samen, Nest, Festigkeit, Härte, Hülle, Körperliches, Widerstand | LAM,Nelken,Zeder, Harz,Hathayoga,Yam | Eisen, Schwarze,braune u.rote Steine, z.B.Achat, Granat, rote Koralle, Rubin |

# Die Reiki-Gruppenbehandlung

Es ist immer wieder erstaunlich, welch enorme Heilkraft von einer Reiki-Gruppe ausgeht. Inzwischen gibt viele Heilerfolge durch Gruppenbehandlung, sodaß an der Wirksamkeit kaum mehr zu zweifeln ist. Für den zu behandelnden Klienten ist es ein wahrhaft schönes und einmaliges Erlebnis, wenn er nun leibnah erfahren darf, wie gleichzeitig mehrere Hände seinem Körper Energie zuführen, wobei der Klient die Möglichkeit hat, bedeutend mehr Energie anzusaugen.

Sie verstärkt also nicht nur die Reiki-Kraft um ein Mehrfaches, sondern unschätzbar, und jede andere Form von körperorientierter Psychotherapie übertreffend, ist auch die Befreiungsmöglichkeit von emotionalen und mentalen Blockaden, Verdrängungen und allen möglichen Abwehrformen des Ego. Die Überlegenheit der Reiki-Gruppenbehandlung gegenüber anderen psychotherapeutischen Gruppenverfahren erklärt sich aus der direkten, intensiven Zuwendung mehrerer zu einem Mitmenschen. Für manchen ist diese Form der berührenden Zuwendung eine völlig neue, nicht selten erschütternde Erfahrung, die seine bisherigen Vorstellungen, Vorbehalte und Ressentiments total ins Wanken bringen. Es mag bei dem einen oder anderen wie eine Offenbarung wirken, wenn Hände ihn plötzlich berühren, in der guten Absicht, Licht und Liebe zu vermitteln, ohne Worte und ohne viel zu fragen. Deshalb sollte, wenn mehrere sich zu einer beständigen Reiki-Gruppe zusammenfinden, die Gruppenbehandlung noch vor der Einzelbehandlung rangieren und jeder sollte in den Genuß der Gruppenanwendung kommen. Gruppenbehandlungen sind bei allen schweren Erkrankungen angezeigt, die bei Einzelbehandlungen nur ungenügend ansprechen. Chronische, degenerative Erkrankungen, etwa wiederkehrende Hautekzeme, Osteochondrose, insbesondere des rheumatischen Formenkreises, z.B. Gelenksdegeneration, chronische Dysfunktion der Drüsen, vor allem der Unterleibs-und Verdauungsdrüsen, sowie chronische Durchblutungsstörungen, z.B. Blutunterdruck, sprechen auf Gruppenbehandlungen sehr gut an. Soweit meine Informationen richtig sind, hat die Reiki-Alliance in Santa Fe ein Reiki-Haus eröffnet, in welchem auch AIDS-Kranke behandelt werden. Diese Initiative ist sehr lobenswert und ein Weg zu mehr Liebe und Menschlichkeit. AIDS und andere noch bislang unheilbare Erkrankungen können mit Reiki sicherlich gebessert werden, doch bleibt abzuwarten, inwieweit daraus echte Heilungen ableitbar sind. Es wird sicher eine Zeit kommen, und sie taucht schon am Horizont wie ein Silberstreifen auf, in der die Liebe und echte Zuwendung der Menschen jede Krankheit im Keim erstickt, denn darüber sind sich inzwischen alle einig: ein gesundes, wahrhaft menschliches Klima ist die Grundvoraussetzung des Heilwerdens und des wieder Ganzwerdens eines jeden von uns. Und wenn wir unseren Mitmenschen wirklich helfen, müssen wir selber heil sein, d.h. zu geben bereit sein, indem wir Liebe und Licht ausstrahlen, ohne zu fragen was wir dafür bekommen.

## Anwendungsmöglichkeiten der Reiki-Gruppenbehandlung

Bei mehreren Behandlern verkürzt sich die Behandlungszeit auf ca. 15 Minuten. Ich rate aus Erfahrung, die Gruppe auf höchstens fünf Behandler zu begrenzen, da sonst die Handauflege-Positionen zu ungleich verteilt werden, z.B. entweder doppelt, oder zu einseitig. Auch hier gilt die gleiche Zeit-Empfehlung: für jede Handposition, maximal 3-5 Minuten. Am einfachsten ist es, wenn sich die Behandler auf den Positionswechsel eines Behandlers ausrichten z.B. der die Kopfpositionen ausführt. Erfahrungsgemäß hat sich eine Gruppe sehr schnell eingespielt, so daß die Intervalle und das Zeitgefühl immer besser übereinstimmen. Ich rate während der Behandlung zu sitzen und den Klienten möglichst auf einen mit Decken und Kopfkissen unterlegten Tisch zu legen. Falls fünf Behandler zur Verfügung stehen, sollte die Stuhlverteilung um den Tisch so sein, daß links und rechts zwei und am Kopfende ein Stuhl steht. Gruppengespräche während der Behandlung können durchaus auflockern, doch sollte man auch die Reiki-Stimmung berücksichtigen, und nicht über Profanitäten witzeln oder leere Diskussionen führen. Besonders in Reiki-Gruppenbehandlungen macht man mit den Händen als Behandler immer wieder kinästhetische Erfahrungen. Auf Grund der vielen, z.T. widersprüchlichen Erlebnisse, ist es unhaltbar zu behaupten, daß starke Hitze und Wärmegefühle in den Händen ein Beweis für besonders intensiven Energiefluß seien. Es gibt viele Fälle, wo Reiki-Behandler auch ohne Hitzeempfindungen ganz ausgezeichnete Heilerfolge haben, daraus ist zu schließen, daß Wärme und Hitzegefühle nicht unbedingt ein Indikator für eine besondere Heilwirkung sein müssen. Auch, und das kommt leider in Gruppen des öfteren vor, werden gerne Behandler bevorzugt, bei denen "die Energie besonders gut fließt", weil die Wärmeempfindungen, welche sie bei Klienten auslösen, sehr stark sind. Solche Bevorzugungen haben mit dem ganzheitlichen Aspekt von Reiki nichts mehr gemein, sondern sind eine Art "kinästhetische Affinität," die letztlich aus einer unbewußten Zuneigung entspringt. Die universale Lebensenergie bevorzugt niemanden und lehnt auch niemanden ab, das sei unser aller Vorbild und wenn wir Reiki anwenden, sollten wir uns nicht vom unteren Astral diktieren lassen, wer uns zu behandeln hat oder wen wir zu behandeln haben. Die Reiki-Kraft ist jenseits der fünften Dimension und steht weit über persönlicher Zu-und Abneigung.

## Reiki-Anwendung bei Pflanzen

Das sensible Leben der Pflanzen hat inzwischen das wissenschaftliche Interesse geweckt und die Literatur darüber ist erstaunlich angewachsen. Besonders seit dem aufsehenerregenden Findhornexperiment und seinen beispiellosen Erfolgen, ist auch weniger interessierten Menschen klar geworden, daß das Wachstum und geheime Leben der Pflanzen mit unseren Empfindungen, Gefühlen und Gedanken korreliert und beeinflußt wird. Damit dürfte, ohne die Glaubensfrage strapazieren zu müssen, hinlänglich klar geworden sein, daß die subtilen, mentalen und psychischen Energien manifeste Wirkungen zeigen, zuvorderst auf das organische Leben. Die Einheit allen Lebens, ihre ungeheure und höchst subtil-komplexe Vernetzung, wird gerade am Beispiel der Pflanzen deutlich und für Ökologen und ganzheitlich denkende Biologen wird immer klarer, daß das Leben in der Biosphäre der nahezu unergründlichen Bewegung, einer gütigen Superintelligenz folgt, in der trotz fortgesetzten Entstehens und Vergehens der Erscheinungen, nicht ein einziges Energiequant verlorengeht. Für alle Reiki-Anwender ist diese Erkenntnis eine besondere Genugtuung, denn es ist nur noch eine Frage der Zeit, bis diese Einsicht auch breitere Schichten erfaßt. In allen religiösen Offenbarungsschriften wird die Einheit und der organismische Kreislauf der Schöpfung betont; selbst in den archaischen Upanischaden heißt es: *"ICH BIN DAS, DU BIST DAS, ALL DIESES IST DAS."* Für den monotheistisch orientierten Philosophen und Theologen, mag dies ein pantheistischer Animismus sein oder auch Panpsychismus, doch bedürfen wir gerade jetzt, angesichts des Heraufziehens einer globalen Ökokatastrophe dieser Auffassung, ja, sie wird zu einer *Überlebensformel für unsere Lebensgrundlagen.* Man kann grundsätzlich allen Pflanzen Reiki geben. Pflanzen reagieren auf unsere Reiki-Gabe besonders dankbar und verhalten sich wie kleine Kinder. Ihre Reaktionen sind ganzheitlich. Sie zeigen einem kräftigeren Wachstumsschub, eine prächtige Entfaltung ihrer Blüten, sowie größere Fruchtbarkeit und zuvorderst eine längere Lebensdauer. Besonders pflanzliche Kümmerlinge entfalten sich nach mehreren Reiki-Behandlungen so gut, daß man direkt zusehen kann, wie sie nach jeder Reiki-Anwendung besser gedeihen. Es gab schon Versuchsserien, die wissenschaftlichen Kriterien durchaus standhalten. So wurden Zimmerblumen aus den gleichen Samen, unter gleichen Bedingungen (Begießungsintervalle, Dünger und Erde), am selben Standort (Lichtverhältnisse), neben Kontrollgruppen mit Reiki behandelt. Hierbei zeigte sich bei den Behandelten deutlich eine vorzeitige Sprossung, ein beschleunigtes Wachstum und prächtigerer Blütenstand. Auch die Aussamung setzte früher ein und die Widerstandsfähigkeit war erhöht.

## Einige Behandlungstips

Bei Zimmer-und Schnittblumen umfaßt man entweder den Blumentopf, oder die Vase. Hierbei geht die universale Lebensenergie entweder auf das Wurzelwerk über, oder in das Wasser. Die Anwendungsdauer richtet sich ganz nach dem Gefühl, sollte aber mindestens 5 Minuten dauern. Samenkörner halten wir ca. 5 Minuten in einer hohlen Hand und die andere darüber. Bei Setzlingen gilt, daß wir entweder die Hand in einem Abstand von 5-10 cm darüber halten, oder kurz vor der Verpflanzung die Wurzeln wie die Zimmerpflanzen behandeln. Bei Bäumen empfehle ich die Umarmung. Ältere und gesunde Bäume sind in der Regel mächtige Energiespeicher der Reiki-Kraft. Wer einen alten Baum, z.B. eine fünfzig- bis sechzigjährige Buche (werden immer seltener) umarmt, wird selbst aufgeladen. Junge Bäume sollten, falls sie übermäßig Umweltschadstoffen ausgesetzt sind, wenigstens dreimal wöchentlich am unteren Stammende umfaßt werden. Das stärkt sie nicht nur, sondern verhindert ihr Absterben. Auch Büsche und Sträucher, die bislang die widerstandsfähigsten Pflanzen unserer Fauna und Flora waren, erliegen zunehmend der giftigen Einwirkung von Umweltschadstoffen und sollten, vor allem am Übergang von der Wurzel zum Schaft, des öfteren behandelt werden. Eine ganz allgemein stärkende Wirkung hat das Reiki-Gießwasser. Hierzu brauchen wir nur die gefüllte Gießkanne einige Minuten umfassen und schon ist das Wasser energetisch aufgeladen.

## Reiki-Anwendungen bei Tieren

Tiere gehören der vitalen Ebene an, in der nur Triebe und die einfachen Emotionen vorherrschen. Von den Mineralien, Pflanzen, Mikroorganismen, bis hinauf zum höchsten Universalbewußtsein, sind alle nur der hierarchische Ausdruck des EINEN stets komplexer und umfassender, doch in allem lebt und webt seine verborgene Kraft, die wir die universale Lebenenergie nennen. Das Tier lebt noch unbewußt in der Einheit mit seiner Umgebung, es unterwirft sich den Bedingungen und paßt sich den Naturgegebenheiten vollständig an. Darum erkennt es weder Gut, noch Böse, sondern nur Gefahr und Schutz, Nahrung und Genuß. Es handelt und lebt nicht aus wohlüberlegten Entschlüssen, sondern wird ähnlich wie die Pflanze von den Umfeldbedingungen beherrscht, man könnte sagen, es wird gelebt. Wenden wir bei Tieren Reiki an, dann erfahren wir die reine Wirkung der universalen Lebensenergie, denn Tiere können nicht lügen und zeigen unverfälscht ihr wahres Befinden. Das Argument eines psychisch induzierten Placeboeffektes oder hypnoiden Einflusses ist daher nicht stichhaltig, sondern richtet sich bei Tier-Anwendungen geradezu gegen derartige Kritiken. Allgemein zeigt die Reiki-Anwendung bei Tieren eine beruhigende, harmonisierende Wirkung. Die Tiere schlafen leicht ein und brummen dabei zufrieden.

### Einige, einfache Behandlungstips

Unseren Haustieren, z.B. Hunden, Katzen, Vögeln, Hamstern, Meerschweinchen, sollten wir die Hände direkt hinter den Ohren legen, siehe Abb. 23.H1, S.248, Selbstverständlich können auch andere Körperpartien behandeln werden. Grundlage für die Körperpositionen, ist die Organlage des menschlichen Körpers. Auf den S.250 bis S.252 habe ich anatomische Bilder des menschlichen Körpers eingefügt. Auch habe ich die Lageveränderung der inneren Organe bei den häufigsten Konstitutionstypen berücksichtigt. Das sollte als erste Orientierungshilfe ausreichen. Bei Fischen legt man die Hände gegenüber an die Aquariumwand. Die Behandlungsdauer richtet sich stets nach den Bedürfnissen des Tieres und wird, falls die Situation dies ermöglicht, solange fortgesetzt bis das Tier von selbst genug hat und wieder umherschweifen möchte. Es wird verschiedentlich behauptet, daß Hunde, wenn ihr Herrchen oder Frauchen die erste Reiki-Einweihung erhalten habe, tagelang aggressiv seien. Ich selbst hatte einen hübschen Collie und konnte diese Beobachtung nicht machen. Genau das Gegenteil trat ein. Mein Hund ist seither noch zutraulicher geworden, und das hat sich, wie ich hörte, nicht geändert.

# Reiki-Anwendungen auf Gegenstände, Nahrungsmittel und Arzneimittel

Daß die universale Lebensenergie auch auf technische Einrichtungen positiv wirken kann ist für Techniker ein Phänomen, für Reiki-Anwender Alltagserfahrung. Auf unseren Reiki-Treffen öfters wird berichtet, wie schwache Autobatterien und manch launische Autoelektronik, durch wiederholte Reiki-Anwendungen in Gang gebracht wurde. Bezüglich Computer-Elektronik, konnte ich mehrfach meinen etwas eigenwilligen Computer mittels Reiki, wieder zur Ordnung rufen. Es bleibt zu fragen, ob mentale Energien das gleiche auch tun. Die Forschung ist hier im Fluß. Japanische Elektronikkonzerne versuchen neuerdings herauszufinden, ob man mentale Energien nutzbringend in die neueste Computergeneration einbringen kann. Wie dem auch sei, die universale Lebensenergie durchpulst auch die sogenannte unbelebte Materie und bestimmt ihr Schicksal. Daher können wir alle Gegenstände des Alltages, z.B. unser Werkzeug, unser Auto, unser Haus, das Hotelzimmer, die Kleidung, eine defekte Uhr, eine mysteriöse Sicherung oder ein verflixtes Schloß mit Reiki bearbeiten. Nahrungsmittel, die wir in größeren Mengen nach Hause bringen, können wir noch in der Einkaufstasche mit Energie beschicken, desgleichen den ganzen Kochvorgang, wenn wir z.B. ein Menü für Gäste zubereiten. Inwieweit Nahrungsmittel von gesundheitsgefährdenden Rückstandswerten und radioaktiven Kontaminationen durch die Reiki-Kraft frei werden, bedarf noch der näheren Erforschung. Nicht wenige sind der festen Überzeugung, daß der Nährwert der Reiki-Nahrungsmittel überdurchschnittlich sei. Wenn dem so ist, käme man mit weniger Nahrungsmitteln aus und so mancher könnte auch noch abnehmen. In beiden Punkten existieren bis heute keine ausreichende Dokumentation, doch wäre die Beantwortung dieser Frage ein lohnenswertes Forschungsobjekt. Ähnliches gilt natürlich auch für chemische Arzneimittel. Die lange Liste ihrer Nebenwirkungen ist für viele beängstigend und selbst für Ärzte und Heilpraktiker kaum noch überschaubar. Manche, z.B. Hochdruckkranke, die ihren Blutdruck nur noch mit Chemieblockaden senken und auf bestimmte Mittel "eingestellt" sind, könnten durch regelmäßige Reiki-Anwendungen innerlich mehr loslassen und so langsam aber kontinuierlich in einen dauerhaften Entspannungszustand kommen. Das hätte zur Folge, daß der Arzneimittelverbrauch deutlich reduziert würde, ähnlich wie beim Schlafmittelverbrauch, siehe S.256 und so mit weniger Nebenwirkungen zu rechnen ist. Ich meine, daß diese Art von Reduzierung die Krankenkassen spürbar entlasten könnte, und sie vor dem drohenden, finanziellen Kollaps bewahren würde. Die Berichte, wonach Reiki die Arzneimittelwirkung heraufsetzt, kann im Prinzip nur bei den nebenwirkungfreien Naturheilmitteln von Vorteil sein. Auch hier existieren bisher keine ernstzunehmenden Studien, außer photografische Kirlianseffekte, die zumindest optisch zeigen, daß die bioplasmatische Energie nach Reiki-Aufladungen deutlich zunimmt. Ob und inwieweit Reiki-Anwendungen die Resorption und Verwertung von Arzneiwirkstoffen und Nährstoffen optimiert, bleibt noch abzuwarten; auch hier ist die Forschung im Fluß und dürfte in wenigen Jahren große Umwälzungen bringen.

## Einige Behandlungstips
Im Prinzip können wir Gegenstände, Nahrungsmittel und Arzneimittel ebenso behandeln wie die Pflanzen. Dabei ist zu beachten, daß wir z.B. Nahrungsmittel nicht mit Mentalenergien imprägnieren, sondern was Nährwertsteigerung, Rückstandsbelastungen und Haltbarkeit anlangt, dies der universalen Lebensenergie überlassen sollten, andernfalls betreiben wir Magie, die zwar auch sehr positiv sein kann, jedoch nicht an die Macht der universalen Lebensenergie heranreicht. Wir überlassen also die Optimierung und Anpassung aller Gegenstände, Nahrungs-und Arzneimittel für unsere individuellen Bedürfnisse der Superintelligenz der universalen Lebensenergie, selbst wenn sie mal keine Wirkung zeigen sollte, fassen wir das als einen Schutz auf.

## Reiki-Fernanwendungen
Die spezielle Technik der Reiki-Fernbehandlung vermittelt der Reiki-Meister in einem Seminar. Wir können hier nur auf die großartigen Möglichkeiten der Reiki-Fernbehandlung eingehen und aufzeigen, welche Wirkungen und auch Vorteile die Fernbehandlung hat. Auf S.229 habe ich zu begründen versucht, weshalb Fernbehandlungen wirksam sind und ich habe hierzu auch die moderne Nachrichtentechnik als Metapher bemüht. Das atemberaubende Tempo des technischen Fortschrittes erstaunt selbst uns, die wir direkt Zeitzeugen sind. Was würde z.B. ein Mensch, der im Mittelalter lebte sagen, wenn er einen Zeitsprung ins 20.Jahrhundert täte. Er würde dies alles für einen großen, seltsamen Traum halten, mit einer Mischung aus Staunen und Furcht. Momentan würde er glauben auf einem höher entwickelten Planeten versetzt worden zu sein. Wenn er dann hinter die Kulissen des technischen Fortschrittes blickte, und die Kälte und seelische Verarmung sähe, was würde er wohl empfinden? Durch die Hochtechnologie, vor allem in der Spitzenelektronik und Computerforschung, fällt es uns heute leich-

271

ter, selbst Unmögliches für wahrscheinlich zu halten, z.B. die Möglichkeit einer mentalen Direktbeeinflussung ist nicht mehr so abwegig, und auch die Vorstellung, daß unsichtbare Energien auf große Entfernungen wirksam sein können. Die Fernbehandlung ist grundsätzlich an jedem Ort und zu jeder Zeit möglich. Sie ist also zeitlich und räumlich unabhängig und sie verliert auch bei noch so großer Entfernung nichts von ihrer Wirkung. Grundsätzlich läßt sich alles mit Fern-Reiki behandeln, sowohl Individuelles als auch Kollektives, z.B. Gegenstände, Einrichtungen, Ereignisse, Wegstrecken, Hindernisse, Entwicklungen, Probleme und alle Lebewesen, ob einzeln, in Gruppen oder Gemeinschaften. Ja, sogar Verstorbene und Geistwesen aus den jenseitigen Sphären. Zu letzterem bitte ich meine Ausführungen auf S.277 zu lesen. Die Gruppenfernbehandlung, richtet die heilende und harmonisierende Wirkung der universalen Lebensenergie auf die geschädigte Biosphäre und auf die Friedensbemühungen der ganzen Menschheit aus. Es gibt globale Probleme die uns alle angehen, z.B. die Ozonlöcher, die um sich greifende Versteppung und der Treibhauseffekt. Das sind Themen, die wir in unser tägliches Fern-Reiki einbeziehen können. Immerhin scheinen sich die Empfehlung der Reiki-Organisationen, zu bestimmten Zeiten, z.B. 12 Uhr mittags der ganzen Menschheit und unserem angeschlagenen Planeten Reiki zu schicken, sehr heilsam auf die Friedensbemühungen in Ost und West ausgewirkt zu haben. Was immer dabei an anderen Einflüssen noch mitgewirkt haben mag, Reiki hat sicherlich seinen Beitrag dazu geleistet und wird dies auch künftighin tun.

## Die Reiki-Fernbehandlung auf Feinde

Haben die östlich-religiösen Schriften Weisheit und praktische Anleitungen für die Gottesverwirklichung gebracht, so das Christentum, bzw. das neue Testament, die Liebe, den Glauben und daraus die Hoffnung auf eine Erlösung von oben. Beides ist für die spirituelle Evolution der Menschheit, auf dem Weg zu einer planetarischen Familie wichtig und gleichrangig. In der Bergpredigt preist Jesus Christus die Friedliebenden und die Sanftmütigen.
In Mtth. 5,5 heißt es: *"Glückselig die Sanftmütigen, denn sie werden das Land ererben."*
Und weiter heißt es in Mtth. 5,9: *"Glückselig die Friedensstifter, denn sie werden Söhne Gottes heißen."*
Im Römerbrief des Paulus kommt noch die psychologische Wirkung hinzu, wenn er uns den Rat erteilt: *"Wenn nun deinem Feind hungert, so speise ihn, wenn ihn dürstet so tränke ihn; denn wenn du das tust, wirst du feurige Kohlen auf seinem Haupte sammeln."*

Auch für uns sehr inspirierend sind die Paulus Worte in den nachfolgenden Sätzen:

*"Rächt euch nicht selbst Geliebte, sondern gebt Raum dem Zorn; denn es steht geschrieben: "Mein ist die Rache; ich will vergelten, spricht der Herr." Laß dich nicht vom Bösen überwinden, sondern überwinde das Böse mit dem Guten."*

Der Mensch kann in Ermangelung tieferer Einsicht in die oft verwickelten Motive und Umstände einer bösen Tat niemals das Maß der Vergeltung bestimmen, daher ist es absurd, seine Mitmenschen strafen zu wollen. Aus hinduistischer und buddhistischer Sicht, bestimmt jeder Mensch sein Schicksal selbst, indem er Karma anhäuft und so die Konsequenzen seiner vorausgehenden, negativen Einstellung und Verhaltensweisen erleiden muß. Eine gerechtere Form als die karmische Vergeltung kann es nicht geben, doch kann Gott in seiner Gnade das schwere Karma eines bittenden Menschen löschen oder wesentlich abmildern und so an seiner Erlösung mithelfen; müßte der Mensch tatsächlich sein karmisches Tonnengewicht selbst abtragen, dann gäbe es für ihn kaum Hoffnung dem Kreislauf der Wiedergeburten (Samsara) zu entrinnen, siehe auch S.224. Gnade ist durchaus mit Gerechtigkeit vereinbar, denn es geht ja nicht um hämische Vergeltung und kleinkarierte Genugtuung, sondern eigentlich nur um Reue und Einsicht und die ehrliche Absicht, es wieder gut zu machen. *Gott genügt diese Haltung durchaus* und wir können mit Fern-Reiki dazu beitragen. Manche mögen vielleicht fragen, ob es nicht viel wirkungsvoller wäre, dem Rat des Paulus zu folgen und unserem Feind direkt etwas Gutes zu tun, ihm also durch eine praktische Handlung unseren Versöhnungswillen zu signalisieren. Für dergleichen Unternehmen benötigt man sehr viel Feingespür und Menschenkenntnis. Wir sollten, bevor wir uns dazu entschließen, eine Zeitlang Fern-Reiki geben und uns hier ganz von der universalen Lebensenergie leiten lassen, denn ohne Führung können auch die besten Absichten in den Augen unseres Feindes lächerlich erscheinen. Ich habe mir nicht wohlgesinnte Menschen mit Fern-Reiki behandelt und konnte schon an den wenigen, die enorm abmildernde Wirkung feststellen. Es versteht sich von selbst, daß wir in diesem Fall nicht um die Erlaubnis des Feindes fragen können. Unsere Absicht, Frieden zwischen den Menschen zu stiften, legitimiert diese Vorgehensweise und stimmt mit dem Wesen der universalen Lebensenergie voll überein. Wir können sie in die Worte Luk. 6,27 kleiden, wo es heißt:

*"Aber euch, die ihr hört sage ich: Liebt eure Feinde, tut wohl denen die euch hassen; segnet die euch fluchen; betet für die, welche euch beleidigen."*

Und genau diese Empfehlung verwirklichen wir mit Fern-Reiki auf unsere Feinde.

## Einige Behandlungstips

Die Reiki-Alliance empfiehlt, ähnlich wie bei der direkten Kontaktanwendung, eine Fernbehandlung an vier aufeinanderfolgenden Tagen. Sprechen sich Sender und Empfänger auf die Zeit einer Fernbehandlung ab, dann sind die Abendstunden am günstigsten. Der Empfänger sollte dabei ruhig sitzen oder liegen und sich von niemandem stören lassen. Optimal wäre natürlich ein ruhiger Raum, der frei von den üblichen Ablenkungen der Familie oder des Partners ist. So kann der Empfänger sehr genau fühlen, was mit ihm geschieht, er kann sich von der Wirkung real überzeugen. Falls der Klient nicht persönlich bekannt ist, genügt der volle Name und die Stadt in der er sich gerade aufhält. Auch ein Foto kann uns bei der Fernanwendung gute Dienste leisten. Für den Sender gilt, falls er viele Fernanwendungen durchführt, daß er sich die Zeiten und Namen auf einen Zettel notiert und eventuell seinen elektronischen Uhrpiepser darauf programmiert. Zu viele Fernbehandlungen sind überdies sehr zeitraubend und wir dürfen und können uns hierbei nicht verzetteln. Das gilt insbesondere für Ärzte und Heilpraktiker, die ein hohes Patientenaufkommen haben. Ich selbst wende tägliches Fern-Reiki nur bei wenigen Patienten an; zwischen zwei und vier Patienten, je nach Schwere der Erkrankung. Ich halte auch nichts von einer Fernbehandlung auf eine bestimmte Gruppe von Kranken, z.B. Rheumakranke, da die Wirkung mir äußerst fraglich erscheint; im übrigen hat jeder Mitmensch ein Recht auf individuelle Fernbehandlung. Auch sollten wir (außer unseren Feinden), jemandem den wir um Erlaubnis fragen können, nicht gegen seinen Willen Fern-Reiki schicken. Wir haben die freie Entscheidung eines Menschen zu respektieren. Eine Ausnahme machen da Ärzte und Heilpraktiker, deren Patienten sowieso von ihnen geheilt werden wollen und von daher schon alle legitimen, therapeutischen Möglichkeiten bejahen.

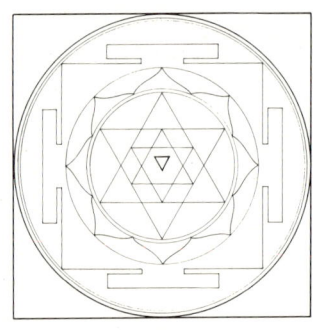

# Scheinbare Mißerfolge

Die Gründe welche zum Abbruch oder zum Mißerfolg eines therapeutischen Ansatzes führen, sei er nun rein physisch, psychisch
oder spirituell sind oft sehr verwickelt und individuell. Da ich
selbst schon 16 Jahre in der eigenen Praxis stehe, habe ich es inzwischen aufgegeben darüber nachzugrübeln, weshalb die eine
oder andere Behandlung keinen Erfolg zeigte und warum so mancher Patient die Behandlung abgebrochen hat. Nicht viel anders
ergeht es mir bei Reiki. Es kann uns wenig nützen zu ergründen,
weshalb Reiki bei manchen nicht wirkt und warum der eine oder
andere eine Behandlungsserie abbricht. Auch lohnt es für die spirituelle Entwicklung kaum, daran viele Gedanken und Energien zu
verschwenden, wir sollten in solchen Fällen den inneren Abstand
zu uns selbst und zur Situation bewahren und weder uns, noch anderen den schwarzen Peter zuschieben. Die universale Lebensenergie, so führte ich mehrfach aus, ist mit weiser Intelligenz ausge-
stattet, die, so darf man sagen, genau dort heilend einsetzt, wo die
Gründe für ein disharmonisches Verhältnis zum Ganzen wurzeln.
Deshalb ist es durchaus verständlich, wenn die universale Lebensenergie zunächst nicht die Symptome einer Erkrankung beseitigt,
sondern das Übel an der Wurzel packt. Ebenso, wie in der Naturheilkunde der innere Arzt durch schmerzliche, jedoch ganzheitliche
Heilreaktionen die Krankheit scheinbar aktiviert, um dadurch den
Krankheitsherd oder die eigentliche Ursache zu überwinden, so
ähnlich verfährt in einem entsprechenden Läuterungsprozeß auch
die universale Lebensenergie, siehe S.205. Das mag in dem einen
oder anderen unangenehme Empfindungen, Stimmungen, Erinnerungen, Phantasien, Fehlerwartungen und sonstige Erschütterungen auslösen und zu Flucht-und Abwehrreaktionen führen und
zwar häufig dann, wenn ein ganzheitlicher Therapieansatz versucht wurde. Dies scheint mir einer der Hauptgründe von Behand-
lungsmißerfolgen zu sein. Die psychischen Wandlungs-und Läuterungsprozesse, welche die Reiki-Kraft auslöst, können freilich auch
sehr subtil und nahezu unbemerkt ablaufen, vor allem dann, wenn
sie sich in den höheren Energiehüllen des Mentals und des Supramentals abspielen. Hierbei werden die Ergebnisse und Auswirkungen erst nach Monaten sichtbar. Wir sollten also, wenn sich nichts
tut, nicht enttäuscht sein, sondern geschehenlassen und abwarten.
Unsere Heilerwartungshaltung ist zwar eine durchaus menschliche Einstellung, doch steht sie nicht selten im Gegensatz zur über-
ragenden Weisheit der universalen Lebensenergie. Vergessen wir
nicht, wir stellen uns nur als Übermittler der Reiki-Kraft zur Verfügung, wir sind "Reiki-Duchflußkanal" und beobachten das Wir-

ken der Lebensenergie, ohne mit unserem Willen selbst einzugreifen. Wenn wir in diesem Sinne verfahren, sind wir nur Zeuge, nur Beobachter einer liebenden Ordnungsmacht, welche stets bestrebt ist, die ganze Schöpfung von den Galaxien bis in die subatomaren Resonanzen, in einem harmonischen Verhältnis zu erhalten. Manchmal kommt es schon vor, daß der Reiki-Empfänger Widerstand gegen das Wirken der universalen Lebensenergie leistet, indem er in einem überwachen, angespannten Zustand verharrt und ahnungsvoll darauf wartet, was mit ihm nun passieren könnte. Solche Menschen können in der Tat innerlich nicht loslassen, haben tausend Fragen sind motorisch sehr unruhig und häufig auch spekulative Skeptiker. Andere, zumeist Exzentriker, möchten ihre "außergewöhnliche Persönlichkeit" und delikate Krankheit dadurch bestätigen, indem nun selbst unsichtbare Mächte und Kräfte nichts ausrichten können. Wieder andere benutzen jede Form von außergewöhnlicher Behandlung als gutes Alibi für ihr Zuwendungsbedürfnis. Sie reisen hunderte von Kilometern zu berühmten Heilern und Persönlichkeiten, um der Familie, dem Partner und Nahestehenden zu beweisen, daß ihnen niemand helfen kann, außer die verstärkte Zuwendung der Verwandtschaft oder eines Menschen, den sie unbedingt an sich binden möchten. Manche finden die Reiki-Anwendung zu passiv, oft auch zu einfach und simpel. Sie glauben, bei ihrer Krankheit muß mehr passieren, da genüge "bloßes Handauflegen" bei weitem nicht. Auch gibt es Menschen, die einfach nur ängstlich sind und unsichtbare Energien unheimlich finden. Einige glauben infolge ihrer streng religiösen "Schwarz-Weiß-Erziehung", da könnte vielleicht der Teufel dahinterstecken, denn schließlich wisse man nie genau, was es mit den unsichtbaren Energien auf sich habe. Ganz entscheidend hängt der Heilerfolg meines Erachtens davon ab, inwieweit der Hilfesuchende seinen Leidensweg als Lernthema und Erkenntnisprozeß begreift. Dort liegt wohl der eigentliche Schlüssel zur Gesundung. Die universale Lebensenergie kann hier ganz wesentliche Erkenntnisimpulse geben. Die tägliche Reiki-Praxis bestätigt uns immer wieder aufs Neue, wie selbst fromm veranlagte Menschen, die oft jahrelang in der Sackgasse kleinkarierter Buchstabenauslegung religiöser Schriften umherirrten, plötzlich von all dem loslassen konnten und gleichzeitig den tieferen, individuellen Sinn ihres Leidensweges verstanden. Damit hatte auch für sie die Krankheit ihre Schrecken verloren, ja vielfach wurden sie wieder ganz gesund und fanden zurück zu ihrem Glauben, auf einer höheren und gütigeren Ebene.

## Sterbebeistand mit Reiki

Der Tod ist ein ganz natürliches Ereignis und gehört ebenso wie die Geburt zu unserem Dasein. Wer die Unausweichlichkeit des Todes akzeptiert, verliert die Todesangst und geht wesentlich gelassener über die Schwelle. Von ganz entscheidender Bedeutung für den reibungslosen und endgültigen Körperaustritt ist das Wissen um ein unsterbliches Selbst, das nicht nur den physischen Körper überdauert, sondern weit darüber hinaus die neue Inkarnation bestimmt. Im Totenbuch der Maya wird genau beschrieben, wie der Hohepriester und sein Hilfspriester den Sterbenden, mittels besonderer Rituale, auf die neue Inkarnation vorbereitet. Die Tibeter bezeichnen Menschen, die um ihre Präexistenzen wissen, "Tulku." Diese werden in der Regel hochwürdige Lamas und Klostervorsteher. Bei den Tibetern besteht tatsächlich die einzige Angst darin, noch vor dem Übertritt in das Dunkel des Unbewußten zu versinken und somit den Launen eines karmischen Schicksalswindes ausgeliefert zu sein. Daher war und ist es heute noch Sitte, den Sterbenden durch besondere Bewußtseinshilfen wie z.B. in den Totenbüchern der Ägypter und Tibeter niedergeschrieben, hinüber zu begleiten. Liest man die alten Texte, dann setzt ihr Verständnis das Wissen um die jeweils praktizierten Religionsinhalte voraus und das Ägyptische Totenbuch auch noch eine gute Kenntnis der Mythologien und Götterhierarchie. Auch muß man sagen, daß die Texte einer anderen Epoche angehören und die z.T. sehr bedeutsamen, esoterisch-mythologischen Namen und Gestalten für einen Durchschnittseuropäer schwer verständlich sind.

## Thanatologie

Die moderne Todesforschung (Thanatologie) trug in den letzten Jahren eine Fülle von Erlebnisberichten reanimierter, klinisch Toter, bzw. Unfallopfer zusammen, die keinen Zweifel mehr darüber lassen, daß der Mensch den physischen Tod überlebt. In seinem Buch: "Das Licht von Drüben", faßt der bekannte Todesforscher Dr. med. Raymund A. Moody die große Fülle seiner Forschertätigkeit nochmals zusammen, und schenkt uns klare Einsichten. Er selbst nennt sich Todesnähe-Erlebnis-Forscher (TNE) und seine Arbeit gleichlautend TNE-Forschung. Dieser Forschungszweig gehört zu den Grenzgebieten der Wissenschaft und kann sich vorläufig nur auf die Sammlung von Interviews und Fragebögen stützen. Dennoch ist dies ein ernstzunehmender, methodischer Ansatz, um Beweismaterial für ein Fortleben nach dem Tod zu erbringen. Die Fallsammlungen wurden in allen Erdteilen durchgeführt und geben einen repräsentativen Querschnitt. Alle Inhalte der TNE-Erlebnisse sind sehr aufschlußreich und lassen sich in zehn Elemente aufteilen:

| | |
|---|---|
| 1. Verlassen des Körpers | 26% |
| 2. Genaue visuelle Wahrnehmung | 23% |
| 3. Hörbare Geräusche oder Stimmen | 17% |
| 4. Gefühl von Frieden und Schmerzfreiheit | 32% |
| 5. Lichterscheinungen | 14% |
| 6. Lebensrückblick | 32% |
| 7. Eintritt in eine andere Welt | 32% |
| 8. Begegnung mit anderen Wesenheiten | 23% |
| 9. Tunnelerlebnisse | 9% |
| 10. Vorauswissen | 6% |

Das Verlassen des Körpers erleben die Sterbenden, indem sie plötzlich über ihrem physischen Körper schweben und ihn wie einen Beobachter von außen betrachten.

Die meisten der Betroffenen sagen, daß das, was da über ihrem Körper schwebt, kein bloßer Bewußtseinspunkt sei, sondern eine Art Körper, der ähnlich wie der physische konstituiert sei. Einer der Betroffenen berichtete, er habe während des "out of body" (Ausleibigkeits-Zustand) seine Hände und Arme näher angesehen. Sie schienen vom Licht durchstrahlt zu sein und waren ganz fein geädert. An den Fingerkuppen habe er die feinen Spiralwindungen wahrgenommen und den Arm hinaufziehende Lichtröhren deutlich erkennen können. Das entspricht ganz unseren Ausführungen im Kapitel V, zum Thema Energiehüllen auf S.87. Das Tunnelerlebnis gelangt erst dann zu vollem Bewußtsein, wenn die Betroffenen erkannt haben, daß ihr Erlebnis etwas mit ihrem Tod zu tun hat. Es öffnet sich dann ein Portal, das in einen dunklen Raum oder in einen Tunnel führt, in welchen die Sterbenden hineingesaugt werden. Sie bewegen sich durch dieses, oft von Vibrieren und Brausen begleitete Dunkel hindurch, und gelangen an dessen Ende zu einem strahlend hellen Licht. Fast alle berichten, daß sie beim Eintreten in die lichterfüllte Welt von Ehrfurcht und gleichzeitig von einer unbeschreiblichen Ekstase erfüllt waren. Es treten Lichtgestalten von erhabener Schönheit auf, deren wunderbarer Lichterglanz wie ein warmer Liebesduft strahlt. Das Licht ist wesentlich heller als das der Sonne, aber trotz seiner mächtigen Leuchtkraft nicht blendete, sondern lieblich, lebensprühend und doch so kraftvoll. Nicht wenige treffen dabei auf verstorbene Verwandte und Freunde, die ebenfalls in hellem Lichtkleid erscheinen. Manche Zeugen sehen auch wunderschöne Landschaften mit prächtigen Blumen und Bäumen, gelegentlich erscheinen auch prachtvolle Lichtstädte von unbeschreiblichem Glanz. Interessant ist auch, daß die Verständigung mit den Lichtgestalten wortlos und direkt auf telepathischem Wege geschieht. Es gibt auch TNE-Berichte, wonach einige regelrecht von der Erde abheben und die Erde aus großer Entfernung wie eine blauweiße Murmel durch das All schweben sehen. Andere berichten, sie seien hoch über der Erde zwischen Sternen hindurchgeflogen und irgendwo bei wunderschönen Lichtgestalten angekommen die mit ihnen Gedanken ausgetauscht hätten.

## Das erhabene Lichtwesen

Im Zentrum all dieser astralen Begegnungen steht eine höhere Lichtwesenheit, die je nach religiös-kultureller Ausrichtung und Überzeugung, verschieden gedeutet wird. Einige mit christlicher Auffassung nennen es den erlösenden Jesus Christus, andere aus östlichen Religionen, Buddha, Visnu oder Krsna. Mohammedaner bezeichnen es als Allah, manche meinten, es sei weder Gott, noch etwas Absolutes, sondern ein hochheiliges Wesen. Übereinstimmend sagen aber alle, daß dieses Wesen grenzenlose Liebe und Verständnis ausstrahlt, so sehr, daß die meisten für immer in seiner Nähe bleiben wollen. Wahrscheinlich ist es unser göttlicher Funke oder das hohe Selbst, von dem alle reflexiven oder selbstbewußten Energieströme ausgehen. Das erhabene Lichtwesen scheint über den weiteren Verbleib des Sterbenden zu entscheiden, denn es sagt dem Neuankömmling, ob er in seine physische Hülle zurückkehren soll, jedoch läßt es stets das bisherige Leben vor dem geistigen Auge Revue passieren. Das geschieht selbstverständlich in einer extremen Zeitraffung, so als ob das Leben in einem Nu vorüberziehen würde. Hierbei sieht der Betroffene nicht nur jede einzelne Handlung, sondern nimmt auch die Folgen derselben deutlich wahr. *Die Wirkungen von Brutalität, Lieblosigkeit, Gehässigkeiten usw., werden sofort im Bewußtsein dessen, dem sie gegolten haben, wahrgenommen. Als Verursacher erleidet und fühlt man nun selbst die Kränkungen, die Traurigkeit und den Schmerz, den man seinen Mitmenschen zugefügt hat. Umgekehrt gilt das gleiche. Die Wirkungen liebevoller und in guter Absicht ausgeführter Handlungen, werden im Bewußtsein so nacherlebt, wie sie der betroffene Mitmensch wirklich fühlte und sie werden im Gegensatz zu den negativen Taten besonders hervorgehoben.* Das Lichtwesen fragt die Betroffenen während des Panoramas, was sie in ihrem Leben Gutes getan hätten, und es zeigt anhand der Lebensrückschau, welche Folgen jede gute und schlechte Handlung hatte. Viele fühlen sich durch das Lichtwesen *in keiner Weise verurteilt*, sondern ganz im Gegenteil; sie spüren erstmals ein weites, gütiges, väterliches und mütterliches Verständnis für ihre Fehler und Schwächen, und werden angespornt Gutes zu tun. Nach ihrer Begegnung mit dem gütigen Lichtwesen, sehen sie es als ihre wichtigste Aufgabe, ihren Mitmenschen ebenfalls Liebe und Verständnis entgegenzubringen und als das Zweitwichtigste, erachten viele, sich esoterisches und spirituelles Wissen anzueignen. Das Lichtwesen weist auch daraufhin, daß wahres Wissen auch über den Tod hinaus erhalten bleibt. Sicherlich ist damit keineswegs theoretisches Schulwissen gemeint. Es ist deshalb nicht verwunderlich, wenn die Mehrzahl der Menschen, die TNE-Erlebnisse hatten, viel lesen und einen ungeheuren, esoterischen Nachholbedarf haben. Viele wollen auf Grund dieser wunderschönen Erlebnisse nicht mehr zur Erde zurückkehren. Doch gewisse Verantwortungen und Aufgaben gegenüber bestimmten Menschen, oder wegen familiärer und beruflicher Verpflichtungen, kehren sie letztendlich freiwillig zurück, ohne daß sie das gütige Lichtwesen dazu zwingt.

## Das Phänomen der Zeitdehnung

Nach der Einstein'schen Relativitätstheorie dehnt sich die Zeit, d.h. sie wird mit zunehmender Geschwindigkeit langsamer. Erreicht ein Raumfahrer Lichtgeschwindigkeit, dann steht die Zeit still, das würde bedeuten, daß man rein theoretisch weder Licht, noch Raum wahrnimmt, denn mit der Zeitdehnung kontrahiert der Raum, bzw. er müßte schrumpfen. Übereinstimmend wird von TNE-Betroffenen gesagt, daß das, was sie im Jenseits erlebt haben, unmöglich in der kurzen Zeit abgelaufen sein konnte. Die Eindrücke und Geschehnisse, z.B. die Lebensrückschau in wenigen Sekunden, zeigen, daß die höheren Astralwelten einer Dimension angehören, die unsere Vorstellungskraft von Raum und Zeit sprengt, siehe auch S.97. Vor allem wird deutlich, daß die lineare Erinnerung des physischen Gehirns dazu nicht fähig ist, und der Mensch offensichtlich über eine Art *Supramental* verfügen muß, das mit einem einzigen Blick lange Zeiträume und ganze Ereignisketten erfaßt. Solche Erlebnisse sind rein intuitive Vorgänge, wie sie normalerweise nur ein hochentwickelter Yogi mit einem vollaktivierten sechsten Chakra erfährt. Dieses Supramental scheint ein aussergewöhnliches Gedächtnis zu besitzen, das zudem die Ereignisse in eine chronologische Reihenfolge bringt; siehe auch meine Ausführungen S.113. Die Kontraktion des Raumes und die Dehnung der Zeit dürfte hier der entscheidende Vorgang sein, denn nur wenn alle Ereignisse und Inhalte auf engsten Raum, auf einen holistischen Bewußtseinsmittelpunkt zusammengedrängt werden, ist eine blitzartige Erfassung der Geschehnisse möglich und wenn hierbei die Zeit zum Stillstand kommt, d.h. das Zeitgefühl verloren geht, dann ermöglicht dies das sogenannte *spirituelle Sekundenphä-*

*nomen.* Viele bezeugen, daß sie sich während ihres außerkörperlichen Zustandes irgendwo hindenken konnten und schon waren sie dort. Solche Erfahrungen lassen den vorläufigen Schluß zu, *daß "Drüben" der feststehende dreidimensionale Raum, nur im Bewußtsein existiert und mentale Vorstellungen augenblicklich realisiert werden.* Die Realisierung gedanklicher Projektionen kann aber schon hier und jetzt verwirklicht werden. Wenn wir unser Supramental unserer Erkenntnis-und Bewußtseinsmacht unterordnen, was natürlich vom Entwicklungsstand des sechsten Chakra abhängt, dann erfahren wir unser Sein, in der uns umgebenden Körperwelt als eine Projektion, so als ob wir unser Dasein träumten.

## Die Autonomie des selbstbewußten Geistes

Schon bevor die TNE-Forschung ernsthafte Ansätze machte, entdeckte der Neurophysiologe und Nobelpreisträger John Eccles, daß das Bewußtsein kein Sekundärprodukt des Zusammenspiels aus Milliarden von Neuronen ist, sondern unabhängig vom Gehirn existieren muß. Er begründet diese Behauptung mit einer genetischen Hochrechnung, wonach die Chancen, daß ein genetischer Code die individuelle Einmaligkeit determiniere mit nahezu Null, nämlich 1 zu $10^{10000}$. Solche unfaßbaren Unwahrscheinlichkeiten, können auch Materialisten nicht mehr leugnen. In seinen fruchtbaren Dialogen mit dem kritischen Empiriker und bedeutenden Philosophen Sir Karl R. Popper, wurde die Frage nach dem selbstbewußten Geist als unabhängiges Wesen eingehend reflektiert. Dabei kam zutage, daß die zunehmende Differenzierung der Sprache für die rasante Entwicklung des selbstreflektierenden Bewußtseins, oder wie wir es nennen, "das hohe Selbst", von Bedeutung ist. Die kulturelle Entwicklung trug parallel ebenfalls wesentlich dazu bei. Trotz all dieser Erkenntnisse bleibt zu fragen, ob der sich selbstreflektierende Geist die Sprache weniger als Transformationsmittel benutzt, sondern vielmehr als Ausdrucksmittel zur Selbstdarstellung seiner Einmaligkeit und Würde, denn es wäre in der Tat ein eklatanter Widerspruch, wenn der selbstbewußte Geist sich transformieren müßte. Das, was von sich selbst weiß ist ja schon absolut und nicht mehr weiter hinterfragbar. Daher muß angenommen werden, daß das Bewußtsein nicht sich selbst, sondern das Gehirn stets weiter transformiert und differenziert, bis es schließlich in der Lage ist, dem selbstbewußten Geist als vollkommenes Instrument zur Verfügung zu stehen. Ein brillantes Beispiel dafür ist der beeindruckende Sieg des Schachweltmeister Garri Kasparow, gegen den derzeit leistungsfähigsten Schachcomputer der Welt, in nur 37 Zügen. Die phantastisch schnellen, evolutionären Veränderungen, die das Gehirn vom Prähomoniden bis hinauf zum Homo sapiens, in ca. 1,7 Mio. Jahren durchmachte, ist der empirische Beweis für diese Hypothese. Sie paßt auch gut in das Konzept von John Eccles. Dieses von ihm als Hirn-Geist Liaison bezeichnete Phänomen, ist bislang der philosophisch erfolglos bekämpfte Materie-Geist Dualismus. Wer sich mit dem Phänomen des Bewußtseins ernsthaft auseinandergesetzt hat, wird diesen Dualismus akzeptieren und sein bewußtes Selbst als einmalige Individualität bejahen.

## Wie können wir diese wichtigen Erkenntnisse für Reiki verwerten?

Die Totenbücher aller Kulturen, und seien sie noch so unterschiedlich, versuchen den Sterbenden an sein unsterbliches Selbst zu erinnern. Sie erschüttern die Originalitätsvorstellung von den vier tieferen Hüllen (Physis, Vital, Astral und Mental), die ja nichts weiter als vergängliche Energieformen sind. Reiki lehrt ebenfalls, daß die universale Lebensenergie sich lediglich in verschiedene Formen manifestiert und alles durchpulst, selbst aber von den Formen unberührt bleibt. Das Vergehen und Entstehen der Erscheinungen mutet uns an wie ein unschuldiges kosmisches Spiel und der Tod ist nur die Übergangsphase zu einer neuen Existenz. Ohne Vergehen kein Entstehen und umgekehrt, einzig das Absolute und seine Ausstrahlung hat weder einen Anfang, noch ein Ende und wir als Kinder des Absoluten haben Anteil an seiner Unsterblichkeit. *Das Loslassen von den Bindungen an die verschiedenen Hüllen und die Stärkung des Vertrauens in unser unsterbliches Selbst, ist unsere wichtigste Aufgabe im Sterbebeistand.* Es steht uns frei, dies mit Worten zu tun oder ganz ohne Worte, indem wir dem Sterbenden die Hände auflegen und ihm das Gefühl der Geborgenheit und des Beistandes vermitteln. Wenn wir Reiki in diesem Bewußtsein anwenden, erfährt der Sterbende Liebe und Zuneigung. Er spürt den Impuls der universalen Lebensenergie kann sich mit ihr identifizieren und sich so leichter von seinen Energiehüllen lösen. Der Todeskampf, die Schmerzen und die Todesangst sind nichts weiter als der Ausdruck, krampfhaft an der Physis festhalten zu wollen und der verhängnisvolle Irrtum, daß der biologische Tod das absolute Aus sei. Hat der Sterbende Schmerzen dann geben wir ihm Reiki und speziell für die leichtere Lösung aus seinen Energiehüllen, empfehle ich die Behandlung des Herz-und des Kronen-Chakras.

# Mit Reiki keine Angst mehr

Auf S.101 sprach ich von den Ursachen unserer Ängste und Schuldgefühle. Mit der Angst nehmen wir eine abwehrende Haltung vor dem Ausgelöschtwerden ein. Wir versuchen uns damit vor dem Nichtsein zu schützen. Bei der Frage, wer oder was ist es, das sich vor dem Nichtsein ängstigt, kamen wir zu dem Schluß, daß es unser sterbliches Ego ist weil es in der Absonderung vom Ganzen lebt. Es ist die Angst vor dem Tod, eben dem Nichtsein und diese Angst ist wohlbegründet. Das Ego weiß, daß es eines Tages sterben wird, weiß, daß seine vier Energiehüllen sich auflösen werden und damit alle selbstischen Vorstellungen. Darum unternimmt es verzweifelt alles um diesen Prozeß aufzuhalten. Es lebt in der dumpfen Gewißheit, daß es aus sich selbst nichts vermag und auf alle Absonderungsbestrebungen unweigerlich der Tod folgt. Mir fällt dazu das Gleichnis vom Weinstock und den Reben ein:

*"Ich bin der Weinstock, ihr seid die Reben. Wer in mir bleibt und ich in ihm, dieser bringt viel Frucht, denn außer mir könnt ihr nichts tun. Wenn jemand nicht in mir bleibt, so wird er hinausgeworfen wie die Rebe und verdorrt; und man sammelt sie und wirft sie ins Feuer und sie verbrennen" (Joh.14.5).* Das Selbstische in uns ist die vom Weinstock abgefallene Rebe und muß verdorren, weil sie keinen Lebenssaft mehr vom Weinstock erhält. Der Lebenssaft ist die universale Lebensenergie, ohne die es keine Kraft und Fülle gibt, daher die Angst vor dem Nichtsein und dem Ausgelöschtwerden. Was nun ist der Weinstock in uns?

Er ist unser hohes Selbst, der vom Vater ewig gezeugte Sohn aus dem die universale Lebensenergie strömt und uns die Fülle des Seins schenkt.

Ein anderes Wort fällt mir dazu ein:

*"Wahrlich, Wahrlich, ich sage Euch: Wenn das Weizenkorn nicht in die Erde fällt und stirbt, bleibt es allein; wenn es aber stirbt, bringt es viele Frucht" (Joh.12.24).*

Unter Weizenkorn, das nicht in die Erde fällt und stirbt, meint Jesus das Ego, also die Hülle des hohen Selbstes. Wenn jedoch das Ego, das Äußere in uns stirbt, dann kann die Frucht in uns, -der Sohn Gottes- aufgehen. Das Weizenkorn, das nicht in die Erde fällt, ist unser Egoverhalten, unser steter Absonderungsversuch und unser Wunsch nach einer Sonderexistenz. Der Acker auf den das Weizenkorn fallen soll, ist unsere innere Bereitschaft, nämlich inwieweit wir uns unserem hohen Selbst zuwenden, uns ihm öffnen und die hervorquellenden Impulse und Energien annehmen. Deshalb kann nur jemand wirklich angstfrei sein, wenn er zu seinem hohen Selbst über die universale Lebensenergie in Verbin-

dung bleibt. Dieses hohe Selbst kennt weder Geburt, noch Tod, es ist ein kosmisch, virtuelles Energiezentrum das mit allem verbunden und mit allem gleichzeitig eins ist. Ewig ist es in Bewegung und doch wieder die Ruhe und der Friede in sich selbst. Darum kann in ihm weder Angst, noch Zweifel sein. Den Zugang zu dieser großen Verheißung erhalten wir über die universale Lebensenergie. Sie kann uns von unseren Ängsten wirklich frei machen. Indem wir frei werden von allen selbstischen Vorstellungen, von allen Absonderungs-Ideen und auf Selbstdarstellung verzichten, gelangen wir in die Stille der Bescheidenheit und nähern uns so dem Zustand des kosmischen Seins. Dort erfahren wir den Urgrund, aus dem die Zehntausend Dinge hervorquellen und wo es nur ein *"Ich-Bin der Ich-Bin"* gibt, ohne Namen und ohne Form. Wie ein warmes, sanftes Licht durchdringt uns die Gewißheit der einen namenlosen Originalität und wir fühlen, daß wir selbst das Teil und das Ganze sind und mit allem eins. Dann erst sind wir im reinen SEIN und mit allem verbunden, können alles und jedes verstehen und allem vertrauen und schwingen in der einen Kraft und Energie, aus der alles geboren wird. Wir sind in der Einheit, wo es weder Tod, noch Geburt gibt, sondern Leben von Ewigkeit zu Ewigkeit. Dort gibt es keine Angst, sondern ein ewiges neu geboren werden, in dem einen *"ICH BIN DER ICH BIN"*, kein Schauen in die Vergangenheit und in die Zukunft, sondern ein freudiges Hier und Jetzt, das mit allem verbunden ist, denn nur in einem solchen Zustand kann wahrer Friede und wahres Glück sein. Mir klingen hierzu die Worte des Paulus nach, wenn er sagt:
*"Was kein Auge gesehen und kein Ohr gehört hat und in keines Menschen Herz gekommen ist, was Gott bereitet hat denen, die ihn lieben";*

## Der Reiki-Kreis, eine spirituelle Wachstumszelle im Wassermannzeitalter

Das neu heraufziehende Zeitalter hat sich, so möchte man fast apokalyptisch sagen mit warnenden Posaunentönen angekündigt und appelliert an unsere Verantwortung für diesen Planeten und für alle Mitmenschen. Die Ausflüchte des kleinkarierten Ego verstummen allmählich, denn über uns allen schwebt ein furchtbares Damoklesschwert das, falls wir nicht in Kürze einen radikalen Wandel in unserer Einstellung zu Gott, Mensch und Natur vollziehen, alles zermalmt, was da glaubt, nur für sich selbst leben zu können. *Wir brauchen heute keine Propheten mehr!*
Die Hochrechnungen leistungsfähiger Computer (Global 2000), ja, schon das folgerichtige Denken eines jeden reicht bereits aus, um das Ausmaß der Katastrophe mit all den Konsequenzen für das Leben auf diesem Planeten klar vor Augen zu haben.
Was wir zuvorderst brauchen ist eine ganzheitliche Sichtweise, einen neuen Begriff von Lebensqualität und damit den Sturz alter, längst überholter Werte. Dieser Wertewandel hat die unbedingte und holistische Erkenntnis zur Grundlage, daß ein jeder von uns Teil des absolut EINEN ist und ungeteilt am Ganzen teilhaben darf. Unser hohes Selbst, das die wahrhaft spirituellen Philosophen immer wieder besungen haben, ist dieser unsterbliche Teil und kennt weder Geburt, noch Tod. Und weil es keinen Tod und keinen Mangel kennt, ist es weder neidisch, noch furchtsam, weder ärgerlich, noch aggressiv wie das Ego, unser Pseudoselbst. Es kennt keinen Mangel, weil es an allem Teil hat; nichts bleibt ihm verborgen, es kann in allem sein und bleibt doch für sich. Darum strahlt es fortwährende Liebe aus und ist von einem unsagbaren Frieden umgeben. Weil es in allem enthalten ist, kennt es weder Verzicht, noch Begehren. Sein tiefes Verstehen macht es wohlwollend und gütig, es läßt jeden seine Zeit zur Vollendung und hat keine Eile. Ich möchte hier noch zum Abschluß einige Auszüge aus der Bibel und aus dem Tao-Te-King zitieren, die sowohl von unserem unsterblichen Selbst künden, als auch von der neuen Zeit, die bereits wie ein Silberstreifen am Horizont zu erkennen ist:
Joh. 16,13: *"Noch vieles habe ich euch zu sagen, aber ihr könnt es jetzt nicht tragen. Wenn aber jener, der Geist der Wahrheit (der in der universalen Lebensenergie, sich offenbarende Geist) gekommen ist, wird er euch in die ganze Wahrheit leiten, denn er wird nicht aus sich selbst reden, sondern, was er hören wird, wird er reden und das Kommende wird er euch verkündigen."*
Ap. 16/17: *"Und es wird geschehen in den letzten Tagen, spricht Gott, daß ich von meinem Geist ausgießen werde auf alles Fleisch (über das Ego)*

*und eure Söhne und Töchter werden weissagen und eure Jünglinge wer-*
*den Gesichte sehen und eure Ältesten werden Traumgesichte haben; und*
*sogar auf meine Knechte und Mägde werde ich in jenen Tagen von meinem*
*Geist ausgießen und sie werden weissagen."*
Und Laotse sagt uns über den verwirklichten Menschen:

> "Der Berufene hat kein eigenes Herz.
> Er macht das Herz der Leute zu seinem Herzen.
> Zu den Guten bin ich gut, zu den Nichtguten bin ich auch gut;
> denn das Leben ist die Güte.
> Zu den Treuen bin ich treu, zu den Untreuen bin ich auch treu;
> denn das Leben ist die Treue.
> Der Berufene lebt in der Welt ganz still
> und macht sein Herz für die Welt weit.
> Die Leute alle blicken und horchen nach ihm.
> Und der Berufene nimmt sie alle an als seine Kinder."

Daß Laotse unter Welt etwas anderes versteht als im üblichen Sinne, versteht sich von selbst. Das hohe Selbst wertet nicht, daher
kann es sein Herz weit und offen für alles machen. In dieser Offenheit erst ist es möglich, das Sein so zu sehen wie es ist. In der Gemeinschaft des Reiki-Kreises wird das echte Wissen um die universale Lebensenergie durch den Gemeinschaftsgeist wesentlich intensiver erfahren, als alleine, oder durch bloßes Schriftstudium.
Die praktische, gruppendynamische Erfahrung läßt uns leichter
den Geist der Liebe und Wahrheit in jede Zelle, in jedes Organ, in
jedes Atom und Energiequant unserer Energiehüllen einfließen
und transparent werden für ein universales Bewußtsein, das wir
alle so dringend brauchen. Der Reiki-Kreis kann, weil er den gütigen Aspekt der universalen Lebensenergie bis in die tieferen
Schichten seines Bewußtseins praktisch verwirklicht, jene Kraft
ausstrahlen, die auch Skeptiker und Fanatiker schließlich verstummen läßt. Wir brauchen heute weniger Philosophen, noch verkopfte Universitätsgelehrte, sondern Menschen, die Liebe verwirklichen, ohne zu fragen, ob sich das rentiert. Wir brauchen Menschen die nicht nur von Spiritualität reden, sondern dieselbe tagtäglich praktisch umsetzen. Erst dann begreifen auch die Egoisten,
daß sie zur aussterbenden Gattung der Menschheit gehören. Reiki
bietet uns hierzu eine einzigartige Möglichkeit. Sie ist ein wunder-
bar-natürliches Heilsystem für alle die mitarbeiten möchten an
sich, und an der neuen Zeit.

# Nachwort

Statt eines Nachwortes, möchte ich an dieser Stelle einen Prolog auf die universale Lebensenergie geben.

*Die eine Kraft folgt ganz dem Sinn.*
*In ihr ist wahres Leben und wahre Freude; ewig quellend aus der unendlichen Tiefe, der Ahn aller Dinge, Keim des Lebens und Seins; Urstoff der Schöpfung, Urlicht der letzten Wirklichkeit, Pulsschlag der Weisheit und Liebe.*
*Welchen Namen willst du geben?*
*Man schaut nach ihr und sieht sie nicht, man horcht nach ihr und hört sie nicht, man faßt nach ihr und greift sie nicht; ihr Oberes ist nicht hell; ihr Unteres nicht dunkel; ihr entgegengehend sieht man nicht das Antlitz; ihr folgend nicht die Rückseite. Tausendfach wandelt sie sich von Gestalt zu Gestalt und wieder zurück zur Gestaltlosigkeit, doch immer ist sie da, begleitend mich, wie eine liebende Mutter, die um ihr Kind sorgt. Sie will nicht selber scheinen, darum ist sie das Licht der Welt; sie rühmt sich nicht selber, darum vollbringt sie Werke; sie tut sich nicht selber hervor, darum ist sie Angelpunkt der Schöpfung; einfach und klar ist sie, darum ist sie ewig. Weil sie alles weiß, darum streitet sie nicht. Sie umfließt das eine, darum ist sie das große Vorbild, sie nützt allen Wesen ohne zu fordern, darum ist sie jedes Freund. Fürwahr, was halb ist soll ganz werden, was leer ist soll voll werden, was krumm ist soll gerade werden, was trüb soll klar werden, wer wenig hat wird bekommen, wer viel hat wird benommen, was alt ist soll neu werden. Traurigkeit wird zu Freude und Chaos zu Harmonie. Alle Unterschiede gleicht sie aus mit gütigem Sinn und rückt ein jedes auf sein kosmisches Maß. Wir alle folgen ihrer abgründigen Bewegung, deren erhabenes Ziel wir nicht wissen, doch im tiefsten ahnen. Darum können wir vertrauen und uns ihr hingeben.*

287

# Anhang

## Danksagung

Ich danke der gütigen Reiki-Kraft, die mir für dieses Buch einen starken Energiestrahl schenkte. Durch ihr Licht erhielt ich, trotz vieler Hindernisse, die nötige Kraft und Inspiration, um dieses Werk zu vollenden. Ich hatte während der Entstehung dieses Buches den Eindruck, einer großen, gütigen Führung folgen zu müssen. Wichtige Aussagen meines Buches sind im Erfahrungsaustausch und im Umgang mit spirituell entwickelten Menschen langsam herangereift. Allen meinen Freunden und Helfern, besonders den Reiki-Gruppen, möchte ich dafür danken. Bedanken möchte ich mich bei Reiki-Meisterin Gisela Böck, die mir gute Impulse und Ideen, vor allem für die Gestaltung des praktischen Teiles gab. Herzlich bedanken möchte ich mich bei Monika Postatny, die mich in den dritten Grad einweihte. Auch Reiki-Meister Engelbert Maugg und seiner lieben Frau Anna, für die inspirierenden Einführungen in den ersten und zweiten Reiki-Grad. Ebenso meinen verstorbenen Freund Dipl.Ing. Robert Stolz, der mich in die Physik von Energiefeldern und Schwingungen einführte, sei an dieser Stelle gedankt. Ich wünsche, daß dieses Buch jedem Erkenntnis und Hoffnung auf seinem weiteren Weg zum Urgrund geben möge.

## Seminarhinweise

**Reiki-Seminare** für den I. und II. Grad. Für jeden Grad ist ein Wochenende erforderlich.
Im Seminar für den **ersten Grad**, wird mit speziellen Übungen an der emotionalen Klärung und Harmonisierung gearbeitet.
Im Seminar für den **zweiten Grad**, wird mit speziellen Übungen, an der mentalen Klärung und Harmonisierung gearbeitet und eine Einführung in die Symbolbehandlung der Chakras.
**Die Reiki-Symbole im Lebensbaum und ihre esoterische Bedeutung**
Die Seminarteilnehmer erfahren in einem 3-Tages-Seminar nicht nur die esoterische Bedeutung der Reiki-Symbole im Lebensbaum, sondern werden gleichzeitig in die Psychologie und Spiritualität des Lebensbaumes (Kabbala) eingeführt. Das Seminarziel konzentriert sich vor allem auf die praktische Arbeit *mit den 32 Wegen der Weisheit*, und wie jeder Teilnehmer seinen Weg und sein Lebensthema entdecken lernt.
Zudem geht es auch um Techniken zur intuitiven Entscheidungsfindung, siehe auch S.192. und Buchbesprechung S.306. Prospekte und Infomaterial zu den Seminaren und Workshops können unter folgender Adresse angefordert werden:
Verlag für Naturmedizin und Bioenergetik, Leimfeldstr.17, 8360 Deggendorf, **Tel: 0991 22155 oder Fax: 0991 22852**

# Juristische Überlegungen zur Reiki-Ausübung

Eine berufsmäßige oder gewerbemäßige Ausübung der Heilkunde in Deutschland und in der Schweiz, ist nur Ärzten und Heilpraktikern vorbehalten. Jeder, der die Heilkunde berufsmäßig oder gewerbemäßig ausübt, bedarf der staatlichen Erlaubnis. Ärzte durchlaufen eine Hochschulausbildung, müssen in einem Examen die geforderten Kenntnisse und Fähigkeiten nachweisen, und können durch Approbation den Doktortitel und die Facharztqualifikation erlangen. Heilpraktiker brauchen keine Bestallung, doch werden sie in einer besonderen Prüfungskommission auf ihre Qualifikation hin überprüft und erhalten danach ihre Erlaubnis. Was versteht man nun juristisch unter der Ausübung der Heilkunde im Sinne des Heilpraktikergesetzes? Da heißt es u.a. im § 1 Absatz 2 *"Die Ausübung der Heilkunde im Sinne des Heilpraktikergesetzes ist jede berufs-oder gewerbemäßig vorgenommene Tätigkeit zur Feststellung, Heilung oder Linderung von Krankheiten, Leiden oder Körperschäden bei Menschen, auch wenn sie im Dienst von anderen ausgeübt wird."* Nicht unter dieses Gesetz fallen Krankenschwestern, Pfleger, Kinderkrankenschwestern, medizinisch-technische Assistenten (MTA), Masseure und medizinische Bademeister, Krankengymnasten, Logopäden, Diätassistenten, Beschäftigungstherapeuten, med. Fußpfleger, Hebammen u.a. *Als berufsmäßige Ausübung der Heilkunde gilt auch, wenn sie von jemandem als Betätigung auf Dauer gewählt wird und wenn auch nicht gewerbemäßig, so doch mehr oder weniger regelmäßig durchgeführt wird. Entscheidend ist dabei die Absicht, Gewinne zu erzielen, d.h wenn die Heilkunde gegen Entgelt ausgeübt wird. Dem Gesetzgeber ist es dabei gleichgültig, ob die Ausübung der Heilkunde in selbständiger Praxis oder im Dienste von Vereinigungen, Firmen oder anderen Personen erfolgt.*

Im § 5 des Heilpraktikergesetzes wird noch darauf hingewiesen, daß ein Verstoß gegen das Heilpraktikergesetz mit Freiheitsstrafen bis zu 1 Jahr oder mit Geldstrafen geahndet werden kann.

Ganz so schlimm, wie sich das hier anhört, ist es nun auch nicht. Reiki ist zwar eine natürliche Behandlungsmethode zur Linderung und Heilung von Krankheiten, jedoch nicht zu ihrer Feststellung. Das ist der entscheidende Unterschied. Mit Reiki werden keine Krankheiten diagnostiziert und auch keine Verordnungen und Rezepturen ausgeführt. Wer also Reiki-Behandlungen vornimmt, sollte, wenn er weder Arzt, noch Heilpraktiker ist, keine Diagnosen stellen, noch Medikamente verordnen, noch welche absetzen.

Gerade hierin ist der Gesetzgeber sehr empfindlich und es gab schon drastische Geldstrafen für falsche therapeutische Ratschläge und eigenmächtige Verordnungen von Medikamenten. Das dritte, ebenfalls wichtige Kriterium welches ein gewerbemäßiges Ausüben der Heilkunde mitbestimmt ist das des Entgeltes. Wir sollten nur auf Spendenbasis arbeiten und nur allgemeine Empfehlungen und Richtwerte der Spendenhöhe angeben, ohne uns darauf zu fixieren. Zwar sieht der Gesetzgeber auch in der Regelmäßigkeit der heilkundlichen Ausübung ein Kriterium, doch reicht es nicht, jemanden wegen regelmäßiger Ausübung der Heilkunde auf Spendenbasis anzuklagen. Auch die Gewinnerzielung in Verbindung mit Heilbehandlungen reicht ebenfalls für eine rechtliche Intervention noch nicht aus. Entscheidend ist, wenn jemand Medikamente verordnet, absetzt und Diagnosen sowie Behandlungspläne eigenmächtig aufstellt, ohne dafür die staatliche Erlaubnis zu besitzen.

## Rechtliche Überlegungen zur Fernheilung

Da für nicht Eingeweihte Fern-Reiki schon zu den paranormalen Heilmethoden gehört, nimmt es aus juristischer Sicht eine Sonderstellung ein. Zwar diagnostizieren wir mit Fern-Reiki keine Krankheiten noch geben wir Verordnungen und Behandlungsanweisungen, doch könnte ein Jurist uns des Betruges und der Scharlatanerie bezichtigen, denn für einen nüchternen Anwalt, dessen mentale Wirklichkeit sich überwiegend aus einem logischen Paragraphengeflecht zusammensetzt, muß diese Verfahrensweise wie Humbug erscheinen. Als Betrug gilt, wenn jemand in der Absicht der Gewinnerzielung einen anderen bewußt täuscht. Da wir jedoch keine festgesetzten Geldbeträge fordern noch Fern-Reiki mit Gewinnabsicht ausführen, entziehen wir dieser Argumentation den Boden. Auch dürfen wir weder beim Kontakt, noch beim Fern-Reiki ein Heilversprechen abgeben, das unseren Mitmenschen sozusagen bei der Stange hält. Ein Heilversprechen liegt dann vor, wenn wir die Wirksamkeit unserer Heilbehandlung dirckt behaupten und daraus eine sichere Gesundung ableiten. In unserem Mitmenschen erwecken wir dann den Eindruck, daß er einzig durch unsere Behandlungsmethode und durch unsere Persönlichkeit gesund werden könne. Wir schleusen ihn sozusagen in eine Art Hörigkeitsverhältnis, das durch die behauptete Überwertigkeit des Behandlers und der Behandlungsmethode zustande kommt. Zwar können wir auf viele Behandlungserfolge durch Fern-Reiki verweisen, doch fehlt uns dafür die strenge Beweisführung mittels einer anerkannten, wissenschaftlichen Methode. Deshalb können wir auch keine Erfolgsgarantien geben. Diese soziokulturellen Tatsachen müssen wir nun einmal akzeptieren, obwohl wir wissen, wie ich auf S.201 ausführte, was es mit dem sogenannten wissenschaftlichen Heilen auf sich hat. In Deutschland gelten zwar nach wie vor die akademisch-geprüften Heilmethoden (Schulmedizin) als sicher, doch hat sich in den letzten Jahren von der Basis, d.h von den frei niederge-lassenen Ärzten und Therapeuten, zunehmender Skeptizismus ausgebreitet und viele greifen auf wirksamere Alternativmethoden aus dem großen Schatz der Naturheilkunde und der Geistheilung zurück.

*Die Zeit arbeitet für Reiki!*

So gibt es z.B. in England die größte spiritualistische Vereinigung der Welt, die "Spiritualist Association of Great Britain"(SAGB), die großes Ansehen genießt und mit Ärzten und Therapeuten zusam-menarbeitet. In England sind in fast allen Kliniken Geistheiler zu-gelassen, und sie können von Patienten jederzeit angefordert wer-den. Es ist nur noch eine Frage der Zeit, wann auch bei uns spiri-tuelle Heilmethoden zugelassen werden (vielleicht wenn dem-nächst die europäischen Grenzen fallen), und Ärzte und Heilprak-tiker bereit sind, diese Behandlungsformen in ihr Therapiekonzept zu integrieren. Erst dann wird auch der Gesetzgeber bereit sein, scharfe Paragraphen entweder ganz fallen zu lassen, oder aber we-sentlich großzügiger zu formulieren.

## Kleine physikalische Wellen und Schwingungskunde

Aus physikalischer Sicht sind Strahlungen bestimmte Wellenmu-ster, die in genau definierten Zeiteinheiten ihre Wellenzüge wie-derholen (Frequenz). Eine Welle ist ein Energiemuster, die sich in einer bestimmten Formation bewegt. Aus physikalischer Sicht gibt es z.B. Kurzwellen, Langwellen, Mittelwellen, Ultrakurzwellen als sogenannte Radiowellen, die sich sowohl von der Frequenz als auch vom Verlauf ihrer Sinuskurve her unterscheiden. Einige Wellen können wir mit unseren Sinnesorganen direkt wahrnehmen z.B. die Licht-und Schallwellen. Beide transportieren an unser gewöhn-liches Sinnenbewußtsein Informationen heran, die für unsere Orientierung in Raum und Zeit notwendig sind. Strahlungen sind daher in Wellenform verschlüsselte Informationen. Das Grundwe-sen von Strahlung ist die Bewegung, sie wird in der Physik als Schwingung oder Frequenz definiert. Eine Welle hat eine bestimm-te Bewegungsgestalt die uns eine Botschaft, oder eine verschlüssel-te Information (Code) übermittelt. Die Häufigkeit der Aufeinander-folge von Wellen, nennt die Physik Frequenz (Schwingungszahl). Sie ist die Anzahl der sich wiederholenden Schwingungsgestalt und wird pro Sekunde gemessen. Eine Frequenz definiert, also wie oft die Energiegestalt in Form von Wellenzügen in einer bestimm-ten Zeiteinheit schwingt. Wesentlich für die Qualität der ver-schlüsselten Botschaft ist der Rhythmus der Schwingung und die

Form der Bewegungsgestalt. Die Energierhythmen sind maßgeblich an der Auflösung und Neukonstituierung von Energiefeldern und Prozessen beteiligt. Wir nehmen den Energierhythmus als Pulsation wahr. Elektrophysikalisch unterscheidet man Schwingungsweite (Amplitude) Wellenlänge und Wellenhöhe. Daraus ergeben sich dann sogenannte Wellenberge und Täler, siehe auch die grafischen Darstellung in den Abb. 24 bis 31, S.294-296.
Die Physik definiert mindestens vier Faktoren:
## 1. Wellenlänge 2. Wellenweite 3. Frequenz 4. Rhythmus
Ist diese Definition von Wellen und Schwingungen auch für die emotionale und mentale Energie gültig oder anwendbar? Mir steigt wieder einmal die flaue Ahnung auf, daß so mancher mit dieser Übertragung allzu schnell eine physikalische Sichtweise auf psychische und spirituelle Phänomene anwendet und so langsam in die Irre geführt wird. Wir müssen vor allem den Unterschied einer quantitativen und qualitativen Betrachtungsweise berücksichtigen, wie das schon Burkhard Heim versucht hat, siehe S.56. Qualitäten, wie sie uns in Wertgefühlen und Wertvorstellungen begegnen, lassen sich nicht quantifizieren. Ebenso wenig die universale Lebensenergie! Nicht nur, weil sie die bewegende Kraft hinter den meßbaren und definierbaren, physikalischen Phänomenen ist, sondern auch noch die konstellierende Kraft unseres Bewußtseins schlechthin. Das, was unser Bewußtsein konstelliert, ist nicht dessen Inhalt, sondern dessen Bedingung, das muß man ein bißchen auseinanderhalten. Die Physik entdeckte, bzw. definierte die sogenannten Materiewellen auch Elektronen-Führungswellen genannt. Da sie lange Zeit den Physikern ein Rätsel war, nannte man sie "Psi-Wellen." Diese Psi-Wellen sind in etwa vergleichbar mit der Wellenströmung eines großen Energiemeeres, auf dem die Elektronen schwimmen und sozusagen von einer Energiebahn in die andere gequantelt werden. Als Esoteriker neige ich zu der vedischen Auffassung, daß die Materiewellen ein untergeordneter Aspekt der kosmischen Urvibration -der AUM-Schwingung- ist und alle Elektronen von dieser Urschwingung geführt oder gesteuert werden. Loius die Broglie, der Entdecker dieses Phänomens hatte recht, als er sagte: *"Weil es schwierig ist die physikalische Natur der dem Teilchen zugeordneten Welle zu definieren, neigen viele theoretische Physiker, vielleicht verleitet durch ihre Tendenz zum abstrakten Denken, dazu, diese Wellen nur als einen mathematischen Ausdruck zu betrachten. Mir persönlich scheint das etwas übertrieben: Die >Psi-Schwingung<, deren Existenz so klar aus den beobachtbaren Erscheinungen hervorgeht, muß eine konkretere und realere Bedeutung haben, als viele heute annehmen. Gewiß wäre es zu naiv, wollte man sich die elektromagnetischen Wellen und die*

*Führungswellen der Teilchen als Schwingungen vorstellen, die sich in einem elastischen Stoff wie ein materieller Träger ausbreiten. Es entspricht indessen dem wissenschaftlichen Realismus, anzunehmen, daß sie eine Art Beben noch unbekannter Natur sind, das sich mit endlicher Geschwindigkeit im Raum ausbreitet."* Meines Erachtens existiert Welle und Teilchen, bzw. Energiefeld und Teilchen gleichzeitig. Sehr wahrscheinlich konstituieren sich die Teilchen als Energiekondensate, an den unzähligen Schwingungsknoten innerhalb eines Interferenzmusters und folgen den Energieführungen eines übergeordneten integralen Musters. Dieses Bild mag vielleicht am besten die ganzheitliche Vernetzung allen Seins darstellen. Wenden wir mit einem gewissen Vorbehalt die Psi-Wellen oder Führungswellen des Louis die Broglie für die fünfte Transkoordinate von Burckhard Heim an, dann hätten wir wenigstens einen qualitativen Aspekt. Die Materiewellen wären sonach selektive Wellen, welche die Elektronen zu einer ganz bestimmten Bewegungsrichtung veranlassen. Ähnliches gilt für die sechste Transkoordinate, welche die Möglichkeit oder Wahrscheinlichkeit angibt. Im Meer der kosmischen Lebensenergie gibt es für jeden Ausfaltungsmoment, ob Bewußtseinsinhalt oder eine fein-oder grobstoffliche Manifestation, bestimmte Wahrscheinlichkeiten, sowohl für den Ausfaltungs -als auch Einfaltungsmodus. Diese Wahrscheinlichkeiten sind mit Sicherheit energetisch festgelegt, daher muß es hierfür ebenfalls eine subtile integrale Wellenbewegung geben, die vielleicht die superimpliziten Ordnung der Reiki-Kraft sein könnte (siehe auch über morphogenetische Felder S.26). Der österreichische Nobelpreisträger Erwin Schrödinger versuchte den von ihm postulierten Welle-Teilchen-Dualismus in eine sechsdimensionale Wellentheorie mathematisch zu fassen, und verlor sich in langen Differenzialgleichungen. Trotz seiner brillanten mathematischen Fähigkeiten, scheiterte er an diesem Unternehmen, weil eben die Mathematik stets den quantitativen Aspekt des Sein, bis hinein in die Wahrscheinlichkeitsstrukturen, nur nummerisch darstellen kann, nicht jedoch analog.

### Die Gesetze der Anziehung und Abstoßung von Energien

Betrachten wir nochmals die auf S.136 gemachten Ausführungen über die Integrationsgesetze der Energieschichten, so läßt sich, was die Konstituierung bestimmter Interferenzmuster innerhalb eines Energiefeldes betrifft, sagen, daß es auch hier auf komplementär-strukturierte Energiemuster ankommt. Die gestaltliche Schwingungs-Harmonik mag ein Bildmaß für innere Ganzheit und Integrität sein, sie gibt uns eine qualitative Bestimmungsmöglichkeit für alle möglichen Energiemuster. Auch Energien die in Wellenmustern Gestalt annehmen, vermischen sich nicht ohne weiteres. Es läßt sich vorstellen, daß bestimmte Energien besser harmonieren, sich ergänzen oder verbinden, als andere. Auch in diesen subtilen Bereichen herrschen die Gesetze der Anziehung und Abstoßung. Die Aktivitätsströme der universalen Lebensenergie spalten sich in den gröberen Seinsbereichen zunehmend auf und nehmen unzählige Formen an. Es gelten auch hier die Gesetze der Anziehung und Abstoßung.

1. Energien ziehen sich an, wenn sie sich:
a) zu einem größeren Ganzen verbinden können (Energiefeld), also eine Subtotalität bilden, z.B. einen Organismus.
b) wenn sie sich ähnlich sind,
c) wenn sie gleich sind,
d) sie vereinigen sich, indem sie sich gegenseitig verstärken (Wellenverstärkung).

2. Energien stoßen sich ab oder trennen sich, wenn sie
a) gegensätzlich sind,
b) wenn sie infolge kosmisch, ganzheitlicher Umlagerungs-und Verschiebungsprozesse ein altes Energiefeld verlassen, um sich in anderen Feldern neu zu verteilen.

3. Energien können sich gegenseitig aufheben, wenn ihre Frequenz und das Wellenmuster einander umgekehrt proportional sind.

4. Mehrere, verschiedene Wellenzüge können sich zu einem einzigen, neuen Wellenzug vereinigen.

## Einige einfache, grafische Darstellungen von Wellenmustern und Schwingungen

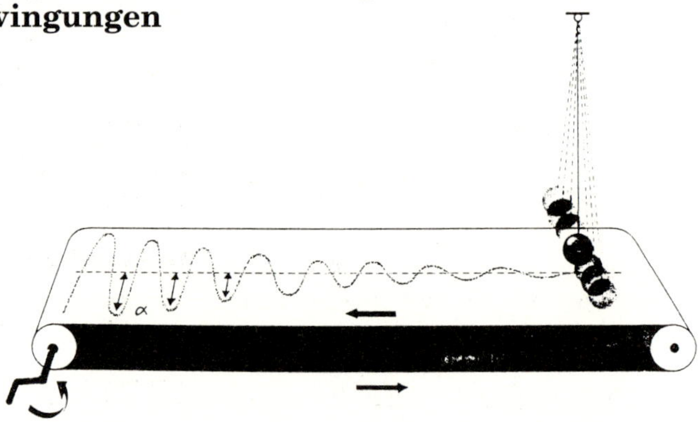

**Abb. 24**

Läßt man ein Pendel über ein gleichmäßig bewegtes Diagrammpapier schwingen, so zeichnet der aus der Hohlkugel gleichmäßig rieselnde Sand die Schwingung auf das Papier. Durch die allmähliche Verringerung des Pendelausschlages wird die Amplitude stets kleiner.

## Pysikalische Definition und Messung von Wellen

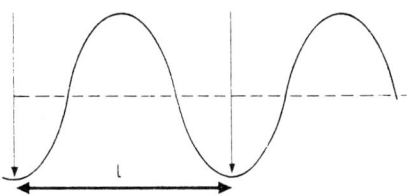

**Abb. 25**
Der Abstand zwischen zwei Wellenbergen oder Wellentälern wird Wellenlänge genannt.

## Was ist eine stehende Welle?

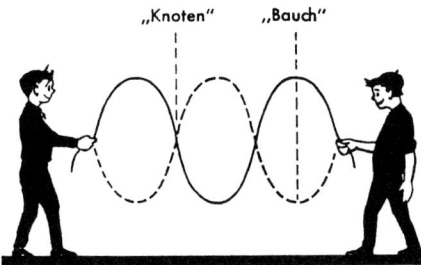

"Knoten"    "Bauch"

**Abb. 27**
Laufen zwei Wellenzüge aufeinander zu und schwingen sie in einem bestimmten Rhythmus, dann bilden sich feststehende Orte, an denen die Wellen sich stets kreuzen und verstärken. Diese Schwingungsknoten nennt man "feststehende Wellen."

## Wellenneubildung

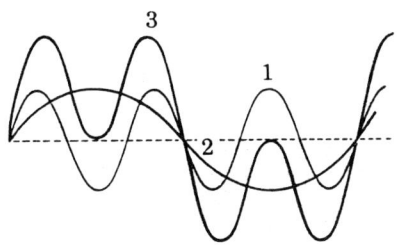

**Abb. 29**
Durch Überlagerung verschiedener Wellenzüge, können ganz neuartige Wellenmuster entstehen. In Abb.29 überlagert sich Welle 1 u.2, woraus das Wellenmuster 3 neu entsteht.

## Frequenz und Wellenlänge

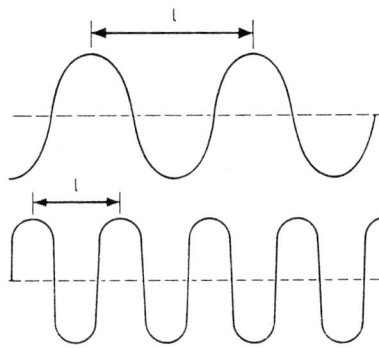

**Abb. 26**
Die Wellenlänge ist der Frequenz umgekehrt proportional. Je höher der Frequenzwert, umso kleiner die Wellenlänge.

## Wellenverstärkung

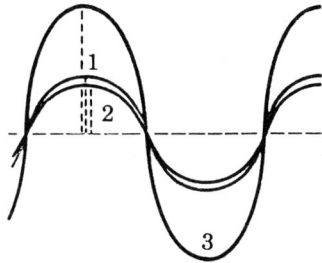

**Abb. 30a**
In Abb.30a verstärken die gleichphasigen Wellen von 1 u.2, die Welle 3 durch Überlagerung.

## Wellenauslöschung

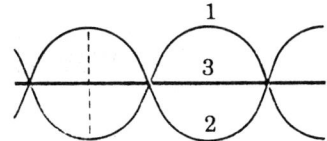

**Abb. 30b**
In Abb. 30b löschen sich völlig gleichphasige Wellenberge und Wellentäer aus.

# Wellenneubildung

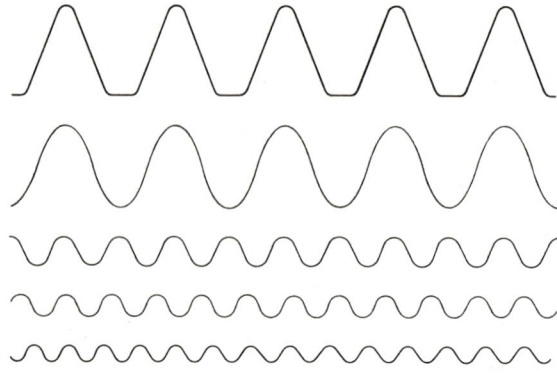

**Abb. 28**
Aus den vier unteren Wellenzügen mit unterschiedlicher
Wellenlänge und Schwingungsweite, entsteht durch
Überlagerung das obere, sägezahnartige Wellenmuster

## Interferenzmuster von Wasserwellen

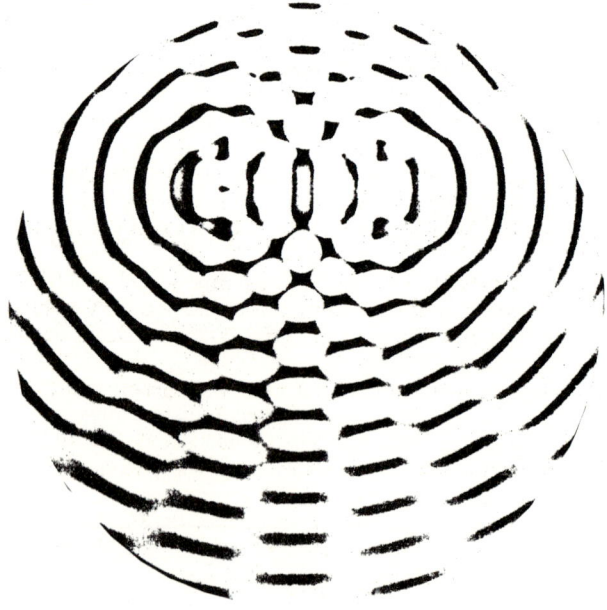

**Abb. 31**
Aufnahme einer Wasseroberfläche mit zwei darüber wandernden
Wellenzügen, die von getrennten Punkten ausgehen.

# Literaturhinweise

**Vorbemerkung:** Einige Werke der angegebenen Literatur wurde zur Klärung wichtiger Fragen herangezogen. Fachartikel, Referate und Vortragsmanuskripte konnten nicht berücksichtigt werden. Die mit einem Sternchen versehenen Bücher sind allem Reikifreunden zu empfehlen.

*A.I.R.A.:* Das Reiki-Journal, zweimonatliche Ausgabe.

*Andreas / Lloyd Davis:* Das verheimlichte Wissen, Knaur Taschenbuch-Verlag München.

*Aurobindo, Sri:* Das Geheimniss des Veda, Verlag Hinder und Deelmann, Gladenbach (Hessen).

*\*Aurobindo, Sri:* Die Synthese des Yoga, Verlag Hinder und Deelmann, Gladenbach (Hessen).

*Aurobindo, Sri:* Das Göttliche Leben, Bd. I, II, III, Verlag Hinder aund Deelmann, Gladenbach (Hessen).

*Bharati, Agehananda:* Die Tantra-Tradition, Aurum Verlag, Freiburg in Breisgau.

*Biedermann, Hans:* Knaurs Lexikon der Symbole, Droemer'sche Verlagsanstalt Th. Knaur Nachf., München.

*\*Binder, Walter:* Die Kabbala, ein Erkenntnisweg zum hohen Selbst, Band I, Verlag für Naturmedizin und Bioenergetik, Deggendorf.

*\*Binder, Walter:* Die kabbalistische Deutung und Heilung von Krankheiten, Band II, Verlag für Naturmedizin und Bioenergetik, Deggendorf.

*\*Binder, Walter:* Klassische Akupunktur und klinische Leitsymptome, Verlag für Naturmedizin und Bioenergetik, Deggendorf.

*\*Bohm, David:* Die implizite Ordnung, Grundlagen eines dynamischen Holismus, Dianus Trikont Buchverlag GmbH, München.

*Bohm D. / David Peat F.:* Das neue Weltbild, Naturwissenschaft, Ordnung und Kreativität, Goldmann-Verlag München.

*\*Capra, Fritjof:* Das Tao der Physik, O.W. Barth/Scherz Verlag, Bern, München, Wien.

*Chang, C.C. Garma:* Die buddhistische Lehre von der Ganzheit des Seins, O.W. Barth Verlag, Scherz Verlag, Bern, München Wien.

*Davis, Roy Eugene:* Die Macht der Seele, Erlebte Wirklichkeit, Baum Verlag, Pfullingen.

*\*Dethlefsen / Dahlke:* Krankheit als Weg, Bertelsmann Verlag GmbH, München.

*Die heilige Schrift (Elberfelder Bibel):* Brockhaus Verlag, Wuppertal.

*Dumitrescu, I.F.:* Elektronographie, Verlag f. Medizin, Dr. Ewald Fischer, Heidelberg.

*Ellis, Albert:* Training der Gefühle, Moderne Verlagsgesellschaft mbH, München, Landsberg a. Lech.

*Ferrucci, Piero:* Werde was du bist, Rowohlt Taschenbuch Verlag Hamburg.

*Fuchs, R.Walter:* Knaurs Buch der modernen Physik, Droemer'sche Verlagsanstalt, Th. Knaur Nachf., München.

*\*Gawain, Shakti:* Leben im Licht, Heyne Taschenbuch-Verlag.

*Gawain, Shakti:* Stell dir vor, Heyne Taschenbuch-Verlag, München.

*\*Gewerbemuseum Basel:* Die Spirale, Verlag Edition.

*\*Haich, Elisabeth:* Einweihung, Drei Eichen Verlag, München, Engelberg (Schweiz).

*Harten / Nägerl / Schulte:* Schwingungen und Wellen, Studio visuell, Herder Verlag, Freiburg, Basel, Wien.

*Hartmann, Nicolai:* Der Aufbau der realen Welt, Grundriß der allgemeinen Kategorienlehre, Weltkultur-Verlag Anton Hain, Meißenheim.

*Heim, Burkhard:* Postmortale Zustände? Die televariante Area integraler Weltstrukturen, Resch-Verlag, Innsbruck.

*Heim, Burkhard:* Der kosmische Erlebnisraum des Menschen, Resch-Verlag, Innsbruck.

*Heim, Burkhard:* Elementarprozeß des Lebens, Resch-Verlag, Innsbruck.

*\*Horan, Paula:* Die Reiki-Kraft, Windpferd-Verlagsgesellschaft mbH. Durach.

*Johari, Harish:* Das große Chakras-Buch, Hermann Bauer Verlag, Freiburg.

*Jung, C.G.:* Grundwerk neun Bände, Walter Verlag AG Olten.

*Jung, C.G.:* Erinnerungen, Träume, Gedanken, Walter Verlag AG Olten.

*Kessler, Herbert:* Bauformen der Esoterik, Aurum Verlag, Freiburg im Breisgau

*Krippner/Rubin:* Lichtbilder der Seele, Goldmann Taschenbuch Verlag, München.

*Küng/Ching:* Christentum und Chinesische Religion, Piper Verlag, München.

*Küng, Hans:* Christentum und Weltreligionen, Islam, Hinduismus und Buddhismus, Piper Verlag, München.

*Lakhovsky, Georges:* Das Geheimnis des Lebens, VGM Verlag für Ganzheitsmedizin, Essen.

*\*Leuenburger, H.D.:* Die sieben Säulen der Esoterik, Hermann Bauer Verlag, Freiburg.

*Lexikon der östlichen Weisheitslehren:* Buddhismus, Hinduismus, Taoismus, Zen, O. W. Barth Verlag, Weilheim.

*Liä Dsi:* Das wahre Buch vom quellenden Urgrund Eugen Diedrichs Verlag Düsseldorf, Köln.

*Mandelbrot, B.Benoit:* Die fraktale Geometrie der Natur, Birkhäuser-Verlag, Basel, Boston, Berlin.

*Mauritius, Gernot:* Der gesteuerte Mensch-Allpsyche, Kosmos und Leben, Resch Verlag, Innsbruck.

*\*Mello, die Antony:* Warum der Schäfer jedes Wetter liebt, Weisheitsgeschichten, Herder Verlag, Freiburg, Basel Wien.

*Mittelstraß, Jürgen:* (Hrsg) Enzyklopädie, Philosophie und Wissenschaftstheorie, I., II., III., Bibliographisches Institut, Mannheim.

*\*Moody, A.Raymond, Dr.med.:* Das Licht von drüben, Neue Fragen und Antworten, Rowohlt Taschenbuch Verlag Hamburg.

*\*Motoyama, Hiroshi Dr./Brown Rande:* Chakrasphysiologie, Aurum Verlag Freiburg im Breisgau.

*Petzold, Hilarion:* Psychotherapie, Meditation, Gestalt, Junfermannsche Verlagsbuchhandlung, Paderborn.

*Popper/Eccles:* Das Ich und sein Gehirn, Piper Verlag, München Zürich.

*Prabhupada Swami:* Bhagavad Gita wie sie ist The Bhakti Vedanta Book Trust.

*du Prel, Carl:* Die Psyche und das Ewige, Rudolf Fischer Verlag Pforzheim.

*Quint, Josef:* Meister Eckehart, Carl Hanser Verlag, München.

*\*Ray Barbara:* Der Reiki-Faktor, Heyne Taschenbuch-Verlag, München.

*Resch, Andreas (Hrsg):* Der kosmische Mensch, Resch Verlag, Innsbruck.

*Resch, Andreas (Hrsg):* Psyche und Geist Resch Verlag, Innsbruck.

*Riemann, Gerhard:* Der Eingeweihte, Bd.I, II, Droemersche Verlagsanstalt, Th. Knaur Nachf., München.

*Ryborz, Heinz:* Die helfende und heilende Kraft der Symbole, Oesch-Verlag AG., Zürich.

*\*Sabetti, Stephano:* Lebensenergie, Rowohlt Taschenbuch Verlag GmbH., Ham-

burg.

*Schneemelcher, Wilhelm:* Neutestamentliche Apokryphen, J.C.B. Mohr, Tübingen.

*Schumann, Wolfgang:* Hans, Buddhismus, Stifter, Schulen und Systeme, Walter Verlag AG, Olten.

*Seiler, Hans Peter:* Der Kosmonenraum, VGM Verlag für Ganzheitsmedizin, Essen.

*\*Sheldrake Rupert:* Das Gedächtnis der Natur, Scherz-Verlag, Bern, München, Wien.

*\*Sharamon/Baginski:* Das Chakra-Handbuch, Windpferd Verlagsgesellschaft mbH. , Durach.

*\*Sharamon/Baginski:* Reiki, Universale Lebensenergie, Synthesis Verlag, Essen.

*\*Sherwood Keith:* Kraftzentren des Lebens, Hermann Bauer Verlag, Freiburg.

*\*Sherwood Keith:* Die Kunst des spirituellen Heilens, Hermann Bauer Verlag, Freiburg.

*Stone, Randolph:* Polaritätstherapie, Hugendubel Verlag, Irisiana, München

*Störig, Hans Joachim:* Weltgeschichte der Philosophie, Kohlhammer Verlag GmbH. Stuttgart.

*Sui, Choa kok:* Durch kosmische Energie heilen, Hermann Bauer Verlag, Freiburg.

*The Reiki Alliance:* Reiki-Heft (zur Geschichte von Reiki)

*The Reiki Alliance:* Reiki von Hand zu Hand, vierteljährliche Rundbriefe

*\*Trine Ralph Waldo:* In Harmonie mit dem Unendlichen, Engelhorn-Verlag Stuttgart.

*Wallimann: Silvia:* Die Umpolung vom Materiellen ins Geistige, Hermann Bauer Verlag, Freiburg.

*Weber Ray, Barbara Dr und Greene, Yesnie A.I.R.A.:* The Official Reiki Handbook, USA, St. Petersburg.

*Whitehead, North Alfred:* Prozeß und Realität, Suhrkamp Verlag, Frankfurt

*\*Wilber, Ken (Hrsg):* Psychologie der Befreiung, Scherz/O.W. Barth Verlag, Bern, München, Wien.

*Wilber, Ken:* Die drei Augen der Erkenntnis, Kösel Verlag GmbH & Co, München.

*\*Wilhelm, Richard:* Tao-Te-King Eugen Diedrichs Verlag Düsseldorf, Köln

*Young Arthur:* Der kreative Kosmos, Am Wendepunkt der Evolution, Knaur-Taschenbuch-Verlag, München.

*Yukteswar, Sri, Jnanavatar Swami, Giri:* Die Heilige Wissenschaft, O. W. Barth Verlag, Weilheim.

**Bildquellennachweis**

*Abb.23.1, 23.2, Tandler, J.:* In A. Bum (Hrsg.) Handbuch der Krankenpflege, 2.A.1922. Urban & Schwarzenberg München.

*Abb.23.3, Benninghoff, A., Goertler, K.:* Lehrbuch der Anatomie des Menschen, Band I, 10.A. 1968. Urban & Schwarzenberg München.

*Abb.23.3 a, b, c, Benninghoff, A., Goertler, K.:* Lehrbuch der Anatomie des Menschen, Band II, 8.A., 1967. Urban & Schwarzenberg München.

*Abb.3* Handbuch der Reiki-Alliance.

*Alle Mandala-Abbildungen, wurden mit freundlicher Genehmigung des Hugendubel-Verlages aus dem Mandala-Malblock "72 ausgewählte Mandalas aus Ost und West und aus der Mitte" entnommen. Der Verfasser *Rüdiger Dahlke* hat hierzu ein Grundlagenwerk geschrieben. Aus der Sicht des Autors, ist der Mandala-Malblock sehr gut geeignet, die spirituelle Zentrierung zu fördern.

*Abb. 8, 24 bis 31 Dipl.Ing. Robert Stolz:* Plattling.

# Stichwortverzeichnis

# BUCHNEUERSCHEINUNGEN
## Verlagsprogramm 92/93

## In Vorbereitung

### Band I

*Walter Binder*

**Die Kabbala** *Ein Erkenntnisweg zum hohen Selbst*

Das Buch führt systematisch in die Psychologie und Spiritualität des kosmischen Lebensbaumes ein. Es erschließt dem Leser die Ursymbole und Bausteine der inneren und äusseren Lebenskräfte von Farben, Formen, Zahlen, Töne, Buchstaben und I-Ging-Zeichen. Ausführlich wird auch der links-und rechtsläufige Pentagrammfluß und seine Beziehung zum Unbewußten dargestellt. Das Hauptanliegen des Buches sind jedoch die 32 Wege der Weisheit die nach ältesten Quellen umfassend dargestellt wurden und es dem Leser ermöglichen, mit der praktischen Wegearbeit zu beginnen. Die behutsame Anleitung der Wegearbeit führt den Praktiker durch die Hierarchie der Bewußtseinsstufen und inneren Welten und er lernt so seine seelische Landkarte kennen. Systematisch, gewinnt er so nach und nach ein klares Orientierungsbild auf dem Weg zum hohen Selbst, dem göttlichen Funken in uns. Im praktischen Teil wurden auch einige bewährte Seminartexte und Übungen eingegliedert, so wie sie in den Seminaren des Autors seit Jahren praktiziert werden. F.16x23, ca.S.370, 50 Abb., 15 Tabellen, DM 55,- gebunden.

**Voraussichtlicher Erscheinungstermin Herbst 1992**

## In Vorbereitung

### Band II

*Walter Binder*

**Die kabbalistische Deutung und Heilung von Krankheiten**

Das Buch ist ein Novum in der spirituellen Literatur. Nach 7-jährigen Studium, gelang es dem Autor, die psychospirituellen Ursachen von seelischen und körperlichen Krankheiten zu erforschen. Ausgehend vom Quellenstudium der 32 Wege der Weisheit, erfährt der Leser die wahre, spirituelle Be-deutung seiner organischen und seelischen Erkrankung. Er wird unterwiesen die korrespondierenden, blockierten Wege der seelischen Landkarte richtig zu erschließen, um die innere Mitte und seelische Harmonie wieder zu finden. Insofern revolutioniert dieses Buch die gesamte Psychologie und Medizin und bietet einen völlig neuen Ansatz von Diagnose und Therapie der Krankheiten. Erstmals wird auch ausführlich der Eros- und Thanathoszyklus erörtert und seine Beziehung zum Unbewußten. Dieses Buch geht über die orthodoxen Theorien der Psychologie weit hinaus (Verdrängungs-u. Abwehrformen), und zeigt wie bestimmte spirituelle Fehlhaltungen, psychovegetative Blockaden verursachen, die sich dann in den verschiedenen Krankheiten manifestieren. Das volle Verständnis des Buches setzt das Studium des ersten Bandes voraus. F.16x23, ca.S.450, 25 Abb., 20 Tabellen, DM 65,- gebunden.

**Voraussichtlicher Erscheinungstermin Frühjahr 1993**

# In Vorbereitung

*Jürgen Klokow*

## Praktisches Handbuch der Homöopathie

Das praktische Handbuch der Homöopathie wurde so konzipiert, daß auch ein Laie sein Mittel treffsicher bestimmen kann. Eine einfache, leicht verständliche Arbeitsanleitung erspart dem Sucher umständliches herumblättern, und gibt ihm ein wichtiges Rüstzeug an die Hand, um bei Bedarf sich selbst helfen zu können. Neben den üblichen Symptomen wurden auch die seltenen und sonderlichen Symptome und ihre Mittel aufgenommen, sodaß auch Problemfälle angegangen werden können. F.15x21, ca. S.500, schematische Suchhilfe, mehrere Tabellen, DM 89,- gebunden.

**Voraussichtlicher Erscheinungstermin Frühjahr 1993**

*Walter Binder*
## Erfolgreiche Naturheilbehandlung bei Magen,-Darm,-Leber-und Galleerkrankungen
Ein Buch das einfach und prägnant, typische Symptome und Krankheiten im Bauchbereich beschreibt und klare, praktische Behandlungsvorschläge gibt, mit rezeptfreien Naturheilmitteln und Behandlungsmethoden
F.15x21, S.150, kartoniert, DM 23,-
2 Auflage.

*Walter Binder*
## Die Natur der beste Arzt
Anleitung zur gefahrlosen Selbstbehandlung von 150 Krankheiten, mit Kräuterrezepten und Naturheilbehandlungen.
F.12x18, S.341, kartoniert DM 18,- 7.Auflage .

*Walter Binder*
## Erfolgreiche Naturheilbehandlung bei Kopf,-Hals-und Erkältungskrankheiten
Ein Buch, das einfach und prägnant, typische Symptome und Krankheiten im Kopf-Halsbereich beschreibt, und klare praktische Behandlungsvorschläge mit rezeptfreien Naturheilmitteln und Behandlungsmethoden gibt. Drei Akupressurtafeln mit genauer Indikation vervollständigen das Buch zu einem wichtigen Ratgeber.
F.15x21, S.232, kartoniert, DM 25,-1.Auflage

*Walter Binder*
## Naturheilkundliches Ernährungsbrevier mit Topvollwertrezepten für gesunde und kranke Tage
Das Buch schließt eine Lücke in der Krankenheilkost. Es werden die wichtigsten Lebensmittel und ihr Heilwert vorgestellt, und wie man sie in erprobten Vollwertrezepten bei Krankheiten einsetzt. Mit über 100 Vollwert-Heilrezepten, ist dieses Buch ein wertvoller Ratgeber in der Küche, für alle die eine wirksame Heilkost zusammenstellen wollen.
F.15x21, S.295, kartoniert DM 29,50, 3.Auflage.

*Walter Binder*
## Klassische Akupunktur und klinische Leitsymptome
Dieses Standardwerk der Akupunktur schließt die Lücke, zwischen klinischen Leitsymptomen und klassischer Akupunkturanwendung. 82 mehrfarbig. Bildseiten mit exakter Punkteeinzeichnung, geben dem Buch einen hohen, praktischen Wert, und sollte in keiner Praxis fehlen. F.21x30, S.400, 38 Seiten Stichwortregister, geb., DM 139, 1.Auflage.

*Walter Binder*
## Akupunktur-Wandtafel-Set incl.Aufhängeleisten
Drei Akupunkturwandtafeln zur schnellen Auffindung von Punkten, mit einfachen Orientierungs-Schema der klassischen Akupunkturregeln.
F.45x67 cm, einrollbar, drucklackiert, 3 Tafeln, DM 89,90, 1.Auflage.

*Walter Binder*
## Krebszellen sind SOS-Zellen
*Naturheilkundliche Vorbeuge-und Behandlungs-möglichkeiten in der Krebstherapie*
Das Buch bietet eine umfassende Anleitung zur Stimmulierung des Immunsystems. Besonders in der Krebsnachsorge, gibt es dem interessierten Laien einen 9-wöchigen Therapieplan an die Hand, mit dem er Strahlen-und Chemoschäden schnell beseitigen kann.
F.15x21, S.96, kartoniert, DM 20,- 1.Auflage.

*Felicita Allegria*
## Das Pendel
*Dein treuer und wertvoller Helfer*
Geschrieben von einer erfahrenen Praktikerin, die sich aufs Pendeln versteht. Das Buch ist allen zu empfehlen die das Pendeln erlernen wollen und als tägliche Entscheidungshilfe nutzen möchten. In dem Buch finden sie auch eine Liste der wichtigsten Krankheiten, Kräuter, Homöopathische Mittel, Edelsteine, Farben, und Düfte, sodaß sie jederzeit die Listen beim auspendeln direkt benutzen können.
F.15x21, S.214, kartoniert, DM 20,- 1.Auflage

## Das besondere Reiki-und Chakra-Handbuch

*Walter Binder*
## Der Energiekörper im Feld der Reiki-Kraft
Dieses »faszinierendes Buch« vom seelischen und körperlichen Einfluß der universalen Lebensenergie. Der Leser wird auf hohem Niveau in die subtilen Energiehüllen und Chakren eingeführt, und ihre Beziehungen zu seelischen Wahrnehmungsformen. Im praktischen Teil, wird er mit den Geheimnissen esoterischer Einweihungsrituale und Symbole vertraut gemacht und wird in die Reiki-Praxis umfassend eingeführt. F.15x21, S.305, 57 Abb., fünf Übersichtstabellen u. Stichwortreg., DM 34,50, kartoniert, 2.Auflage.

307